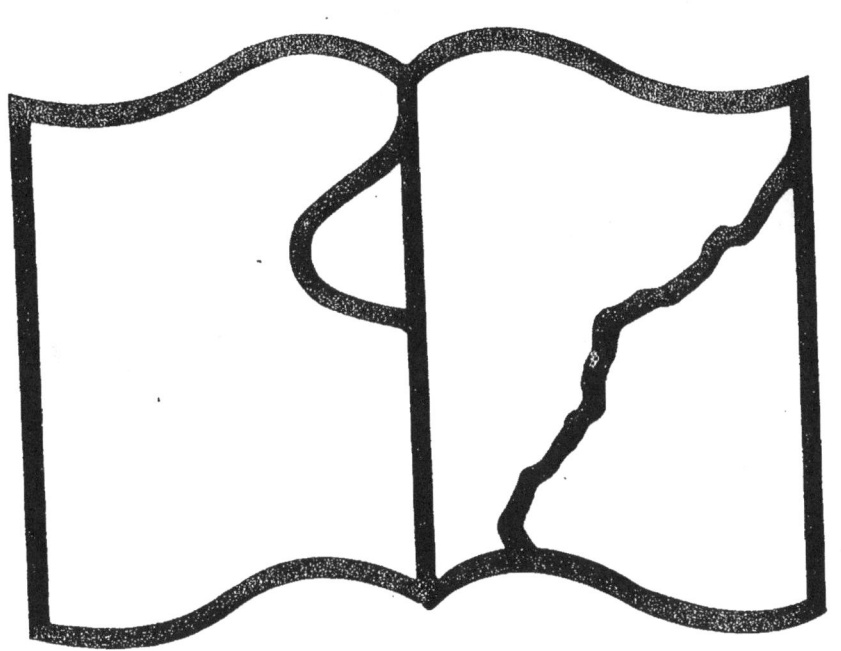

Texte détérioré — reliure défectueuse

NF Z 43-120-11

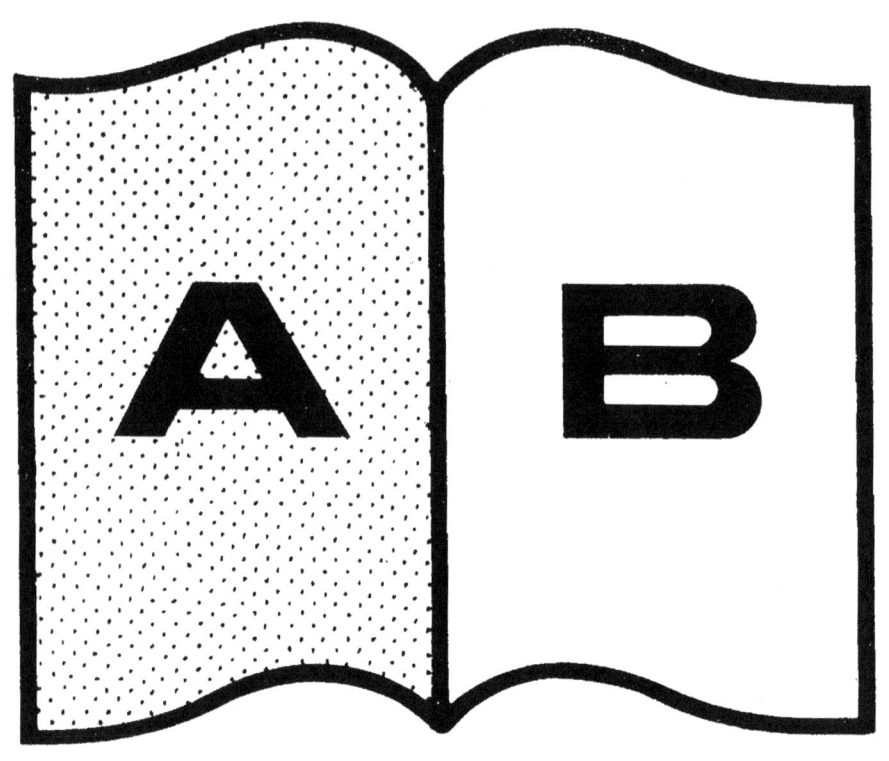

Contraste insuffisant

NF Z 43-120-14

MONUMENTS

DE

TOUS LES PEUPLES.

IMPRIMÉ PAR LES SOINS D'AUGUSTE WAHLEN, ÉDITEUR.

MONUMENTS

DE

TOUS LES PEUPLES,

DÉCRITS ET DESSINÉS D'APRÈS LES DOCUMENTS LES PLUS MODERNES;

PAR

Ernest Breton,

DE LA SOCIÉTÉ ROYALE DES ANTIQUAIRES DE FRANCE, ETC., ETC.

TOME PREMIER.

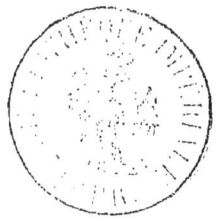

BRUXELLES,
LIBRAIRIE HISTORIQUE-ARTISTIQUE,
RUE DE SCHAERBEEK, 12.

—

1843

HOMMAGE

DE PROFONDE RECONNAISSANCE

POUR LES TÉMOIGNAGES DE HAUTE BIENVEILLANCE REÇUS

DE SA SAINTETÉ LE PAPE, GRÉGOIRE XVI ;

DE LEURS MAJESTÉS

LES EMPEREURS DE RUSSIE, NICOLAS Ier ; DU BRÉSIL, DON PEDRO II ;
DE TURQUIE, ABDUL MEDJID ;

LES ROIS DES BELGES, LÉOPOLD Ier ;
DES PAYS-BAS, GUILLAUME Ier ET GUILLAUME II ;
DE SUÈDE, CHARLES-JEAN ; DE GRÈCE, OTHON Ier ;
DE HANOVRE, ERNEST-AUGUSTE ; DE SARDAIGNE, CHARLES-ALBERT ;
DE DANEMARCK, CHRISTIAN VIII ; DE SAXE, FRÉDÉRIC-AUGUSTE ;
DE PRUSSE, FRÉDÉRIC-GUILLAUME IV ;

LES REINES DE PORTUGAL, DONA MARIA ; D'ESPAGNE, ISABELLE II ;

DE LEURS ALTESSES ROYALES LES GRANDS-DUCS DE TOSCANE, LÉOPOLD II ;
DE SAXE-COBOURG ET GOTHA, ERNEST-ANTOINE-CHARLES-LOUIS.

Leur très-humble et très-obéissant serviteur,

AUGUSTE WAHLEN,
CHEVALIER DE PLUSIEURS ORDRES.

Bruxelles, 1er juin 1845.

AVANT-PROPOS.

 es monuments sont la plus fidèle des histoires; seuls ils nous fournissent sur les religions, les mœurs, les coutumes des peuples qui les ont érigés des données certaines, des renseignements positifs que n'ont pu altérer la partialité ou l'ignorance d'écrivains prévenus, ou même étrangers et ennemis. Aussi, à notre époque où tous les esprits sont tournés vers les études historiques, a-t-on apprécié toute l'importance de l'examen approfondi des monuments répandus sur la surface du globe. On a compris qu'il ne peut y avoir d'histoire universelle sans les voyages, de philosophie étendue sans la connaissance des systèmes

qu'ils nous ont révélés. La seule découverte de Pompéi et d'Herculanum ne nous a-t-elle pas initiés à la vie des Romains plus que n'auraient pu le faire des milliers de volumes laissés par les historiens?

Dans l'antiquité, bien peu de voyageurs nous ont transmis la peinture des lieux qu'ils ont parcourus; et cependant, quelle a été pour nous l'utilité de leurs écrits! Quel jour se passe sans que nous ayons à recourir à Hérodote, à Pausanias, à Strabon, à Tacite ou à César? Au moyen âge, ce n'est guère qu'après la première croisade que nous voyons apparaître les premiers voyageurs qui nous aient fourni quelques détails sur des pays aussi célèbres qu'ils étaient peu connus; mais les récits de Benjamin de Tudèle et de Petacchia, de l'historien de saint Louis, le sire de Joinville, sont mêlés de tant de fables grossières, qu'il semble que toute l'imagination des conteurs orientaux ait passé dans les relations de leurs voyages en Palestine. Que trouve-t-on dans les écrits de leurs successeurs pendant près de trois cents ans? Encore un reflet des contes des *Mille et une Nuits*. A l'exception de quelques faits historiques que des travaux récents ont confirmés, que chercher de positif dans les écrits de Rubruquis, de Carpini, d'Ascelin, de Marco Polo même, que son amour pour les richesses merveilleuses avait fait surnommer par ses compatriotes *Messer Milioni?* Enfin apparurent de véritables voyageurs, mais encore des voyageurs oubliant et l'art et l'histoire pour ne s'occuper que de découvertes et de conquêtes. C'est à eux cependant, c'est aux Colomb, aux Cortez, aux Vespucci, aux Vasco de Gama qu'on doit attribuer l'honneur d'avoir les premiers ouvert la voie aux investigations de leurs successeurs.

A partir du seizième siècle, de nombreux voyageurs parcoururent le monde, mais le but de la plupart n'était encore que le commerce, ou tout au plus l'étude des usages et des religions à l'époque de leur passage, sans remonter à des temps plus reculés, et sans chercher dans les monuments anciens des peuples qu'ils visitaient la solution de tant de problèmes pourtant si intéressants à résoudre.

Au dix-septième siècle, les missionnaires nous rapportent de leurs héroïques pérégrinations des renseignements précieux; puis viennent les voyages de Tavernier, de Bernier, de Chardin, de Thévenot, qui les premiers examinent les monuments avec un peu plus d'attention, il est vrai, mais souvent aussi avec une érudition trop superficielle, et qui ne nous transmettent que des dessins presque tous incorrects.

AVANT-PROPOS.

Au dix-huitième siècle, une foule d'hommes sérieux, les Anson, les Ellis, les Carteret, les Cook, les Pallas, les La Peyrouse, les Macartney et tant d'autres agrandissent la sphère de nos idées. Enfin arrive notre siècle, avec son positivisme en quelque sorte mathématique; il comprend que le temps des *à peu près*, que l'on me pardonne ce mot, est entièrement passé, et de tous côtés, la France, l'Angleterre, l'Allemagne, la Belgique, l'Italie, voient naître d'innombrables monographies, fruits des voyages les plus longs, les plus pénibles, accompagnées de planches aussi admirables d'exécution, qu'irréprochables pour l'exactitude. Malheureusement pour la propagation de connaissances si précieuses, ces ouvrages, et par leur nombre et par leur prix, ne peuvent trouver place que dans quelques bibliothèques privilégiées, et d'ailleurs leur lecture nécessiterait la connaissance de presque toutes les langues de l'Europe. C'est à ces inconvénients que nous avons voulu apporter remède; mettant à contribution ces immenses travaux, nous présenterons, dans un cadre restreint, tous les grands traits caractéristiques des principaux monuments de tous les temps et de tous les peuples.

Parcourant avec nos lecteurs les différentes parties du monde, nous leur mettrons sous les yeux tout ce que l'art y a semé de merveilles. Nous rafraîchirons, nous fixerons leurs souvenirs, si déjà ils ont eu le bonheur d'en admirer quelques-unes; nous leur donnerons des indications précieuses et un avant-goût des jouissances qui leur sont réservées, s'ils doivent entreprendre un jour quelques-uns de ces voyages devenus un des besoins de notre époque, et le complément indispensable de toute bonne éducation.

Notre tâche serait incomplète si nous nous contentions de descriptions arides, éclaircies par des planches; sans doute nous ferions ainsi connaître le monument en lui-même, mais il est plus important encore de montrer, de mettre à découvert la pensée qui a présidé à son érection. Notre première division sera tracée naturellement par les lois de la géographie; mais nous devrons ensuite classer nos monuments d'après leur destination religieuse, funéraire, civile ou militaire. Nous serons amenés ainsi à donner un aperçu rapide des religions, des usages, de l'histoire civile et politique des différents peuples, les monuments nous servant à expliquer l'histoire, et l'histoire nous donnant la clef des énigmes que peuvent présenter les monuments. De ce rapprochement, de ce contact perpétuel ne pourra manquer de jaillir la lumière, et nous espérons mettre ainsi en peu de temps, sans peine, et peut-être non sans plaisir, nos lecteurs au courant de l'état actuel de la science;

et s'ils viennent à parcourir quelques-uns des pays dont nous aurons décrit les monuments, leur épargner les regrets qu'éprouvait Montaigne lorsqu'il partait pour l'Italie. Aucun d'eux ne se verra forcé d'inscrire en tête de son journal de voyage cette triste confession : « Je trouvois surtout une chose à dire à mon voïage, qui est que je n'avois point veu les livres qui me pouvoient advertir des choses rares et remarcables de chaque lieu. »

INDE.

INTRODUCTION.

La vaste et belle contrée d'Asie dont nous allons passer en revue les monuments est souvent désignée par les géographes modernes sous le nom d'*Indes orientales* ou *grandes Indes*, pour la distinguer des *Indes occidentales* ou *petites Indes*, l'Amérique. On comprend ordinairement sous cette dénomination la presqu'île en deçà du Gange, ou l'Indostan, et la presqu'île au delà du même fleuve, l'une commençant à l'embouchure de l'Indus, et l'autre se terminant à celle de la rivière de Siam.

Les premiers temps de l'histoire de l'Inde sont enveloppés d'une obscurité que nous ne pouvons guère espérer de voir se dissiper. Les anciens livres sanscrits ne sont pour la plupart que des recueils de légendes plus ou moins fabuleuses, et ne pourront jamais sans doute servir de base à une chronologie suivie, complète, et en laquelle on puisse avoir foi. Méprisant les temps historiques, qu'ils regardaient comme une période de dépravation, les auteurs de ces livres trouvaient une matière plus digne d'eux dans les temps mythologiques où le grand Wishnou, sous le nom de Rama, fit la guerre aux démons, et sous la forme du héros Krischna devint le fondateur d'une ère nouvelle. Dans ces temps reculés, les seuls faits acquis d'une manière certaine à la science sont donc ceux qui se rattachent à l'histoire d'autres pays sur lesquels nous possédons des données plus positives. C'est ainsi qu'on a conservé le souvenir de l'invasion du roi de Perse Darius, fils d'Hystaspes, qui, cinq siècles environ avant Jésus-Christ, s'empara d'une partie de l'Inde. L'an 333 avant notre ère, nous trouvons l'expédition d'Alexandre, et nous voyons à la mort de ce conquérant, dans le partage de son empire, la Perse et l'Inde devenir l'apanage de Séleucus qui étendit encore sa domination. Après ce prince, les monarques syriens perdirent peu à peu leurs possessions dans l'Inde; on ne sait trop comment s'opéra cette révolution; mais il paraît que certaines provinces devinrent indépendantes, car c'est à cette époque (300 ans environ avant Jésus-Christ) qu'on fixe la fondation de la ville de Dehli par un prince nommé Délu. D'autres provinces furent assujetties au royaume de Bactriane qui avait été originairement soumis à Séleucus. Ce royaume, après avoir existé avec une sorte d'éclat pendant cent cinquante ans, fut renversé par l'irruption d'une horde de Tartares environ un siècle et demi avant notre ère.

Depuis cette époque, il ne paraît pas qu'aucune puissance étrangère à l'Inde ait cherché à s'y établir; les rois d'Égypte et de Syrie, et plus tard les Romains, ne se proposèrent d'autre but que d'assurer des relations de commerce avec cette opulente contrée.

L'an 714 de notre ère, sous le khalyfat de Walid, les Arabes débouchèrent par la Perse, et poussèrent leur marche jusqu'à Dehli. Ces premiers envahisseurs, que les Perses nommèrent *Afghans* (destructeurs) et les Indous *Patans*, fondèrent la première dynastie *patane*; mais ils ne purent gagner de terrain vers le Gange, ni même s'établir dans la partie conquise d'une manière définitive.

En l'an 1000, Mahmoud, empereur ou sultan du pays de Ghiznch, l'ancienne Bactriane, entra dans l'Indostan, et après plusieurs années de combats parvint à conquérir la plus grande partie du pays situé à l'est du Gange, détruisant sur sa route tous les monuments du culte indou, dont son zèle pour l'islamisme lui faisait désirer d'anéantir jusqu'au souvenir.

La postérité de Mahmoud fut expulsée en l'an 1184 par la famille des Ghorides, ainsi appelée de la contrée de Ghor ou Gour, située au delà du Caucase indien, et dont les princes fixèrent leur résidence à Lahor. Vers l'an 1200, l'un d'eux, Mohammed Ghory, étendit son empire à l'est, et prit la ville de Bénarès où il commit les plus horribles cruautés. Après la mort de ce prince, en 1205, son empire fut divisé. L'Inde échut en partage à Koutoub l'un de ses généraux, qui fonda la se-

INTRODUCTION.

conde dynastie des Patans ou Afghans. Koutoub, fixa la résidence impériale à Dehli, où elle est toujours restée depuis presque sans interruption. La dynastie patane conserva paisiblement le trône jusqu'à Mahmoud III, pendant le règne duquel, en 1398, Tymour-Beg, plus connu sous le nom de Tamerlan, parcourut l'Inde, où sa cruauté lui valut le surnom de *prince destructeur*. Il ne changea cependant pas l'ordre de la succession, et laissa Mahmoud sur le trône, abandonnant l'Inde pour aller faire la guerre aux Turcs. Mahmoud III étant mort en 1413, l'empire de l'Inde fut dévolu à Chizer, *sejid* ou descendant du prophète; sa postérité jouit du trône jusqu'en 1450 qu'il échut à Belloli, Afghan de la tribu de Lodi, et qu'on pourrait regarder comme le fondateur d'une troisième dynastie patane. En 1501, son fils fit de la ville d'Agrah la capitale de ses États. Ce fut sous le règne de ce prince que les Portugais arrivèrent pour la première fois dans l'Inde. Pendant la domination de la famille de Lodi, l'empire fut agité de terribles convulsions que nous allons voir aboutir à l'expulsion de cette dynastie.

En 1525, Baber, descendant de Tymour-Beg et de Gengis-Khan, et sultan des Tartares Moghols, maîtres des provinces entre l'Indus et Samarkande, se voyant dépouillé de la partie septentrionale de ses domaines par les Tartares Ousbecks, se détermina à tenter la fortune dans l'Indostan, dont les déchirements lui firent espérer des succès. Après des efforts multipliés, il défit Ibrahim II, empereur de Dehli, et mit fin au règne de la dynastie de Lodi, fondant un empire que lui et ses successeurs agrandirent encore, et qui devait devenir si puissant et si célèbre sous le nom d'Empire Moghol. Baber étant mort en 1530, son fils Houmaioun lui succéda. Renversé en 1541 par Shyr-Khan ou Shere-Shah, il remonta sur le trône après la mort de l'usurpateur tué au siége de Kallinger.

Houmaioun, mourant en 1555, laissa la couronne à son fils, l'un des princes les plus illustres de l'Indostan, Abdoul-Feta-Gelad-Eddin-Mohammed, dit Akbar, le très-grand, titre qu'il mérita à tous égards, et dont il fut redevable en partie à son fameux ministre Aboul-Fazel.

Jéhan-Guir-Patcha, dit Jéhanguire ou Zéangire, succéda à son père en 1605. Ce fut vers lui qu'à cette époque fut envoyé sir Thomas Roe, le premier ambassadeur anglais. Les derniers jours de Jéhan-Guir furent empoisonnés par la révolte de son fils Shah-Bedin-Mohammed, dit Shah-Jéhan, qui lui succéda en 1627.

Par un juste châtiment de son crime, Shah-Jéhan, qui sous d'autres rapports fut un empereur illustre, vit ses quatre fils se disputer son héritage même de son vivant. Ces princes étaient Dara-Shah, Sultan-Sujah qui se rendit célèbre par son amour pour les arts, Morat-Bakché, et Aureng-Zeb. La fortune se déclara pour celui-ci qui était le plus jeune; Aureng-Zeb déposa son père, massacra ou chassa ses trois frères l'an 1660. Ce prince, après avoir achevé la conquête du Dekan, et subjugué plusieurs autres contrées, éleva l'empire Moghol au plus haut degré de splendeur; il mourut en 1707, dans sa quatre-vingt-dixième année. Les faibles princes qui lui succédèrent étaient incapables de porter un sceptre aussi pesant, et nous allons voir dans l'espace de cinquante ans ce vaste empire s'anéantir presque tout entier.

Aureng-Zeb laissa quatre fils qui se disputèrent le trône; la querelle fut décidée près d'Agrah en faveur du plus âgé, Mauzum ou Bahader, qu'on nomme ordinairement Shah-Alem Iᵉʳ. Ses frères étaient Azem-Kaum-Buksh, et Akbar. Sous le règne de Shah-Alem Iᵉʳ, les *sikes* ou *seykes*, nouvelle secte de religionnaires, établie au pied des montagnes à l'orient de l'empire, attaquèrent la province de Lahor; l'empereur, ne les ayant réduits qu'avec peine, fixa sa résidence dans cette province pour être à portée de les surveiller. Il y mourut en 1712, laissant le sceptre à l'un de ses fils qui fut détrôné par son neveu Feroksère. Ce fut ce dernier qui accorda l'exemption des droits aux marchandises de la compagnie des Indes orientales, et devint ainsi la cause première de son immense développement.

Feroksère avait été porté au pouvoir par deux *omrahs* ou chefs, les frères Seyds; ceux-ci le détrônèrent en 1717, et mirent successivement à sa place deux fils de Shah-Alem, Ruffih-al-Dirjat, et Ruffih-al-Dowlat, qu'ils renversèrent à leur tour pour élever à leur place en 1718 Mohammed-Shah, petit-fils de Shah-Alem, qui, averti par l'exemple de ses prédécesseurs, secoua le joug des Seyds, et les vainquit. Toutefois, après cette victoire, le règne de Mohammed-Shah fut loin d'être paisible; il fut vivement inquiété par les Mahrattes, peuple qui tirait son nom de Mahrat, prince du Dekan, leur pays originaire. Leur empire, qui avait été fondé par Sevajy, né en 1628, mort en 1680, formait alors deux États puissants distingués par les nom de Pounah, ou État occidental, et Berar, ou État oriental. Ces deux États occupaient toute la partie méridionale de l'Indostan avec une grande partie du Dekan; leur puissance était telle, que les Mahrattes en vinrent à forcer l'empereur moghol de leur payer tribut.

L'ambition de Nizam-al-Molouk, vice-roi de l'autre partie du Dekan, suscita à Mohammed-Shah un ennemi bien plus dangereux encore. Aspirant à l'indépendance, Nizam appela en secret à son aide Nadir-Shah, si fameux sous le nom de Thamas-Kouli-Khan, et il eut l'adresse d'engager l'empereur à se mettre lui-même à la discrétion du vainqueur.

Nadir, entré à Dehli, mit tout au pillage et massacra cent mille habitants. Il laissa cependant Mohammed en possession du trône, et retourna en Perse après avoir obtenu la cession de toutes les contrées sujettes de l'Indostan à l'ouest de l'Indus, et assuré à Nizam la possession indépendante du Dekan. Plusieurs autres gouverneurs de province suivirent cet exemple; enfin les Rohillahs, tribu qui habite les montagnes entre l'Inde et la Perse, fondèrent un État libre sur les bords du Gange, à 108 kilomètres de Dehli.

L'année 1747 fut l'époque de la mort de ces deux souverains dont les destinées avaient été si différentes, de Mohammed et de Nadir-Shah.

Pendant les six années de règne d'Ahmed-Shah qui succéda à son père Mohammed, le reste de l'empire Moghol fut complétement dissous, et les empereurs suivants n'en eurent guère que le nom; il ne demeura à la maison de Tymour qu'un petit territoire autour de Dehli, dépeuplée par la misère, les massacres et les famines. La dernière armée qu'on peut regarder comme impériale fut défaite par les Rohillahs en 1749.

La tribu indoue des Jates ou Jats s'établit dans la province d'Agrah. Le Bengale fut envahi par son vice-roi Ali-Verdy, auquel succéda Chiragi-el-Dowlah; la province d'Oude le fut par Selsdar-Jong, par Mohammed-Kouli, etc.; mais ce furent les Mahrattes, dont la puissance ne faisait que s'accroître, qui s'emparèrent de la portion la plus considérable de l'empire. Ces différents usurpateurs s'efforcèrent de légitimer leurs envahissements par une concession réelle ou prétendue du prince; ce qui n'était pas sans importance, car tel était le respect qu'on portait encore à la dignité du souverain, que dans tout l'empire Moghol on continua de frapper la monnaie au coin de l'empereur, quoiqu'il n'en eût que le nom.

Nizam mourut en 1748, à l'âge de cent quatre ans; après des combats auxquels prirent part les Français et les Anglais, Mohammed-Aly fut fait nabad d'Arcot, et Salabi-Joung, troisième fils de Nizam, devint prince du Dekan. Par suite de ces événements, les Anglais établirent leur influence dans le Carnatic.

Ahmed-Shah, en 1753, fut déposé par Gazi, son vizir, qui pour la forme plaça sur le trône Alem-Guir ou Allumguire, petit-fils de Shah-Alem. Celui-ci, voulant se défaire de Gazi, invita à venir à Dehli Abdallah, successeur de Nadir dans la partie orientale de la Perse et dans les provinces indiennes cédées à Nadir. Ce prince, qui parcourut six fois l'Indostan, commit à Dehli les plus affreux excès, et cette malheureuse ville, qui au temps d'Aureng-Zeb comptait près de deux millions d'habitants, fut presque dépeuplée. Alem-Guir ayant été, en 1760, assassiné par Gazi, Abdallah, dont les éclatantes victoires remportées sur les Mahrattes, à Carnawl et à Panniput, avaient consolidé la puissance dans l'Inde, plaça sur le trône Jéhan-Boug, fils de Shah-Alem et petit-fils d'Alem-Guir. Abdallah ayant quitté Dehli, l'empereur légitime, Shah-Alem II, se mit lui-même sous la protection des Anglais, qui, le faisant remonter sur le *musnud* (trône), se servirent de son autorité et de son nom pour sanctionner les conquêtes que par l'habileté de lord Clive ils avaient faites dans le Bengale. La puissance anglaise dans l'Inde est due principalement aux victoires éclatantes que cet officier avait remportées sur Sujah-Dowlah et ses alliés, aux célèbres batailles de Plassey, en juin 1757, et de Bouxar, en 1764.

Il n'entre pas dans le plan de cet ouvrage de raconter ici les faits plus modernes, qui n'ont joué aucun rôle dans l'histoire de l'art qui doit principalement nous occuper, ni de retracer cette suite d'événements qui rendirent en peu d'années les Anglais maîtres de presque toute l'Inde, et offrirent le spectacle encore nouveau dans les annales du monde d'une poignée d'Européens, à la solde d'une compagnie de commerce, conquérant un des plus riches empires de la terre, et gouvernant tranquillement plus de cent millions d'Asiatiques, enfin, ayant pour tributaires tous les princes non soumis à son autorité immédiate. Nous ne chercherons pas à retracer l'histoire des États secondaires indépendants de l'empire Moghol, et qui pourtant nous offriraient quelques grands noms, comme ceux des princes qui régnèrent à Mysore à la fin du siècle dernier, Hyder-Ali et Tippoo-Saïb. Nous avons dû seulement indiquer les grandes données chronologiques qui nous aideront à suivre et à comprendre les différentes phases que l'art a parcourues dans cette partie du monde.

MONUMENTS DE L'INDE.

L'histoire de l'art chez les Indiens n'est pas moins obscure que leur histoire politique, et les témoignages en petit nombre qu'on a pu recueillir de la bouche des brahmines sont presque toujours contradictoires, et évidemment dictés par l'ignorance ou la mauvaise foi. Ce sera donc principalement aux monuments eux-mêmes que nous devrons en appeler.

Les anciens comme les modernes s'accordent à regarder les Indiens comme un des premiers peuples qui aient connu la civilisation ; l'architecture chez ces peuples, plus encore peut-être que chez aucun autre, fut en tout temps consacrée à la religion, et de nos jours encore, à l'exception de quelques palais et autres grands édifices, la plupart des constructions non consacrées au culte ne sont que des assemblages de terre, de feuilles et de bambous. Bien entendu que je ne parle pas des bâtiments élevés par les Européens.

Il paraît prouvé qu'il a existé autrefois dans l'Inde une architecture sacrée ; mais il reste encore à savoir jusqu'à quel point cette architecture demeura libre dans ses œuvres, et si elle ne subit pas quelquefois l'influence de conquérants étrangers. Comment savoir si, avant l'installation définitive des Mahométans au xie siècle, d'autres invasions ne purent pas avoir amené des modifications dans sa marche? Par induction pourtant on pourrait peut-être résoudre cette question par la négative ; car les Moghols apportèrent dans l'Inde leur architecture, et cependant ils paraissent avoir appliqué aux édifices qu'ils élevèrent quelques-uns des procédés des Indiens, plutôt qu'avoir imposé à ceux-ci leurs formes architectoniques.

L'architecture indienne semble donc avoir toujours conservé dans son ordonnance un caractère propre et indépendant de toute influence étrangère, et n'avoir dévié de ses principes que dans quelques ornements et accessoires secondaires. Ce qui frappe le plus en général dans les monuments indiens, c'est l'immensité du travail et la prodigieuse richesse d'ornementation, plutôt que le goût ou la perfection d'exécution. L'esprit admire la patience qui a présidé à ces constructions, mais il n'éprouve guère ce sentiment d'exaltation dont il ne peut se défendre devant les monuments de l'Égypte, de la Grèce et de Rome.

Le fanatisme des Musulmans a fait disparaître une grande partie des vieux monuments de la religion indienne, et il a exercé justement ses ravages dans la contrée de l'Inde que l'on regarde comme le berceau de la religion et de la civilisation indiennes. Le Bengale proprement dit est donc la partie la plus pauvre en monuments ; mais d'autres endroits, tels que la côte de Coromandel et celle de Malabar, ou les montagnes peu accessibles des Gâtes, moins exposés aux dévastations des Musulmans, vont nous offrir une série nombreuse de monuments que nous décrirons en suivant la classification que nous avons adoptée, et qui a pour base leur destination religieuse, funéraire, civile ou militaire.

MONUMENTS RELIGIEUX.

Parmi les monuments religieux répandus sur le sol de l'Inde, nous devrons distinguer ceux qui se rapportent au culte des aborigènes et ceux qui ont été élevés par les conquérants sectateurs de Mahomet. Les premiers se partageront eux-mêmes en trois classes : 1° les temples souterrains; 2° les temples taillés dans le roc au-dessus du sol, mais dont souvent quelques parties s'étendent sous terre; 3° enfin les édifices proprement dits. A ces derniers seulement nous donnerons le nom de *pagodes*, que la plupart des voyageurs appliquent à tort à toutes les constructions religieuses de l'Inde. Tous ces monuments ont cela de commun qu'ils se rapportent à la religion du pays, non-seulement au culte de Wishnou et de Siva, dont les sectes se sont maintenues dans l'Inde jusqu'à nos jours, mais encore à celui de Bouddha, dont les partisans sont expulsés de cette contrée depuis bien des siècles.

§ 1ᵉʳ. — TEMPLES SOUTERRAINS.

Les temples souterrains se trouvent dans différentes parties de l'Inde, et, selon toute apparence, ne nous sont pas encore tous connus; il n'en existe pas dans les plaines du Bengale et du Penjab, où la disposition du sol ne permit pas d'en établir; mais presque toute la presqu'île en deçà du Gange, traversée par la chaîne des Gâtes, n'a pas encore été suffisamment explorée. Dans cette contrée, la nature elle-même semble inviter à chercher un asile au sein de grottes où ne pénètrent ni les rayons brûlants du soleil, ni les torrents d'eau qui tombent dans la saison pluvieuse. Dans les pays qui offrirent des grottes naturelles, ou la facilité d'en creuser, ces grottes durent être les premières habitations, et surtout les premiers temples; cette remarque peut s'appliquer à l'Inde, comme nous aurons plus tard l'occasion de le faire pour l'Égypte; et ici le style même des monuments vient à l'appui de cette observation, qui est d'ailleurs confirmée par tous les faits.

Parmi les monuments souterrains de l'Inde, le rang d'ancienneté paraît appartenir aux grottes d'Elephanta. On nomme ainsi une petite île peu éloignée de Bombay, et distante environ de 8 kil. de la côte mahratte; son véritable nom est Garipori; celui d'Elephanta lui a été donné par les Portugais, à cause d'un grand éléphant qui y existait taillé à même le roc, et qui n'a été définitivement détruit par le temps qu'en 1814. Cette île a l'aspect d'une longue colline, séparée dans le milieu par une vallée profonde et étroite, fermée des deux côtés par des éminences abruptes. Elle n'a guère que 8 kil. de circonférence; elle est ordinairement inhabitée, et offre seulement de temps à autre un refuge à de misérables bannis, qui en fuyant leur caste n'ont pu trouver une retraite plus commode. Aux trois quarts de la hauteur d'une des collines est la caverne principale, dont l'entrée est tournée vers le nord, et creusée dans une pierre qui ressemble au porphyre. Cette entrée est d'un aspect moins frappant au premier coup d'œil qu'on ne s'y attend généralement; elle est basse, et la paroi du rocher dans lequel elle est taillée se trouve tellement dégradée qu'il en résulte une fâcheuse altération dans le dessin de l'architecture; mais dès qu'on arrive assez près pour plonger la vue dans le temple intérieur, l'ensemble du travail devient réellement imposant. (*Planche* 1.) On aperçoit une vaste salle creusée dans le roc et dont le plafond est soutenu par vingt-six colonnes et seize piliers, dont les chapiteaux semblent ployer sous le poids de la montagne. Huit de ces colonnes sont brisées et plusieurs autres endommagées; l'élévation de la salle varie de cinq à six mètres. Le temple forme un quadrilatère de quarante-quatre mètres sur quarante et un; au fond on voit dans une sorte de niche un buste colossal à triple visage que l'on croit représenter la trinité indienne, Brahma, Wishnou et Siva. Tous les murs sont ornés de figures gigantesques en relief, se rapportant à la mythologie des brahmines. Le temple d'Elephanta peut être regardé comme un panthéon complet, car toutes les divinités principales de la religion indoue s'y trouvent représentées nues, il est vrai, mais avec leurs attributs caractéristiques. Sans doute on a pu, depuis l'époque où furent creusées ces merveilleuses cavernes, déifier les héros de plus d'une légende moderne contenue dans les *Puranas* et les *Tantras;* mais tous les dieux mentionnés dans les *Védas*, les véritables livres sacrés, autrement dit, tous les dieux légitimes de l'Inde peuvent se distinguer dans les diverses parties du temple partout où la vétusté n'a pas rendu leurs traits méconnaissables.

Outre cette grotte principale, il en existe plusieurs autres contiguës et d'une vaste étendue, mais la plupart sont encombrées, et sont bien loin d'être d'un aussi haut intérêt.

Privés de notions chronologiques, nous ne pouvons guère fixer avec certitude l'époque de la construction de ces grottes; ce sont donc les monuments mêmes qui doivent nous aider à déterminer leur origine, et tout en eux indique qu'ils remontent à une haute antiquité. Leur structure, leur étendue, l'exécution parfaite de toutes leurs parties démontrent qu'il fallut une longue suite d'années pour les terminer; l'incertitude même des traditions indique qu'elles se rapportent à une époque bien reculée, puisqu'il n'en reste point de souvenir dans la mémoire des peuples. Selon l'évêque Hébert, elles ne dateraient que de quinze cents ans; mais leur style rend plus vraisemblable l'opinion de ceux qui les font remonter à près de trois mille ans. Quant à nous, il nous paraît évident que les grottes d'Elephanta sont les plus anciens monuments qui nous restent de l'architecture indoue.

A peu de distance d'Elephanta est Salsette, île de vingt kilomètres de long sur seize de large, qu'on a réunie à Bombay par une chaussée; ce fut jadis un lieu renommé

TEMPLE SOUTERRAIN A ELEPHANTA.
(Inde.)

pour sa sainteté. Les grottes y sont en si grand nombre qu'elles font ressembler la principale montagne à un gâteau de miel avec ses alvéoles, et cependant cette montagne est composée d'une roche aussi dure que celle d'Elephanta. L'architecture de ces monuments est tellement empreinte du même caractère que celle des grottes d'Elephanta, qu'on ne saurait douter qu'ils appartiennent tous au même peuple et au même siècle. A Salsette on trouve çà et là sur les parois des inscriptions; Anquetil Duperron en a compté vingt-deux dont il a donné des copies. Leur alphabet n'a rien qui ressemble à aucun de ceux qui sont aujourd'hui en usage dans la presqu'île, et personne encore n'a pu en découvrir la clef : nouvelle preuve de l'antiquité de ces monuments. Les grottes secondaires sont nombreuses au delà de toute croyance; aussi ne décrirai-je ici que les principales.

Une vallée protégée et rafraîchie par d'épais ombrages, et souvent embarrassée par une excessive végétation, conduit aux temples souterrains de Kennery, les plus célèbres parmi les excavations de Salsette. La montagne dans laquelle elles sont creusées se présente tout à coup aux regards comme un rocher escarpé et presque perpendiculaire; son sommet, suspendu en avant, forme une espèce de toit au-dessus de l'entrée des cavernes. Ces temples sont plus grands encore que ceux d'Elephanta; celui désigné sous le nom de la *Grande Pagode*, est réellement un des monuments les plus curieux en son genre. Les Portugais l'avaient converti à l'usage du culte chrétien. On monte à son ouverture par plusieurs degrés, et l'on entre sous un haut portique fermé en avant par une balustrade en pierre d'un travail exquis. D'un côté s'élève un grand pilastre surmonté de trois lions assez grossièrement taillés, mais d'une belle conservation. Le plafond du vestibule repose sur deux minces piliers quadrangulaires dont le fût est dépourvu de tout ornement. Ce temple est beaucoup plus élevé que celui d'Elephanta; sa forme est un parallélogramme de vingt-sept mètres sur soixante-six, dont le pourtour est décoré sur trois faces de trente colonnes octogones, la plupart richement sculptées, et dont dix-huit ont des chapiteaux décorés d'éléphants. Le plafond est en forme de voûte, et soutenu au moyen d'arceaux de bois qui descendent à peu près jusque sur les chapiteaux des colonnes. Au bout du temple, qui se termine en rotonde, est une espèce de coupole, taillée comme tout le reste dans le roc, ou plutôt une masse cylindrique dont je parlerai à l'occasion du temple de *Visouakarma*. Le grand temple de Kennery était consacré à Bouddha; on y voit reproduite sous beaucoup de formes la figure de ce dieu qu'on reconnaît facilement à ses cheveux laineux et à ses oreilles allongées (1).

(1) La religion de Brahma, dont un des dogmes principaux était l'hérédité des castes, et la pensée que la conduite tenue pendant la durée d'une existence antérieure déterminait irrévocablement le destin des hommes dans la vie présente, devait nécessairement disposer ceux que ces dogmes avaient relégués dans les classes non favorisées, et condamnées à une dégradation perpétuelle, à accueillir avec joie le premier novateur qui serait assez hardi pour les déclarer sans fondement. Le réformateur se rencontra dans la personne du Bouddha Sakia Muni, c'est-à-dire du saint ermite Sakia, qui, selon l'opinion la plus générale, florissait entre les années 638 et 542 avant Jésus-Christ. Sakia employa sa vie entière à la propagation de ses doctrines, et y réussit

Également, dans l'île de Salsette, à quatre kilomètres du village d'Ambola, sont les grottes de *Djoguey-Syr* ou *Djegueseri*. La principale entrée de ces temples souterrains regarde le couchant. Il est très-remarquable qu'ils sont creusés dans une montagne ronde et isolée; les entrées orientale et occidentale aboutissent au centre de la montagne qui a été fouillée et creusée dans tout son diamètre, à peu près de niveau avec la plaine. Le rocher étant d'une nature douce et friable, les sculptures dans beaucoup d'endroits sont considérablement mutilées, et même effacées. Une autre cause s'est jointe à celle-ci pour en hâter la destruction; pendant la mousson du sud-ouest ces excavations sont continuellement remplies d'eau. Elles sont carrées et à toit plat. Le temple paraît avoir été consacré à Mahadeva ou Indra. Une autre grotte, celle de *Monpeser*, était dédiée à Siva, tandis que dans celles assez vastes, mais moins riches en sculpture, de *Magatomi*, on voit une figure de Bouddha. On serait donc fondé à croire que le culte de Bouddha et celui de Siva régnèrent jadis à côté l'un de l'autre dans la petite île de Salsette.

Un autre monument souterrain, décrit pour la première fois par Valentia, est la grotte de *Carli*, située à peu près à égale distance de Bombay et de Pounah, dans la province d'Aureng-Abad. La montagne qui la contient fait face au fort de Low-Ghor; la montée rapide qui y conduit est facilitée par des escaliers creusés dans le roc. Tout le sommet de la montagne est couvert de plantations qui dérobent la vue des cavernes jusqu'à ce qu'on soit parvenu à un espace découvert de la longueur d'environ trente-trois mètres; on a nivelé cet espace en taillant le flanc de la montagne jusqu'à ce qu'on ait trouvé dans le roc vif une surface perpendiculaire d'environ seize mètres. Là on a creusé, sur une même ligne, plusieurs cavernes dont la principale est précédée d'un vestibule formant un carré long de quarante-deux mètres sur quinze mètres trente-trois centimètres. La voûte du temple repose sur un grand nombre de piliers. Ici, comme à Kennery, la voûte est soutenue par des cintres de bois; il est difficile de supposer qu'ils soient aussi anciens que l'excavation, et pourtant, qui aura fourni à la dépense nécessitée par le remplacement des anciens? Depuis si longtemps les sectateurs de Bouddha n'exercent plus leur culte en ce lieu, et le pays est en la puissance des Brahmines leurs plus grands ennemis. Ceux-ci ont même décrié ce lieu comme une œuvre des *Rakchous* ou méchants esprits, et toute

tellement que les bouddhistes formaient une secte puissante dans l'Inde à l'époque de l'invasion d'Alexandre; mais peu de temps après, les brahmines s'aperçurent que les progrès de la nouvelle croyance menaçaient de ruiner leur empire. Il n'est pas facile de déterminer l'époque à laquelle commença la persécution; mais le professeur Wilson pense que les plus grands efforts pour détruire le bouddhisme datent des cinquième et sixième siècles de notre ère. Cette secte fit, à ce qu'il paraît, une plus longue résistance dans le nord, où les brahmines n'eurent jamais autant de crédit que dans les autres parties de la Péninsule, et de là vient qu'on rencontre assez souvent des restes de temples bouddhistes dans les contrées septentrionales. Poursuivis par les mahométans d'un côté, par les brahmines de l'autre, les bouddhistes sont aujourd'hui réduits à un bien petit nombre, si toutefois il en existe encore ailleurs que dans l'île de Ceylan, où la religion de Bouddha a trouvé un refuge, et est restée la religion dominante.

INTÉRIEUR DU TEMPLE D'INDRA A ELLORA.
(Inde.)

MONUMENTS RELIGIEUX.

pratique religieuse y est défendue. Au fond de la salle est la même masse sculptée que j'ai signalée à Kennery. On ne trouve point de figures de divinités dans l'intérieur de ce temple, mais les murs du vestibule sont couverts de hauts-reliefs, représentant des éléphants, et divers personnages parmi lesquels le dieu Bouddha, soit debout, soit assis sur ses jambes à la manière indienne, mais toujours entouré d'adorateurs. On y voit aussi beaucoup d'inscriptions en caractères inconnus que nous retrouverons aux temples monolithes de *Mahabalipouram*. Un rang de cavernes s'étend au nord de la grande sur un espace considérable; celles-ci sont de forme carrée et ont toutes des toits plats; elles semblent avoir été destinées à servir de demeure aux prêtres qui desservaient le temple. Dans la dernière, on voit une figure de Bouddha. On reconnaît facilement qu'aucune de ces habitations n'a été achevée.

Dans la montagne voisine, qui porte le fort d'Esapour, sont aussi des cavernes avec un petit temple voûté de même forme que celui de Carly; celles-ci ne renferment aucunes figures sculptées.

On a découvert au centre de l'Inde, sur la chaîne élevée des Gâtes, des monuments qui surpassent de beaucoup en magnificence Elephanta et Salsette; je veux parler des fameuses grottes d'*Ellora*, situées à environ vingt-quatre kilomètres d'Aureng-Abad. Ces excavations couvrent un espace de près de huit kilomètres; les plus remarquables, situées dans une montagne taillée à pic, se dirigent du N. O. au S. O. dans une étendue de deux kilomètres, et ont une direction légèrement circulaire. Le rocher est composé de granit rouge extrêmement dur, dans lequel on a creusé à grande peine d'innombrables temples, chapelles, salles, corridors, sur plusieurs étages, le tout orné de figures plus innombrables encore de haut-relief, dont malheureusement un grand nombre ont été mutilées par les Musulmans. Les plafonds de ces grottes sont pour la plupart couverts de peintures et d'ornements rendus méconnaissables par la fumée des torches. Outre les monuments souterrains, Ellora en offre un plus remarquable encore; c'est le Kêlâça taillé dans le roc, mais à ciel ouvert; la description de cette merveille trouvera sa place dans le paragraphe consacré aux monuments monolithes; nous devons nous borner ici à passer en revue les principales excavations.

On appelle *Djagganathâ-Sabhâ* un temple dédié à Djagganatha, le maître de l'univers, l'un des noms de Krischna, l'une des *avatars* ou incarnations de Wishnou. Ce temple est creusé dans le granit à plusieurs étages; l'inférieur est très-encombré; un escalier, taillé également dans le roc, conduit à l'étage supérieur. Le dieu, assis sur ses talons, occupe le fond du sanctuaire.

Un passage conduit de ce temple à celui de *Paraçou-Rama*, incarnation sanguinaire de Wishnou; il a douze mètres sur dix, et trois mètres de haut. Sa disposition offre beaucoup d'analogie avec l'*Indra-Sabhâ*, le temple d'Indra, qui en est voisin. Une belle entrée taillée dans le roc et gardée par deux lions couchés conduit à cette dernière grotte (*planche* 2), soutenue par d'élégants piliers, et consacrée à Indra, le dieu des éléments, et la première des divinités secondaires de la mythologie indienne.

Le temple appelé *Biskourma*, ou plus correctement *Visouakarmaka-Djhoumprah*, chaumière de Visouakarma, est dédié à cette divinité de troisième ordre, l'ingénieur et le constructeur des dieux de l'Inde. Il a été décrit en détail par M. Langlois, membre de l'Institut de France, dans les *Monuments anciens et modernes*, publiés sous la direction de M. Jules Gailhabaud. Ce temple est précédé d'une grande cour carrée dans laquelle on entre par une large entaille faite dans le roc; vis-à-vis se présente la magnifique façade. Cette grotte, d'une forme toute particulière et d'un dessin très-élégant, ne le cède à aucune autre en grandiose ni en beauté. On est étonné de la légèreté du péristyle; l'intérieur, long de vingt-quatre mètres, est d'un style sévère et riche tout à la fois; il est surmonté d'une voûte circulaire, qui comme celles de Carly et de Kennery offre l'aspect de l'intérieur de la coque d'un navire. Au fond s'élève, à une hauteur de sept mètres trente et un centimètres, une masse cylindrique que couronne un globe aplati, surmonté d'une réunion de petits prismes quadrangulaires; cette masse est le *Dahgopa*, construction symbolique qui se retrouve dans tous les temples bouddhistes, comme en effet nous l'avons signalé à Kennery et à Carly; sur cette masse est sculptée la figure de Bouddha, et ce doit être plus tard, et après l'expulsion des Bouddhistes, que les bramines, voulant conserver au monument sa destination sacrée, l'ont mis sous l'invocation de Visouakarma.

On peut encore citer à Ellora les grottes de *Doumar-Leyna*, de *Djenouassa*, de *Ramichouer* et de *Nila-Kantha-Mahadeva*, le *grand dieu au gosier bleu*, l'un des surnoms de Siva, les *cendres de Ravanah*, le *Dès-Avatar*, les dix incarnations, le *Tyn-Tali*, les trois étages, édifice très-simple, soutenu par des piliers carrés et dédié à *Kouverâ*, dieu des richesses, et à *Kalakountha*, le destructeur du monde; enfin le *Dau-Tali*, les deux étages, monument un peu plus orné, mais également à piliers carrés.

A environ un kilomètre de ces grottes, on en voit d'autres moins importantes appelées par les bramines *Dher-Wara*, le canton des impurs, sans doute parce qu'elles se rattachent au culte de Bouddha. La plus grande est fort belle; dans la saison des pluies, une rivière tombant du haut de la façade ferme la porte d'un rideau de cristal mobile.

L'âge historique des monuments d'Ellora n'est pas moins difficile à déterminer que celui des grottes d'Elephanta et de Salsette. Deux traditions aussi incertaines et aussi évidemment fausses l'une que l'autre, feraient remonter leur origine à près de huit mille ans selon l'une, et à neuf cents ans seulement selon l'autre. Cependant la richesse et la perfection de l'architecture et de la sculpture des monuments d'Ellora annoncent évidemment un progrès de l'art; d'un autre côté, la présence de la figure de Bouddha en plusieurs endroits doit nous faire adopter l'opinion de M. Langlois (*Monuments anciens et modernes*), qui pense que ces temples datent de l'époque où le culte de Brahma et celui de Bouddha étaient également en vigueur dans l'Inde, c'est-à-dire vers le commencement de notre ère.

Quelques monuments du même genre, mais de moindre importance, se rencontrent dans d'autres parties de l'Inde. Tels sont la grotte voûtée d'*Ekverâ*, dans les *Bhour-Gâtes*, le petit temple souterrain qui existe dans le Baramhal, dans la montagne qui porte le fort de *Riacottah*, les grottes de *Canara*, à quarante kilomètres de Tama, et le *Patal-Pory*, chapelle creusée au milieu du fort d'Allahabad, et qui paraît fort ancienne. Une antiquité bien moins reculée doit enfin être assignée au temple de Chaynpour, dans la province de Bahar, à quarante kilomètres de Bénarès, du moins à en juger par le style des ornements qui décorent son entrée; ce sanctuaire paraît avoir été renfermé dans une butte factice, une espèce de *tumulus*.

§ 2.

La seconde classe de monuments religieux de l'Inde se compose, comme nous l'avons dit, de ceux qui sont taillés dans le roc, mais à ciel ouvert, et par conséquent taillés extérieurement et intérieurement. Le premier rang, par droit d'ancienneté, paraît appartenir aux monuments de *Mavalipouram*, ou plutôt de *Mahabalipouram*, la ville du grand Bali, personnage fameux dans l'histoire fabuleuse de l'Indostan. Cet endroit, sans doute le *Maliarpha* de Ptolémée, et l'un des plus révérés du Carnatic, est peu distant de Madras. Dans ses environs on trouve les ruines de plusieurs temples indous, généralement désignés sous le nom impropre des *sept pagodes*, car ce nombre est inexact. On croit que ces temples étaient placés sous l'invocation de Wishnou, la puissance conservatrice de la trinité indienne. Lorsqu'on approche de Mahabalipouram, on ne découvre d'abord qu'un rocher composé de masses de pierre informes au premier aspect; mais arrivé au pied de ce rocher, une ville presque entière se présente avec ses habitations et ses monuments. Les parties saillantes du rocher ont reçu des formes architecturales, et les surfaces unies ont été couvertes de bas-reliefs multipliés à l'infini. Plusieurs de ces étonnants édifices n'ont point été achevés, et tout semble annoncer qu'une grande convulsion de la nature, un tremblement de terre accompagné d'inondation, a détruit la ville et arrêté les travaux des édifices religieux; la montagne se fendit, et une partie de la ville fut engloutie dans la mer, dont les rivages sont bordés de ses ruines. En 1776, on voyait encore sortir du sein des eaux le sommet d'une pagode, bâtie en briques, et surmontée d'une flèche en cuivre. Il n'est resté dans la mémoire des Indous aucune trace de cette catastrophe, et c'est une preuve de plus de son ancienneté, qui est encore confirmée par la lourdeur du style des sept pagodes que ne peut parvenir à racheter la multiplicité des ornements.

A *Kandjeverâm* est un très-ancien temple, qui offre beaucoup d'analogie avec ceux de Mahabalipouram; c'est une masse de rochers creusée et sculptée à l'extérieur en forme de pyramide terminée par un dôme. L'entrée semble être défendue par quatre *sinhâ*, lions monstrueux dépourvus de crinière, qui se rencontrent souvent dans les monuments indiens. Sept petites chapelles entourent l'édifice, dont la base présente un bandeau large de quinze à seize centimètres, sur lequel sont tracées des inscriptions en caractères absolument semblables à ceux qu'on voit également aux sept pagodes. L'intérieur est distribué en deux salles obscures; la première renferme les statues dorées de Rama et de Sita, sa femme; un *lingam* est le seul ornement de la seconde salle. Ce temple est maintenant presque abandonné.

Le monument monolithe le plus important qu'on rencontre dans l'Inde est celui que j'ai déjà eu occasion de nommer, le Kelaça, à Ellora, édifice qui a été décrit avec le plus grand soin par M. Langlois, dans les *Monuments anciens et modernes*. C'est ce savant travail qui nous a fourni la plupart des détails que nous allons donner sur ce monument si curieux. Ce temple (*planche* 3) est consacré à Siva; trois parties fort remarquables composent son ensemble : le pavillon d'entrée, avec deux ailes, la chapelle de Nandi, et le grand temple. Tous ces monuments ont été taillés dans une masse, qu'il fallut d'abord isoler de tous côtés de la montagne dont elle faisait partie, sur une longueur de trois cent trente mètres environ. La façade se présente, composée de deux avant-corps et d'un pavillon central orné de pilastres, entre lesquels se dressent de gigantesques figures. Ce pavillon contient cinq pièces, et est surmonté d'un étage, d'où l'on arrive à un pont qui sert à communiquer à la chapelle de Nandi, compagnon du dieu Siva. Cette chapelle forme un carré, dont les parois sont couvertes de sculptures. En sortant par une porte opposée à celle d'entrée, on trouve un nouveau pont qui conduit au temple principal, dont l'élévation, à partir du sol de la cour intérieure, est de trente mètres. Franchissant un portique, orné de deux piliers et de deux pilastres, et montant trois degrés, on pénètre sous un péristyle, auquel on arrive également de la cour intérieure par deux escaliers de trente-six marches; gravissant encore quatre marches, on trouve une grande porte, gardée par des figures gigantesques, et qui donne accès dans le temple, dont la longueur est de vingt mètres et la largeur de dix-huit. Le plafond, élevé de cinq mètres quatre-vingts centimètres, est soutenu par deux rangs de piliers, au nombre de seize, et par vingt pilastres. Au fond est le sanctuaire, élevé de cinq degrés, et contenant la figure du *Lingam*. Entre les pilastres sont de nombreuses sculptures, et le plafond conserve encore la trace de peintures, que le temps et la fumée des feux allumés par le fanatisme d'Aureng-Zeb n'ont pu entièrement effacer.

Au fond du temple, à droite et à gauche du sanctuaire, sont deux petites portes qui communiquent à une terrasse, qui règne tout autour, et sert de communication avec cinq chapelles carrées de grandeur inégale, placées en saillie, deux sur les côtés et trois en arrière; ces dernières surtout sont ornées de nombreuses sculptures. Le sommet du temple, autour duquel les chapelles sont groupées, se termine en une espèce de dôme, de forme pyramidale, où le génie des artistes indous a répandu une étonnante profusion de décorations et d'ornements divers. Autour du monument règne une vaste cour; là, aux côtés du pont qui précède la chapelle de Nandi, se trouvent deux éléphants gigantesques qui semblent être comme les deux chefs des nombreux éléphants sculptés dans les soubassements du temple, et qui paraissent le soutenir de la même manière que, dans la mythologie indienne, les éléphants divins portent le monde. Enfin, derrière la chapelle de Nandi, se dressent deux obélisques ou aiguilles, élevés de treize mètres et richement sculptés, qui furent probablement surmontés de figures de *sinhâ*,

LE KELAÇA A ELLORA.
(Inde.)

ou lions sans crinière, ou du bœuf Boswa-Nandi, la monture favorite de Siva.

Ellora présente un autre monument monolithe d'une moins grande importance, mais que cependant nous ne devons pas passer sous silence; c'est un joli temple, de forme pyramidale, qui s'élève devant l'entrée de l'excavation que nous avons décrite sous le nom d'*Indra-Sabhâ;* il est soutenu par des colonnes élégantes, et placé entre un éléphant et une grosse colonne isolée, couverte d'ornements de très-bon goût.

Je ne pourrais que répéter ici ce que j'ai déjà dit des monuments d'Ellora; c'est que de même que tout concourt à faire regarder les uns comme les plus récents parmi les monuments souterrains, de même les autres paraissent être les moins anciens parmi ceux taillés dans le roc; aussi est-ce par eux que nous avons terminé la revue des monuments monolithes, que nous allons faire suivre de celle des édifices sacrés véritablement élevés de main d'homme et en matériaux mobiles.

§ 3. — PAGODES CONSTRUITES.

On reconnaît facilement une progression de l'art dans la construction des pagodes. Nous trouvons les plus anciennes formées de gros blocs assemblés, comme dans les constructions cyclopéennes, sans chaux ni ciment, et sans aucune espèce d'ornements, enfin posés pyramidalement par assises en retraite, la plus simple et la plus facile des dispositions architectoniques. Plus tard, nous voyons quelques ornements apparaître à l'extérieur des pyramides, puis des figures de divinités et d'animaux, puis enfin des scènes entières tirées des épopées indiennes. Insensiblement, l'architecture se débarrasse de ses formes lourdes et massives, les pagodes affectent un air plus gai, et finissent par être précédées, comme les temples égyptiens, d'espèces d'énormes pylônes, également de forme pyramidale, mais bien plus élevés que le temple lui-même. Ces pylônes ou tours ont quelques rapports avec ces édifices que les Romains appelaient *septizonia*, et qui étaient composés d'étages superposés en retraite; seulement les constructions pyramidales des pagodes de l'Inde n'offrent point de véritables étages, quoique dans quelques-unes il y ait une petite fenêtre à chacune des divisions auxquelles on pourrait donner ce nom. Dans le fait, ces zones ne sont que des bandeaux quelquefois sans retraite, et quelquefois seulement avec une retraite de quelques centimètres. Souvent les pyramides, même dans les temps les plus reculés, affectent une forme singulière, et qui offre une assez grande difficulté d'exécution; elles se resserrent dans la partie inférieure de manière à prendre la forme d'une mitre. Telles sont les pagodes de *Deogur*, qu'on regarde comme les plus anciennes de l'Indostan. Elles sont au nombre de trois, et groupées comme celles de Mahabalipouram; elles sont bâties en pierre de taille, et tout à fait dépourvues de sculptures. Le trident de Mahadeva s'élève sur chacune au-dessus de leur faîte, ce qui prouve qu'elles étaient consacrées à ce dieu. L'intérieur contient une seule chambre, à laquelle donne accès une petite porte, et qui n'est éclairée que par la lampe que les bramines y entretiennent sans cesse. Selon M. Heeren, ces pagodes seraient contemporaines des monuments d'Ellora; d'après leur style, je crois être fondé à les faire remonter à une époque plus reculée de plusieurs siècles. Il en est de même de la pagode de *Candjeveram*, qui est, dit-on, de construction malabare, et n'offre qu'une lourde masse de sculptures, présentant beaucoup d'analogie avec les temples monolithes de Mahabalipouram.

La ville de Tanjaour ou Tanjore, autrefois capitale d'un petit État, tantôt indépendant, tantôt soumis au radjah ou naïk de Madoureh, et métropole savante de l'Inde méridionale, doit son existence à une pagode fameuse encore aujourd'hui parmi les Indous; on ignore son origine, mais la simplicité de son style annonce une époque fort ancienne; elle a au moins soixante et dix mètres de hauteur. Elle est dédiée à Siva; outre les petites statues de bœuf, répandues avec profusion sur les murailles, qui forment une enceinte carrée autour de la pagode, on en voit une de proportion colossale, et de porphyre brun, placée à l'entrée de cette enceinte. Suivant une tradition répandue à Tanjaour, ce bœuf se lève toutes les nuits pour se promener autour de la pagode, et de sa bienveillance ou de son ressentiment dépendent tous les biens et tous les maux qui viennent réjouir ou frapper les habitants.

A *Bindabrund*, ancienne cité sur le bord de la *Juhma*, à environ quatre-vingt-douze kilomètres de Dehli, sont plusieurs pagodes, de forme hexagone et pyramidale; quelques-unes ne sont que des monceaux de ruines, d'autres sont construites simplement en pierre de taille, sans aucun ornement; mais il en est une d'une parfaite conservation, qui est couverte dans toute sa hauteur de caissons avec des rosaces de fort bon goût.

Dans le fort de *Rhotas-Gur* est une pagode à mitre, dont l'architecture très-simple dénote une haute antiquité.

A *Muddenpour*, village peu éloigné de ce fort, on voit une pagode, autrefois fameuse, mais aujourd'hui ruinée. Plusieurs arbres ont pris racine entre les pierres de la tour, qui s'élève à une grande hauteur au-dessus du corps du bâtiment, et qui offre quatre faces elliptiques et convexes; elle est partagée en deux étages et surmontée d'un petit dôme léger, de l'effet le plus gracieux. L'édifice principal est carré, orné de deux beaux portiques, l'un au levant, l'autre au couchant; on entre au nord par un portail richement orné. Sur le parvis, à environ quatorze mètres de l'angle nord-ouest, est une élégante colonne en pierre, d'une seule pièce, de six à sept mètres de haut, dont on ignore absolument la destination. Sa forme est hexagone depuis la base jusqu'à la hauteur d'un mètre trente centimètres; au-dessus, elle présente un plus grand nombre de faces, mais vers son extrémité elle est ronde et se termine par un chapiteau carré. Le temple de *Muddenpour* est dédié à Wishnou, et passe pour être d'une haute antiquité.

A *Agoureh*, ville agréablement située sur la rivière *Soane*, on voit plusieurs temples indiens fort anciens; il en est deux surtout fort remarquables, composés chacun d'une pyramide carrée, très-haute et très-étroite, précédée d'un petit péristyle soutenu par des piliers.

MONUMENTS RELIGIEUX.

Parmi les pagodes appartenant à une époque reculée, celle de *Chalembron* occupe un rang important. Ce temple, ou plutôt cette réunion de temples, est situé dans l'ancien royaume de Tanjaour, sur la côte de Coromandel, à huit kilomètres est de la mer, à trente-six kilomètres de Pondichéry, et à quatre-vingts kilomètres de Tanjaour. L'ensemble des temples annonce une haute antiquité, et en effet, d'après les auteurs indiens, leur fondation remonterait à six cent dix-sept ans avant Jésus-Christ; mais il est des parties très-modernes. Lorsque Valentia visita l'Inde en 1802, on construisait un portique de cent colonnes cannelées, disposées sur trois rangs en quelques parties, et sur cinq en d'autres.

La pagode de Chalembron est entourée d'une double enceinte de murailles de trois cent vingt mètres sur deux cent quarante. Cette muraille est construite en briques, revêtues des deux côtés de grandes dalles de pierre, si bien polies et si artistement jointes que plusieurs voyageurs les ont prises pour des blocs formant la muraille dans toute son épaisseur. Quatre portes s'ouvrent aux quatre points cardinaux; chacune de ces portes, haute de dix mètres soixante centimètres, est percée dans un massif ou stylobate haut de douze mètres. Chaque partie de la porte, les deux montants et le linteau, est composée d'une seule pierre. Plusieurs des pilastres qui décorent le passage, large de neuf mètres, sont réunis par des chaînes mobiles en pierre, composées de vingt-neuf chaînons, et engagées par les deux bouts dans les deux chapiteaux. Le travail est tel qu'il faut que les deux pilastres et la chaîne même aient été pris dans un seul et même bloc, qui dut avoir au moins vingt mètres de longueur. Les portes sont surmontées de pyramides, qui ont sept étages et au moins cinquante mètres de haut, dont quarante-trois en pierre, le reste en briques revêtues de *tchouna* (1).

Parmi les édifices qui composent la pagode de Chalembron, on remarque surtout l'*Ananda-Chabeï*, soutenu par cent colonnes de granit d'une seule pièce, de dix mètres de hauteur, et le *Devachabeï*, chapelle consacrée à Parvati, femme de Siva; c'est l'endroit le plus saint du temple, et l'un des plus révérés de l'Indostan.

Quoique la ville de Madoureh ou Madura, ancienne capitale du royaume de ce nom, soit bien déchue de son antique splendeur et fasse aujourd'hui partie des possessions anglaises, cependant ce qui reste de ses monuments publics est fait pour donner au voyageur une haute idée des vastes richesses et du génie de leurs fondateurs. Dans l'intérieur de la forteresse sont les ruines d'une pagode, qui consistait originairement en un bâtiment consacré au culte de l'idole principale. Autour et à quelque distance règnent plusieurs murailles assez élevées pour cacher le temple, qui est de forme pyramidale, de treize mètres à la base, et vingt et un mètres de haut.

L'étage supérieur est de cuivre, soigneusement doré. L'entrée, ou la tour pyra-

---

(1) On appelle *tchouna* ou *tchourna* un stuc blanc, employé très-fréquemment dans les constructions tant anciennes que modernes de l'Inde, et qui est composé principalement de coquilles et de porcelaine pilées.

midale engagée dans la muraille, a cinquante mètres de haut, trente-sept de large, et vingt d'épaisseur; elle est décorée de pilastres et de fausses fenêtres.

On peut encore citer parmi les pagodes anciennes celle de *Talicot*, décrite par Langlès, et celle de *Wilnour*, près de Pondichéry, signalée par le capitaine Laplace.

La ville de Bénarès tire son nom actuel de deux rivières, *Benar* et *Assi*, qui se jettent dans le Gange, l'une au-dessus, l'autre au-dessous de son enceinte, et dont les embouchures sont séparées par un espace de quatre kilomètres, dans lequel est renfermée cette capitale du nord. L'ancien nom de Bénarès est *Casi la splendide;* ce fut probablement à l'époque de l'invasion des Mahométans que cette ville changea de nom en changeant de maîtres; elle fut prise en 1017 par le sultan Mahmoud; cependant, il ne paraît pas que les Mahométans se soient établis d'une manière permanente dans cette partie de l'Inde avant la fin du douzième siècle. Après cette époque, Bénarès passa sous la domination successive des dynasties patanes et moghole, jusqu'à ce qu'en 1775, elle tombât avec tout son district sous la domination anglaise. Malgré sa réputation de sainteté, qui en fait la Mecque de la religion indoue, quoiqu'un pèlerinage à Bénarès rachète, aux yeux des Indous, tous les péchés et même tous les crimes, malgré son antiquité reculée, et les sommes immenses prodiguées pour l'érection de ses pagodes, Bénarès ne peut se vanter de posséder un seul de ces temples magnifiques qui font l'ornement des autres parties de l'Inde. Il est cependant une pagode qui mérite d'être décrite (*planche 4*). C'est un bel édifice, dédié à Mahadeva ou Siva. Dans l'intérieur sont deux statues du taureau sacré, et une petite image en bronze de Surya, l'Apollon de la mythologie indienne, représenté debout, sur son char, traîné par un cheval à sept têtes.

Il est à Bénarès une autre pagode qui est en possession depuis longtemps d'attirer la curiosité du voyageur, par sa singularité plutôt que par sa beauté; elle est bâtie au milieu du Gange, sans aucune communication avec la rive; ses fondations sont sous l'eau, et deux de ses tours ont tellement dévié de la perpendiculaire, qu'elles forment un angle aigu avec le niveau de l'eau. Cette pagode est un pur modèle de l'ancienne architecture indienne, mais on ignore complètement l'époque de sa construction et le nom de la divinité à laquelle elle fut dédiée.

A *Ramiseram*, petite île située dans le détroit qui sépare l'île de Ceylan de la terre ferme, est une pagode dans laquelle on entre par un grand portail de trente-cinq mètres de hauteur, entièrement couvert de sculptures. Cette pyramide se termine par une sorte de sarcophage. La porte proprement dite est haute de treize mètres, et formée par deux grandes pierres de taille, posées perpendiculairement et surmontées de plusieurs autres. Ce monument massif rappelle plus qu'aucun autre dans l'Inde les ruines de l'Égypte.

A *Tritchinopali*, place forte très-importante de la province de Madoureh, est une pagode, située sur un rocher, qui s'élève à environ cinquante mètres au-dessus de la partie méridionale de la ville. On y monte par un escalier en partie creusé dans l'intérieur de la montagne. La pagode diffère totalement de tous les édifices consacrés au culte braminique; sa simplicité est remarquable, et à distance elle présente l'aspect

PAGODE A BENARES
Inde.

PAGODE DE TRITCHINGOUR.

d'une petite forteresse. On n'y trouve aucun ornement, si l'on en excepte quelques figures de vaches et quelques autres idoles rangées sur le sommet des murailles. Les portiques ou les salles de cette pagode offrent la même nudité. Cette nudité intérieure et extérieure, aussi bien que sa forme carrée, lui donnent une grande ressemblance avec les *Poutala*, ou temples bouddhistes du Thibet. Cette ressemblance est-elle l'effet du hasard? ou doit-on l'attribuer aux communications religieuses qui existèrent autrefois entre l'Inde et le Thibet, ou bien aux progrès de la réforme de Bouddha?

Une pagode bien plus riche, celle de *Siringam*, existe à peu de distance de Tritchinopali; celle-ci passe pour un des plus vastes temples de toute l'Asie; elle n'a pas moins de cinq kilomètres de circonférence : et les pierres de sa terrasse extérieure ont onze mètres de long sur deux mètres de large. Au reste rien n'est uniforme ni suivi dans ces constructions : quelquefois c'est un système de tours hautes ou basses, régulières ou irrégulières; tantôt ce sont des carrés, des parallélogrammes, des trapèzes avec des façades sculptées et des parvis décorés de statues, ou se terminant en dômes ou en plates-formes qui portent à chacun de leurs angles une corne de vache, ou bien enfin finissant en aiguilles pyramidales, rarement en frontons triangulaires. Quant à l'intérieur de ces monuments, le seul caractère qui lui soit propre, c'est une grande profusion de colonnes sans proportion fixes, les unes grosses par le bas, et diminuant peu à peu de diamètre jusqu'à prendre la forme conique, tandis que d'autres, au contraire, sont minces par le bas et grosses par le haut. Toutefois ces sanctuaires sombres et massifs ne manquent pas d'une certaine majesté.

La ville de *Tritchengour* est également située dans la province de Madourch, à peu de distance de Tritchinopali; elle renferme deux temples célèbres, dont le principal, quoiqu'en plus grande vénération, est cependant bien moins riche que l'autre, quoique encore fort élégant; il est situé au sommet d'une colline très-élevée, dont la pente est parfois si abrupte, qu'il a fallu tailler des degrés dans le roc vif pour faciliter l'approche du temple aux nombreux dévots qui y affluent de toutes parts. L'architecture de ce temple, quoiqu'elle ne soit pas dépourvue d'ornements, est d'une simplicité parfaite, et forme en même temps une masse imposante. La solidité de l'édifice est suffisamment attestée par le grand nombre de générations qu'il a vues passer sans souffrir des injures du temps, malgré sa situation qui l'expose à toutes les intempéries. Quelques parties, d'un style d'architecture plus moderne, ont été ajoutées après coup; mais il est facile de les reconnaître. Le portail, qui est très-élevé et donne entrée dans un beau vestibule, est la partie la plus riche de l'édifice; sa pyramide est couverte de sculptures; l'intérieur du temple est fort nu en comparaison, et n'offre aucune particularité digne d'intérêt. De chaque côté du portail s'élève une haute muraille, construite d'énormes blocs de granit équarris et ajustés avec une précision et une régularité parfaites.

L'autre temple, situé dans l'intérieur de la ville, est moins renommé par sa sainteté, mais beaucoup plus somptueux dans sa construction. Ce superbe édifice (*planche 5*) est bâti au centre d'une grande place, entourée d'une colonnade; le portail est le plus parfait modèle de la belle architecture pyramidale si répandue dans l'Indostan ; sa hauteur est d'environ trente-cinq mètres. Dans sa partie inférieure est la porte qui sert d'entrée au temple; depuis sa base jusqu'à son sommet il est couvert de découpures élégantes, de reliefs hardis, et se termine par cinq flèches que l'on suppose être le symbole de quelqu'une des principales divinités indiennes. Le temple s'élève à quelques mètres de cette entrée; c'est un bâtiment à toit plat, soutenu par un nombre immense d'élégantes colonnes, qui, quoique toutes du même style, n'en sont pas moins décorées chacune dans un goût différent. Sous la pyramide est un énorme puits où des femmes ne cessent de venir puiser, et près de là une énorme figure du bœuf Nandi.

La pagode de *Trinomaly*, grande ville qui fut ruinée par Tippoo-Saïb, est regardée comme la plus haute du Carnatic. La pyramide n'a pas moins de soixante et douze mètres de hauteur.

Parmi les pagodes de l'Inde, une des plus révérées est celle de *Jaggernaut* ou *Jagatnatha*, ou *Djagarnât*, surnom de Krischna, à qui elle est consacrée; elle est située presqu'à l'extrémité de la côte de Coromandel, et connue des Européens sous le nom de *pagode noire*. Toute la contrée qui l'environne, dans un rayon de trente à quarante kilomètres, est regardée comme sainte, et on évalue à douze millions le nombre des pèlerins qui la visitent chaque année. La portion la plus sacrée, le sanctuaire mystérieux, est entourée d'un mur formant presqu'un carrée, deux de ses côtés ayant deux cent quatre mètres, et les deux autres cent quatre-vingt-quinze mètres. Dans cette enceinte sont encore cinquante temples, dont le plus remarquable consiste en une espèce de tour en pierre, haute de cinquante-sept mètres, arrondie en courbe sur chaque côté, et surmontée d'un dôme bizarre et indescriptible. Ce temple, élevé par Radjah-Anung-Dhearn-Deo, a été terminé en l'an 1298. Bernardin de Saint-Pierre en a laissé une description dans *la Chaumière indienne*.

A peu de distance de *Gyah* est un des temples bouddhistes les plus célèbres de l'Indostan. Le corps de l'édifice est un carré massif, autour duquel on voit des sculptures en relief délicatement ciselées, chefs-d'œuvre de l'ancien art oriental. La tour, en forme de mitre, surmonte le bâtiment tout entier, et se termine en colonne ornée d'un chapiteau. Le temple, entièrement abandonné, tombe aujourd'hui en ruine.

L'architecture religieuse est aujourd'hui, dans l'Inde, en pleine décadence; on peut en juger par les pagodes modernes de Bombay, de Doyg et de Calcutta. La simplicité des premiers temps, la beauté d'ornementation de ceux qui les ont suivis, ont fait place à des décorations lourdes et de mauvais goût, qui s'éloignent de la majesté, de la noblesse de l'une, sans arriver à l'élégance et à la richesse de l'autre, et ce sera dans les édifices mahométans que nous devrons désormais chercher les merveilles de l'architecture orientale.

Avant de passer à leur description, je devrai dire un mot de quelques monuments fort singuliers, qui ont beaucoup embarrassé les antiquaires, et que l'on croit pouvoir attribuer au culte de Bouddha. Ce sont des tours rondes, isolées, de forme pyramidale, et qui ressemblent à beaucoup d'autres monuments du même genre, répandus sur toute la surface du globe, et dont l'explication n'a jusqu'à présent été

SARNAT — MONUMENT DU CULTE DE BOUDDHA.
(Inde.)

KUTTUB MINAR, A DELHI.
(Inde.)

donnée nulle part d'une manière complétement satisfaisante. La plus remarquable de ces tours est, dans l'Indostan, celle appelée *Sarnat*, et qui s'élève à environ cinq kilomètres de Bénarès (*planche* 6). Cette tour a environ cinquante mètres de circonférence à sa base, et ses ruines s'élèvent à près de quarante mètres de hauteur; elle est d'une grande solidité; sa partie basse est garnie de larges blocs de pierre, joints avec art, bien polis, et ornés, vers la base, d'un bandeau élégamment sculpté. La partie supérieure, que quelques personnes croient plus moderne, est construite en briques; le revêtement en pierre, si jamais il exista, a disparu entièrement.

Valentia signale deux monuments analogues, situés à environ un kilomètre au nord-ouest de *Baughulpour;* ceux-ci sont restés un objet de vénération et un but de pèlerinage, nouvelle preuve que leur destination primitive dut être religieuse. C'est peut-être encore au même principe qu'on doit rapporter deux édifices circulaires assez élégants, qui existent non loin de Dehli, auprès du *Cotillah* de Firoz-Shah.

§ 4. — MOSQUÉES.

Avant les mosquées, ou temples consacrés à la religion de Mahomet, nous devons décrire un autre monument, qui eut sans doute une destination analogue, et qui paraît être le plus ancien édifice religieux, élevé dans l'Inde par les Musulmans, qui soit parvenu jusqu'à nous. Il est situé au Vieux Dehli, à quatorze kilomètres au sud de la ville moderne (*planche* 7). C'est une tour magnifique, de quatre-vingt-un mètres de haut et de quarante-huit mètres de circonférence à sa base; elle est connue sous le nom de *Kuttub-Minar,* colonne de Kuttub ou Koutoub, fondateur de la deuxième dynastie patane, qui monta sur le trône en 1205. Rien d'ailleurs ne prouve positivement que la construction doive en être attribuée à ce prince; mais enfin l'aspect du monument, et la confiance que l'on doit accorder, jusqu'à un certain point, à la tradition orale, nous permettent d'adopter cette hypothèse jusqu'à preuve contraire. Les beautés architecturales du Kuttub-Minar, sa hauteur, sa solidité, la valeur des matériaux employés dans sa construction, la richesse et la diversité des ornements, en font un édifice fort extraordinaire et sans doute une des plus belles tours qui soient au monde. Sur la partie inférieure sont gravées des citations du Koran; à la place qu'elles occupent, il y aurait eu, dit-on, autrefois des figures en bas-relief, représentant des sujets de la mythologie indienne, et que l'art des dévots musulmans aurait su transformer en caractères arabes. C'est sur cette conjecture, au moins hasardée, que se sont basés les antiquaires, qui ont voulu voir dans le Kuttub-Minar un monument indou. Le voisinage du tombeau de Koutoub nous semble une nouvelle preuve de l'origine du monument; quant à sa destination, elle est encore plus incertaine; cependant nous croirions volontiers que ce fut un minaret, séparé du corps d'une mosquée, comme en Italie nous voyons encore les clochers isolés des églises auxquelles ils appartiennent. Il en était sans doute de même d'une tour à six étages qui existe près de l'ancienne cité de *Gour,* et qui a été publiée par Daniell.

La mosquée de *Gazipour,* ville située sur le Gange, à environ vingt-huit kilomètres au delà de Bénarès, est un édifice plus remarquable par sa singularité que par sa beauté; ses minarets surtout, composés d'espèce de chapiteaux corinthiens superposés, sont d'une bizarrerie sans exemple.

La mosquée de Mustapha-Khan (*planche* 8), qui s'élève au centre de la ville de Béjapour ou Visapour, est un bel édifice du seizième siècle. Le temps qui a exercé ses ravages sur les édifices, qui de tous côtés n'offrent plus que des monceaux de ruines, semble avoir épargné la mosquée, dont les murs sombres et presque intacts s'élèvent au milieu d'une terre de désolation. Ce temple est imposant et d'une belle proportion; ses ornements extérieurs, moins brillants que ceux de plusieurs autres édifices du voisinage, sont simples et de bon goût, et on trouve une grâce toute particulière dans la forme et les décorations du dôme. Les arches hautes et étroites qui ornent la façade et tout l'intérieur, s'écartent du style ordinaire et sont d'un excellent effet.

Nous arrivons au dix-septième siècle, qui, étant l'époque de la plus grande splendeur de l'empire moghol, doit par conséquent nous offrir les plus beaux monuments de toute cette période.

Je ne ferai que signaler, en passant, la *Moutie-Musjid,* mosquée majestueuse, construite par Shah-Jehan, dans la ville d'Agrah, pour me hâter d'arriver à la *Juhma-Mesjid,* l'une des plus belles mosquées de l'Indostan (*planche* 9). Lorsqu'en 1631, Shah-Jehan eut fondé la moderne Dehli, qui reçut en son honneur le nom de *Shah-Jehanabad,* il y éleva cette admirable mosquée, qui coûta la somme énorme, surtout alors et dans ce pays, de 3,000,000 de francs. A cet édifice si élégant, et d'un si riant aspect, se rattache un bien triste souvenir. Ce fut devant la *Juhma-Mesjid* qu'en 1759 le conquérant persan, le sanguinaire Nadir-Shah, vint s'asseoir pour assister au massacre des malheureux habitants de Dehli.

Près de *Rajemah'l,* on voit une mosquée, dont le goût et le style indiquent suffisamment qu'elle fut érigée par un des plus grands protecteurs des arts dans l'Inde, Sultan-Sujah, troisième fils de Shah-Jehan, et frère d'Aureng-Zeb.

Ce monument le cède cependant à l'*Atoula-Khan-Mesjid,* l'un des plus magnifiques temples de l'Indostan, élevé à *Juanpour,* ville située à cinquante-six kilomètres de Bénarès. La somme dépensée pour sa construction ne fut pas moindre de 20,000,000 de francs. Cette mosquée est en grande vénération parmi les Musulmans, qui pour la sainteté la placent immédiatement après le sanctuaire de la Mecque. Son aspect extérieur est celui d'une forteresse; les deux grosses tours carrées, qui flanquent la façade, sont réunies par une grande arcade en ogive, disposition que nous retrouverons à la porte du *Cotillah* de Firoz-Shah, lorsque nous traiterons des constructions militaires. La terrasse qui surmonte cette arcade tient lieu de minaret pour appeler à la prière. La plus belle partie de l'intérieur de l'édifice

MOSQUÉE DE MUSTAPHA-KHAN, A BEJAPOUR.

JUMMA MUSJID, DELHI.

MOULA KHAN MUSJID, JUANPOOR.

est la nef du milieu (*planche* 10), qui s'élève à une grande hauteur, et se divise en plusieurs galeries superposées; elle est surmontée d'un vaste dôme, richement orné. Le soubassement de cette nef est un carré, élevé de sept mètres au-dessus du sol, et dont les angles sont coupés de manière à en faire un octogone irrégulier; le second étage offre seize côtés, et les étages supérieurs vont ensuite augmentant toujours le nombre de leurs angles, jusqu'à ce que ceux-ci deviennent insensibles à l'œil, et que le haut de l'édifice paraisse entièrement rond à la naissance de la coupole. Hodges dit que cette mosquée fut fondée en 1394 par *Chaja-Jehan*, vizir de Mohammed-Shah; le fait est possible, mais le style du monument que nous voyons aujourd'hui semble indiquer qu'il aurait été reconstruit, et nous préférons adopter l'opinion de Daniell, qui ne fait remonter qu'au dix-septième siècle l'époque de sa construction.

Depuis la prise de Bénarès par Aureng-Zeb, à la moitié du dix-septième siècle, l'architecture musulmane, avec ses constructions élégantes et aériennes, est venue se placer au milieu des monuments, en général lourds et incorrects, de l'art indien. Une mosquée appelée *la Mesjid*, bâtie par Aureng-Zeb sur les ruines d'une pagode, pour humilier le fanatisme opiniâtre des Indous, lance dans les airs ses hardis minarets, comptés aujourd'hui parmi les merveilles de la ville; c'est le seul des monuments mahométans de Bénarès qui soit remarquable par sa grandeur.

On voit dans la ville de Madoureh une magnifique mosquée, qu'on dit avoir été bâtie par Abdul-Nubbi-Khan, l'un des *foudjars* (1) d'Aureng-Zeb; cette mosquée, qui a aussi remplacé un magnifique temple indien, est d'une belle construction. Le corps de l'édifice est quadrangulaire, il est flanqué de quatre superbes minarets de trente-cinq mètres de haut.

C'est aussi au règne d'Aureng-Zeb qu'on doit rapporter la belle mosquée, revêtue de marbre blanc, qui existe à *Aureng-abad*, dans le Dekan.

Enfin, parmi les monuments de ce genre élevés au dix-huitième siècle, je signalerai la mosquée de *Luknow* et celle bâtie par Hyder-Aly dans le district de *Coïmbatour*. Celle-ci est le plus bel exemple de l'architecture moderne des Musulmans de l'Inde. La façade est surmontée de deux élégantes tours octogones d'un diamètre plus grand que n'est ordinairement celui des minarets, et qui m'ont rappelé d'une manière frappante les jolis *campanili* qui décorent les églises de la rivière de Gênes à Chiavari, à Sestri, etc.

MONUMENTS FUNÉRAIRES.

Les constructions funéraires des Indous sont d'une très-grande simplicité, et complétement insignifiantes. Quelques tombeaux un peu plus considérables, mais

---

(1) On appelle ainsi l'officier chargé de dresser et diriger une troupe d'éléphants.

d'une architecture lourde et massive, furent seulement élevés quelquefois sur les restes des *sutties*, des malheureuses femmes qui s'étaient brûlées sur le corps de leurs maris, et au lieu même où s'était accompli leur sacrifice plus ou moins volontaire. Ces tombeaux se composent généralement d'un soubassement carré, surmonté d'une sorte de dôme à quatre faces, supporté par quatre piliers. C'est donc chez les Musulmans que nous devrons chercher de véritables mausolées capables de figurer avec honneur auprès des grands et majestueux monuments dont le sol de l'Inde est couvert. Il est fort difficile en général de les séparer des mosquées, avec lesquelles il arrive souvent de les confondre ; le style en est le même, et la plupart des tombeaux sont en même temps des mosquées.

Le plus ancien qui soit parvenu jusqu'à nous est celui de Toglok-Shah, prince de la première dynastie patane, assez célèbre au commencement du neuvième siècle. Ce tombeau est élevé non loin de Dehli, dans le fort de Toglok-abad, dont ce prince était le fondateur. Son architecture est massive, solide et simple, sans cependant exclure un certain air de grandeur répandu dans tout son ensemble, et que fait encore plus valoir aujourd'hui la solitude agreste qui l'entoure.

Les ruines du Vieux Dehli possèdent encore quelques beaux tombeaux bien conservés, qui furent consacrés à la mémoire de princes de la seconde dynastie patane, qui, comme nous l'avons vu, occupa le trône de 1205 à 1398. On y voit aussi le mausolée de marbre qui contient les restes d'Emir-Kusero, prince de Samarkande, qui mourut en 1339 ; c'est un grand édifice rectangulaire, n'ayant qu'un rez-de-chaussée, et présentant à chaque face cinq arcades ogivales ; son aspect est plutôt celui d'un bazar que celui d'un tombeau.

La ville de *Sasseram* est située dans le canton de *Shah-abad*, qui fait partie de la fertile et pittoresque province de Behar. Le monument le plus remarquable qu'on y voie est le mausolée de Shyr-Khan ou Shere-Shah, cet usurpateur qui, en 1541, renversa de son trône Houmaïon, le second prince moghol. Prévoyant sans doute le revirement de fortune qui suivit sa mort, Shere-Shah avait eu le soin de se faire lui-même élever une sépulture de son vivant. Ce mausolée magnifique se dresse au centre d'une vaste esplanade entourée d'un mur solide de maçonnerie, de plus de douze cents mètres de circonférence. Le dôme est d'une élégance remarquable ; il est posé au milieu de trois étages de terrasses, garnies de campaniles ronds à des intervalles égaux. L'édifice octogone est flanqué, à chaque angle de son soubassement carré, d'une espèce de temple à dôme, presque égal en beauté au dôme principal. L'intérieur est fort simple, vaste et sombre, et répond mieux que l'extérieur à sa destination funéraire. Malheureusement ce mausolée, aujourd'hui abandonné, se dégrade chaque jour, et finira bientôt peut-être par n'offrir plus que des ruines.

Le plus beau mausolée élevé dans l'Inde au seizième siècle est celui de l'empereur Akbar, à *Secundrii*, à environ huit kilomètres d'Agrah. Ce tombeau fut commencé par Akbar lui-même, qui y employa vingt-deux années, et laissa à son fils Jehan-Guir le soin de le finir. Ce monument présente une porte à chacune de ses quatre faces ; toutes quatre sont, ainsi que les angles, surmontées de grands pavil-

MONUMENTS FUNÉRAIRES.

lons. L'édifice a cinq étages, qui diminuent graduellement. Le dôme de plusieurs pavillons est de pierres rouges, entrecoupées de morceaux de marbre blanc. Le cinquième étage est entièrement de ce même marbre; son intérieur est incrusté de marbre noir, sur lequel sont tracés des versets du Koran. Plusieurs autres tombeaux l'entourent; ils furent élevés par Akbar pour contenir les restes de plusieurs de ses favorites.

C'est aussi aux environs d'Agrah qu'est le célèbre *Taje-Mah'l*, le plus magnifique de tous les mausolées de l'Indostan; il fut construit au commencement du dix-septième siècle par l'empereur Shah-Jehan pour lui-même et pour sa sultane bien-aimée, Arjemonde-Banou. Cet édifice coûta, dit-on, au delà de 20,000,000 de francs, et sa construction dura vingt ans et quatorze jours. Shah-Jehan, pour subvenir à cette colossale entreprise, obligea ses ennemis vaincus à lui fournir tous les matériaux dont ils pouvaient disposer. Le *Taje-Mah'l* est construit entièrement en marbre blanc; il s'élève sur les bords de la Juhma, qui coule majestueusement au pied des quatre minarets placés aux angles de la base carrée qui supporte le monument. Le dôme qui s'élève au centre a environ vingt-quatre mètres de diamètre. Le mur du parvis dans l'enceinte duquel il est situé est haut de vingt mètres et construit en pierre rouge. Dans ce mur on a pratiqué une entrée un peu trop étroite; c'est un guichet de marbre noir et blanc, fermé par une porte à deux battants de bronze, et surmonté de plusieurs dômes d'une superbe architecture. De ce portail, dit Caunter, à qui nous empruntons la plus grande partie de cette description, on passe dans les jardins; et c'est là qu'apparaît tout à coup, dans sa grandeur sans égale, le *Taje-Mah'l*, chef-d'œuvre du goût et de l'industrie humaine. Posé sur une énorme base de treize mètres de haut et de trois cents de long, la masse prodigieuse de marbre poli s'élève hardiment et domine la rivière, qui ajoute encore à sa majesté en réfléchissant ses beautés dans le cristal des eaux. En dépit des préoccupations du goût européen, on se sent confondu à l'aspect d'un ensemble aussi frappant de magnificence et d'élégance architecturale. Toutes les parties de l'édifice qui paraissent blanches sont de marbres amenés par terre du pays de Candahar, c'est-à-dire d'une distance de près de cent myriamètres; les parties rouges sont construites en pierres tirées des montagnes voisines, appelées *Newat*. Le dôme principal était surmonté, dans l'origine, d'une aiguille et d'un croissant en or. L'un et l'autre furent enlevés par les Mahrattes, et remplacés par un ornement analogue, mais en métal doré plus commun et moins susceptible de tenter la cupidité. De grandes déprédations ont été commises au *Taje-Mah'l* à diverses époques par les Mahrattes et les Jauts, qui furent en possession d'Agrah pendant un assez long temps. Ces dévastations ont été réparées, quoique imparfaitement, par la munificence de la compagnie des Indes, qui en 1714 avait déjà consacré à cet objet plus de 300,000 francs.

Le mausolée de Mucdoom-Shah est célèbre par sa beauté; il fut construit au commencement du dix-septième siècle, sous le règne de l'empereur Jehan-Guir, par Mucdoom-Shah, gouverneur de la province; il est situé à *Moncah*, ville sur la Soane, à peu de distance de son confluent avec le Gange. Près de là est aussi la ville de *Monheer*, où s'élève un tombeau-mosquée, érigé en 1617, par Jehan-Guir, pour servir de sépulture à lui-même et à sa famille; il est maintenant en fort mauvais état.

Près d'Allah-abad est le tombeau de la femme de Jehan-Guir; il est composé de deux terrasses en retraite l'une sur l'autre, et surmontées d'une espèce de temple à jour, soutenu par des piliers d'une grande légèreté. Les mausolées des deux fils du même empereur, Sultan-Kusero et Sultan-Purveiz, morts en 1624 et 1626, se voient non loin de là dans une même enceinte; ils se composent l'un et l'autre d'un grand soubassement carré, surmonté d'un dôme, et flanqué de quatre campaniles.

La mosquée d'Aureng-Zeb, à *Aureng-abad*, a servi de tombeau à la première femme de cet empereur; c'est un des plus riches monuments de l'architecture moresque. Le corps de l'édifice est carré en dehors, octogone en dedans; à chaque angle de la terrasse qui le porte s'élève un hardi minaret; les marbres employés dans la construction de la mosquée ont été apportés du Lahor, et leur voyage n'a pas duré moins de quatre mois.

La ville de Bejapour renferme une foule de mausolées; le plus remarquable est celui de Mohammed-Shah, mort en 1747 (*planche* 11), et celui d'Ibrahim-Pacha, qui est peut-être plus élégant encore, quoiqu'il le cède au premier en richesse (*planche* 12).

Enfin, en terminant, je signalerai encore à l'attention le tombeau de Nujib-ud-Dowlah, près de *Nujib-abad*, ceux des environs de *Cawnpour*, de *Bénarès*, de *Bajemah'l* et de *Luknow*, enfin le magnifique mausolée d'Hyder-Aly, qui s'élève auprès de Seringapatnam. Cet édifice n'était pas encore entièrement terminé quand Hyder-Aly mourut, le 2 décembre 1782; il fut achevé par son fils, Tippoo-Saïb.

CONSTRUCTIONS CIVILES.

Le palais le plus remarquable de tout l'Indostan est celui des anciens radjahs de *Madoureh*, élevé par Trimal-Naïk, ou plutôt Tremoula-Nayaka, l'un de ces princes, qui mourut en 1661. Ce palais, ainsi que les autres édifices de *Madoureh*, a surtout eu beaucoup à souffrir des invasions des *Polygars*, de 1740 à 1760, et n'est plus guère aujourd'hui qu'un amas de ruines. La partie la mieux conservée est une vaste salle, de forme rectangulaire, dont la disposition est la même que celle des basiliques antiques, mais dont le style rappelle surtout les monuments élevés par les Mores sur le sol de l'Espagne.

Le palais de Shah-Jehan, à Dehli, et celui élevé par Hyder-Aly et Tippoo-Saïb, à *Bangalore*, peuvent seuls rivaliser avec celui de Madoureh.

Il est une sorte d'édifice fort répandue dans l'Inde, et que les indigènes nomment *Choultry* ou *Tchoultry*, nom que les Français ont dénaturé et changé en celui de *Chaudérie*. Les *Choultry* sont dans l'Inde ce que sont les *caravansérais* dans la

TOMBEAU DU SULTAN MOHAMMED SHAH A BEJAPOUR.
Inde.

TOMBEAU D'IBRAHIM A BÉJAPOUR.
Inde

Perse et l'empire ottoman, une espèce d'auberge pieuse, ouverte à tous les voyageurs, à quelque pays, à quelque religion, à quelque rang, à quelque caste même qu'ils appartiennent ; on doit ajouter, il est vrai, qu'il ne faut pas s'attendre à y trouver autre chose qu'un abri ; le voyageur qui ne porterait pas avec lui son lit et ses provisions serait sûr de se passer de dîner, et de coucher par terre. Ces édifices sont quelquefois d'une élégance, d'une richesse dont nous ne pouvons nous faire idée ; tel est surtout le *Choultry* de *Madoureh*, dont les fondations furent jetées en 1623, par Trimal-Naïk II, qui y consacra vingt-quatre millions en vingt-deux années. Il forme un carré long, soutenu par cent vingt-quatre piliers de granit, disposés sur quatre rangs, supportant un toit plat. Des figures, toutes variées, couvrent ces piliers et représentent tous les personnages de la mythologie indienne et les principaux faits qui ont illustré la famille des rois de *Madoureh*. Cet édifice a beaucoup souffert pendant l'expédition que les Anglais entreprirent contre *Madoureh*, en 1751, et dans les guerres que se faisaient très-fréquemment les princes indigènes avant de passer sous le joug des Anglais.

Après ce *Choultry*, les deux plus remarquables sont celui de *Rajemah'l*, dans le Bengale, élevé par Sultan-Sujah, fils de Shah-Jehan, et celui de *Ramiseram*, qui brille surtout par sa légèreté et son élégance, que fait encore valoir sa position au sommet d'un rocher avancé dans la mer.

M. Hodges parle d'un *hoummaoun* ou bain, qui, autrefois, appartenait à un des principaux personnages d'Agrah ; ce bain était entouré de colonnes du plus beau marbre, et lorsque l'artiste anglais le visita, plusieurs morceaux de lapis-lazuli brillaient parmi les ornements d'architecture moresque ; on y voyait aussi des fleurs en mosaïque parfaitement imitées.

Valentia signale plusieurs autres bains du même genre.

Le *Man-mundil*, ou observatoire de Bénarès, se fait remarquer par l'élégance et la richesse de ses ornements, et surtout de ceux qui décorent ses balcons. On ne pourrait pas dire la même chose de l'espèce d'*académie* ou d'*athénée*, élevée au dix-huitième siècle à *Muxad-abad* par Jaffier-Cawn, nabab du Bengale. Cet édifice est lourd, massif, et semble composé d'un grand soubassement, portant une rangée de ruches. M. Hodges en a donné le dessin.

Les Indous déploient un grand luxe dans des constructions qui sont complétement négligées des Européens, et n'offrent chez eux que de simples bâtisses sans ornements d'aucune sorte : je veux parler des escaliers ou rampes qui descendent des villes au bord des rivières et qui ont reçu le nom de *Ghaut*. Ces *Ghauts*, surtout ceux qui conduisent au fleuve sacré du Gange pour faire les ablutions, sont souvent d'une architecture magnifique, et surmontés d'une espèce de palais, traversé par une porte monumentale. Tel est le *Ghaut* de *Schewallah*, à Bénarès, dont la disposition offre quelque analogie avec celle de l'église et de l'escalier de la *Trinité du Mont* à Rome. Celui de la ville de *Hurdwar* ne manque pas non plus d'élégance, et on pourrait en signaler de remarquables dans presque toutes les villes de quelque importance.

Quelques mots encore sur deux ponts qui nous ont paru dignes d'attention. L'un d'eux est à *Juanpour*, sur la rivière *Goomty*; une inscription persane nous apprend qu'il fut bâti par Khan-Khannah, vizir du sultan Akbar, et subab de la province d'Oude, l'année 975 de l'hégire, 1567 après Jésus-Christ. Les arches sont fort étroites, et cependant telle est la solidité de leur construction qu'elles ont résisté à la rapidité des eaux, qui souvent, dans certaines saisons, passent même par-dessus la chaussée. Cette chaussée est parfaitement horizontale, bien différente en cela de celle du pont jeté par Sultan-Sujah, sur l'*Odooa-Nullah*, près de *Râjemah't*, et dont la forme rappelle celle des ponts chinois; il n'a que trois arches en ogive : celle du milieu, qui est plus grande et très-élevée, est flanquée de quatre contre-forts surmontés d'élégants campaniles. Ce pont est devenu célèbre par la victoire que le major Adams y remporta, en 1764, sur les troupes de Cossim, nabab du Bengale (voyez *la vignette*, page 36).

CONSTRUCTIONS MILITAIRES.

L'Indostan est couvert de petits fortins en terre, construits dans différents temps par les *Zémindars*, qui s'y retiraient souvent pour éluder le payement de leurs redevances, sous prétexte de mauvais traitements essuyés de la part des nababs et autres gouverneurs; tel est celui de *Péteter*, dont Hodges nous a laissé le dessin; mais ce pays renferme aussi une assez grande quantité de forteresses importantes et construites à grands frais. Ces forteresses sont en général plus imposantes par leur masse que par l'habileté avec laquelle elles sont disposées pour la défense; elles consistent pour la plupart en plusieurs enceintes, placées les unes derrière les autres, mais que l'éloignement des tours ou bastions et la longueur des courtines permettent de battre facilement en brèche.

Le plus ancien fort dont nous connaissions la date est celui de *Toglok-abad*, près de Dehli, élevé par Toglok-Shah au neuvième siècle; sa bâtisse est d'un genre hardi, et ses murailles massives pouvaient défier tous les moyens d'assaut connus à cette époque reculée.

Le fort de *Chunar-Gour*, situé sur le Gange, environ vingt kilomètres au delà de Bénarès, est construit sur un rocher et entouré d'une muraille flanquée de tours rondes à différentes distances. A l'extrémité du fort qui domine la rivière, s'élève la vieille citadelle, qui fut autrefois de grande défense. Ce fort, bâti par les Indous, passe pour très-ancien. Dans l'intérieur est un autel, consistant en une table de marbre noir, sur laquelle, selon la tradition, la divinité tutélaire du pays est assise continuellement, sauf depuis le lever du soleil jusqu'à neuf heures du matin qu'elle est à Bénarès. Cette superstition fait penser que ce n'est que dans cet intervalle qu'on pourrait se rendre maître du fort. On trouve en divers endroits des sculptures antiques fort mutilées, et des inscriptions anciennes en langue persane, indiquant le nom de ceux qui, à diverses époques, ont restauré la forteresse.

PORTE DU COTILLAH DE FIROZ-SHAH, PRÈS DELHI.

CONSTRUCTIONS MILITAIRES.

Le fort de *Gwalior*, situé au centre de l'Indostan, à quatre-vingts milles d'Agrah, a joué un grand rôle dans l'histoire de ce pays; il remonte à une époque fort reculée, car on sait qu'il fut pris par famine en 1008. Les Anglais s'en emparèrent le 4 août 1780; des additions successives en ont fait une des places les plus fortes de l'Indostan.

Nous donnons (*planche* 13) un exemple de l'ancien système de fortifications des Indous. C'est la porte du *Cotillah* (habitation fortifiée) de Firoz-Shah, prince de la seconde dynastie patane, qui le construisit en 1220, à peu de distance de Dehli. La porte occidentale du fort de Dehli, construit par Shere-Shah au seizième siècle, offre absolument le même style et la même disposition.

C'est aussi à Firoz-Shah qu'on doit le fort de *Juanpour*, situé sur la *Goomty*, à environ vingt-huit kilomètres de son confluent avec le Gange, et l'un des plus importants de la contrée. Telle est la force de l'assiette naturelle de cette forteresse qu'elle commande tout le pays jusqu'à *Luknow* et *Fizabad*. Elle fut pendant quelque temps le siége d'un empire; Chaja-Jehan, vizir du sultan Mahummed-Shah, pendant la minorité de son fils Mamood-Shah, prit le titre de *Sultan-Shirki*, ou *roi de l'Est*, et fixa sa résidence à *Juanpour*, vers l'an 1393 de Jésus-Christ.

La forteresse de *Bidzi-Gour* est située sur une colline élevée, à environ quatre-vingts kilomètres au sud-ouest de Bénarès. On y arrive de cette dernière ville en traversant une vaste plaine; une rivière large et rapide coule au pied de la colline; elle porte un pont massif, composé de onze arches en pierre; ces arches sont hautes et étroites, et se terminent en ogive. L'entrée du pont est défendue par un guichet massif et élevé, flanqué de chaque côté d'une demi-tour circulaire. Le fort par lui-même est peu de chose à cause de son peu d'étendue; mais sa position le rend presque imprenable; il est construit sur le sommet d'une hauteur, et c'est à peine si on l'aperçoit du pont, étant en partie masqué par la forme irrégulière du rocher élevé à pic qui lui sert de base; il n'est accessible que par un seul sentier, si étroit qu'il ne peut donner passage qu'à deux personnes de front, et si escarpé qu'un très-petit nombre de soldats peut le défendre contre un corps d'armée.

Le fort de *Rhotas-Gour* est, comme celui de *Bidzi-Gour*, bâti sur le plateau d'une montagne, mais il est beaucoup plus grand, car il comprend un espace de plusieurs milles, et contient plusieurs villages et une population assez nombreuse. Il est défendu de tous côtés par un mur d'énorme épaisseur, excepté aux endroits où l'escarpement du précipice offre une barrière naturelle aux approches d'une armée ennemie. *Rhotas-Gour* est un des sites les plus pittoresques qui existent au sud de l'Hymalaya.

Le fort d'*Agrah* fut érigé vers l'an 1560 par l'empereur Akbar, sur le bord de la Juhma; il est situé vers le côté oriental de la ville, et à ses deux extrémités commence un mur qui entoure la ville en forme de demi-cercle presque complet. Ce mur, aussi bien que la forteresse même, se trouve flanqué de plusieurs tours rondes et placées à égale distance l'une de l'autre. Le fort est entouré d'une double muraille et d'un fossé profond du côté où il n'est pas défendu par la rivière. Ces fortifications très-négligées sont aujourd'hui en fort mauvais état.

A *Mongheer*, sur les bords du Gange, à environ quatre cents kilomètres de Calcutta, existait de temps immémorial une forteresse qui a été reconstruite entièrement par Sultan-Sujah, au dix-septième siècle. Ce fort, d'une grande importance, n'a pas depuis ce temps subi le moindre changement, et on peut le regarder comme un exemple complet du système de fortification des Musulmans de l'Inde. J'excéderais de beaucoup les bornes dans lesquelles je dois me renfermer si j'énumérais ici les innombrables forteresses répandues sur le sol de l'Indostan; qu'il me soit permis seulement de signaler en terminant celles de *Gour*, d'*Allah-abad* et de *Golconde*.

C'est par elles que nous achevons notre revue des monuments de l'Inde proprement dite; quelques monuments d'un style et d'une origine analogues nous restent à décrire dans les pays voisins; nous commencerons par ceux de l'Afghanistan et de l'île de Ceylan.

AFGHANISTAN.

INTRODUCTION.

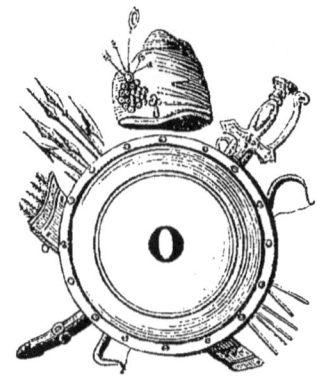

o donne généralement le nom d'Afghanistan au pays situé entre la Perse, le Thibet et l'Inde; quoique cette dénomination ne soit pas assez générale pour pouvoir s'appliquer rigoureusement à toute la contrée, puisque cette région est habitée en grande partie par des peuples de races différentes, on s'en sert cependant plus volontiers que des noms de Khoraçan ou de Kaboulistan; car le Khoraçan ne s'étend pas jusqu'à l'Indus, et le Kaboulistan est à peu près borné au territoire qui entoure la ville de Kaboul. Nous jetterons en même temps un coup d'œil sur les monuments du Penjab, des royaumes de Bockhara, de Lahore, de Kandahar, sur les provinces de Balkh, de Sindhy et de Kachmyr, qui en sont voisines ou en dépendent. Aujourd'hui toutes les contrées qui formaient le royaume de Kaboul se démembrent et forment des États séparés : Lahore et Kachmyr sont envahis par les Seykes, le Béloutchistan a un khan presque indépendant; le Sindhy obéit à une sorte de triumvirat; la province de Balkh tend à faire partie du Bockhara; enfin le Khoraçan appartient en partie à la Perse. Toutes ces provinces composaient autrefois le vaste empire des Afghans, qui a été pendant longtemps la puissance prépondérante de l'Asie. Le pays est arrosé par l'Indus, le Kama et le Kamoul; ses principales montagnes sont l'Hindou-Kousch, le Paropamisus et le mont Salomon.

Les contrées qui nous occupent ont remplacé principalement l'ancienne Bactriane, qui eut une si grande importance dans l'antiquité. Selon Diodore de Sicile, la Bactriane était au temps de Ninus gouvernée par un roi nommé Oxyartes. Eusèbe pense que Zoroastre y régnait à l'époque de Cyrus. Ce que l'on peut déduire du récit des anciens historiens, c'est que la Bactriane, d'abord soumise aux Assyriens, passa ensuite sous la domination des Perses. Ce n'est qu'à dater de l'expédition d'Alexandre en Asie, et lorsque les Grecs se furent établis dans la Bactriane, que l'histoire de ce pays commence à nous être connue d'une manière certaine. Après la chute de l'empire des Perses, Alexandre y pénétra en poursuivant Bessus, le meurtrier de Darius, et y établit la domination des Grecs. Nous avons vu qu'à la mort de ce conquérant, dans le partage de ses États, la Bactriane échut à Séleucus, l'un de ses lieutenants. Sous les Séleucides, elle fut administrée par des gouverneurs jusqu'au règne d'Antiochus Théos. L'an 225 avant Jésus-Christ, Théodore, qui en était gouverneur, s'en rendit maître indépendant; la guerre survenue entre Antiochus et Ptolémée Philadelphe occasionna une diversion dont il profita pour consolider son pouvoir naissant. Son fils, nommé également Théodore, lui succéda, et, pour se mettre à l'abri de l'invasion des Grecs, s'allia avec les Parthes; ce prince recula de beaucoup les limites de la Bactriane. Parmi les rois qui montèrent après lui sur le trône, il y en eut plusieurs qui portèrent leurs armes victorieuses assez avant dans la Scythie, ainsi que dans l'Inde. La Bactriane était alors parvenue à un haut degré de puissance et de splendeur; mais elle ne s'y maintint pas longtemps; ses princes furent dépouillés de leurs conquêtes éloignées par les Parthes, environ l'an 144 avant l'ère vulgaire. Mithridate, fils de Phraates, leur roi, s'en empara et s'avança jusqu'au royaume auquel Porus avait jadis dicté des lois. La paix qui suivit ces invasions ramena la confiance entre les Parthes, les peuples du Khoraçan et de l'Inde, et un commerce actif s'établit entre eux.

Telle était la situation de la Bactriane, quand, vers l'an 125 avant Jésus-Christ, une nation tartare nomade, qu'on croit être originaire de l'Inde, et qui était établie sur les bords de la mer Caspienne, vint se jeter sur cette contrée, et fit succéder aux dynasties grecques les dynasties indo-scythes. On ne peut qu'indiquer le commencement de cette histoire que les livres chinois nous ont seuls transmis; après avoir donné la liste des premiers rois conquérants de cette importante partie de l'Asie, ils se taisent sur leurs successeurs ou du moins ils n'en parlent plus que d'une manière vague et confuse, et il est très-difficile de coordonner le peu de documents qu'ils fournissent. L'auteur du dictionnaire chinois, M. de Guignes, a consacré un mémoire, malheureusement trop court, à ces rois de race indo-scythe; d'après ce mémoire, qui est inséré dans l'histoire de l'Académie des inscriptions, il semblerait que très-peu de dynasties se sont succédé dans ce nouvel empire. Toute cette famille de conquérants porta le nom générique de *Su*, et les hordes qu'ils entraînaient après eux ne comptaient pas plus de six cent cinquante-huit familles. Le premier roi de la dynastie des Su que l'histoire nous fasse connaître est un certain Oué-Téou-Lao, qui tua plusieurs ambassadeurs chinois; son fils lui succéda. Après celui-ci, Yu-Mosou fut mis sur le trône par les Chinois; mais dans la suite, ce prince ayant fait périr tous ceux de cette nation qui étaient à sa cour avec l'ambassadeur, les Chinois ne voulurent plus entretenir de relations ni avec lui, ni avec ses successeurs. Ce dernier événement date à peu près de l'an 30 avant Jésus-Christ. C'est vers cette époque qu'il faut placer une guerre entre les Parthes et les Scythes, racontée par Justin. Phraates, dépouillé du trône, avait imploré le secours de ces derniers; Tiridate, qui lui avait succédé, ne fut pas plutôt informé de l'arrivée de ces barbares, qu'il eut recours aux Romains; mais il ne put en obtenir de troupes, et Phraates fut rétabli. Dans la suite, les Bactriens, gouvernés par des reines, ne firent plus rien de remarquable; puis au sixième siècle ils furent soumis aux Turcs, qui avaient alors une grande puissance en Tartarie.

Vers le milieu du neuvième siècle, les khans de Bockhara de la race Samanyde conquirent quelques portions du territoire de l'Afghanistan, et les annexèrent à la principauté tartare du Khoraçan, d'où on leur envoya un gouverneur qui demeura à Ghizneh; mais il n'y a pas d'apparence que la partie septentrionale du pays ait été subjuguée avant le règne de Mahmoud, second prince de la dynastie Ghiznevide, qui termina la conquête de l'Afghanistan.

Cette dynastie fut fondée l'an 997 par Sebekteguy, officier tartare, qui se rendit indépendant; ce fut son fils Mahmoud qui consolida et augmenta ses conquêtes. Cet État fut florissant pendant deux cent sept ans; mais en 1204, Mohammed Gory, l'Afghan, en dépouilla Khosrou, dernier prince de la dynastie de Sebekteguy. En 1254, Mahmoud, roi patan de Dehli, chassa les Tartares de Ghizneh, et joignit cette ville à l'empire de l'Indostan. En 1506, Baber préluda à la conquête de l'Indostan par celle de Kaboul et de Ghizneh, que sa postérité conserva jusqu'en 1737, que Nadir-Schah l'annexa au domaine de la Perse.

Le fondateur de l'empire moderne des Afghans est Abdally-Ahmed-Khan, officier de Nadir-Schah; il commandait un corps de quatre mille de ses compatriotes au service de Nadir, et qui, après l'assassinat de ce prince, fut vivement attaqué par les troupes persanes; leur chef, homme intrépide et intelligent, fit une glorieuse retraite et reconduisit les Afghans dans leur pays. S'étant emparé d'un trésor considérable envoyé aux Persans par le gouverneur de Kaboul, qui n'était pas encore informé de la mort de Nadir, il rassembla une armée nombreuse, et, en 1747, se fit reconnaître souverain des Afghans, sous le titre d'Ahmed-Schah. Après avoir affermi son autorité dans l'intérieur, il pénétra dans le nord de l'Inde, qui éprouva la force de ses armes, et gémit longtemps sous la tyrannie dévastatrice des Afghans. Ahmed-Schah mourut en 1773, non loin de la nouvelle ville de Kandahar, dont il se proposait de faire la capitale de l'Afghanistan. Son fils Tymour-Schah lui succéda, et fixa sa résidence à Kaboul. A sa mort, en 1796, il laissa le trône à Zeman-Schah, qui fut renversé, en 1800, par son frère Mahmoud. Depuis lors, ce pays fut livré à la guerre civile et à toutes les horreurs de l'anarchie. Le belliqueux et habile Randjet-Singh, roi de Lahore, chef de l'ancienne confédération des Seykes, aidé des généraux français Allard et Ventura, profitant de la faiblesse des souverains de Kaboul, s'empara à différentes époques de leurs plus riches provinces. Le Kachmyr, le Peichaouer, le Tchotch, l'Hazareh et le Moultan avec ses dépendances, les provinces de Leia, de Dera, d'Ismaïl-Khan et de Dera-Ghazi-Khan en furent détachés. Les khans du pays de Balkh et celui du Beloutchistan, ainsi que les princes du Sindh, se sont soustraits au vasselage de Kaboul, et sont devenus entièrement indépendants.

L'islamisme était la religion dominante dans l'Afghanistan; mais aujourd'hui le plus grand nombre suit la religion des Seykes, sorte de réforme de la religion indienne, introduite au quinzième siècle par un philosophe indou nommé Nanek. Celui-ci sut attirer autour de lui par ses vertus et son éloquence un grand nombre de disciples auxquels il enseigna l'unité de Dieu, la pratique du bien, la paix et la tolérance envers tous les cultes. Ses préceptes ont été recueillis dans le livre intitulé *Adi-Granth* (le premier livre). Vénéré comme pontife de cette foi nouvelle, il choisit avant de mourir, pour hériter de son autorité, un de ses disciples, à l'exclusion de ses propres enfants. Cette religion semblait solidement établie; toutefois les persécutions que les successeurs de Nanek eurent à subir de la part des musulmans amenèrent peu à peu quelques modifications dans le dogme. Gourou-Govind-Singh, dixième chef spirituel des Seykes, vers la fin du dix-septième siècle, persuada à ses sectateurs que les maximes pacifiques de leur premier législateur compromettaient leur existence; il leur fit jurer une haine éternelle aux musulmans. Bientôt une partie du peuple tolérant des Seykes se transforma en peuple guerrier. Les combattants prirent le nom de *Singh*, lions, tandis que les cultivateurs conservèrent simplement le nom de *Seykes*, disciples. Ainsi se forma cette confédération dont le dernier chef fut Randjet-Singh. En opposition aux usages des autres Indiens, les Seykes dans l'origine n'admirent point la distinction de castes, ou du moins ne consacrèrent aucun privilége. Gourou-Govind autorisa l'usage de la viande de tous les animaux, excepté de celle de la vache, préceptes que les Seykes observent encore rigoureusement. Les anciennes règles interdisaient toute adoration des idoles; Gourou-Govind chercha seulement à diviniser d'une manière sensible le courage guerrier en attribuant quelques-unes de ses inspirations patriotiques à une déesse du courage, Dourga-Bhavani. Les cérémonies du culte consistent en quelques prières fort simples et en ablutions dans le bassin de l'*Amristar*, que j'aurai plus tard occasion de décrire.

IDOLES DE BAMIAM.
(Afghanistan).

MONUMENTS RELIGIEUX.

Parmi les monuments religieux de l'Afghanistan, il n'en est point d'aussi curieux que ceux que l'on rencontre près de Bamiam, ville entièrement abandonnée aujourd'hui, et qui paraît être celle qu'Alexandre trouva à la base du Paropamisus avant d'entrer à Bactres. Cette ville consistait en un nombre prodigieux d'excavations pratiquées dans le roc, dont nous aurons occasion de nous occuper plus tard; nous ne devons parler ici que des deux idoles gigantesques auxquelles ce lieu doit sa principale célébrité (*planche* 14). Ces idoles, appelées *Soomuch'* par le peuple, sont peut-être de toutes les antiquités asiatiques celles qui ont le plus excité la curiosité des savants. Ces deux figures sont mâle et femelle; la première est nommée Silsal, l'autre Shamama; elles sont taillées en haut relief dans la face d'une colline. Silsal a environ quarante mètres de haut; il occupe une largeur de vingt-trois mètres, et la niche dans laquelle il est taillé s'étend depuis le sol jusqu'au sommet de la colline. Cette idole est mutilée, les deux pieds ayant été fracturés par le canon, et le contour du dessus de la bouche étant détruit. Les lèvres sont épaisses, les oreilles pendantes et longues; une sorte de tiare paraît avoir été posée sur la tête. Cette figure était couverte d'une sorte de vêtement de plâtre qui était retenu par des chevilles de bois qu'on avait plantées dans différentes places. La figure n'a aucune proportion, et on chercherait vainement quelque élégance dans les draperies. Les mains, qui semblaient tenir le manteau, ont toutes deux été brisées. La figure de la femme est moins imparfaite que celle de l'homme, et a été drapée de la même manière; elle est taillée dans la même colline à peu de distance, et est environ de moitié plus petite. Notre dessin donne de ces monuments une idée plus juste que toutes les descriptions possibles. Les ouvertures que l'on voit à leurs pieds donnent entrée à différents caveaux à travers lesquels est un chemin qui conduit au sommet de chacune des images. Les caveaux inférieurs offrent un abri aux caravanes; les étages supérieurs servent de greniers.

Les niches qui contiennent les idoles ont été primitivement enduites de plâtre, et ornées de peintures de figures humaines qui ont disparu partout, excepté au-dessus des têtes des idoles; là, les couleurs sont encore aussi fraîches que dans les tombeaux égyptiens. Il y a peu de variété dans le dessin de ces figures, qui toutes représentent le buste d'une femme avec une houppe de cheveux sur le sommet de la tête, et une écharpe jetée sur la poitrine, le tout entouré d'un cercle rouge. Suivant la tradition, ces idoles furent sculptées environ vers l'ère chrétienne par des *Kafirs* infidèles, pour représenter un roi nommé Silsal et sa femme, qui gouvernaient une contrée éloignée et étaient remarquables par leur grandeur. Les Indous assurent qu'elles ont été faites par les *Pandoos*, et qu'il en est parlé dans le grand poëme de *Mahaburat*; enfin quelques historiens attribuent ces images aux bouddhistes, et les longues oreilles de la grande figure rendent cette supposition vraisemblable. M. Burnes assure avoir trouvé à Manikyala, dans le Penjab, une cornaline antique qui ressemblait à la tête de cette idole. Quoi qu'il en soit, il n'y a rien dans les idoles de Bamian qui prouve un art avancé, rien que le peuple le plus grossier n'eût pu exécuter. On trouve peu de traces des anciens édifices religieux élevés par l'islamisme. A Ghiznèh, ville bien déchue de ce qu'elle était quand les sultans ghiznevides y siégeaient, tous les beaux monuments élevés par Mahmoud ont disparu depuis longtemps; des nombreuses mosquées dont il l'avait décorée, il ne reste plus que deux minarets de trente-trois mètres de hauteur.

Parmi les édifices religieux élevés à une époque plus récente, on pourrait citer les innombrables mosquées de Bockhara et de Samarkand, mais le plus remarquable est celui qui donne son nom à la ville d'Amritsar, située à quelques kilomètres de Lahore, capitale des États de Randjet-Singh. C'est un pentagone irrégulier, surchargé de dorures, et surmonté d'une coupole flanquée de quatre campaniles. Ce temple, dans lequel est gardé l'*Adi-Granth*, le livre sacré des Seykes, confié à des prêtres appelés *Akalis*, immortels, s'élève au milieu d'un bassin peu profond de cent mètres carrés, destiné à l'accomplissement d'une cérémonie essentielle de la religion seyke. Tout individu appartenant à cette croyance s'acquitte avec empressement et ferveur, et aussi souvent que possible, de l'ablution dans l'*Amritsar*, le bassin de l'immortalité. Jour et nuit, une foule immense se presse dans cette enceinte sacrée, et jamais on n'a vu un seyke renoncer à son pèlerinage par la crainte d'un danger, quelque éminent qu'il fût.

MONUMENTS FUNÉRAIRES.

On rencontre dans la contrée que nous parcourons un assez grand nombre de monuments qui ont donné lieu à bien des controverses parmi les savants: ce sont ceux que l'on désigne sous le nom de *topes*, mot afghan qui revient au latin *tumulus*, à l'anglais *barrow*, et qui se retrouve avec le même sens dans le sanscrit *stoupas*. Un seul point paraît hors de doute, c'est leur destination funéraire; leur forme même, qui rappelle le *tumulus* si commun chez tous les peuples anciens, ou les tombeaux construits de l'antique Étrurie et de bien d'autres contrées, suffirait pour ne laisser aucune incertitude. L'époque de leur érection est plus difficile à déterminer. Les naturels les disent l'ouvrage des dieux; mais les savants y voient les tombeaux de quelques rois de Bactriane ou d'autres princes qui ont succédé à leur puissance. Mais quels étaient ces princes? Quelle était l'étendue de leur domination? Il est certain que tout le Penjab, et même une grande partie du territoire gangétique et du Sindh, furent le siége de leur puissance; mais comment décider si c'étaient des princes indo-grecs ou indo-scythes? comment savoir par quelle révolution leur règne prit fin? quelle fut leur croyance jusqu'à l'introduction de la

religion mahométane? Quant à nous, il nous semble impossible de méconnaître dans la construction des topes une influence du génie grec, et les découvertes numismatiques venant à l'appui de notre opinion, nous n'hésitons pas à regarder ces monuments comme appartenant à la dynastie grecque des rois de Bactriane. Le lieu le plus ordinaire où se rencontrent les topes est une plaine élevée, dominant une rivière.

Parmi ces monuments, le plus connu est celui de Manikyala, dans le Penjab (*planche* 15), qui a été ouvert par le général Ventura, qui crut avoir trouvé le tombeau de Bucéphale, et par conséquent pensa reconnaître dans la ville voisine Bucéphalie, fondée par Alexandre dans l'Indo-Grèce, en l'honneur de son fameux coursier. Cette ville doit être Taxila, que nous savons avoir été la cité la plus populeuse entre l'Indus et l'Hydaspe, et dont le site répond parfaitement à celui de Manikyala.

Les fouilles furent exécutées en avril 1830; on attaqua d'abord le côté méridional au bas de la coupole, mais bientôt on renonça, ne rencontrant qu'un massif de maçonnerie. Le lendemain on fut plus heureux; ayant ouvert le haut de la coupole, à un mètre du sommet, on trouva six médailles et ensuite plusieurs autres; enfin une salle centrale, contenant une médaille d'or avec des caractères grecs, un anneau d'or avec un saphir portant une inscription, sans doute en langage pehlvi, plusieurs médailles avec des légendes des rois de Bactriane, qualifiés rois des rois, Βασιλευς Βασιλεων. Dans les fondations du monument, on découvrit dans une pierre creuse trois boîtes cylindriques, enfermées l'une dans l'autre, la première de fer, la seconde d'étain et la troisième d'or. Cette dernière, longue d'environ quatre-vingts millimètres sur quarante de diamètre, était remplie d'une substance semblable à de la boue, à moitié liquide, et mélangée de quelques petits morceaux de verre qui peuvent donner l'idée que cette boue avait été renfermée d'abord dans un vase de verre qui a été brisé. Dans cette substance on a trouvé deux monnaies ou médailles; la plus petite est en or, environ de la grandeur d'une pièce de cinquante centimes; elle présente une figure humaine, tenant un instrument fourchu, qui se retrouve sur toutes les monnaies provenant de Manikyala; l'autre pièce offre d'un côté deux lignes en caractères grossiers, probablement indons, et rien au revers. On découvrit aussi dans le tope quelques ossements humains. L'examen du monument fit reconnaître une sorte de puits qui descendait du sommet à l'intérieur, nouvelle analogie bien remarquable avec les tombeaux étrusques de Cere et de Corneto, dans lesquels se retrouve une disposition absolument identique. Lorsque le général Ventura eut fait vider ce puits, il en trouva le fond fermé par de larges pierres qu'il fit enlever; c'était là que l'attendait la récompense de ses travaux, et qu'il rencontra les trois cylindres dont j'ai parlé, aussi bien que plusieurs monnaies dont quelques-unes ont été données par le général Allard au cabinet des médailles de Paris. La forme du monument, ainsi qu'on peut le voir par notre dessin, est une demi-sphère, posée sur un soubassement circulaire entouré de pilastres d'environ un mètre trente centimètres de haut, et espacés de deux mètres. Les chapiteaux sont plats et supportent une corniche. Le soubassement repose lui-même sur plusieurs degrés; depuis le plus élevé jusqu'au sommet de la corniche on mesure environ deux mètres soixante centimètres. Au-dessus de cette corniche, le bâtiment en retraite laisse un rebord de cinquante centimètres de large, sur lequel s'élève un mur perpendiculaire de deux mètres de haut; à environ trente-trois centimètres du rebord est un bandeau formé par des pierres faisant une petite saillie sur le mur, et au sommet de ce mur, est une corniche plus avancée sur laquelle repose la sphère. La hauteur du monument est d'environ vingt-quatre mètres, sa circonférence de cent mètres; il est bâti d'une pierre commune dans le voisinage, et qui paraît être composée de végétaux pétrifiés; cette pierre dans l'intérieur est mêlée de petits morceaux de grès, mais elle compose seule le parement, en morceaux bien appareillés, d'un mètre quinze centimètres de long sur cinquante centimètres de large. Le sommet du bâtiment est aplani aujourd'hui en partie, et la maçonnerie est à découvert sur un espace de sept mètres environ sur trois mètres de large.

Les topes sont en très-grande quantité entre Kaboul et Jelalabad. Les topes des environs de Kaboul s'élèvent sur le sommet de montagnes qui supportent une plaine élevée (voyez *le frontispice*), et cette particularité est, comme nous l'avons dit, commune à la plupart de ces monuments. La plaine adjacente a été évidemment le bassin d'un lac ou d'une étendue quelconque d'eau stagnante, jusqu'à ce qu'elle s'écoulât en forme de rivière, et ce lieu continue encore à être plus ou moins marécageux. Il paraît hors de doute que ces lieux ont été choisis exprès comme plus élevés, plus retirés, plus majestueux, plus favorables au respect religieux. M. Martin Honingberger a fait fouiller une grande quantité de topes (1). Parmi ces tombeaux, au nombre de plus de trente, la plupart se trouvent à Jelalabad et dans le territoire adjacent; ils durent être les sépultures d'une longue suite de rois dont l'existence se perd dans la nuit des temps. Celles de ces tombes qui n'ont pas été ouvertes par M. Honingberger paraissent être encore intactes. Ces topes sont répandus sur le bord de la rivière qui baigne le nord de la vallée; ils s'étendent de Bala-Bagh jusqu'au confluent de la rivière de *Kaboul* avec le *Dronta*; leur destruction a été facilitée par la nature des matériaux qui les composaient, et qui étaient de gros cailloux ou des blocs de pierre rongés par l'eau, joints simplement par de la boue. Dans ceux qui ont été creusés à leur base, on a trouvé une petite salle formée de pierres grossières et dans laquelle étaient divers objets. Dans aucun n'existe le puits que j'ai signalé au tope de Manikyala. L'extérieur varie davantage dans sa structure, mais la masse a un type commun qui indique évidemment que tous ces monuments ont appartenu à une même dynastie; toutefois beaucoup de leurs caractères ont pu être altérés par la succession des temps et des générations.

Beaucoup de ces tombeaux n'ont pas plus de dix à dix-sept mètres de haut sur une circonférence de vingt-sept à trente-sept mètres; dans plusieurs on ne rencontra aucun objet intéressant, mais on fut plus heureux dans d'autres. Les découvertes

(1) *Asiatic Journal of London*, New ser. XVII, 1835.

consistent principalement en ossements, perles, morceaux d'ambre et de rubis, petites figurines d'or, etc.

A Tattung, M. Masson fit ouvrir, en 1834, plusieurs topes dont quelques-uns offrent un résultat curieux. « Le second tope que j'ai ouvert, dit-il dans sa lettre au docteur Gérard, a au centre une petite chambre où n'était rien qu'un peu de poussière. Je creusai jusqu'au bas des fondations sans rien trouver autre chose. J'y ai employé huit jours. Dans la chambre centrale je trouvai une araignée vivante, et si cet animal était là depuis la fondation du monument, il devait avoir au moins 1600 ans. On sait que les naturalistes accordent à certains de ces insectes une énorme longévité. » Ce tope a quarante-huit mètres de circonférence.

Le tope de Nandara a cinquante-quatre mètres de circonférence; lorsqu'on l'ouvrit, les recherches de monnaies furent infructueuses dans le monument même, mais on en trouva un grand nombre aux environs, et toutes appartenant aux rois grecs de Bactriane.

Dans le Bockhara, à la base du bas Hymalaya, à peu de distance d'Osman et près du village en ruine de Belur, est un tope, situé entre une rangée de collines et dont la construction est plus curieuse encore que celle du tope de Manikyala, avec lequel au reste il présente une grande analogie (voyez *la vignette*, page 47). Sa hauteur est de seize mètres environ; on doit remarquer le rétrécissement que présente sa base, ce qui offrit une assez grande difficulté de construction. Les pilastres qui l'entourent ressemblent beaucoup à ceux de Manikyala, mais les moulures sont plus riches et plus nombreuses. Les monnaies qu'on y trouva ont le même type que celles de Manikyala.

On trouve les restes d'un autre tope à trois milles à l'est de Bawil-Pindee.

A six kilomètres de Peichaouer, sur le chemin de Kaboul, est un tope qui appartient évidemment à la même ère que ceux de Manikyala et de Belur; il est dans le plus grand état de délabrement, et a environ trente-trois mètres de haut. Dans le Klyber, à vingt-quatre kilomètres de Peichaouer, il en existe un autre dans un bon état de conservation et plus grand encore que celui de Manikyala. Enfin je devrai encore signaler celui qui existe à Usman Khatir, dans le bassin de l'Indus.

Quant aux monuments funéraires appartenant à l'époque mahométane, j'indiquerai à Ghizneh le tombeau de Mahmoud, bâti en marbre et surmonté d'une coupole, ceux de Beloli le Sage et de Hakim Sunaï, et à Kandahar celui d'Ahmed-Schah, également décoré d'une coupole. Un autre mausolée mérite d'attirer notre attention, non par lui-même, mais par les souvenirs qui s'y rattachent. Ce tombeau, situé à environ un kilomètre de Kaboul, est celui du conquérant Baber, le fondateur de l'empire mogol, et le digne descendant des Tamerlan et des Gengiskan. Deux pierres de marbre blanc marquent seules cette sépulture illustre, et les derniers mots de l'inscription donnent la date de la mort de l'empereur, 1530. Près de lui sont inhumés plusieurs de ses femmes et de ses enfants. Le modeste jardin qui renferme ces tombeaux est environné d'une muraille de marbre; on y voit s'élever une petite mosquée, qu'une inscription indique avoir été élevée par Schah-Jehan après la défaite de Nuzurkan, à Balkh et à Budukhskan.

CONSTRUCTIONS CIVILES.

Les premières habitations des peuples dont nous décrivons la patrie paraissent avoir été des cavernes qui se rencontrent en grand nombre dans toutes ces contrées. Bamiam en offre surtout une quantité prodigieuse dans toutes les parties de la vallée où elle est située. Une colline isolée au milieu de la vallée est tellement excavée qu'elle présente l'aspect d'un rayon de miel; on l'appelle la ville de Ghoolghoola; cette ville consiste en une succession de grottes dans diverses directions, qu'on dit avoir été l'ouvrage d'un roi nommé Julal. Les collines de Bamiam sont formées de terre et de cailloux qui rendent leur excavation facile. Les caveaux sont creusés de chaque côté de la vallée, mais en plus grand nombre vers le nord, où se trouvent les idoles que nous avons décrites; elles forment une immense cité. Souvent les paysans se livrent à des fouilles qui sont presque toujours récompensées par des découvertes de bagues, de monnaies et d'inscriptions cufiques antérieures à Mahomet. Ces habitations n'offrent aucun ornement d'architecture, n'étant autre chose que des salles carrées creusées dans la colline. Quelques-unes cependant se terminent en coupole et ont une frise à la naissance de cette coupole.

Plusieurs excavations du même genre se trouvent dans une colline, au nord de la rivière de Kaboul et du village de Bussoul. Ces grottes sont réunies par groupes, mais elles ont chacune une entrée distincte, environ de la dimension d'une porte ordinaire.

Quelques cités détruites nous présentent des restes de monuments intéressants. Les ruines de Bykund paraissent avoir appartenu à l'une des plus anciennes cités du Turkestan; elles sont situées à environ vingt-huit kilomètres de Bockhara; on dit que cette cité est plus ancienne que la capitale même. On a renouvelé pour Bykund la fable du passage des Alpes par Annibal. Bykund était bâtie sur un rocher qui était si dur qu'il résistait aux instruments des ouvriers, et ceux-ci furent, suivant la tradition, obligés de l'humecter avec du vinaigre et du beurre. L'eau était amenée à Bykund par un immense aqueduc dont les restes existent encore.

La ville moderne de Bykund est également déserte, et quelques pans de muraille attestent seuls son existence.

Mahmoud avait élevé à Ghiznch des bains magnifiques, de riches palais, de nombreux bazars; on en chercherait vainement des traces; mais une digue, ouvrage du même prince, est encore là pour rappeler la splendeur de cette ville qui a été pendant deux siècles la capitale de l'empire des Ghiznevides, et une des plus grandes et belles cités de l'Asie.

L'architecture moderne des Afghans est très-simple, les pasteurs vivant dans des tentes, les agriculteurs dans des maisons de médiocre grandeur. Les riches habitations des villes ressemblent à celles de la Perse; elles sont fermées à l'extérieur par de hautes murailles, et garnies à l'intérieur de cours et de colonnades peintes et sculptées dans le goût arabe.

CONSTRUCTIONS CIVILES.

Le palais de Kandahar est à peine digne d'être comparé à une habitation d'un riche particulier de l'Europe, mais M. Elphinstone a tort d'envelopper dans le même mépris celui de Kaboul, le *Balla-Hissar*. C'est une espèce de citadelle où le roi a un palais magnifique, surmonté de trois tours à flèches dorées, et offrant à l'intérieur une belle et vaste salle d'audience, soutenue par des colonnes.

Je n'ai plus à indiquer, en terminant cette revue, qu'un simple bazar qui forme le centre de la ville de Kandahar. Le *Tchason*, auquel aboutissent les quatre rues principales, est une vaste rotonde voûtée, garnie intérieurement de nombreuses et riches boutiques; c'est un des principaux ornements de cette ville, qui a été la capitale du royaume pendant la durée du règne d'Ahmed-Schah.

CEYLAN.

INTRODUCTION.

L'ile de Ceylan, que les naturels nomment *Lakka*, s'appelait autrefois *Lakdiva* et *Sinhala* (de la racine sanscrite *sinhat*, lion). Elle est située à l'entrée du golfe de Bengale dont les flots la baignent au nord; le golfe de Manaar, détroit fort resserré et tellement embarrassé d'écueils, d'îlots et de bas-fonds, que l'on ne peut y naviguer qu'avec de très-petits bâtiments, et le détroit de Palk, la séparent de la côte S. E. de la presqu'île de l'Inde; elle est éloignée d'environ deux cent quarante kilomètres du cap Comorin, sa pointe la plus méridionale. On évalue la circonférence de Ceylan à cent vingt myriamètres, et de l'extrémité septentrionale de l'île, c'est-à-dire de la pointe *Pedro* au nord jusqu'au cap *Dondre* au sud, sa longueur est un peu moindre de quarante myriamètres. La forme de l'île est celle d'une poire, et sa largeur est très-inégale. L'espace le plus étendu dans ce sens n'a pas plus de cent vingt-huit kilomètres. Ceylan est une des plus grandes îles de l'Asie, et aussi une des plus importantes sous le rapport de sa situation et de ses productions. Le *Mahavilla*, le *Kalay*, le *Kalou* et le *Walleway* sont les principales rivières; elles prennent toutes quatre leur source dans le *pic d'Adam*, montagne qui s'élève au centre de l'île à onze cent quinze mètres au-dessus du niveau de la mer, et dont le sommet présente un plateau de peu d'étendue, au milieu duquel on voit une pierre portant l'empreinte d'un pied gigantesque. Les Européens ignorants affirment, les uns que c'est le pied d'Adam, les autres que c'est celui de saint Thomas; les insulaires de leur côté croient y reconnaître l'empreinte de leur dieu Bouddha, et ses sectateurs y accourent en pèlerinage.

On croit que l'île de Ceylan est la Taprobane des anciens; on dit que dans les siècles les plus reculés elle était célèbre par ses épices, et que Salomon en tira les pierres précieuses dont il enrichit le temple de Jérusalem. Son histoire primitive est toute pleine de ces allégories merveilleuses qui caractérisent les traditions asiatiques. Les légendes chingulaises rapportent qu'un jour les habitants de Tannaserin, sur les rives du Gange, virent sortir du soleil levant un être de majestueuse figure qui leur ordonna de quitter leurs huttes sauvages et de se bâtir des maisons, il régna sur eux, et ses descendants lui succédèrent sous le titre de *Souriavas* (fils du soleil). L'un de ces *Souriavas*, Vidja-Radjah, fut le premier empereur de Ceylan; il débarqua sur cette île avec sept cents hommes et soumit la contrée qui adorait aussi le soleil sous le nom d'*Isouara*. Après lui régnèrent Singa-Bahou et Vidja-Comara, qui épousa la fille du roi de Madoureh, dont la dot fut un grand nombre de sujets et d'ouvriers orfèvres, maçons, charpentiers, etc. Divers princes se succédèrent jusqu'en 379 de notre ère, où le culte de Bouddha fut introduit dans l'île par le prêtre Mihidouma, qui, suivant la tradition, y vint descendre en traversant les airs, sous le règne de Deveni-Petissa. Depuis lors les prêtres de la nouvelle religion exercèrent une influence presque sans bornes jusqu'à la venue des Européens. Nous avons déjà dit, en traitant de l'Inde, que Ceylan est resté le dernier sanctuaire du bouddhisme lorsque celui-ci eut été chassé des bords du Gange et de l'Indus par la religion de Mahomet. On comprend que ces premiers événements de l'histoire de Ceylan peuvent être regardés la plupart comme fabuleux; ce n'est que depuis l'arrivée des Portugais sur les côtes de l'île, en 1505, qu'on peut compter sur l'authenticité des faits.

Sous le règne de Darma-Praccaram, l'amiral Lorenzo d'Almeïda, forcé de se réfugier à la pointe de Galle, fut parfaitement accueilli par les indigènes, qui se défendaient difficilement contre les Arabes. Almeïda parvint à engager le souverain du pays à payer un tribut aux Portugais qui garantiraient les côtes de l'île de toute invasion. L'importance du commerce de la cannelle inspira à Almeïda le dessein de fonder à Ceylan un établissement qui donna beaucoup de jalousie aux naturels du pays, et occasionna une guerre qui, à quelques interruptions près, dura environ cent ans. L'île était divisée entre plusieurs petits princes feudataires du roi de Ceylan, les Portugais entretenaient la mésintelligence entre eux, prêtaient leur appui à celui qui le réclamait le premier et s'emparaient des possessions du vaincu. Les Portugais, apportant dans leurs relations avec les insulaires l'esprit de rapacité et de fanatique intolérance qui leur était ordinaire, se rendirent odieux aux indigènes dont ils renversaient les temples et froissaient toutes les croyances, tous les usages. Vers 1654, Simon Correa, chef des Portugais, en était venu à enlever deux fois de vive force la ville même de Kandy, résidence de la royauté chingulaise; ce fut alors que le roi Radjah-Singha accepta les propositions des Hollandais qui lui offrirent de le délivrer des Portugais. Ceux-ci furent entièrement expulsés en 1656. La joie qu'éprouvèrent les Chingulais fut sans bornes, ainsi que leur reconnaissance envers leurs libérateurs. Le roi de Kandy leur céda Trinkomalay, Pointe de Galle, Columbo et Negumbo, avec une étendue considérable de terres d'un grand rapport. Les Hollandais prirent modestement le titre de gardiens des côtes; mais bientôt ils devinrent aussi odieux que les Portugais. Soit en guerre, soit en paix, ils parvinrent à arracher au roi de Kandy ses plus riches domaines, à lui enlever toutes les côtes et à le renfermer dans l'intérieur du pays. Par le traité auquel ils l'avaient forcé de souscrire en 1766, ils l'avaient en quelque sorte réduit à n'être qu'un prisonnier dans la partie de ses États qu'ils lui avaient laissée; il ne pouvait avoir de relations avec aucune puissance, et ils lui avaient imposé une foule d'obligations. En compensation ils reconnaissaient le roi de Kandy empereur de Ceylan et lui donnaient une longue suite de titres brillants, qui d'après le contraste qu'ils formaient avec sa position pouvaient passer pour autant d'insultes.

Les Kandiens essayèrent plus d'une fois de se procurer de meilleures conditions par la voie des armes; mais les Hollandais les repoussèrent constamment; enfin, les deux partis fatigués cessèrent entre eux toute communication. Telle était la situation des choses lorsque la Hollande, ayant épousé les intérêts de la république française dans la guerre de 1792, cette alliance fut le signal de l'attaque des colonies hollandaises dans les Indes orientales. Les Anglais depuis longtemps convoitaient la possession de Ceylan; dès 1782, sous le règne de Radjahi-Radjah-Singha, ils avaient essayé de s'en emparer. Une escadre, commandée par sir Hector Munroe, avait réussi à se rendre maîtresse de Trinkomalay, le principal port de l'île, l'un des plus vastes du monde, et d'autant plus important pour les Anglais, qu'il est le seul qui puisse offrir aux vaisseaux qui naviguent dans le golfe de Bengale un refuge assuré contre les tempêtes qui désolent ces mers à l'époque de la mousson nord-ouest; mais bientôt Suffren, commandant des forces navales de la France dans les mers de l'Inde, les avait délogés et avait rendu Trinkomalay aux Hollandais. Les Anglais furent plus heureux en 1796; ils débarquèrent à Negumbo; de ce port, le général Stewart se porta sur Columbo, chef-lieu des possessions européennes de Ceylan, et cette ville se rendit presque sans coup férir. Quoique la garnison hollandaise fût aussi nombreuse que le corps assiégeant, la trahison ouvrit aux Anglais les portes de Columbo; le gouverneur Van Anglebeek signa une capitulation sans en prévenir ses officiers; le seul fait d'armes qui signala cette attaque, appartient à un colonel français, nommé Raymond, qui se précipita contre l'ennemi à la tête de quelques troupes malaies, et, ne pouvant vaincre, mourut au moins en brave.

À la suite de ce pacte peu honorable, les troupes anglaises occupèrent Columbo; elles soumirent ensuite le littoral, possédé tour à tour par les Portugais et par les Hollandais, et depuis ce temps aucune puissance européenne n'a cherché à contester leur droit d'occupants, qui a été confirmé officiellement par le traité d'Amiens, en 1802. Les Anglais n'eurent plus à soutenir que quelques guerres intérieures contre les rois de Kandy, guerres qui souvent furent funestes aux premiers. En 1804, après la prise de la capitale chingulaise par le colonel Johnston, un armistice fut conclu, et dura jusqu'en 1814, où le conflit recommença. Un détachement, sous les ordres du major Hook, se porta de Columbo sur Haugwaly, et plusieurs autres corps, au nombre de trois mille hommes, devaient lui servir de réserve; avec ces forces, le chef anglais marcha sur la capitale, s'en empara le 6 mars 1815, et fit prisonnier le roi Wikrimi-Radjah-Singha, dont la conduite, odieuse à ses sujets, avait beaucoup facilité la réussite de la conquête anglaise. Les trésors des anciens rois de Kandy tombèrent ainsi au pouvoir des vainqueurs, et une proclamation du lieutenant général Robert Brownrigg annonça aux insulaires la prise définitive de possession de Ceylan au nom de George III. Telle est l'histoire de Ceylan, qui est aujourd'hui tout entière anglaise, mais dont la partie intérieure a cependant conservé l'ancienne dénomination de royaume de Kandy.

Parmi les arts, la peinture est le moins avancé chez les Chingulais; leur ignorance complète des lois de la perspective ne leur permet pas de réussir dans le paysage; et même, dans de simples figures isolées, ils n'ont guère plus de succès. Leurs dessins sont toujours incorrects, l'effet en est nul et souvent faux, car ils ne connaissent pas davantage les effets de la lumière et des ombres. Leurs efforts ont été plus heureux en sculpture. Leurs sujets sont presque tous puisés dans la religion; l'image de Bouddha est celle que leur ciseau reproduisait le plus fréquemment. Il est de ces figures construites en maçonnerie qui ont jusqu'à dix mètres de hauteur; d'autres plus petites sont en bois ou en marbre. Les artistes sont forcés de choisir entre trois postures consacrées, debout, assis ou dans l'attitude du repos; toute innovation serait sacrilège. Les statues sont coloriées et la pupille de l'œil est toujours indiquée par le ciseau du sculpteur.

L'art du fondeur a été poussé assez loin par les Chingulais; il s'exerce principalement à la production de petites idoles de bronze et de cuivre. On voit à Kandy une statue assise de Bouddha de grandeur naturelle, dont l'exécution est si parfaite, qu'au dire de Davy, elle serait admirée même en Europe.

En architecture, on peut dire que les Chingulais n'ont aucun caractère national; dans aucune contrée on ne peut voir une si grande variété de styles, ni des marques plus certaines d'une progression de l'art. Les temples creusés dans le roc, qui sont très-nombreux dans l'intérieur de Ceylan, peuvent, à l'exception de leurs ornements, être considérés plutôt comme l'ouvrage de la nature que comme celui de l'homme. Quant aux constructions, il en est qui rappellent les monuments monolithes de l'Inde; en voyant les *dewalès* ou temples des dieux, on se souvient involontairement de l'architecture grecque, tandis que par les petites chapelles, appelées *wiharès*, on est quelquefois ramené au style chinois; les temples de Bouddha ont de l'analogie avec les monuments tartares; dans quelques ruines on trouve des arcs construits par encorbellement comme dans les plus anciennes constructions pélasgiques ou étrusques; et enfin, dans des monuments plus modernes, l'arc à claveaux avec sa clef. En examinant les monuments antiques répandus sur la surface de Ceylan, il est facile de s'apercevoir de la décadence de l'architecture depuis deux siècles. Tous les monuments publics de l'intérieur de l'île sont généralement petits et peu dignes d'intérêt. En général les monuments les plus remarquables de l'île de Ceylan sont ceux taillés dans le roc, par lesquels nous allons commencer notre examen.

MONUMENTS RELIGIEUX.

Ce n'est que depuis la publication du voyage de Davy que nous avons acquis des notions exactes sur les temples souterrains de Ceylan. Les plus importants de tous, par leur perfection et leur ancienneté comme par leur complet état de conservation, sont ceux de Dambooloo, situés dans la partie méridionale de l'île, au sud-est de la ville de Kandy. Le roc, appelé *Dambooloo-Gallé*, dans lequel ces temples sont creusés, est isolé presque de toute part, et d'une vaste étendue. Sa hauteur perpendiculaire au-dessus du terrain est d'environ deux cents mètres; très-peu de ses parties sont boisées, et en général sa surface est noire. Les temples qui ont donné la célébrité à ce lieu font partie d'une vaste caverne en partie naturelle, en partie artificielle, taillée dans le côté sud du roc, à environ cent dix-sept mètres au-dessus du sol environnant. On s'en approche à l'est par une pente douce qui aboutit à une étroite terrasse, entourée d'un mur bas, ombragée par des arbres et contenant dans son aire une citerne d'eau de pluie et un très-petit temple.

L'intérieur des temples est caché extérieurement par un mur de plus de trente-trois mètres de haut et de cent trente-trois mètres de long, percé d'une infinité de portes et fenêtres, défendu non-seulement par la concavité du rocher qui le supporte, mais encore par un grossier *vérandah* consistant en un toit de tuiles, supporté par des poutres. La terrasse et cette façade sont d'un aspect peu frappant, et ne préparent pas le spectateur aux merveilles qui l'attendent dans les temples. Le *wiharè* le plus éloigné de l'entrée a environ dix-huit mètres de long et neuf mètres de large; son toit écaillé, qui est très-incliné, a neuf mètres de hauteur; il contient dix figures de Bouddha et un *dagobah* (chapelle à reliques) très-soigné, d'environ quatre mètres de haut. Les figures sont toutes bien exécutées et peintes des couleurs les plus brillantes ; plusieurs sont aussi grandes et même plus grandes que nature. Le toit, les parois du roc et de la muraille sont peints des mêmes couleurs, et couverts d'un grand nombre de figures de Bouddha.

Le *wiharè* voisin, appelé *Alut-Wiharè*, est séparé du précédent, moitié par le roc, et moitié par le mur de maçonnerie, dans lequel est percée une porte de communication. En entrant dans ce temple, on est étonné de l'effet que produisent l'immense surface de roc peinte des plus brillantes couleurs, et les figures nombreuses de Bouddha dans diverses attitudes et toutes coloriées. Le *wiharè* a environ trente mètres de long et vingt-sept mètres de large; son toit écaillé a environ douze mètres de hauteur. Les figures qu'il contient sont à peu près au nombre de cinquante; on remarque surtout une statue de Bouddha dans la posture du repos, la tête posée sur sa main droite et sur un coussin; sa taille bien proportionnée, mais colossale, n'est pas moindre de dix mètres. Plusieurs autres figures du même dieu, debout, ont environ trois mètres trente centimètres de haut; toutes les autres sont de grandeur naturelle; plusieurs sont peintes d'un jaune éclatant; deux ou trois ont des draperies rouges, et cette différence de costume rappelle les deux classes de lamas du Thibet, classes décrites par Turner, et qui se distinguent par des habits jaunes et rouges. Du côté oriental du temple, est une figure bien exécutée du roi Kirtissire, le dernier bienfaiteur de Dambooloo, représenté en grand costume. Entre ce temple et le plus voisin, il n'y a aucune communication directe; ils sont séparés par une muraille en pierre. Le portail par lequel on entre à la façade est une voûte très-haute, dont les côtés présentent des figures de portiers qui rappellent les *Rechas* des temples de Java. Ce temple, appelé le *Maha-Radjah-Wiharè* (le temple du grand roi), surpasse encore en magnificence le dernier que nous avons décrit. On sait que ce temple fut commencé, il y a environ deux mille ans, par le roi Walagam-Bahoo; il a près de soixante-trois mètres de long, trente mètres de large et quinze mètres de haut. Ici, l'obscurité ne vient pas ajouter l'illusion d'optique à sa grandeur réelle; le temple est parfaitement éclairé par les nombreuses fenêtres et les portes de la façade; il contient cinquante-trois images et un superbe *dagobah*, d'environ cinq mètres de haut. La base circulaire de celui-ci est ornée de quatre figures de Bouddha, regardant les quatre points cardinaux, et assises chacune sur un *cobra-capello* (1), dont le capuchon vient leur ombrager la tête. Ici, comme dans les autres temples, les images sont disposées en rang à une petite distance des parois, de trois côtés, mais non groupées; il n'y en a point du côté de la façade, excepté toutefois les statues de deux rois, qui s'élèvent debout contre le mur. La première est celle de Wallagam-Bahoo, le premier bienfaiteur de Dambooloo, figure sévère, revêtue d'un costume très-simple. Les oreilles sont longues et pendantes, suivant la coutume de Malabar; un serpent entoure le corps et le cou, et sa double tête vient servir de pendants d'oreilles. L'autre statue représente le roi Nisankai. Au côté occidental du

---

(1) Serpent de l'île de Ceylan, remarquable par l'espèce de capuchon qui s'étend de chaque côté de sa tête, et qui lui a valu son nom.

temple, les figures sont arrangées sur un double rang. La majeure partie de ces figures représente Bouddha en différentes attitudes; quelques-unes sont grandes, mais la plupart sont au-dessous de nature. Une des statues est celle de Mitré-Deo-Rajooroowo, qui, selon la mythologie chingulaise, sera un nouveau Bouddha et le successeur de Goutama. On en voit aussi une de chacun des trois dieux de leur trinité, Wishnou, Samen et Nata, vêtus, le premier en bleu, le second en jaune et le troisième en blanc. A l'extrémité orientale du temple est une petite retraite, creusée également dans le roc, dont les murs sont couverts de peintures rappelant l'histoire de Ceylan, commençant à la période la plus reculée et la plus fabuleuse, et continuée jusqu'à l'introduction du bouddhisme. Les exploits du premier prince, Vidja-Radjah, ont fourni la plus grande partie des sujets; on y remarque surtout le voyage de ce héros, qui est représenté sur un balcon environné de monstres marins. La consécration de l'île à Bouddha est figurée par un roi conduisant un charrue attelée d'une paire d'éléphants, et suivie de prêtres. Au côté oriental du temple, est une source qui filtre au travers de la voûte, et qui est alimentée par la pluie; à mesure que l'eau tombe, elle est reçue dans un bassin placé à cet effet. Cette eau excellente est devenue une source d'indulgences pour les Chingulais qui en boivent par dévotion.

Le dernier temple, appelé Dewaa-Radjah-Wiharè est très-inférieur aux autres sous tous les rapports; il a environ vingt-deux mètres de long, sept mètres trente centimètres de large et trois mètres soixante centimètres de haut; il n'offre de remarquable qu'une figure de Wishnou, à laquelle, suivant la légende, ce dieu même aurait travaillé.

Nous avons déjà dit que sous l'ancien état de choses l'alliance de l'Église et du gouvernement était aussi étroite que possible; à l'appui de cette remarque, on peut observer que les Chingulais paraissent considérer les temples comme inséparables des palais des rois. En conséquence, chaque résidence royale a son nombre fixé de temples, qui dans plus d'une occasion ont survécu aux palais mêmes dont ils faisaient partie. Les principaux temples de Kandy et de ses environs sont le *Dalada-Malegawa*, l'*Asgirie-Wiharè*, le *Nata-Maha-Wishnou*, le *Katragam* et le *Patinè-Dewalès*.

Le *Dalada-Malegawa* est le temple domestique du roi, et le plus vénéré de toute la contrée; car il contient la dent de Bouddha, le *Dalada*, cette relique fameuse, qui est considérée par les bouddhistes comme le palladium de l'île. Selon eux, à sa possession est attachée celle de Ceylan, et dès que les Anglais s'en furent rendus maîtres, les Chingulais ne pensèrent plus à se défendre et regardèrent les conquérants comme légitimes possesseurs de l'île tout entière. Ce temple, assez petit, et à deux étages, est bâti dans le style de l'architecture chinoise. Le sanctuaire est une chambre d'environ quatre mètres carrés, située à l'étage supérieur, qui n'a point de fenêtres, et dans laquelle ne pénètre jamais un rayon de la lumière naturelle. On y entre par des portes pliantes, revêtues de lames d'airain, et fermées devant et derrière par des rideaux. La magnificence de ce sanctuaire dépasse tout ce que peut concevoir l'imagination. Le plafond et les murs sont couverts de brocart d'or, et partout on ne voit qu'or et pierres précieuses. Sur une plate-forme d'environ un mètre vingt centimètres de hauteur, et qui occupe à peu près la moitié de la salle, sont des fleurs disposées avec goût au milieu des objets sacrés, tels que de petites figures de Bouddha, dont une de cristal de roche, et quatre ou cinq reliquaires, appelés *Karanduas*, pareils pour la forme aux *Dagobahs*, dont je parlerai plus tard, mais tous fort petits, à l'exception d'un seul, n'ayant pas plus de trente-trois centimètres de hauteur, et étant enveloppés de plusieurs mousselines. Le grand Karandua n'est pas recouvert, mais il est d'une grande richesse; il a un mètre soixante et dix centimètres de haut et trois mètres trente centimètres de circonférence à sa base; il est d'argent fort épais et doré à l'extérieur; il consiste en trois pièces différentes qui peuvent être séparées les unes des autres. Le travail en est correct, mais simple; il est incrusté de quelques pierres précieuses, dont la plus belle est un *œil de chat* (1), placé au sommet. Les ornements qui sont attachés au reliquaire sont extrêmement riches et consistent en chaînes d'or, supportant une quantité de pierres précieuses; on remarque surtout un oiseau suspendu à l'une de ces chaînes et formé entièrement de rubis, de diamants, de saphirs, d'émeraudes et d'yeux de chat, enchâssés dans de l'or qui disparaît sous la profusion de pierres. Vues à quelque distance et à la lumière, les pierres du *Karandua* paraissent être d'une valeur immense; mais regardées de près, elles sont en général de qualité inférieure, et quelques-unes des plus grandes ne sont que des lames de cristal coloré.

Le *Malwatté-Wiharé* et l'*Asgirie-Wiharé* sont les deux principaux temples bouddhiques de Ceylan. Tous deux ils sont situés à une petite distance de la ville, le premier sur les bords du lac, et le second dans une petite vallée, élevée d'environ cent mètres au-dessus du niveau de ce lac et près de la redoute de l'est.

Le *Malwatté* est un monastère ou collège, dans lequel résident ordinairement environ quarante prêtres. Deux autres petits temples y sont attenants, et près de ceux-ci est un *poega*, ou salle de réunion, soutenu par seize colonnes, chacune d'un seul morceau de huit mètres trente centimètres de hauteur.

L'*Asgirie-Wiharé* est sous tous les rapports semblable au *Malwatté*, mais sur une plus petite échelle; ce temple est un beau bâtiment carré, dont le toit est supporté par seize piliers en maçonnerie, quatre de chaque côté; on y voit une figure de Bouddha en repos, haute de dix mètres, et plusieurs plus petites; elles sont toutes peintes en jaune, à l'exception d'une seule dont les draperies sont rouges. Les murs à l'intérieur du temple sont peints des couleurs les plus brillantes et avec beaucoup de soin. Contigu au temple est un très-petit *wiharé*, contenant une image de Bouddha assise les jambes croisées, à peu près de grandeur naturelle, et très-bien exécutée, particulièrement la face, qui est belle, mais dans laquelle on peut reconnaître le

(1) Variété de quartz chatoyant d'un gris verdâtre, ou d'un jaune tirant sur le brun, avec des reflets blanchâtres; cette pierre est fort rare et d'un assez haut prix; les plus estimées proviennent de Ceylan et de Malabar.

PALAIS DE KANDY.
(Ceylan)

type un peu sauvage des Chingulais. De chaque côté, et au-dessus de lui, plusieurs dieux représentés en haut relief semblent former son cortége.

Le *Nata* et le *Patinè Dewalès* sont bien inférieurs aux précédents. Le Katragam a cela de remarquable qu'il est environné de maisons, tandis que les dewalès sont presque tous isolés dans un espace laissé libre entre la ville et le palais auquel ils servent d'ornement, non tant par leurs bâtiments, que par les cocotiers et les magnifiques et immenses figuiers, arbres révérés des Chingulais.

A Trinkomalay est une chapelle dédiée à *Ganesa*, qui offre beaucoup d'analogie avec plusieurs des dewalès de l'intérieur (voyez *le frontispice*). Non loin de là, on voit les restes d'une ancienne pagode indoue, située au point extrême du promontoire sur lequel est construit le fort Frédéric (voyez *la lettre*).

Plusieurs villes ruinées du royaume de Kandy offrent des restes de pagodes; telles sont Aletty-Neour, entre Kandy et Trinkomalay, et Anourody-Borro, jadis résidence des rois de Ceylan, qui y avaient leurs sépultures, et qui est située au nord de l'île, sur les confins du territoire de Jafnapatnam.

Les plus singuliers peut-être de tous les monuments religieux de Ceylan, sont les *dagobehs* que déjà j'ai eu occasion de citer plusieurs fois et que nous avons trouvés dans quelques temples de l'Inde; mais ici, ces chapelles à reliques sont souvent isolées, et ont la forme d'une cloche parfaitement caractérisée et posée sur un soubassement (voyez *le frontispice*).

CONSTRUCTIONS CIVILES.

Le plus beau monument civil que présente l'île de Ceylan est le palais de Kandy, résidence des rois. Ce palais (*planche* 16) occupe un terrain considérable; sa façade, de près de trois cents mètres de développement, est noble et imposante; elle est tournée vers les principaux temples et s'élève au-dessus d'un large fossé. Les murailles qui entourent l'édifice sont percées de cavités triangulaires où l'on plaçait des lampes pour les illuminations. A une des extrémités, est un pavillon hexagonal à deux étages, appelé *Pateripooa*, dans lequel le roi, aux grandes occasions, apparaît au peuple assemblé dans la cour. A l'autre extrémité du palais, est l'appartement des femmes, sur la façade duquel le soleil, la lune et les étoiles sont représentés en bas-reliefs, et dans lequel, aux fêtes publiques, le roi et ses femmes se placent pour être témoins des processions. L'espace intermédiaire est occupé par le *Dalada-Malegawa*, et par la grande entrée du palais. On y pénètre par un pont-levis jeté sur le fossé, et par une arcade voûtée, massive, avec quelques degrés. Après une seconde arcade, on trouve la salle d'audience qui ne conserve plus de tous ses ornements que les piliers de bois sculpté, soutenant le plafond, et d'autres degrés conduisant au pavillon hexagonal et au temple. Les autres bâtiments situés dans l'arrière-cour, n'offrent aucune particularité; ce sont des chambres, des offices, etc., tous sombres et mesquins, et presque en ruine.

L'architecture domestique des Chingulais n'a aucun caractère; partout l'apparence est sacrifiée à la convenance et à l'économie. Les plus belles maisons, la plupart même de celles des chefs, sont en terre; elles s'élèvent sur une terrasse, n'ont qu'un seul étage, couvert d'un toit de tuile; leur forme est celle d'une enceinte carrée, présentant à l'intérieur un large *vérandah*, sur lequel donnent toutes les pièces. Une grande maison consiste en plusieurs de ces enceintes, communiquant entre elles par des passages. La plupart des chambres sont sombres, et seulement éclairées par des lucarnes; le sol est d'argile, mêlée de bouse de vache, et les murs sont aussi couverts de la même composition ou d'une couche d'argile blanche, l'usage de la chaux étant réservé aux palais et aux temples. Les habitations du peuple sont en général sur le même plan, mais presque toujours couvertes en chaume.

Je ne parlerai pas des monuments funéraires ni des constructions militaires de Ceylan, qui n'offrent aucune particularité digne de notre attention; mais en terminant, je signalerai les ponts de bambous, si fréquemment jetés sur les torrents qui sillonnent cette île (voyez *la vignette*), et dont la légèreté est telle, qu'on ne peut voir sans étonnement des hommes assez hardis pour confier leur vie à de si frêles supports.

JAVA.

INTRODUCTION.

L'ile de Java est, après celles de Soumâdra et de Bornéo, la plus considérable de l'archipel Asiatique; elle leur est inférieure en étendue, il est vrai, mais sa position plus centrale entre le continent de l'Asie, la Nouvelle-Hollande, les îles des Épices, la mer des Indes et le Grand Océan, sa population, son agriculture, son industrie, son commerce, ses arts et sa civilisation lui assurent le premier rang dans la Malaisie. Java s'étend de l'ouest à l'est, en inclinant un peu au sud. Sa longueur depuis le cap Java, sur le détroit de Soûnda (1), jusqu'à la pointe la plus orientale, est de

---

(1) C'est le nom *Soûnda* et non *de la Sonde* que porte le détroit qui sépare Java de la pointe méridionale de Soumâdra.

cent quatre-vingt-douze lieues marines; sa largeur varie de seize à soixante-six lieues. Les indigènes désignaient jadis par le nom de *Java* la partie orientale, par celui de *Soûnda* la partie occidentale, et par celui de *Tana* la réunion de ces deux parties, à laquelle le nom de Java est appliqué aujourd'hui sans distinction par les Européens. Les géographes persans l'appellent Maharadji (le grand roi); les Arabes, *Djezyret-el-Maharadjeh* (île du grand roi), ou *Saryrah*.

La partie orientale de l'île, ou Java proprement dit, est beaucoup plus allongée et plus étroite que l'autre, et se divise en deux portions; celle du nord et de l'est est soumise aux Européens; celle du centre et du sud a conservé son indépendance. La population de Java, suivant le dernier recensement, est de cinq millions, dont plus des deux tiers forment la domination hollandaise.

Les principales villes sont Batavia, qui a succédé à Bantam, l'ancienne capitale, Sourabaya, avec une rade superbe, et Samarang, grande ville dont malheureusement le port est obstrué par un banc de vase.

Les résidences de Djokjokarta et de Sourakarta sont gouvernées par des princes javans, descendants des empereurs de Matarem, qui, vers la fin du quinzième siècle, dominaient presque toute l'île de Java. A la suite de la guerre terminée en 1755, la compagnie hollandaise des Indes orientales partagea l'empire de Matarem entre l'empereur ou *sousounan* de Matarem et le soulthan de Djokjokarta. Sourakarta, capitale du premier, est une grande ville, ou plutôt une réunion de villages, dont la population est d'environ cent mille âmes. Un nombre égal d'habitants occupe Djokjokarta, capitale du second État.

L'histoire de Java ne nous présente dans les premiers temps qu'un dédale de légendes fabuleuses, dans lequel il est impossible de ne pas s'égarer. Une chronologie suivie et complète, mais qui ne remonte qu'à l'an 72 avant Jésus-Christ, nous a conservé cependant les noms de trente-huit princes qui régnèrent à Java depuis cette époque (année première de l'ère javanaise) jusqu'à l'an 1200 de cette même ère, environ 1100 après Jésus-Christ. Dans cette suite on remarque le fameux empereur Panji, célèbre dans les poésies javanaises, et plus tard Wedi, qui vers l'an 1221 de Java fonda la capitale d'un grand empire, auquel il donna le nom de Madjapahit (Amertume), et qui ne tarda pas à comprendre l'île tout entière; cet empire survécut même à l'établissement du mahométisme, qui eut lieu vers la fin du quatorzième siècle. Quelque temps avant cette époque, la puissance de l'empire de Madjapahit était à son apogée; tous les archipels voisins, Bali, Flores, Sumbawa, Timor étaient ses tributaires. Mais cinquante ans après, une guerre de religion étant survenue, la vieille dynastie des rois de Madjapahit succombait sous les coups d'aventuriers mahométans. Les temples firent place aux mosquées, les souverains du pays aux sultans, et le grand empire de Madjapahit à l'empire de Matarem.

Dès le seizième siècle les Hollandais avaient fondé divers établissements à Malacca, à Madourch, etc., mais ce ne fut qu'en 1610 que Pierre Both établit un comptoir dans l'île de Java, dont il devint le premier gouverneur. C'est ce comptoir, situé sur les bords de la rivière de Jaccatra, qui est devenu la ville de Batavia.

Depuis lors, les Hollandais eurent des luttes nombreuses à soutenir contre les indigènes, les Portugais et les Anglais, mais presque toujours avec un succès constant. Enfin, en 1749, l'empereur de Java, à son lit de mort, abdiqua pour lui et ses héritiers en faveur de la compagnie hollandaise des Indes orientales, la laissant libre de désigner son successeur. L'héritage ne put être recueilli sans difficulté, et ce ne fut qu'après quelques années de guerre que les Hollandais, définitivement maîtres de Java, purent en disposer, ainsi que nous l'avons dit plus haut, en se réservant la majeure partie de l'île, et en partageant le reste entre les *sousounans* de Matarem et de Djokjokarta.

La religion primitive de Java paraît avoir été le culte de Siva et de Wishnou, auquel bientôt vint se mêler la réforme bouddhique. Cette religion fit elle-même place à l'islamisme, et ses sectateurs sont aujourd'hui en très-petit nombre et regardés comme des idolâtres. On ne compte plus guère que deux villages fidèles à la vieille religion bouddhique. L'une de ces tribus, nommée *Beduis*, se trouve dans un endroit retiré de la résidence de Bantam, l'autre dans la partie orientale de l'île. Du reste les lois de Mahomet ne sont observées par les Javanais qu'avec une négligence fort peu orthodoxe, et ils sont loin d'en exécuter à la lettre toutes les prescriptions.

Les anciens habitants de Java croyaient à la métempsycose, et par conséquent aux récompenses et aux peines d'une autre vie; mais il ne paraît pas qu'ils aient jamais imité les austérités et le fanatisme des Indous, si ce n'est toutefois dans la barbare coutume des *suttees*, sacrifices affreux des veuves sur le bûcher de leurs maris.

Peu de contrées offrent dans un aussi petit espace autant d'aliments que Java à la curiosité de l'antiquaire. Le peuple qui habite cette île ne paraît certainement pas avoir fait de grands progrès dans le dessin ni dans la peinture, et cependant, il n'est pas aussi ignorant que les Chinois des proportions et de la perspective, et copie presque aussi bien qu'eux les modèles qu'on lui donne. Mais il fut un temps où l'architecture et la sculpture brillèrent à Java du plus vif éclat. Des ruines de monuments magnifiques couvrent sa surface, et plusieurs sont dignes de rivaliser avec les plus rares merveilles de l'Inde. Aujourd'hui, tout paraît être anéanti, et à l'exception des constructions lourdes et sans élégance des Hollandais, et des *Kratons*, habitations des chefs indigènes, on chercherait vainement quelques traces d'architecture sur cette terre jadis si féconde.

MONUMENTS RELIGIEUX.

Un seul temple souterrain, et d'une étendue assez médiocre, a été reconnu jusqu'à ce jour dans l'île de Java. C'est au fameux et infatigable voyageur Domeny de Rienzi que nous en devons la description, ainsi que celle de la plupart des monuments de Java.

Au pied de la colline de Klotock, qui est une prolongation du mont Willis, à un peu plus de deux kilomètres à l'ouest de Kediri, est la grotte de Sela-Mangleng; elle consiste en quatre petites chambres contiguës et semblables, rectangulaires et creusées dans le roc. La plus grande est longue d'environ sept mètres. Les murs des deux principales sont ornés de bas-reliefs; dans le vestibule on voit un *lingam*, des réservoirs d'eau et quelques sculptures.

C'est surtout dans la partie orientale de l'île, et dans le district de Brambanan, que se trouvent la plupart des monuments de l'ancien culte de Java. On voit dans toute cette contrée des groupes de temples en pierre, avec une statue au centre, des ruines de temples en brique qui paraissent moins anciens, enfin des temples moins parfaits qui doivent se rapporter à une époque plus moderne encore.

A Brambanan même se trouvent deux temples de grandeur inégale, mais de même style. Le plus petit (voyez *le frontispice*) est une sorte de pyramide, composée d'un soubassement peu élevé, de deux massifs quadrangulaires superposés et en retraite l'un sur l'autre, le tout terminé par une sorte de campanile circulaire. Son architecture extérieure est d'une grande simplicité, son principal ornement consiste en quelques figures colossales, sculptées en relief sur ses faces. Ce temple, comme la plupart de ceux de Java, est annoncé par des statues gigantesques de *Rechas*, gardiens du temple, que les sculpteurs indigènes représentaient accroupis, tenant à la main le *cris*, le fameux poignard malais.

Les ruines du grand temple couvrent une superficie considérable; elles sont remarquables par la pureté de leur style qui est noble, simple et dénué de cette profusion d'ornements qui écrase souvent plutôt qu'elle ne décore la plupart des monuments de l'archipel Asiatique et de l'Inde; il rappellerait plutôt le nympha de Zawan, dans le territoire de Carthage, que les pagodes de la côte de Coromandel (voyez *la vignette*, page 67).

Le *tchandi*, temple, de Loro-Djongrang, au nord de Brambanan, se composait autrefois de vingt édifices, dont douze temples; ce n'est plus aujourd'hui qu'une énorme masse de pierres, qui est cependant remarquable par la quantité de sculptures qu'on y rencontre, et par la hauteur de plus de trente mètres que conserve encore le temple principal. La statue de Loro-Djongrang, le même dieu que le Bahavani de l'Indostan, a dix bras; elle tient sous ses pieds un buffle, et terrasse par les cheveux le génie du mal. Aujourd'hui encore cette image est l'objet du culte des Javanais qui la couronnent de fleurs.

Toutes ces immenses constructions sont en pierres de taille sans mortier ni ciment, et la végétation vigoureuse qui s'en est emparée ajoute encore à ce que leur aspect a de pittoresque et d'imposant.

A huit cent cinquante mètres nord-nord-est de Loro-Djongrang sont des ruines plus surprenantes encore; je veux parler des Tchandi-Sivou, ou les mille temples. Nulle part peut-être, si ce n'est à Palmyre, on ne pourrait trouver un aussi grand nombre de colonnes, de statues, de bas-reliefs accumulés dans un pareil espace. Ces monuments annoncent de l'invention, et quelquefois même du goût. Les statues

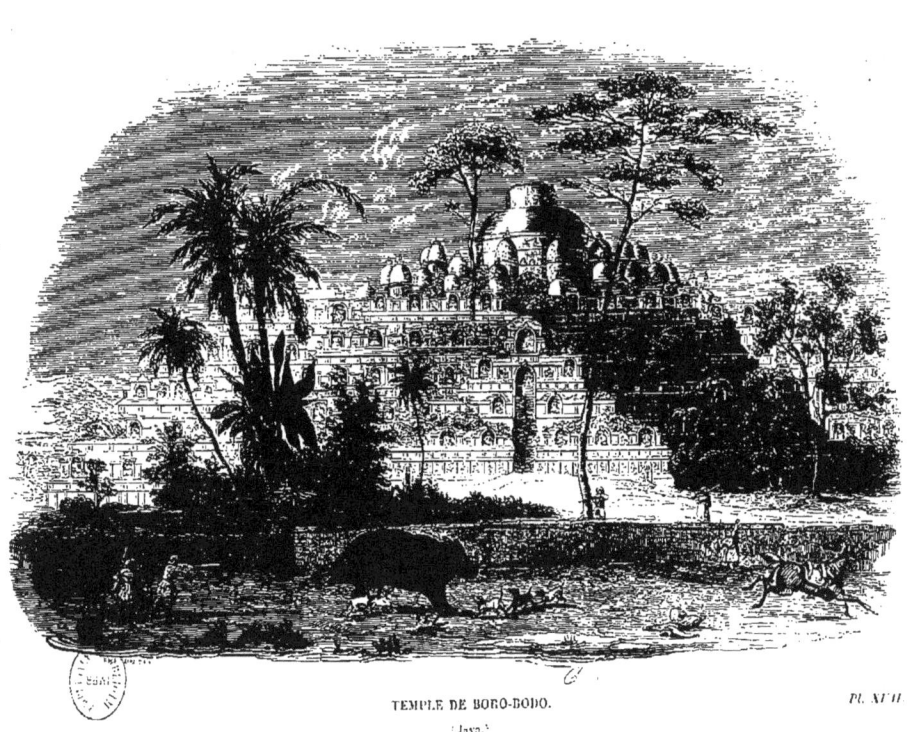

TEMPLE DE BORO-BODO.
(Java.)

de *Rechas* ont trois mètres de haut, quoique agenouillées. M. Raffles a remarqué sur leurs figures une expression de gaieté qu'on ne retrouve pas dans les autres monuments de l'île, ni dans ceux de l'Indostan. La chevelure de ces figures paraît entièrement bouclée; elle est si épaisse et si massive que les statues ont l'air d'être affublées d'une grande perruque, ce qui, avec les longues moustaches qui recouvrent leurs lèvres, leur donne une physionomie toute particulière.

Chacun de ces temples forme un parallélogramme qui a cent soixante-cinq mètres de long sur cent cinquante-six mètres de large; ils sont à peu près tous construits sur le même plan. Les costumes, les emblèmes des statues, tout rappelle les figures des temples indiens, et se rattache évidemment au même cercle d'idées religieuses. La distribution intérieure, comme dans les temples de Loro-Djongrang, est en forme de croix, et la plus grande salle est placée au centre.

A Kalibening, village voisin de Brambanan, se trouvent les débris d'un temple pareil à ceux de Sivou et de Loro-Djongrang; mais ses ornements annoncent plus d'habileté et un art plus avancé.

Dans la partie orientale de Java, dans la province de *Kidou* ou *Kadou*, près de Magouclan, du confluent de l'Elo et du Praga, et non loin de la frontière des États du soulthan de Djokjokarta, se trouvent les plus célèbres et les plus imposantes ruines de cette île. Le temple de Boro-Bodo (*planche* 17), dont M. Raffles place la construction du sixième au huitième siècle de l'ère javanaise, couronne le sommet d'une colline, qui paraît avoir été aplanie, et forme dans son ensemble une pyramide rectangulaire, composée de sept enceintes ou terrasses en retraite les unes sur les autres, et terminée par une coupole qui recouvre le sommet de l'édifice, et dont le diamètre est d'environ dix-sept mètres. Cette coupole est entourée d'un triple rang de petites tours au nombre de soixante et douze, et surmontées chacune d'une petite coupole. Chaque côté du mur extérieur a à peu près deux cent sept mètres. Les parois des tours et des murs sont couvertes de niches contenant des figures humaines de proportion colossale, et assises les jambes croisées, les yeux baissés, la tête roide, avec deux oreilles en saillie, et une coiffure qui ressemble à un bonnet phrygien; on en compte près de quatre cents. La hauteur totale du temple est d'environ trente-trois mètres. « Plusieurs orientalistes des sociétés asiatiques de Bombay, de Calcutta et de l'Europe, dit M. de Rienzi, ont prétendu qu'il n'existait dans aucune partie de Java, pas même à Boro-Bodo, aucun monument du culte de Bouddha. Un brahmine, compagnon de voyage de sir Stramford Raffles, probablement nourri dans la haine héréditaire de sa caste contre les bouddhistes, lui dit que la coiffure artificielle de cheveux laineux, un des insignes de Bouddha que l'on voit sur quelques figures du temple de Boro-Bodo, faisait aussi partie de l'habillement des dévots du culte brahminique de l'Indostan dans certaines expiations. Mais ce temple ressemble tellement par sa construction et par ses sculptures à ceux que j'ai vus à Ceylan, que je ne doute pas qu'il ne fût dédié à Bouddha, ainsi que son nom semble l'indiquer. Le nom de Boro-Bodo ne dériverait-il pas en effet de *Bara-Bouddha*, le grand Bouddha? Ce temple d'ailleurs offre une ressemblance presque entière avec celui de Bouddha, à Gaya, dans l'Indostan. »

A peu de distance de Boro-Bodo est un plateau célèbre appelé Gounong-Dieng, mont des dieux, ou Gounong-praho, barque des dieux, parce que sa forme a quelque rapport avec celle d'une barque. Ce plateau, qui s'élève à environ deux cents mètres au-dessus des plaines environnantes, et à trois cent trente mètres au-dessus du niveau de la mer, est couvert de restes de temples, de statues de la déesse Dourga, et d'autres sculptures assez bien conservées. Au centre, on trouve encore quatre temples plus intacts que les autres, et d'une architecture élégante. On y voit aussi les ruines de quatre cents petits temples disposés symétriquement, et formant entre eux de grandes rues régulières.

Toute la contrée située entre Gounong-Dieng et Brambanan est couverte de ruines d'édifices sacrés; plusieurs villages entre Blédran et Jetis, sur la route de Banioumas, à travers le Kadoa, en offrent également. On y rencontre à chaque instant des débris de murs, de corniches, de bas-reliefs et de statues. Selon la tradition, cette contrée aurait été la résidence des dieux et demi-dieux de l'antiquité javanaise.

A l'est de Sourakarta, et près du village de Soukou, sur une des collines formant la base du mont Lawou, s'élèvent des ruines aussi nombreuses qu'intéressantes. Une des constructions principales est une pyramide tronquée, qui s'élève au-dessus de trois terrasses superposées. Près de la pyramide, sont des sculptures, deux obélisques, des *tougou* ou bornes, et des piliers en partie renversés. La terrasse inférieure a environ cinquante-trois mètres de longueur et vingt-sept mètres de hauteur; la seconde est haute de dix mètres et la troisième de quarante-trois. La porte d'entrée du monument a également une forme pyramidale; elle a deux mètres cinquante centimètres de haut, et un mètre de large; une espèce de tête de gorgone forme la clef de l'archivolte. La base de la pyramide centrale est un cube de quatorze mètres cinquante centimètres de côté et de six mètres trente-trois centimètres de hauteur. Au-dessus règne une espèce de corniche d'un mètre soixante et quinze centimètres de hauteur, qui supporte le toit. Les côtés de la pyramide correspondent aux quatre points cardinaux; son sommet est orné, du côté de l'édifice, de deux serpents qui paraissent avoir servi de gargouilles. Une large pierre de deux mètres soixante et dix centimètres de long, ayant la forme d'une tortue, est étendue à terre de chaque côté de l'édifice principal. Le monument entier est couvert de représentations sacrées et symboliques.

« Il nous était impossible, dit M. Raffles, de contempler ces sculptures sans être frappés des rapports qu'elles présentaient avec le culte de l'ancienne Égypte. La forme du pylône, ainsi que celle de toutes les ruines que notre regard embrassait, était pyramidale. Dans un monstre dévorant un enfant, nous retrouvions Typhon, dans le chien Anubis, dans la cigogne l'ibis. L'arbre même semble être le palmier par lequel les Égyptiens désignaient l'année; le pigeon, les vautours, les immenses serpents étaient tous des symboles du culte égyptien. »

On a découvert à Soukou et dans d'autres lieux une grande quantité d'inscriptions.

Il y en a une seule en caractères anciens *devangari;* plusieurs en caractères qui paraissent avoir quelque rapport avec le javan moderne; d'autres en caractères inconnus; d'autres enfin en *kavi*, ou anciens caractères javanais. Ces inscriptions sont gravées sur la pierre; les dates qu'elles portent doivent se rapporter à l'ère javanaise; quelques-unes remontent jusqu'à l'an 446 (44 après Jésus-Christ).

Mentionnons encore les restes de temples de Djagou, de Baniou-Kouning, de Kedal, de Sing'a-Sari, enfin ceux que l'on rencontre dans les districts de Madjapahit, de Jayaraya, de Chéribon, de Bawa, de Kalangbret, de Trengali, Pranaraya, Magelan, etc.

Les mosquées mahométanes sont en petit nombre à Java, et généralement d'une médiocre importance. On ne doit pas négliger cependant celle qui existe à Kediri, sous le nom d'Astana-Djedong; elle est moins intéressante toutefois par elle-même que par les matériaux qui la composent, et qui proviennent d'anciens temples javanais qui existaient dans le voisinage et qui ont été détruits par le temps et par les hommes. On voit aussi à Java quelques petites mosquées, élevées par les Malais; l'exemple que nous en donnons (voyez *la lettre*) donnera une juste idée de leur simplicité et de leur petite dimension.

MONUMENTS FUNÉRAIRES.

En général les sépultures sont à Java d'une extrême simplicité; un entourage en bois, un petit amas de terre indiquent seuls l'emplacement de chaque tombe, qui rarement est surmontée même d'une pierre tumulaire ou d'une inscription. Les seuls monuments remarquables en ce genre s'élèvent à Trangoulan, village voisin des ruines de Madjapahit. On y voit le magnifique mausolée d'un prince mahométan; la date de 1320 y est sculptée en relief en anciens caractères javans. Auprès de ce tombeau s'élèvent ceux de la femme et de la nourrice de ce prince, et de neuf autres grands personnages. Ces monuments sont soigneusement conservés par les prêtres auxquels on en a confié la garde. On peut encore signaler dans les environs de Chéribon le tombeau du célèbre cheik Moulang, qui propagea le premier la religion mahométane à Java.

CONSTRUCTIONS CIVILES.

Le sol de Java est couvert de ruines d'anciennes villes, souvent situées dans les contrées les moins accessibles et au milieu d'immenses forêts de *teks;* telles sont encore celles qui se voient à Madjapahit, à Sentoul, à Gidah, à Penatara, à Madion, à Kirtasama, à Streng'at, etc., et surtout à Mendang Kamoulan, ville célèbre dans l'histoire de Java. Une antique tradition fait croire aux Javanais qu'on ne peut visiter les restes de cette dernière cité sans qu'il arrive malheur au profane qui ose fouler ce sol sacré. Toutes ces villes présentent, outre les temples que j'ai déjà signalés, des vestiges de constructions civiles, mais généralement presque informes, et dans un état de dégradation tel, qu'il est presque impossible d'en relever le plan et d'en déterminer la destination. Il est cependant deux palais qui se trouvent l'un et l'autre dans le voisinage de Brambanan, dont nous avons décrit les temples. Ces deux édifices peuvent donner une assez haute opinion de la grandeur des anciens princes javanais. Le premier est à Kalibening; la partie la mieux conservée est une salle d'audience, construite en briques, et entourée de quatorze piliers; elle a douze mètres sur neuf mètres trente-huit centimètres. Au dehors régnait une galerie ou vérandah, large de quatre mètres, soutenue par vingt-deux piliers. Le palais de Kalassan (*planche* 18) est plus riche en décorations que celui de Kalibening; s'il n'est pas d'une très-grande étendue, il est remarquable par l'harmonie de ses lignes; il était orné d'un assez grand nombre de figures en relief. Les fenêtres et les portes sont toutes carrées, et non à plein cintre; celle du milieu est surmontée d'un grand mascaron, et précédée d'un perron de cinq marches.

A Toumoung-Goung, non loin de Madjapahit, on a découvert les restes d'un bain où l'eau était amenée par six conduits. Les fontaines sont décorées d'inscriptions et de figures d'un assez beau travail.

CONSTRUCTIONS MILITAIRES.

La plupart des villes dont nous avons déjà indiqué les ruines présentent des restes plus ou moins considérables de leurs anciennes fortifications. Les murailles de Madjapahit subsistent encore sur une longueur de plus de trois cent trente mètres sur quatre mètres de hauteur; elles sont construites en terre cuite.

Les ruines de forteresses portent en général, à Java, le nom de Kotah-Bedah (le fort démoli); c'est ainsi que l'on désigne les ruines de Soupit-Ourang, où se retirèrent les habitants de Madjapahit après la ruine de leur ville. Le mur de ce fort est construit en briques et placé entre deux rivières qui entourent les trois quarts de sa circonférence et se réunissent au-dessous de lui. Quoique ces constructions soient irrégulières, leur assiette était bien choisie pour la défense; elles couvrent un espace d'environ sept cents mètres de circonférence; la hauteur des murailles qui suivent les irrégularités du sol varie entre seize et trente-trois mètres. La partie qui seule n'est pas baignée par les rivières, et dont le développement est de vingt-cinq mètres environ, a été munie d'un large fossé qui les réunit, et isole ainsi complétement la forteresse.

Aujourd'hui, dans les chefs-lieux de districts se trouve le *kadaton*, où demeure du prince; cet édifice est presque toujours fortifié; il est entouré de fossés et de

PALAIS DE KALASSAY

remparts munis de canons. Quant aux Hollandais, ils ont couvert la partie du pays dont ils sont maîtres, d'une multitude de petits fortins, qui tirent leur plus grande force de leur situation au milieu des marais. La citadelle seule de Batavia est d'une véritable importance militaire; ses remparts, garnis d'une nombreuse artillerie, commandent la ville et le port.

EMPIRE BIRMAN.

INTRODUCTION.

'empire des Birmans, qui fait partie de l'Inde transgangétique, ou presqu'île orientale de l'Inde, est limité au nord par le pays d'Assam et le Tibet; au sud, par l'océan Indien et le royaume de Siam; au nord-est, par la Chine; à l'ouest, il est séparé du Bengale par une chaîne de montagnes et par le fleuve Nauf. Il forme un des plus vastes États qui existent actuellement dans l'Orient; les différentes provinces qui le composent sont : Ava, Arrakan, Pégu, Martaban, Tenasserim, Jounkseylon, Mergui, Tavy, Birma, Joundshan, Lowashan et Cassay. Avant la révolution de 1754, les trois premières formaient trois royaumes distincts, divisés eux-mêmes en plusieurs provinces :

le royaume d'Ava au nord, celui d'Arrakan au milieu, et celui de Pégu au sud.

Les principales villes sont : la capitale actuelle, Amarapoora (la ville immortelle), l'ancienne capitale Ava ou Râtnâpoora, Pégu, Rangoun, Syriam, Prome ou Piayémieu, Négrais, Persain et Chagein. Les principaux fleuves qui arrosent ce pays sont l'Irawaddy ou la grande rivière d'Ava, qui prend sa source dans le Tibet, et, après un cours de cent myriamètres, se jette dans le golfe de Bengale par plusieurs embouchures; l'Arrakan, qui coule du nord à l'ouest pour venir se perdre dans le même golfe; le Kiu-Duem ou Kindaum, qui prend sa source dans un lac situé à quatre-vingt-dix jours de marche de son embouchure dans l'Irawaddy, et sépare le territoire du Cassay de celui d'Ava; le Pégu, qui n'a qu'un cours très-borné, et qui, coulant du nord au sud-ouest dans un espace d'environ cent vingt-cinq kilomètres, forme la limite qui séparait autrefois les royaumes d'Ava et de Pégu; enfin le Sa-louen ou Loukiang, et le Sétang, dont le cours supérieur communique avec l'Irawaddy, près d'Ava, et qui par conséquent pourrait être regardé comme une dérivation de ce fleuve.

Les côtes présentent plusieurs bons ports, dont les principaux sont Rangoun et Bassein, situés sur deux bras de l'Irawaddy.

Le pays d'Ava contient une carrière de marbre statuaire aussi beau que celui d'Italie, et qui est considéré comme sacré, parce qu'on en fait les statues du dieu Goutama ; le gouvernement s'en est réservé le monopole, et n'en permet l'exportation qu'en vertu d'une autorisation spéciale.

Depuis le traité d'Yandabo, dont je parlerai bientôt, les anciennes divisions géographiques de l'empire Birman ont subi de grandes modifications; il n'est resté à l'ancien souverain que les provinces de Birma, de Pégu et du Haut-Martaban, et quelques pays tributaires. La part que les Anglais se sont faite dans la Birmanie se compose des royaumes d'Arrakan et d'Assam, des pays de Katchar, de Djinthia, de Garrans, etc., et de ceux situés à l'ouest du Saluen, tels que Martaban, Yeah, Tavay et Tenasserim. Dans tout ce territoire acquis aux Anglais figure une seule ville de quelque importance: c'est Arrakan, bien déchue aujourd'hui de son ancienne splendeur; mais le plus important pour les conquérants était la cession des principaux points du littoral, qui offraient à leur commerce des havres pour les relâches de leurs navires dans le golfe de Bengale.

L'empire des Birmans n'est encore aujourd'hui qu'imparfaitement connu. Ses peuples aborigènes, les Birmans ou Braghmans, régnèrent autrefois, dit-on, sur toute l'Inde au delà du Gange; mais à diverses reprises, et suivant les chances des armes, ils virent se resserrer ou s'étendre leurs frontières. Un voile épais a caché aux Européens les événements qui se sont passés sur cette terre, dont les anciens paraissent avoir seulement connu l'existence. Les Birmans ont bien des annales, et, à ce qu'il paraît, des historiographes officiels, qui ont compté cent vingt-trois souverains birmans depuis l'an 504 avant Jésus-Christ. Suivant cette chronologie, qui a été traduite par le colonel Burney, à cette époque reculée le siége de leur gouvernement était à Prome, qui resta capitale pendant près de quatre cents ans. Vers l'an 94 de notre ère, le dernier roi de Prome mourut; une nouvelle dynastie s'éleva et résida à Pugan, qui conserva le titre de capitale pendant douze siècles. Prome et Pugan, situées toutes deux sur le bord de l'Irawaddy, offrent encore des ruines considérables. Depuis le troisième siècle avant notre ère, le nord du pays des Birmans fut fréquemment envahi par les Chinois, qui y dominèrent même assez longtemps. En 1300, le siége du gouvernement fut établi à Panya, et cinquante-six ans après, Pugan fut détruite. Pendant le règne des princes de Panya, le royaume d'Ava fut conquis par les Mogols, et ne s'affranchit du joug qu'à la faveur des troubles qui agitèrent la Chine au milieu du quatorzième siècle. C'est en 1364 qu'Ava devint la capitale de l'empire. Quoi qu'il en soit, il est impossible d'avoir pleine confiance dans ces traditions, et nous ne pouvons regarder comme positives que les connaissances acquises depuis le moment où les Portugais, guidés par le génie hardi de leur roi Emmanuel, ont ouvert à l'Europe une nouvelle source de richesses en doublant le cap de Bonne-Espérance. C'est aux écrivains de cette nation que nous devons presque tout ce que nous savons sur les contrées orientales de l'Inde; d'après eux, il paraît que, vers le milieu du seizième siècle, le pays était divisé en trois grandes souverainetés connues des Européens sous les noms de royaume d'Arrakan, d'Ava et de Pégu. Les Birmans étaient anciennement soumis au roi de Pégu, mais à cette époque, aidés des Portugais, commandés par l'aventurier Mendez Pinto, ils secouèrent le joug des Péguans, et les subjuguèrent à leur tour; ils conservèrent leur suprématie jusqu'au milieu du dix-huitième siècle. En 1751, les Péguans, soutenus par les Européens qui fréquentaient leurs ports, se révoltèrent et remportèrent plusieurs victoires sur leurs oppresseurs. Leur audace s'accrut tellement par leurs succès, qu'en 1752 ils allèrent mettre le siége devant la ville d'Ava. Les Birmans, découragés par leurs nombreuses défaites, se rendirent à discrétion; Donipdie, le dernier prince d'une ancienne race de rois birmans, fut fait prisonnier avec sa famille. Beinga-Della, roi de Pégu, se voyant maître d'Ava, songea à s'affermir dans sa conquête; mais pour ne pas négliger le soin de ses propres États, il s'en retourna à Pégu, et confia le gouvernement d'Ava à son frère Apporaza, qu'il chargea de soumettre le reste des mécontents, et d'exiger un serment de fidélité de tous les Birmans propriétaires. Contraints par la force, les principaux Birmans durent plier la tête sous le joug, et de là résulta une apparente tranquillité, qui toutefois ne devait durer que peu de temps; les Birmans devaient voir se lever un libérateur. Un homme de naissance obscure, un simple chasseur, était chef du village de Monchabou, non loin des bords de la rivière d'Ava; nouveau Brutus, Alompra médita la délivrance de sa patrie; il sut cacher la haine qui le dévorait, les projets qu'il rêvait, sous une apparence de soumission au pouvoir des vainqueurs, et ceux-ci le laissèrent à la tête de Monchabou. Une proclamation, dans laquelle le roi de Pégu annonçait avec arrogance à tous les peuples de la terre la conquête de l'empire Birman, en soulevant l'indignation des vaincus, hâta l'exécution du généreux projet d'Alompra. Cet homme avait alors à Monchabou, et dans les environs, cent de ses amis, sur le courage et la fidélité desquels il pouvait compter ; les Péguans, bien éloignés de soupçonner un acte de rébellion de la part d'un homme de si peu d'importance, portaient toute leur attention sur des provinces plus éloignées, si bien qu'ils n'avaient alors à Monchabou que cinquante soldats qui traitaient sans cesse les Birmans avec la hauteur la plus insultante. Alompra, profitant du moment où quelque nouvelle injustice avait irrité ses compatriotes, rassembla ses partisans, et passa au fil de l'épée les cinquante Péguans. Après cette action, Alompra cacha cependant encore ses intentions pour gagner du temps ; il écrivit à Apporaza pour l'assurer que le meurtre des Péguans était l'effet d'une querelle imprévue dont il était très-affligé. Apporaza, qui ne voyait en lui qu'un rebelle peu redoutable, donna des ordres pour qu'on le tînt dans une étroite prison lorsqu'on l'aurait amené de Monchabou, et se contenta d'envoyer un corps de troupes dans cette ville, pour remplacer celles qui avaient été égorgées. Ce détachement s'approchait sans défiance, lorsque tout à coup Alompra paraît à la tête de ses braves, et, fondant sur les Péguans, les taille en pièces comme les premiers. Après ce succès, Alompra résolut vaillamment de marcher sur Ava, et de profiter de la terreur où était Dotacheu, neveu d'Apporaza, qui y commandait en son absence, pour frapper un coup décisif avant qu'il eût le temps de rassembler les corps nombreux de Péguans répandus dans les provinces. Le succès couronna encore les armes d'Alompra ; Dotacheu ne l'attendit pas, et tous ceux des Péguans qui ne purent ou ne voulurent pas suivre leur chef furent massacrés par les Birmans. Alompra envoya Shembuan, le second de ses fils, pour commander dans la capitale, et mettre une garnison dans la citadelle. Ces événements eurent lieu dans l'automne de 1753. Tant de revers éprouvés coup sur coup par les Péguans alarmèrent Beinga-Della, qui commença à craindre pour ses propres États ; en conséquence, au mois de janvier 1754, il équipa à Syriam un grand nombre de chaloupes de guerre, dont le commandement fut donné à Apporaza, avec l'ordre de soumettre les insurgés. La flotte s'avança sans autres obstacles que ceux que présente en cette saison le peu de profondeur des eaux de la rivière d'Ava, jusqu'aux environs de la ville de ce nom ; en ce lieu, l'attaque de petits détachements birmans, postés sur le rivage, n'arrêta pas encore sa marche ; mais devant le fort d'Ava, Apporaza trouva des difficultés et une résistance auxquelles il ne s'attendait pas ; il crut plus prudent de livrer une bataille décisive que de perdre du temps dans les opérations d'un siége, dont la durée et le succès étaient incertains. Apporaza laissa donc Ava derrière lui, et se rendit avec toute sa flotte à Kcoum-Mcoum, où il trouva Alompra prêt à le combattre. L'action fut longue et sanglante, et quelque temps indécise ; mais Shembuan ayant fondu sur les derrières de l'ennemi avec la garnison du fort d'Ava, les Péguans furent mis en déroute complète, et la plupart furent massacrés dans leur fuite. Ce revers, loin d'accabler les Péguans, ne fit que les irriter ; sous prétexte que l'ancien roi des Birmans, prisonnier à Pégu, venait de former une conspiration dans laquelle étaient entrés les principaux de sa nation qui se trouvaient auprès de lui, le 13 octobre 1754, les Péguans s'armèrent, et après avoir massacré le malheureux monarque, ils égorgèrent tous les Birmans qu'ils purent atteindre, sans distinction d'âge ni de sexe. Cet acte sanguinaire eut des effets terribles; les Birmans, qui étaient en grand nombre dans l'ancien royaume d'Ava, coururent aux armes, et dans le délire de la vengeance, avec non moins de barbarie que ceux qui leur avaient donné un si funeste exemple, ils massacrèrent tous les Péguans qu'ils rencontrèrent.

Alompra, poursuivant le cours de ses succès, battit en même temps sur les eaux et sur la terre les forces des Péguans devant Prome, puis il marcha sur Lounzai, s'en empara, et lui donna le nom de Mayah-Oun (rapide conquête), que cette ville a toujours conservé depuis. Alompra chercha à faire alliance avec les Anglais, et à cet effet envoya une députation à M. Brooke, résidant à Négrais, et chef de toutes les factoreries anglaises; il parut avoir réussi d'abord, mais bientôt les Anglais lui ayant donné lieu de suspecter leur bonne foi, Alompra s'en vengea en faisant massacrer tous les colons anglais de Négrais. Le 24 avril, Alompra livra aux Péguans une bataille décisive. Ceux-ci, découragés, s'enfuirent à Syriam, et plusieurs même ne s'arrêtèrent que lorsqu'ils furent dans la capitale. Alompra se fut bientôt emparé de Syriam, et dès que la saison le permit, il vint mettre le siége sous les murs mêmes de Pégu. Bientôt, la famine força le roi de Pégu à demander la paix et à envoyer comme gage sa fille au vainqueur. Alompra accepta les conditions, et épousa dans son camp la fille du roi; mais celui-ci ayant refusé plus tard d'exécuter plusieurs des articles du traité, la ville, réduite à la dernière extrémité, fut obligée de se rendre au vainqueur. Le roi fut fait prisonnier contre la foi jurée, et la ville livrée au pillage. De ce moment, Alompra n'eut pas de peine à consolider sa puissance, et il se préparait à attaquer même le royaume de Siam, qu'il voulait joindre à ses domaines, quand la mort le surprit le 15 mai 1760, à l'âge d'environ cinquante ans. Il laissa la jouissance paisible de sa triple couronne à l'aîné de ses fils, Namdogée-Praw. Le règne de ce prince fut court, et rempli de troubles; il eut sans cesse à combattre des rebelles, parmi lesquels figurèrent son frère, son oncle et deux de ses généraux. En mourant, il laissa pour successeur un fils encore enfant, nommé Momien; mais Shembuan, le second fils d'Alompra, s'empara du trône, au préjudice de son neveu; il augmenta encore par ses armes la puissance de son royaume, fit la conquête du royaume de Siam, qu'à la vérité il ne garda que peu d'années, et repoussa une armée de cinquante mille Chinois descendus dans les plaines que baigne l'Irawaddy; mais il ternit sa gloire en faisant périr l'ancien roi de Pégu, Beinga-Della, sur la plus frivole accusation.

A Shembuan succéda son fils Schenguza; ce prince cruel, lâche et sans énergie, fut détrôné en 1782 par Momien, fils de Namdogée-Praw, et légitime successeur d'Alompra, et périt de la main d'un de ses officiers qu'il avait offensé.

Momien n'avait été qu'un instrument dont s'étaient servis les conspirateurs pour opérer une révolution; sous prétexte d'incapacité, il fut déposé, emprisonné et mis à mort sans jugement, après un règne de onze jours. Mendragée-Praw, quatrième fils d'Alompra, avait tout préparé et conduit; il se fit reconnaître souverain des deux royaumes de Pégu et d'Ava, et par son talent et son courage sut se montrer digne d'occuper le trône qu'avait illustré son père. Il ajouta à sa double couronne celle du royaume d'Arrakan, et se fit céder une partie du territoire siamois; enfin ce fut lui qui fonda la ville d'Amarapoora, dont il fit la capitale de l'empire.

Dès lors commença pour ce pays une ère de tranquillité que faillit interrompre un démêlé survenu avec les Anglais du comptoir de Chittagong, accusés d'avoir favorisé les déprédations de quelques pirates malais; mais ce différend fut réglé à l'amiable par un traité, et ce fut à la suite de cette négociation que le major Symes fut envoyé, en 1795, en ambassade vers Mendragée-Praw. C'est la relation écrite par le major Symes qui nous a fourni les premiers documents positifs sur cette contrée jusque-là si peu connue.

A partir de cette époque, la bonne harmonie régna entre l'empereur et les Anglais pendant dix-sept ans; mais, en 1811, un seigneur birman, nommé Kinberrin, s'étant révolté contre l'empereur, celui-ci soupçonna les Anglais de l'avoir favorisé, et depuis lors jusqu'à la mort de Mendragée-Praw, arrivée en 1819, la confiance fut détruite, et les deux partis semblèrent s'observer sans cesse.

Dès qu'il fut monté sur le trône, le successeur de Mendragée-Praw transporta le siège de l'empire d'Amarapoora à Ava, qui reprit une partie de son ancienne splendeur, et dont la population, réunie à celle de Saïgaing ou Zikkhaïm, placée sur la rive opposée du fleuve, est évaluée aujourd'hui à plus de trois cent mille habitants. Divers incidents contribuèrent, de 1819 à 1824, à entretenir la division entre ce prince et les Anglais, jusqu'au jour où on devait en venir à une rupture ouverte.

L'empereur birman, s'étant emparé du pays d'Assam, se trouva voisin immédiat des possessions anglaises. Le Brahmapootre séparait les deux territoires; au milieu de ce fleuve était l'île de Chapury, occupée par un poste anglais; l'empereur prétendit qu'elle formait une dépendance de l'Assam, et sans déclaration de guerre préalable, il s'en rendit maître en janvier 1824. Dès lors s'engagea une lutte qui coûta beaucoup de sang de part et d'autre, et qui se termina par un traité portant la cession formelle à la Grande-Bretagne des quatre provinces d'Arrakan, Merguy, Tavay et Yeah; il y était stipulé en outre que l'Assam, le Katchar, le Zeatung et le Mannipore seraient gouvernés par des radjahs au choix de la Compagnie; enfin, que l'empereur payerait pour les frais de la guerre la somme de 24,000,000 de francs. Ce traité fut signé à Yandabo, où campait l'armée anglaise, parvenue alors à quatre-vingts kilomètres de la capitale.

Cette guerre avait coûté à la Compagnie anglaise plus de cent millions, et il n'est pas bien certain que les avantages qu'elle retira du traité d'Yandabo, quelque défavorable qu'il fût à l'empereur, aient pu compenser ses pertes en hommes et ses dépenses en argent. Que sont pour la Compagnie ces faibles avantages, mis en balance avec la haine de tous les peuples malais irrités contre les Anglais par cette expédition, auprès de l'inquiétude remuante que les souverains voisins montrent depuis la guerre à laquelle ils doivent la connaissance des futurs projets de l'ennemi, et en même temps celle de leur force pour lui résister? Aussi l'entreprise a-t-elle été considérée dans l'Inde, par tous les hommes sensés, comme impolitique et pouvant amener plus tard de fatals résultats pour les intérêts de la Compagnie.

Quoi qu'il en soit, après le traité politique, la Compagnie songea à faire une convention commerciale, et M. Craufurd se rendit, en 1827, à Ava pour y accomplir cette mission; c'est à cet envoyé que l'on doit les notions les plus exactes et les plus récentes sur l'intérieur de l'empire des Birmans. Dans cette même année, un prince du sang, nommé Tharawaddi, a détrôné l'empereur. Ce prince se montre peu disposé à favoriser les Anglais, et on peut s'attendre à voir recommencer les hostilités d'un moment à l'autre.

La religion des Birmans est le bouddhisme, mais moins pur que dans l'île de Ceylan, et évidemment mêlé de dogmes appartenant à la mythologie chinoise; ils adorent le réformateur sous le nom de Gaudma ou Goutama. La haine qu'ils portent aux Indous, qui composent en grande partie l'armée anglaise, fut certainement une des principales causes de leur résistance héroïque et acharnée pendant la guerre de 1824 à 1827. Les Birmans disent avoir reçu leur religion des habitants de Ceylan, qu'ils nomment Zehou. D'après leurs moines, les rhahaans, le bouddhisme passa de Zehou à Arrakan, et de là à Ava et probablement en Chine.

Sans cesse occupés des guerres intestines ou étrangères, il était difficile aux Birmans de faire de grands progrès dans les arts, que la paix seule peut faire fleurir. La peinture est chez eux celui de tous les arts qui est le moins avancé; la sculpture a fait plus de progrès; elle s'exerce surtout à faire des idoles du dieu Goutama, dont il y a une grande manufacture à Orde-Roua-Kicock; mais les artistes qui les exécutent suivent tous une routine invariable et n'ont guère d'autre mérite qu'une grande habileté de main, due à une immense pratique appliquée sans cesse au même objet.

Les Birmans paraissent avoir poussé assez loin l'art de la fonte; car au nombre des principales curiosités que renferme leur empire on cite une statue colossale d'airain du dieu Goutama, et cinq images de *Rakous*, ou démons, de même métal. Ces objets faisaient partie du butin trouvé par Mendragée-Praw à la prise d'Arrakan, et qu'il fit transporter dans sa capitale d'Amarapoora. Je pourrais encore citer comme preuve de l'habileté des Birmans dans cet art la grande cloche de Rangoun, qui a trois mètres quinze centimètres de hauteur sur deux mètres cinq centimètres de diamètre et trente-trois centimètres d'épaisseur. Une inscription en langue *pali*, gravée sur cette cloche, indique qu'elle a été fondue en 1780.

MONUMENTS RELIGIEUX.

Un des plus singuliers édifices religieux de l'empire birman rappelle les *dagobahs* de l'Inde et de Ceylan. Le temple de Kommodou, placé sur une éminence qui permet de l'apercevoir de fort loin, a précisément la forme d'une cloche, mais il ne présente aucun vide à l'intérieur. Ce gigantesque édifice n'a pas moins de cent mètres d'élévation, bien qu'il ne soit point surmonté d'une flèche. C'est sans doute le monument le moins élégant de toute la contrée, mais c'est aussi le plus étonnant de tous par sa construction. Tout prouve d'ailleurs qu'il est très-ancien, et par sa forme et la grandeur imposante de sa masse il semble destiné à résister pendant bien des siècles encore aux ravages du temps. Le toit de ce temple a été autrefois très-richement doré, et des débris de galeries de bois, dont la peinture et la dorure ne sont pas encore tout à fait effacées, se voient épars autour de la pyramide. Il est probable que ces ornements ont été souvent renouvelés depuis la construction du temple. Kommodou fut jadis un lieu célèbre par sa sainteté, et il est encore en grande vénération. Les Birmans attribuent l'édification de ce temple à des êtres surnaturels, et la font remonter à une époque antérieure à Moïse. Ces fables sont sans doute inventées pour voiler l'ignorance où l'on est sur l'origine de Kommodou-Praw; mais, quoi qu'il en soit, ce n'est qu'une preuve de plus de son antiquité reculée.

Il est un autre édifice dont l'ensemble est bien plus saisissant encore, mais dans un genre tout opposé; je veux parler de la fameuse pagode de Rangoun, magnifique temple bouddhique nommé dans le pays *la pagode dorée*. Quand on arrive par la route de Rangoun, il faut gravir d'abord une centaine de marches au sommet desquelles se présente de plain-pied l'avenue qui conduit à la principale chapelle (*planche* 19). Celle-ci a, comme le temple de Kommodou, la forme d'une cloche posée sur des assises inégales, mais elle est surmontée d'une flèche aiguë richement dorée et ciselée, et s'élevant à la hauteur de cent trois mètres. En avant du monument, dans une espèce de cage de fer peinte en rouge foncé et ornée de dorures, se voit la figure de Goutama.

Autour du grand temple se dressent une foule de *praws* ou petites pagodes, flanquées de figures monstrueuses, offrant quelque analogie avec les sphinx d'Égypte, et ayant tantôt des têtes d'hommes, tantôt des têtes d'animaux (voyez *la lettre*). Quand l'un de ces praws, dédiés à Goutama, tombe en ruine, au lieu de le restaurer, on en élève sur-le-champ un autre à ses côtés, de sorte que l'avenue de la grande pagode est toute bordée de ces monuments. Cette foule de flèches, cette réunion de petits édifices où s'abritent les fidèles, ces diverses parties de constructions, chargées de dorures et de mosaïque, saisissent le regard et imposent l'admiration.

A Pégu est aussi une pagode magnifique, appelée le temple de Schoe-Madou (du dieu d'or). Ce temple (voyez *la vignette*, page 82) est élevé sur une double terrasse rectangulaire; la première a trois mètres trente centimètres d'élévation au-dessus du sol, et la seconde a six mètres soixante centimètres au-dessus de la première. De grands escaliers de pierre conduisent aux terrasses, aux côtés desquelles sont les habitations des *rhahaans* ou prêtres, dont la hauteur varie d'un mètre trente centimètres à quinze mètres soixante centimètres. Chacune de ces demeures n'a qu'une seule chambre, assez spacieuse, construite avec des planches, et couverte en tuiles; les poteaux qui les soutiennent sont tournés avec élégance. A chaque angle de la seconde terrasse on a construit un temple qui n'a que vingt-deux mètres de

PAGODE DE RANGOUN.
(Empire Birman.)

Pl. XIX.

haut, mais qui du reste est exactement semblable au grand. Sur la façade de celui qui est au sud-ouest on voit quatre figures gigantesques, faites en maçonnerie, et représentant le génie du mal; elles sont moitié homme et moitié quadrupède, assises, et tenant une énorme massue sur l'épaule droite. Ces monstres sont les gardiens du temple, et répondent aux *rakouss* des Indiens, aux *reichas* des Javanais.

Le grand temple est une pyramide, construite en briques et en mortier, dans laquelle il n'y a aucune espèce de vide ou d'ouverture; il forme à sa base un octogone, et il s'arrondit en s'élevant. Chaque face de l'octogone a cinquante-quatre mètres de long, ce qui donne l'énorme circonférence de quatre cent trente-deux mètres. A deux mètres de hauteur est un soubassement en saillie, sur lequel sont posées, à égale distance l'une de l'autre, cinquante-trois colonnes pyramidales de neuf mètres de haut, et de treize mètres de circonférence à leur base. Au-dessus, sur une autre saillie, est un nombre égal de pyramides semblables, d'égale dimension. L'édifice est entouré de moulures circulaires, et la corniche est chargée d'ornements qui ressemblent à des fleurs de lis. Au-dessus des dernières moulures, sont d'autres ornements en stuc, pareils au feuillage d'un chapiteau corinthien, et le tout est couronné par un *tée* en fer doré, surmonté d'une aiguille et d'une girouette également dorées. Ce *tée* est une sorte d'amortissement, en forme de coupe renversée, qui se voit sur tous les édifices sacrés de forme pyramidale. L'inauguration de cet ornement est un acte religieux, solennel, et accompagné de fêtes et de réjouissances. Le *tée* du temple de Schoë-Madou a dix-neuf mètres de circonférence; il est supporté par une barre de fer plantée dans la pyramide, et attachée par de grosses chaînes qui y sont fixées. Beaucoup de clochettes sont suspendues autour du *tée*, et agitées par le vent, elles font entendre un tintement continuel. La hauteur totale de l'édifice est de cent vingt mètres; suivant les traditions conservées par les rhahaans, sa fondation remonterait à plus de deux mille trois cents ans.

Le temple de Schoë-Dagon (le Dagon d'ôr), situé à trois kilomètres au nord de Rangoun, est un très-grand édifice; quoique un peu plus bas que le temple de Schoë-Madou, il est encore plus richement orné. La terrasse qui le supporte a été construite sur une éminence de rochers, dominant toute la campagne voisine; aussi le temple se voit-il de très-loin. L'escalier qui conduit sur la terrasse a plus de cent marches; elles sont en pierre et un peu dégradées. Le *tée* et la pyramide sont dorés, et quand le soleil les frappe, ils ont le plus éblouissant éclat. Autour sont un grand nombre de petits temples, dont beaucoup tombent en ruine; car on regarde comme une action bien plus méritoire d'en construire de nouveaux que de réparer les anciens.

Le temple de Schoë-Zigoun, à Pagahm, n'est ni si vaste, ni si bien bâti que ceux que nous venons de décrire; il n'a pas plus de cinquante mètres de hauteur. De chaque côté du chemin qui y conduit, est une rangée de *praws*, la plupart en ruine, comme partout ailleurs. La terrasse qui supporte le temple est spacieuse, et pavée de grands quartiers de pierre; on y voit aussi un grand nombre de petits temples dorés et chargés de sculptures.

Dans la même ville de Pagahm, qui eut autrefois une grande splendeur, et fut, dit-on, la résidence de quarante-cinq rois birmans, on trouve une immense quantité d'autres édifices religieux. Ils sont d'une structure toute particulière; au lieu d'une mince aiguille, placée sur une vaste base, et s'élevant à une très-grande hauteur, ces temples conservent le même diamètre jusqu'auprès de leur sommet et se terminent tout à coup en pointe, disposition qui manque absolument d'élégance. Parmi les plus anciens, la plupart n'ont point été bâtis sur une base pleine; une voûte en forme de dôme, et sous laquelle on pénètre par quatre portes ogivales, supporte l'énorme et massive construction dans laquelle est enchâssée l'image de Goutama.

Après ces édifices, je puis encore citer les pagodes nombreuses d'Ava, parmi lesquelles on distingue le Schoë-Gonga-Praw, non par sa grandeur et sa magnificence, mais par la vénération qui s'y attache; le Logatherpou-Praw, qui renferme une statue colossale de Goutama, formée d'un seul bloc de marbre; les temples pyramidaux qui entourent Chagaing, ville située sur le bord de l'Irawaddy, et jadis résidence impériale; les innombrables pagodes d'Arrakan et de Mayahoum; le beau temple de Denoubieu, qui semble avoir été bâti sur le modèle de celui de Schoë-Madou, mais sur une plus petite échelle; ceux de Kioum-Zeik, plus remarquables par leurs dorures que par leur grandeur; la pagode de Loga-Niendah, masse énorme de maçonnerie sans élégance, placée sur une terrasse demi-circulaire, avec une base peinte des couleurs les plus vives, et une coupole richement dorée; enfin, les temples de Maïday, que rendent si pittoresques les bosquets de manguiers et de tamarins qui les ombragent.

MONUMENTS FUNÉRAIRES.

Nous avons peu de détails sur les monuments funéraires de l'empire birman, qui en général paraissent peu dignes d'attention; cela s'explique assez facilement par l'usage de brûler les corps des personnages importants, et de jeter à l'eau ceux des pauvres. Le major Symes cite cependant un tombeau moderne, érigé sur le bord de l'Irawaddy, à peu de distance d'Ava. C'est un petit bâtiment de forme oblongue, construit en briques, à un seul étage, et ayant huit ou neuf portes du côté de la rivière.

CONSTRUCTIONS CIVILES.

Les changements fréquents de résidence des empereurs birmans ont nécessairement donné lieu à la construction de palais dans leurs diverses capitales. Celui d'Ava se distinguait des autres habitations de la ville par son étendue plutôt que par sa magnificence extérieure; mais l'intérieur était d'une grande richesse.

Le palais du roi à Arrakan était situé au milieu de cette ville; il était très-vaste, environné d'une triple enceinte de murailles, et renfermait des richesses immenses qui devinrent la proie des vainqueurs, lors de la prise de cette ville par Mendragée-Praw.

La nouvelle capitale d'Amarapoora n'est située qu'à huit kilomètres environ de l'ancienne Ava, sur une presqu'île qui sépare l'Irawaddy d'un lac accru par les eaux de cette rivière. Les débris de l'ancienne capitale ont servi à construire la nouvelle, et on a mis tant d'activité dans cette construction, qu'Amarapoora est devenue en peu de temps l'une des plus belles et des plus florissantes villes de l'Orient. Le palais de l'empereur est un vaste bâtiment en briques, auquel on arrive après avoir traversé plusieurs cours spacieuses; la dernière, qui contient le *lotou*, ou grande salle d'audience, est immense. Dans cette enceinte est une cour intérieure, séparée par une muraille de briques, et comprenant le palais et tous les bâtiments nécessaires à la maison du roi. Le *lotou* est d'une grande magnificence; il est soutenu par soixante et dix-sept colonnes, distribuées sur onze rangs, et placées à quatre mètres environ de distance les unes des autres, ce qui permet d'évaluer à quarante-huit mètres sur trente-deux l'étendue totale de la salle. Le fond est occupé par une grande jalousie dorée qui comprend toute la largeur de l'édifice, et au centre de laquelle est une porte qui, lorsqu'elle est ouverte, laisse apercevoir le trône. Les princes de la famille impériale ont aussi leurs palais à Amarapoora, mais ils sont bien moins riches que le palais impérial. Celui-ci, toutefois, est presque égalé par le *kioum*, résidence du grand prêtre de l'empire, désigné par le titre de *Sireduou*. Ce bâtiment est peut-être dans son genre le plus magnifique de l'univers; il est entièrement construit en bois, et sa disposition est la même que celle du Kioum-Dogé, dont je vais parler tout à l'heure; mais il est beaucoup plus vaste et majestueux. Ses nombreuses rangées de colonnes, dont quelques-unes ont vingt mètres et qui sont toutes couvertes d'or bruni, produisent un effet merveilleux.

Non loin de là est le Kioum-Dogé, ou couvent royal, qui est presque aussi remarquable. On entre d'abord dans une cour spacieuse, environnée d'une haute muraille de briques, au milieu de laquelle est le Kioum, édifice non moins extraordinaire par son genre d'architecture que par la magnificence de ses ornements et la profusion d'or que l'on rencontre dans toutes ses parties. Il est tout entier en bois, et les toits, qui s'élèvent les uns au-dessus des autres à cinq étages, diminuent de grandeur à proportion de leur élévation. Chacun d'eux est bordé d'une corniche artistement sculptée et richement dorée. Le corps de bâtiment, élevé à quatre mètres de terre, est supporté par cent cinquante gros poteaux; une balustrade dorée, et bizarrement sculptée, environne l'extérieur de la plate-forme; enfin tout le bâtiment est entouré d'une large galerie. A l'intérieur est une salle magnifique, supportée par une colonnade majestueuse. Les colonnes du centre ont au moins seize mètres de hauteur, et sont dorées depuis le sommet jusqu'à un mètre trente centimètres de la base, qui est peinte en rouge. Une cloison, formée par des jalousies dorées de cinq à six mètres de hauteur, divise la salle en deux parties égales du nord au sud. Les espaces entre les colonnes varient de quatre à cinq mètres, et le nombre de ces dernières, y compris celles qui soutiennent la galerie, est au moins de cent; elles diminuent de hauteur à mesure qu'elles approchent des extrémités, de sorte que la dernière rangée n'a guère plus de cinq mètres. Le bas des colonnes est enveloppé d'une feuille de plomb pour le préserver de l'humidité. Une statue en marbre doré, et représentant Goutama assis sur un trône d'or, est placée au centre de la cloison.

Beaucoup d'autres *kioums* se trouvent dans les environs; celui appelé Knebang-Kioum, couvent de l'immortalité, se fait remarquer par sa flèche ou *piasath*, de cinquante mètres de hauteur. C'est le lieu où sont exposés les corps des *siredaous*. La grande salle est fort belle et soutenue par trente-six piliers, dont plusieurs ont treize mètres de hauteur.

Dans les ruines du vieil Ava sont celles du Logatherpou-Praw, autrefois résidence du *siredaou*: son temple était d'une grande richesse; on y admire encore une statue colossale de marbre de Goutama, haute de huit mètres, quoique assise. Il est évident que le temple avait été construit après l'idole, dont la proportion est telle qu'elle n'aurait pu passer par la porte.

Les kioums ou couvents des rhahaans sont d'une structure différente de celle des maisons ordinaires; ils ont beaucoup d'analogie avec les édifices chinois; ils ont des toits à plusieurs étages, soutenus par de fortes colonnes, et ils ne sont composés que d'un seul appartement ouvert de tous côtés, où l'on voit quelquefois des sculptures faites avec beaucoup de soin, et représentant divers symboles de la divinité.

Les maisons des particuliers, dans tout l'empire birman, sont construites en planches, et élevées sur des poteaux de bois de bambou, dont la hauteur est proportionnée à l'importance du propriétaire. Les *kioums* et les demeures des grands sont ordinairement élevés au-dessus du sol de deux à trois mètres; les habitations des hommes d'un rang inférieur et des paysans ne le sont que d'un mètre au plus. La distinction consiste aussi dans le nombre d'étages dont le toit est composé.

Lorsque les grands de l'empire birman voyagent par eau, on leur construit des maisons sur le rivage, dans les endroits où ils ont envie de s'arrêter. Cet usage s'observe encore plus exactement pour l'empereur; soit qu'il voyage par terre, soit qu'il s'embarque, partout où il fait halte, on élève aussitôt un bâtiment d'un ordre d'architecture qui lui est spécialement réservé. Ces édifices sont construits avec des matériaux qu'on se procure toujours aisément, des bambous, des ratans et des joncs. La structure en est si simple, qu'une maison spacieuse, commode et assortie au climat, peut être bâtie en un jour. On conçoit que de pareilles demeures présentent peu de solidité, et peuvent être facilement renversées par le vent; mais aussi telle est la légèreté des matériaux qui les composent, qu'il ne peut en résulter aucun accident pour les habitants.

Les seuls édifices en brique sont les palais et les temples; l'empereur a défendu l'emploi de ces matériaux aux particuliers, parce qu'il craint, dit-on, que sous le prétexte de bâtir des maisons solides, on ne construise quelques forteresses qui pourraient être dangereuses pour le repos de l'État.

Un mot encore sur quelques habitations assez singulières. Près de Neoudah, le rivage oriental de l'Irawaddy présente un rocher élevé de trente à quarante mètres; à peu près à la moitié de cette hauteur sont des ouvertures donnant accès à des cavernes autrefois habitées par des ermites qui les avaient creusées eux-mêmes, et qui n'avaient de communication avec les hommes que pour recevoir des vivres qu'on allait leur porter au bas du rocher, et qu'ils montaient avec une corde.

CONSTRUCTIONS MILITAIRES.

Presque toutes les villes, et même les villages, des Birmans sont entourés de palissades, genre de défense dans lequel cette nation est fort habile (voyez *le frontispice*), mais souvent aussi ils présentent des fortifications plus solides et plus durables.

L'ancienne ville de Pégu était entourée d'un fossé et d'un rempart qui durent être un ouvrage considérable, à en juger seulement par les ruines qui subsistent encore. Cette enceinte forme un carré de près de deux kilomètres sur chaque face; le fossé est comblé en plusieurs endroits, soit par les décombres qu'on y a jetés, soit par l'éboulement de ses propres parois; il paraît avoir eu environ quarante mètres de large et trois à quatre mètres de profondeur. Il serait difficile de dire au juste quelles étaient les dimensions de la muraille, mais le major Symes croit qu'elles n'avaient pas moins de dix mètres de haut, et treize mètres d'épaisseur à leur base; elles étaient construites de brique et d'argile, et flanquées de bastions éloignés l'un de l'autre de deux cents mètres environ. Au milieu de chacun des quatre côtés de l'enceinte, était une porte de dix mètres de large, devant laquelle on traversait le fossé par une chaussée qui était défendue par des retranchements dont il ne reste plus aucun vestige. La nouvelle ville de Pégu n'a qu'une enceinte de pieux de trois à quatre mètres de haut.

Près de la ville moderne de Prome ou Piayé-Mieu, sont les ruines de l'ancienne; elle forme un petit pentagone dont l'enceinte était bâtie en brique, et par sa situation elle devait être très-forte. La nouvelle ville est garnie de palissades terrassées à l'intérieur.

L'ancien Ava était divisé en haute et basse ville, toutes deux fortifiées. La basse, qui était la plus étendue, est encore en grande partie entourée d'un mur de dix mètres de haut, au pied duquel est un fossé large et profond que traverse une chaussée en terre; le mur est revêtu en dedans d'une levée également en terre. La ville haute, sorte d'acropole, n'avait qu'environ un kilomètre de circonférence; ses fortifications étaient bien plus épaisses, et cependant aujourd'hui elles tombent en ruines.

On peut encore reconnaître à Pagahm les vestiges d'un fort bâti en brique; mais la forteresse la plus importante de l'empire birman est celle d'Amarapoora.

Cette citadelle est spacieuse, régulière et solidement bâtie; les remparts sont très-élevés, protégés par un parapet, flanqués de bastions, construits avec soin, et entourés d'un fossé large et profond revêtu d'une escarpe et d'une contrescarpe en brique, et toujours plein d'eau. Les portes sont garnies de canons, et des ouvrages avancés défendent la tête des ponts qui traversent les fossés. Il y a quatre portes principales, une au milieu de chaque façade; il y a aussi une plus petite porte de chaque côté de la grande, à une égale distance de cette dernière et de l'angle du fort, ce qui donne un total de douze portes. Chacun des côtés du fort a environ quatre mille huit cents mètres de long. Chaque bastion, ainsi que chaque porte, est couvert d'un toit en tuile, supporté par quatre poteaux de bois. A chaque angle du fort est un temple doré qui a plus de trente mètres de hauteur, mais qui ne peut être comparé à ceux que nous avons décrits.

ROYAUME DE SIAM.

INTRODUCTION.

Le royaume de Siam, dans l'Indo-Chine ou Inde transgangétique, est borné à l'est par le royaume d'Anam, au sud par la presqu'île de Malacca et le golfe de Siam, à l'ouest par l'empire birman, au nord par ce même empire et par la Chine. Sa population est évaluée à deux millions huit cent mille habitants. Ce pays est formé d'une grande vallée très-fertile, encaissée par de hautes montagnes, et arrosée par le fleuve Meinam ou Minam, qui le parcourt dans toute sa longueur, et est navigable en tout temps depuis Sia-Thya jusqu'à la mer. La configuration de cette contrée offre beaucoup d'analogie avec celle de l'Égypte, et cette analogie est rendue plus frappante encore par le débordement périodique du Meinam, qui, à partir du mois de décembre, vient fertiliser le sol, de même que celui de l'Égypte est enrichi par les inondations annuelles du Nil. Comme ce pays est situé tout entier sous la zone torride, et qu'une contrée aussi brûlante n'est habitable qu'auprès des rivières, les Siamois l'ont entrecoupée d'une infinité de canaux, sur les bords desquels sont bâtis les villes et les villages.

Ainsi qu'il arrive pour une foule de désignations adoptées par les Européens, le nom de Siam est inconnu aux Siamois, qui se désignent eux-mêmes par celui de Thaï. Le nom de Siam est dû aux Portugais qui l'ont peut-être emprunté à la langue de Pégu, dans laquelle ce mot a la même signification que le *Thaï* des Siamois, *libre, indépendant*. Quoi qu'il en soit, aujourd'hui encore, les Chinois et les Malais appellent les habitants de ce pays, *Seam*, et les Birmans les désignent indifféremment par les noms de *Shan* ou de *Youdras*; cette dernière dénomination est tirée de *Youdia* ou *Youdra*, leur ancienne capitale.

La résidence actuelle du roi est Bankock, ville de quatre-vingt-dix mille âmes.

Les Siamois se sont montrés peu jaloux de conserver leurs annales, et les manuscrits qu'ils possèdent, en petit nombre, ne permettent pas de remonter bien haut dans leur histoire avec quelque espoir fondé de rencontrer la vérité.

L'ère des Siamois date de la mort de Sommona-Codom, leur prophète, c'est-à-dire de l'an 544 avant Jésus-Christ. Voici les quelques notions qu'il nous a été possible de recueillir sur ces temps reculés de leur histoire. Le premier roi dont ils aient conservé le souvenir est Pra-Poal, qui régna vers l'an 1300 de leur ère, et tenait sa cour dans une ville nommée Tchaï-Poppe-Mahonacou, et dont aujourd'hui il ne reste plus le moindre vestige. Le dernier des dix rois qui lui succédèrent transféra le siége royal dans une autre ville dont la situation et le nom sont également inconnus. Onze rois régnèrent après lui, sans changer de capitale jusqu'à Pra-Poa-Noome-Theleseri, qui, en 1731 de leur ère, obligea tout son peuple à le suivre à Locoutaï, et de là à Pipeli, qu'il fit bâtir pour être le siége du royaume. Quatre autres rois lui succédèrent, dont le dernier, Rhamatitoudi, commença à bâtir la ville de Siam en 1894, et y établit sa cour; ainsi la fondation de Siam remonterait à l'an 1300 après Jésus-Christ. Depuis Rhamatitoudi, on compte vingt-cinq rois, ayant appartenu à différentes dynasties, jusqu'à celui auquel Louis XIV envoya un ambassadeur. Pendant cette période, à dater du commencement du seizième siècle, l'histoire de Siam paraît prendre quelque authenticité. En 1502, nous voyons le roi de Siam essayer, mais sans succès, la conquête de la presqu'île de Malacca. En 1511, des relations s'établirent entre les Siamois et les Portugais du comptoir de Malacca. Un siècle et demi se passe ensuite en révolutions intérieures ou en invasions étrangères, et ce n'est guère que vers la fin du dix-septième siècle que ces annales reprennent quelque vie et quelque intérêt. Trois fervents apôtres de la société des missions françaises résolurent d'aller convertir les Siamois à la religion chrétienne; c'étaient Lamothe-Lambert, évêque de Beryte, Pallu, évêque d'Héliopolis, et Cotolendi, évêque de Métellopolis. Après des peines sans nombre, et un voyage de deux années, les trois missionnaires arrivèrent à Siam vers 1662. A cette époque régnait dans ce pays un prince éclairé et ami des progrès, Tchaou-Naraïa, qui les accueillit avec bienveillance, et leur fit présent d'un terrain sur lequel ils fondèrent le séminaire de Saint-Joseph. Bientôt des chrétiens, chassés de la Cochinchine, par la persécution, vinrent se mettre sous la direction des trois évêques, à qui le hasard réservait bien d'autres succès. Un aventurier grec, nommé Constantin Phalcon, fils d'un cabaretier de Céphalonie, était parvenu à s'insinuer si avant dans les bonnes grâces du roi de Siam, qu'il était devenu son premier ministre. Cet homme, dans le dessein de s'affermir dans ce poste, et peut-être de s'élever plus haut encore, chercha à se faire un titre aux bonnes grâces de Louis XIV en persuadant à Tchaou-Naraïa d'envoyer une ambassade au roi de France. Les ambassadeurs siamois furent reçus à Versailles avec la plus grande magnificence; ils étaient chargés de proposer un traité de commerce entre les deux nations, et de faire entendre que le roi de Siam n'était pas même fort éloigné de se faire chrétien. Louis XIV ne voulut pas être longtemps en reste avec Sa Majesté Siamoise : le 27 septembre 1687, une ambassade française paraissait dans le Meinam; elle se composait du chevalier de Chaumont et de MM. de Cerberet et de la Loubère, chefs de la députation, de M. l'abbé de Choisy, de cinq missionnaires, et de quatorze jésuites. Parmi ceux-ci était le P. Tachard, qui, sous le titre de mathématicien, cachait des instructions secrètes plus étendues que les pouvoirs de l'ambassadeur lui-même. Un corps de huit cents hommes accompagnait l'ambassade. Au point de vue religieux, les résultats de cette démarche furent nuls; il n'en fut pas de même sous le rapport politique. On obtint que des garnisons françaises occuperaient Bankock et Mergui, les deux boulevards du royaume. Constantin Phalcon aida de tout son pouvoir au succès de ces négociations, comptant sur l'appui des Français pour la réalisation de ses projets ultérieurs; mais dès l'année suivante, le roi étant tombé malade, deux favoris, Monpit et Pitrarcha, parurent partager les chances de recueillir son héritage. Pensant sans doute avoir meilleur marché du premier, Phalcon venait de se déclarer pour lui, quand Pitrarcha fit assassiner son compétiteur et arrêta de sa main le premier ministre au moment où il se rendait chez le roi, qui était au lit de mort. Vainement de Farges, commandant des forces françaises, voulut-il accourir au secours de Phalcon, la révolution fut consommée le 5 juin 1688. Une espèce de capitulation, signée avec de Farges, stipula que le royaume de Siam serait évacué par les garnisons de Bankock et de Mergui. Les missionnaires furent insultés dans la capitale même du royaume, et les évêques eurent de la peine à sauver même leur tête. Le séminaire de Saint-Joseph fut pillé, plusieurs prêtres subirent l'horrible supplice de la *cangue*. M. de Lamothe-Lambert resta pendant un jour entier à la merci de la populace qui lui arracha, un à un, les poils de la barbe, le traîna dans la ville, et ce ne fut que demi-mort qu'il fut livré aux geôliers. Quant à Phalcon, il eut la tête tranchée, et sa veuve, après avoir été sur le point d'être reine, fut condamnée par le successeur du roi de Siam à servir dans la cuisine, et mourut dans cette triste condition. Enfin les persécutions diminuèrent, et elles avaient cessé quand le P. Tachard reparut à Bankock, en 1690, avec deux mandarins qu'il ramenait de France comme messagers de paix. De nouveaux pourparlers eurent lieu, à la suite desquels l'évêque, tiré de prison, fut remis à la tête du séminaire restauré.

L'usurpateur Pitracha régna jusqu'en 1700, époque à laquelle son fils prit sa place. Sa dynastie, qui régna jusqu'en 1767, eut peu à démêler avec les puissances européennes, mais en revanche ses voisins lui causèrent de cruelles alarmes. Nous avons dit, en parlant de l'empire birman, comment Alompra projeta, en 1760, la conquête du royaume de Siam, conquête qui fut accomplie en 1767 par son fils Shembuan, qui bientôt toutefois fut forcé d'abandonner ces nouvelles contrées qu'il venait d'ajouter à son empire. Après le départ des Birmans, une réaction ayant eu lieu, un prince chinois en profita pour s'emparer du trône, et se faire proclamer sous le nom de Phia-Tak; ce fut lui qui transféra le siége de l'empire de Siam ou Sio-Thya, à Bankock. Après un règne d'abord sage et ferme, ce prince se livra à de si singuliers excès de tyrannie et de superstition, que le bruit se répandit qu'il avait perdu la raison. Un général en profita pour soulever l'armée, mettre le roi à mort, et se faire proclamer à sa place. Il conserva le sceptre jusqu'en 1809, occupé sans cesse à repousser les attaques des Birmans, tâche qui dut être continuée par son successeur jusqu'à sa mort, en 1824. Ce dernier a laissé le trône à un fils naturel qui l'occupe encore aujourd'hui.

Deux religions se partagent les habitants du royaume de Siam. La plus ancienne et la plus répandue est celle qui a été prêchée, six siècles environ avant Jésus-Christ, par un prophète nommé Sommona-Codom, qui est devenu le législateur et l'objet du culte des Siamois. L'histoire de ce personnage est enveloppée de fables et d'absurdités qui ne permettent de rien dire de bien certain sur ce qui concerne sa vie. Il paraît probable qu'il était originaire des Indes, et que c'était un des *shammans* habitants de la presqu'île en deçà du Gange, comme son nom semble l'indiquer. Cependant les Siamois disent que son véritable nom était Codom, mais qu'ayant embrassé la profession de talapoin ou religieux, il prit le nom de *Sommona* qui, en langue *balie*, signifie *talapoin des bois*. On prétend qu'une fleur lui donna naissance, et cependant, ce qui est assez difficile à concilier, on le fait fils d'un roi de Tève-Lanca, pays que les Indiens regardent comme faisant partie de l'île de Ceylan; et par une autre anomalie, on lui donne pour mère une vierge qui serait devenue enceinte par la vertu du soleil. On ferait plusieurs volumes des prétendus miracles, et des prétendues belles actions attribuées par les Siamois à Sommona-Codom. Ils citent entre autres, parmi ses inépuisables actes de charité, que n'ayant un jour rien à donner à des talapoins mourant de faim, il tua sa femme et ses enfants et leur en distribua la chair. Quoi qu'il en soit de cette merveilleuse vertu, Sommona-Codom ne fut pas exempt de quelques faiblesses humaines : il écouta l'esprit de vengeance, et s'oublia jusqu'à tuer un homme qui était son ennemi. Ce crime ne demeura pas impuni; l'âme de la victime passa dans le corps d'un porc, et Sommona-Codom, ayant eu le malheur de manger de la chair de cet animal, fut attaqué d'une violente colique qui l'emporta à l'âge de quatre-vingts ans. Sa mort fut singulière comme l'avait été sa naissance; car il disparut tout à coup, semblable à une étincelle qui s'évanouit dans l'air. Avant de quitter le monde, il recommanda à ses disciples de lui ériger des statues (voyez *le frontispice*) et de bâtir des temples en son honneur.

Parmi ses disciples, on en distingue deux célèbres par leurs vertus et leur sainteté : le premier, nommé Pra-Mogla, est placé dans les temples à droite de Sommona-Codom; le second, nommé Pra-Saribout, est à sa gauche. Sommona-Codom est presque le seul objet du culte des Siamois; c'est à lui seul que s'adressent toutes leurs prières; mais ils sont persuadés que son pouvoir est restreint aux seuls Siamois, et qu'il n'a aucune autorité sur les autres peuples.

La religion bouddhique a été introduite dans le royaume de Siam en l'an 638 de notre ère : mais elle compte aujourd'hui un très-petit nombre de partisans.

Les arts sont bien moins avancés encore dans le royaume de Siam que dans aucun des pays que nous avons parcourus jusqu'ici. L'engourdissement du corps des Siamois semble se communiquer à leur esprit, et de même qu'ils craignent d'agir, ainsi ils évitent la fatigue de penser; aussi les arts y languissent dans une éternelle enfance. Ce n'est pas que les Siamois n'aient une imagination vive et facile; leur esprit n'aurait besoin que de culture, et si la paresse que donne le climat n'était un obstacle à son essor, on verrait briller le flambeau des arts et des sciences dans un pays où à peine jette-t-il quelques rares étincelles.

La Loubère dit bien avoir vu dans un temple une peinture dont les couleurs étaient très-vives, mais il avoue qu'il ne croit pas que ce fût un ouvrage de main siamoise. Les Siamois, comme les Chinois, font peu de cas de l'imitation exacte de la nature; ils veulent de l'extravagance dans la peinture, comme tous les Orientaux aiment le merveilleux dans la poésie; ils imaginent des arbres, des fleurs, des oiseaux, des animaux fantastiques. Ils donnent quelquefois aux hommes des attitudes impossibles; mais le véritable mérite de leurs artistes consiste dans une facilité qui donne une apparence de naturel à ces créations bizarres de leur imagination.

Leur sculpture est plus grossière encore, et les statues qui décorent leurs temples sont complétement nulles sous le rapport de l'art. Ils sont un peu plus habiles dans l'art de la construction; ils savent cuire la brique et faire d'excellent ciment; néanmoins leurs bâtiments de brique sont de peu de durée, parce qu'ils ne font que les poser sur le sol, sans les asseoir sur des fondations solides; ils négligent cette précaution même pour leurs fortifications.

MONUMENTS RELIGIEUX.

Il serait difficile de trouver aujourd'hui des traces des temples magnifiques qu'ont décrits le P. Gervaise et Kœmpfer; il est même probable que ces monuments n'ont jamais existé que dans les écrits de ces voyageurs, car de la Loubère n'en fait nullement mention, et ne décrit au contraire que des édifices d'une grande simplicité. « Plusieurs pagodes, dit-il, sont en brique; elles ne sont pas assez exhaussées à proportion de leur grandeur; elles ont beaucoup moins de jour que nos églises; d'ailleurs elles sont de la figure de nos chapelles, mais sans voûtes ni plafonds, seulement la charpente qui soutient les tuiles est vernie de rouge avec quelques filets d'or. »

La plupart des temples ou *pihans* ne sont autre chose qu'un bâtiment rectangulaire, souvent en bois, présentant à chaque extrémité un appentis sous lequel le peuple est censé devoir s'arrêter, quoiqu'il ne laisse pas d'entrer partout aux jours où le temple est ouvert. Dans le bâtiment du milieu, dont le toit est plus élevé, est placée l'idole (voyez *la lettre*). Le principal ornement des pihans est d'être ordinairement accompagnés de plusieurs pyramides ou cônes de chaux et de briques, dont pourtant les décorations sont fort grossièrement exécutées. Il en est qui atteignent à une grande hauteur et d'autres qui n'ont pas plus de quatre mètres d'élévation. Ces pyramides sont ordinairement surmontées d'une aiguille en *kalin*, sorte d'étain blanc (voyez *le frontispice*). Il y a de ces pyramides qui sont de grosseur inégale dans leur hauteur, et semblent tournées comme des balustres.

Il est peu de temples dans le royaume de Siam qui soient dignes d'une mention particulière. Le P. Tachard fait une pompeuse description de celui qui existait dans l'enceinte du palais de Siam : « Cette pagode, dit-il, est couverte de *kalin*, qui est une espèce de métal fort blanc, entre l'étain et le plomb, avec trois toits l'un sur l'autre. La porte est ornée d'un côté de la figure d'une vache, et de l'autre d'un monstre extrêmement hideux. Cette pagode est assez longue, mais fort étroite; lorsqu'on y est entré, on n'aperçoit que de l'or; les piliers, les murailles, les lambris et toutes les figures sont si bien dorées, qu'il semble que tout soit couvert de lames d'or. La forme générale de l'édifice est assez semblable à celle de nos églises; il est soutenu par de gros piliers, et au fond est une espèce d'autel, sur lequel sont plusieurs figures également dorées. »

Le P. Tachard décrit une autre pagode bien plus étonnante encore : « A cent pas du palais du roi, vers le midi, est, dit-il, un grand parc, fermé de murailles, au milieu duquel s'élève un vaste et haut édifice, bâti en forme de croix, à la manière de nos églises, surmonté de cinq dômes solides, dorés, qui sont de pierre ou de brique et d'une structure particulière. Le dôme du milieu est beaucoup plus grand que les autres, et ceux-ci sont aux extrémités sur les travers de la croix. Tout l'édifice est posé sur plusieurs bases ou piédestaux, qui s'élèvent les uns sur les autres en s'étrécissant par le haut, de sorte qu'on y monte des quatre côtés par des escaliers roides et étroits de trente-cinq à quarante marches, chacune de trois palmes, et couvertes de kalin comme le toit. Le bas du grand escalier est orné des deux côtés de plus de vingt figures au-dessus de la grandeur naturelle, dont les unes sont d'airain, les autres de kalin, toutes dorées, mais représentant assez mal les personnages et les animaux dont elles sont l'image. Ce magnifique bâtiment est environné de quarante-quatre grandes pyramides, de formes différentes, bien travail-

TEMPLE DE BANKOCK.
Siam.

lées, et rangées avec symétrie sur trois plans différents. Les quatre plus grandes sont sur le plus bas plan aux quatre coins, posées sur de larges bases. Elles sont terminées en haut par un long cône fort délié, très-bien doré, et surmonté d'une aiguille ou d'une flèche de fer, dans laquelle sont enfilées plusieurs petites boules de cristal d'inégale grosseur. Le corps de ces grandes pyramides, comme de toutes les autres, est d'une espèce d'architecture qui approche assez de la nôtre, mais trop chargée de sculptures, moins simple, moins proportionnée, et par conséquent moins belle, du moins aux yeux de ceux qui n'y sont point accoutumés. Sur le deuxième plan, qui est un peu au-dessus du premier, s'élèvent trente-six autres pyramides un peu moins grandes que les premières; les unes pointues, les autres arrondies par le haut en *campane*, de la forme des dômes qui couronnent l'édifice, tellement mêlées, qu'il n'y en a pas deux de suite de la même forme. Au-dessus de celles-ci, dans le troisième plan, quatre autres, qui forment les quatre coins, sont terminées en pointes, plus petites à la vérité que les premières, mais plus grandes que les secondes. Tout l'édifice avec les pyramides est renfermé dans une espèce de cloître carré, dont chaque côté a plus de cent vingt pas commun de longueur, sur environ cent pieds de large et quinze de hauteur. Les galeries du cloître sont ouvertes du côté de la pagode; le lambris est peint et doré à la moresque; enfin, au dedans des galeries, le long de la muraille extérieure, sont disposées plus de quatre cents statues dorées. La France, ajoute le P. Tachard, n'a pas d'édifice où la symétrie soit mieux observée que dans cette pagode, soit pour le corps, soit pour les accompagnements de l'édifice; son cloître est flanqué des deux côtés en dehors de seize grandes pyramides arrondies par le haut en forme de dôme, de plus de quarante pieds de hauteur et plus de douze pieds en carré, disposées sur une même ligne, comme une suite de grosses colonnes, dans le milieu desquelles sont de grandes niches garnies de pagodes dorées. »

Aucun des temples qui existent aujourd'hui n'approche de cette magnificence; celui de Bankock, que nous publions (*planche* 20), donnera mieux que tout ce que nous pourrions dire une juste idée de leur peu de grandeur et de leur simplicité.

Les temples font souvent partie de couvents appelés *vats*, que j'aurai occasion de décrire plus tard.

MONUMENTS FUNÉRAIRES.

Les monuments funéraires des Siamois présentent encore moins d'intérêt que leurs temples. Les cadavres sont brûlés, et on dépose les cendres dans des tombeaux en forme de pyramides, sans aucun ornement, et dont la grandeur seule témoigne de la richesse et du rang du défunt.

CONSTRUCTIONS CIVILES.

Les palais du roi de Siam ont trois enceintes, quelquefois fort éloignées l'une de l'autre, et laissant entre elles des espaces considérables. Tout ce que renferme l'enceinte intérieure, c'est-à-dire le logement du roi avec quelque cour ou quelque jardin, porte le nom de *vang;* le palais entier avec toutes ses enceintes s'appelle *prassat.* La disposition de ces palais est fort singulière; toutes les pièces sont rangées en file sur une seule ligne, et il y a toujours quelques marches à monter de l'une à l'autre jusqu'à la dernière qui est la plus élevée de toute, et qui est réservée au logement du roi. Tel était l'ancien palais de Siam, abandonné depuis l'invasion des Birmans, et qui était d'une telle étendue que, suivant Turpin, il ressemblait à une ville, entourée d'une triple enceinte de murailles de brique, sans fenêtres. Aujourd'hui cette disposition est moins rigoureusement observée, quoique on en retrouve le souvenir dans le nouveau palais de Bankock (voyez *la vignette,* page 91, et *le frontispice*). La salle d'audience est un vaste parallélogramme de vingt-sept mètres de long sur treize de large; deux rangs de colonnes en bois conduisent de la porte d'entrée au trône, élevé sur des degrés. Les parois et le plafond sont peints en rouge, les corniches sont ornées de belles dorures, et des étoiles décorent les lambris.

Dans les forêts où le roi a coutume de chasser, sont des palais de bambous, peints en rouge, et qu'on s'empresse de meubler quand ils doivent recevoir le prince.

Les talapoins ou prêtres habitent les couvents appelés *vats,* auxquels est toujours joint un temple. Le temple et le couvent occupent un fort grand terrain carré, entouré d'une clôture de bambous. Au milieu de cette enceinte en est une seconde, également rectangulaire, mais construite en matériaux solides, avec une entrée aux deux extrémités; c'est au centre de celle-ci que s'élève le temple. Entre les deux enceintes sont quelques arbres, et les cabanes isolées des talapoins. Ces espèces de cellules sont de petites maisons de bois, élevées sur des piliers; celle du supérieur ne se distingue que par une étendue et une hauteur un peu plus considérables.

Les maisons particulières (voyez *le frontispice*) sont petites, mais accompagnées de dépendances assez vastes. Des claies de bambous fendus, souvent peu serrées, en composent les planchers, les murs et les combles; les piliers sur lesquels elles sont élevées pour éviter l'inondation sont de gros bambous d'environ quatre mètres de hauteur. Ces poteaux ne dépassent jamais le nombre de quatre ou de six. L'escalier est une véritable échelle de bambous, et qui pend en dehors comme celle d'un moulin. Comme les étables sont également exhaussées, les animaux y montent par un plan incliné, aussi composé de claies.

Les maisons n'ont qu'un étage, afin, dit-on, que personne ne puisse être plus haut placé que le roi, lorsqu'il passe sur son éléphant. Il est bien entendu que ces habitations éphémères sont réservées au peuple. Déjà, au temps de la Loubère (1687), des Européens et des Chinois avaient des demeures construites en brique, et les grands officiers de la cour possédaient des maisons de menuiserie qui ressemblaient à de grandes armoires, dans lesquelles, à la vérité, ils logeaient seuls avec leur principale femme et leurs enfants; la suite habitait des cabanes ordinaires.

Aujourd'hui les maisons des riches marchands, celles des dignitaires du royaume, les temples, les palais, sont ordinairement faits de matériaux plus solides et plus coûteux que les bambous et les feuilles de palmier; le marbre, la pierre, la brique, le mortier, le bois de charpente entrent dans ces constructions. La toiture est souvent en tuile rouge, parfois en étain laminé, ou *kalin,* qui resplendit au soleil.

CONSTRUCTIONS MILITAIRES.

L'art de fortifier est presque inconnu aux Siamois; ils ont dû s'y appliquer d'autant moins que le pays est défendu naturellement par ses impénétrables forêts, ses innombrables canaux, et l'inondation annuelle. Ils ont même été retenus longtemps par la singulière crainte, s'ils construisaient des forteresses, de les perdre et de ne pouvoir les reprendre. Celles qu'ils possèdent ne pourraient tenir contre une poignée d'Européens, et j'ai déjà dit qu'elles n'avaient aucune durée, faute de fondations solides et profondément établies.

Toutefois, Siam a une enceinte de murailles telle quelle; Pi-Sa-Lack est entourée d'un rempart de brique, et Bankock a des espèces de fortifications sans fossés, garnies de batteries, la plupart sans canons.

EMPIRE D'ANNAM.

INTRODUCTION.

N doit aujourd'hui réunir sous une seule dénomination, et confondre dans un même chapitre, les diverses contrées qui occupent la partie orientale de l'Inde transgangétique, et qui étaient autrefois autant d'États distincts. Ce pays s'étend depuis le neuvième degré de latitude septentrionale jusqu'au vingt-troisième, et en longitude depuis le cent dix-huitième degré trente minutes, jusqu'au cent vingt-septième degré trente minutes ; il est borné au nord par la Chine et par la mer de Chine, au sud par cette même mer, à l'ouest par le royaume de Siam. Ces États forment maintenant un seul empire, celui d'Annam, composé du Tunkin, de la Cochinchine, du Tsiampa, du Cambodje, du Laos, du Lac-Tho et du Kan-Kao.

Toute la partie de cet empire, située au sud de Tunkin, est partagée en trois grandes divisions; la première, qui comprend la pointe méridionale qui forme l'extrémité du golfe de Siam, et qui occupe à peu près depuis le neuvième degré de latitude jusqu'au douzième, s'appelle Don-naï; la seconde, qui s'étend de là jusqu'au seizième degré, se nomme Chang, et la troisième, située entre celle-ci et le dix-septième degré, où commence le Tunkin, porte le nom de Hué.

La côte maritime de ces divisions offre des baies et des havres sûrs et commodes. La grande rivière de Don-naï (Cambodie sur les cartes) est navigable pour les plus grands vaisseaux jusqu'à la distance de cinquante kilomètres dans l'intérieur des terres, où l'on trouve la ville de Saï-Gong, qui a un port vaste et commode, et un grand arsenal pour la marine. Cette rivière se partage en plusieurs bras fort larges.

Dans la division de Chang on trouve la baie et le havre de Chin-Cheu. Le havre est vaste et parfaitement à l'abri des vents; mais les grands vaisseaux n'y peuvent mouiller qu'à la haute mer, à cause d'une barre qui traverse l'entrée assez étroite du goulet qui y conduit de la baie extérieure. A la tête de ce havre se trouve la ville de Quin-Nong. La principale ville de la province de Hué porte ce même nom; elle est sur le bord d'une grande rivière navigable pour des vaisseaux d'un port considérable; mais une barre de sable traverse l'embouchure. La baie de Han-San, une des plus commodes de tout le Levant, est située un peu au sud de cette rivière; c'est elle qui est ordinairement désignée sur les cartes sous les noms du Touron, Turon ou Touranne.

Le Tunkin proprement dit tient, au sud, à la Cochinchine et au Laos; au nord, à la Chine par la province de Kang-Tong; à l'est, à cette même province et à la mer de la Chine qui forme un golfe qui prend son nom du Tunkin; à l'ouest, au Laos, au Lac-Tho et aux provinces chinoises de Yun-an et Kuan-si. Les points de contact du Tunkin avec la Chine sont pour la plupart des déserts dont les eaux sont malsaines, et les limites des deux États n'ont point été et ne sont point encore déterminées d'une manière bien positive. Entre le Tunkin et la province de Kang-Tong sont des montagnes inaccessibles, qui ne laissent qu'un intervalle dont le passage est fermé par une muraille, dont la double porte est gardée par les soldats des deux pays. Le Tunkin tire principalement sa fertilité du Sang-Koï, vaste fleuve dont le cours n'a pas moins de soixante-quatre myriamètres. Je ferai remarquer, en passant, que la dénomination de Tunkin n'est point exacte; le pays ainsi nommé en Europe s'appelle Kiao-Tchi (1). Cette erreur est venue de ce qu'on a attribué à l'État le nom de sa capitale qui, pendant un temps, s'est appelée Dong-Kinh (Dong, *est*, et Kinh, *ville*). Depuis la réunion du Tunkin aux autres États qui forment l'empire d'Annam, sa capitale se trouvant au nord de cet empire a pris le nom de Bac-Kinh (*ville du nord*); elle est aussi appelée Thang-Long-Thanh (*ville du dragon jaune*).

---

(1) Kiao-Tchi signifie *orteils croisés*; cette singulière dénomination a été inventée par les Chinois, qui ont cru remarquer une disposition particulière dans l'orteil des femmes tunkinoises.

INTRODUCTION.

La Cochinchine est une longue langue de terre, sur le bord de la mer de Chine, qui, avant les conquêtes qui l'ont agrandie, n'était estimée avoir que trente-deux myriamètres de longueur, du nord-ouest au sud-est. Aujourd'hui, en y comprenant la partie du Cambodje, qui y est réunie, et le Tsiampa, qui y est englobé, elle se prolonge depuis le neuvième degré de latitude, jusque vers le dix-septième; sa largeur est fort inégale, dans la plus grande dimension elle est de quatre-vingts à cent kilomètres, tandis qu'il est quelques parties où, de la mer au pied des montagnes inhabitables, cette largeur n'est pas de plus de trois à quatre kilomètres. La Cochinchine se divise en haute, centrale et basse; la capitale de la haute est Phu-xuan ou Hué-fou; la centrale en a deux, Quin-nong et Qui-phu; la capitale de la basse est Saï-gong. Ce pays est aussi partagé en sept provinces qui sont, en partant du sud, Bin-Thuan, Nah-Trang, Pha-yen, Quin-nong, Kang-aï, Kang-nan ou Han, enfin Hué. La Cochinchine tient du nord au Tunkin, de l'est et du sud à la mer de Chine, de l'ouest au royaume de Siam, au Cambodje et au Laos; elle est séparée du Tunkin par une chaîne de montagnes qui ne laisse qu'un intervalle d'environ trois kilomètres, fermé par une muraille. Le nom de Cochinchine aurait été formé par les Portugais de ceux de *Kiao-Tchi*, le Tunkin, et de *Djinna* ou *Tsina*, la Chine; telle est du moins l'opinion de plusieurs voyageurs; selon d'autres, *Cotchin-Tsina* signifierait en japonais *pays à l'ouest de la Chine*.

Le Tchiem-Thanh, désigné par les Européens sous le nom de Tsiampa, Tsiompa ou Ciampa, est enclavé dans la Cochinchine; il lui tient au nord et au midi; à l'est il est borné par la mer de la Chine, à l'ouest par le Cambodje. C'est un petit pays montagneux, qu'on peut traverser en trois jours de marche; il peut se diviser de l'est à l'ouest en trois parties; la partie orientale est un désert, composé de montagnes, dont quelques-unes ont leur base baignée par la mer. C'est à travers ces montagnes qu'il faut passer pour se rendre de la basse Cochinchine à la Cochinchine centrale, et il n'y a point d'eau potable dans une grande partie de cette route. Le milieu du Tsiampa est habité et cultivé; enfin le Tsiampa occidental est un pays de montagnes dans lequel errent quelques hommes presque sauvages. On trouve la première mention de ce pays dans Marco-Polo; et plus tard il en est souvent parlé dans les écrits des missionnaires à la Cochinchine. C'était autrefois un royaume assez puissant, que les Européens n'ont connu qu'au moment de sa décadence, et qui n'existe plus maintenant. Le quatrième roi de la deuxième dynastie tunkinoise s'en empara vers la fin du quinzième siècle, le réunit à ses États, et en forma deux provinces qu'il nomma Thuan-hoa et Kouang-nam.

Le Cambodje ou Cambodia commence un peu au-dessus du neuvième degré de latitude, et finit au douzième; il tient, à l'est, à la Cochinchine et au Tsiampa; à l'ouest, au royaume de Siam; au nord, au Laos; au sud, à la Cochinchine. Ce pays est maintenant appelé Kao-mien ou Kao-men par les Tunkinois; plus anciennement ils le nommaient Tchan-lap, ce qui est la même chose que le Tchin-la des Chinois. Le Cambodje, désigné par ses habitants par le nom de Youdra-Skan, est une contrée fertile, qui ne compte que deux villes principales, Penom-Peng ou Ca-Lompé, la capitale moderne, et Pontaï-Pret, l'ancienne capitale, plus connue sous le nom de Cambodje. Le Cambodje a été un royaume assez puissant pour qu'au dixième siècle il ait pu conquérir la Cochinchine. Après diverses phases d'élévation et de décadence, de conquête et de soumission, il a été réuni définitivement à l'empire d'Annam, en 1809.

Le Laos, ou plutôt le Lao, ou Mi-lao, est un pays très-peu connu; il s'étend du douzième au dix-huitième degré de latitude; il tient du nord au Lac-tho et au Tunkin, du midi au Cambodje, de l'est au Tunkin et à la Cochinchine, de l'ouest au royaume de Siam. La capitale est Han-Niech. Ce pays est arrosé par un grand fleuve, appelé Maykang.

Le Lac-tho n'est point connu en Europe, et est omis sur les cartes; quoique peu étendu, ce pays a cependant formé autrefois un État indépendant; il est borné au sud par le Laos, au nord et à l'est par le Tunkin, à l'ouest par la Chine.

Enfin, le Kan-Kao, appelé Ha-tien par les Cochinchinois et Palmerinha par les Portugais, est une petite souveraineté, située à l'extrémité méridionale de Cambodje, sur la côte orientale du golfe de Siam. Depuis longtemps le chef de cet État ne prend que le titre de gouverneur; il est tributaire de l'empereur d'Annam, après l'avoir été du roi de la Cochinchine.

L'origine des Tunkinois et des Cochinchinois, comme celle des peuples qui conquirent les grandes îles de l'archipel d'Asie, est restée jusqu'ici enveloppée d'une profonde obscurité; cependant quelque similitude dans la religion, dans les coutumes, et surtout dans les préjugés qui se perpétuent dans les classes inférieures, et résistent au temps et aux événements, pourrait faire supposer que ces peuples descendent des Chinois, chassés de leur patrie par les invasions successives des Tartares, et qui seraient venus dans ce pays environ deux siècles avant notre ère. Les émigrants trouvèrent le pays occupé par des tribus noires, qui défendirent leur sol avec l'énergie du désespoir, et luttèrent pendant de longues années. Forcés de se retirer devant les vainqueurs et d'abandonner les rivages de la mer, dont, suivant toute apparence, la nature les avait faits les premiers possesseurs, les *Moyes* se réfugièrent dans les montagnes du Laos, du haut desquelles naguère encore ces tribus féroces descendaient comme un torrent sur les basses terres, incendiaient les villages, ravageaient les campagnes et massacraient les habitants.

Pendant longtemps les Tunkinois, presque sauvages, uniquement occupés de pourvoir à leurs besoins physiques, ignorant l'usage de l'écriture, n'ont pu conserver le souvenir du passé que par la tradition orale, toujours si vague, si incertaine; ce n'est que depuis environ six cents ans qu'ils ont commencé à écrire leur histoire. Toutefois leurs annales, vraies ou fausses, remontent presque jusqu'au temps où ce pays a commencé d'être habité, et comprennent près de deux mille ans; mais dans les premiers temps, elles n'offrent que les noms des chefs de l'État, peu d'autres faits certains, encore moins d'intéressants.

Les historiens tunkinois placent en tête de leur histoire une dynastie de Hong-Mang, laquelle ayant été fondée par un arrière-petit-fils de Chin-Noung, empereur de la Chine, régna pendant dix-huit générations. Cette première liste de rois peut d'autant plus être regardée comme suspecte, qu'on y trouve un fondateur issu d'un de ces anciens empereurs de la Chine dont l'existence historique est au moins douteuse. A ces rois succédèrent deux petites dynasties, celle de Touk et celle de Tricou, dont les durées réunies mènent de l'an 252 à l'an 106 avant Jésus-Christ. La dynastie des Trien régna ensuite pendant quatre-vingt-dix-sept ans; les Han occidentaux occupèrent le trône pendant cent quarante-neuf, les Han orientaux pendant cent quarante-quatre, les Ngooli et les Luong pendant trois cent quatorze. Les Chinois se rendirent alors maîtres du Tunkin, et le gouvernèrent par des vice-rois pendant plus de trois cents ans; mais vers le milieu du dixième siècle, la dynastie des Ngo fut fondée par le gendre d'un général chinois, et dura vingt-neuf ans. Après elle commencèrent les dynasties proprement tunkinoises, dont la première, celle des Diah ou Dinh, eut pour fondateur, en 968, un pâtre, nommé Bo-Linh, Tartare qui s'étant retiré dans les montagnes du Tunkin avec quelques-uns de ses compatriotes, excita une révolte, se mit à la tête des Tunkinois, vainquit les Chinois, et se fit reconnaître roi. Mais une nouvelle révolte survint, Bo-Linh fut assassiné, des guerres civiles s'élevèrent, plusieurs Tunkinois se disputèrent le trône; l'un d'eux, nommé Lé-Day-Hong ou Lé-Daï-Kanh, y fut placé, et fonda, en 981, la dynastie des Lé. Il ne jouit pas longtemps de son triomphe; attaqué par les Chinois, il périt dans une bataille qu'il leur livra. Son successeur, plus heureux, remporta sur les Chinois plusieurs victoires, et les mit hors d'état de troubler son règne. Sa postérité lui succéda, et porta la couronne pendant plus de deux siècles. Une fille de cette maison, seule héritière du trône, le porta par mariage dans la maison des Han, qui l'avait possédé anciennement. Cette nouvelle dynastie, qu'on appelle aussi celle de Tran, commença en 1226; sa durée, qui fut de cent quatre-vingt-huit ans, fut troublée par plusieurs révoltes et usurpations. Quelques partis appelèrent à leur secours l'empereur de la Chine, qui y envoya des armées, rétablit son ancienne domination, et y établit le siège d'une vice-royauté. Les vice-rois ayant commis de grandes vexations, les Tunkinois se révoltèrent, massacrèrent le vice-roi alors en fonction, et mirent à leur tête un prince de l'ancienne famille royale des Lé.

Lé-Loi était un grand guerrier; il remporta plusieurs victoires, chassa les Chinois du pays, et, proclamé roi, fonda, en 1428, la deuxième dynastie des Lé. Il força l'empereur de la Chine à reconnaître l'existence de la monarchie tunkinoise, à la charge d'un hommage et d'un tribut à l'avénement de chaque prince au trône du Tunkin. Toutefois quelques historiens ne font honneur de ce dernier résultat qu'au successeur immédiat de Lé-Loi.

Les rois de Tunkin, appelés *Dovas* ou *Vouas*, eurent dès l'établissement de leur trône une très-grande puissance. La nouvelle dynastie des Lé régna paisiblement pendant soixante-sept ans; mais sous le dixième roi de cette maison, un grand, nommé Mac, se révolta et s'empara du pouvoir. Un autre seigneur tunkinois, Nquien-Phuoé, resté fidèle à ses anciens maîtres, renversa à son tour l'usurpateur et rétablit la famille des Lé. En récompense de ce service, il obtint pour lui et ses descendants la dignité de Chua-vua, qui lui conférait le gouvernement de l'État sous les ordres du Dova. Cette création d'un second pouvoir héréditaire, en quelque sorte parallèle à celui du roi, est un des faits les plus singuliers que présentent les annales du Tunkin, et n'a peut-être pas d'analogue dans celles d'aucun autre pays.

La famille des Nquien-Phuoé ne conserva pas bien longtemps cette dignité qu'au moins elle devait à son dévouement et à sa loyauté. Un Chua-vua donna en mariage sa fille à un de ses écuyers favoris, nommé Trinh ou Trinq; celui-ci, adroit, artificieux et perfide, conçut le projet de succéder à son beau-père au préjudice de ses beaux-frères. En effet, à sa mort, il parvint à se faire nommer gouverneur du Tunkin, et bientôt après, moitié de gré, moitié de force, il obtint le titre de Chua-vua.

Doan-Jong, l'aîné des Nquien, dépouillé par Trinh, fut forcé de passer en Cochinchine, où ayant réuni quelques partisans, il entreprit de réduire les Mac, les anciens usurpateurs, qui, chassés du Tunkin, s'étaient retirés dans les montagnes de la Cochinchine, et avaient toujours conservé quelques espérances. Nquien les vainquit, les expulsa de la Cochinchine et se rendit maître de tout le pays, qu'il ne gouverna que sous le nom et l'autorité du roi Lé. De ce moment commença une guerre civile sans exemple sans doute dans les fastes de l'histoire. On vit deux vice-rois, reconnaissant tous deux, au moins en apparence, l'autorité du même souverain, se combattre chacun à la tête des troupes du pays qu'il gouvernait. Cette rivalité des Trinh du Tunkin, et des Nquien de la Cochinchine, suspendue de temps en temps par des trêves et des traités, a duré près de deux siècles. Ce fut dans un intervalle de ces guerres, en 1855, que les droits des Nquien sur la Cochinchine furent reconnus, et que cet État fut érigé en monarchie, à la charge d'hommage et de tributs envers le roi de Tunkin. Les Nquien, investis de la royauté, ont toujours rendu cet hommage et payé le tribut, excepté dans les temps de guerre, parce qu'ils ont alors prétendu que le tribut était remis aux Trinh, et leur servait à solder les gens de guerre qu'ils envoyaient contre la Cochinchine.

Depuis l'établissement dans le Tunkin d'un Chua héréditaire, les rois de ce pays, les Dovas, n'ont plus eu qu'une puissance illusoire; les Chua ont été pour eux ce qu'étaient en France, du temps de la première race, les maires du palais. Telle était la nullité du Dova, qu'il ne pouvait pas même choisir entre ses enfants celui qu'il voulait avoir pour successeur. Ce choix était attribué aux Chuas qui ne manquaient pas d'élire le prince dont l'incapacité offrait le plus de garanties à leur pouvoir usurpé.

Pendant que le Tunkin gémissait sous le joug tyrannique des Trinh, qu'il avait en vain essayé de secouer à plusieurs reprises, la Cochinchine, gouvernée par les Nquien, qui presque tous furent éclairés et vertueux, commençait à recevoir les bienfaits de la civilisation, et devenait la rivale de la puissance dont elle était tributaire. Le plus célèbre de ces princes est Hien-Nquien-Vuong, qui régna quarante ans; c'est à lui que la Cochinchine doit ses plus grands progrès, et la conquête d'une partie du Tsiampa, et des provinces septentrionales du Cambodje.

Enfin, arriva le moment où le Tunkin se vit délivré de la main de fer des Trinh. Un de ces Chuas ayant été assassiné, et étant mort sans enfants, plusieurs de ses parents prétendirent à sa dignité, et se mirent à la tête de partis opposés, qui plus d'une fois en vinrent aux mains pendant l'espace de huit années. A la faveur de ces discordes, le roi combattit les partis divisés, et les défit; la dignité de Chua cessa d'être héréditaire, et la promotion à ce rang élevé dépendit désormais du choix du souverain.

La Cochinchine fut en proie à des événements encore plus tragiques, et à de plus longues calamités. Vo-Nquien-Vuong, qui était monté sur le trône en 1732, infidèle à l'antique vertu de ses ancêtres, s'était aliéné l'amour de ses sujets, ayant par son testament conféré l'empire au fils d'une de ses concubines, nommé Anh-Vuong, au préjudice de ses fils légitimes. Cette interversion de l'ordre de la succession à la couronne excita un mécontentement et une indignation universels; mais les mesures étaient si bien prises que la résistance fut impossible et la soumission inévitable. Faible, incapable, débauché, abandonnant le soin de l'empire à un ministre qui déjà s'était rendu odieux sous l'administration de son père, Anh-Vuong, opprima le peuple et fit détester son règne. Plusieurs insurrections furent d'abord étouffées, mais enfin en 1774 éclata la révolution qui, par une guerre de vingt-huit ans et une incroyable vicissitude d'événements, a conduit à l'état actuel.

Les révoltés appelèrent à leur aide les Tunkinois et leur facilitèrent l'entrée du pays. Le général tunkinois, aussi politique que guerrier, manda au roi qu'il n'était point entré dans ses États pour lui faire la guerre, mais pour délivrer ses sujets de l'oppression du premier ministre; que s'il voulait le remettre entre ses mains, il se retirerait sur-le-champ. Semblable aux moutons de la fable, qui crurent se délivrer des loups en leur livrant les chiens leurs fidèles défenseurs, le prince remit son ministre aux mains de son ennemi. Dès que le général tunkinois l'eut en sa possession, il marcha contre Anh-Vuong, qui, privé de conseils et incapable de se défendre, chercha son salut dans la fuite; il se réfugia dans la basse Cochinchine avec tant de précipitation, qu'il ne put même emporter ses trésors qui devinrent la proie du vainqueur.

Parmi les insurrections qui avaient éclaté avant l'invasion tunkinoise, il en était une qui n'avait pu être assoupie; elle avait pris naissance dans la ville de Quin-Nong, sous la direction de trois frères composant une famille, appelée Tay-son (*montagnes occidentales*), surnom qu'elle tenait de ce qu'elle était originaire de cette partie de la Cochinchine. L'aîné, nommé Nhac ou Yin-Yac, était un riche commerçant; le second, un bonze renommé par sa sainteté; le troisième, appelé Long-Niang ou Long-Nhu-ong, était un officier général, que son habileté et son courage rendaient digne de seconder les projets ambitieux de son frère aîné, tant que ces projets ne se trouveraient pas entraver sa propre ambition. Lorsque les Tunkinois entrèrent en

Cochinchine, Nhac profita de l'aversion naturelle des Cochinchinois contre cette nation pour déclarer qu'il voulait prendre la défense du roi; mais il attaqua les receveurs de ses revenus, sous prétexte qu'ils étaient d'intelligence avec l'ennemi, et pilla leurs maisons et les caisses publiques. Cette manœuvre et ces pillages furent portés si loin, qu'on ne put désormais se tromper sur l'intention de Nhac, et le roi de Cochinchine assembla de grandes forces pour marcher simultanément contre lui et contre les Tunkinois. Nhac, moitié par ruse, moitié par force, battit ou débaucha cette armée. Pendant ces combats, le jeune roi, tout entier à ses plaisirs, se contentait de donner des ordres sans s'inquiéter de leur exécution, et laissait piller et envahir son pays. La nation indignée le renversa d'un trône qu'il avilissait, le mit à mort, et éleva à sa place un petit-fils du dernier roi légitime Vo-Nquien-Vuong. Le nouveau roi avait cru se faire un appui de Nhac en épousant sa fille; mais bientôt ayant découvert les desseins perfides de son beau-père, il s'était échappé de ses mains. Il leva alors une petite armée et marcha contre ce rebelle; mais, vaincu, il se vit réduit à se remettre entre ses mains; traité d'abord avec respect, il disparut bientôt avec ses principaux officiers, sans qu'on ait jamais su ce qu'ils étaient devenus. Le fils de ce prince leva une armée, marcha contre les Tay-son pour délivrer son père qu'il croyait encore vivant; mais Long-Niang se présenta à cette armée porteur d'un faux ordre du roi qui avait disparu; il enjoignait à l'armée de mettre bas les armes et de livrer ce fils qui manquait au respect qu'il devait à son père, et à la soumission qu'il devait à son roi. L'armée obéit, le malheureux prince fut livré et décapité sur la place de Saï-Gong; mais la princesse sa femme qui était à l'armée s'échappa avec son second fils Ong-Nquien-Chung, auquel étaient réservées de grandes destinées. Ce jeune prince resta caché quelque temps dans les bois avec sa mère, et ne parvint à s'évader que par le secours d'un missionnaire français d'Adran, qui devait jouer bientôt un rôle si important. Nquien-Chung parvint à réunir une armée et tint quelque temps la campagne contre les Tay-son; mais en 1784, il fut forcé de se retirer et de chercher un refuge ignoré à Pulo-Waï, petite île déserte du golfe de Siam. Là encore il fut découvert, et sur le point d'être pris; il résolut alors d'aller demander asile au roi de Siam, auquel il sut se rendre tellement utile par ses talents militaires, que celui-ci dans sa reconnaissance lui confia une armée pour essayer de reconquérir ses États; cette tentative échoua encore par le manque de courage et la mauvaise conduite des Siamois.

Les Tay-son n'ayant plus rien à craindre pour la basse Cochinchine, s'occupèrent d'expulser de la haute les Tunkinois qui s'en étaient emparés. Enhardis par le succès, Long-Niang porta plus loin ses vues, et profitant du mécontentement que les Trinh avaient excité dans le Tunkin, il y entra, et se faisant passer pour le roi légitime de la Cochinchine Nquien-Chung, il fut sur le point de réussir à s'en rendre maître; mais la ruse fut découverte, et il fut obligé de sortir du Tunkin.

Ce fut alors que les trois frères, définitivement maîtres de la Cochinchine, songèrent à se la partager. Dans leurs arrangements il fut réglé que Nhac aurait pour son partage les deux divisions inférieures de Chang et de Donnaï, que Long-Niang aurait celle de Hué, qui s'étend jusqu'au Tunkin, et que le dernier frère serait grand prêtre de toute la Cochinchine. Par cette disposition, Nhac plaçait adroitement son frère entre ses États et ceux du Tunkin qui pouvaient lui inspirer quelque inquiétude. Long-Niang était à peine établi à Hué-fo, sa capitale, qu'il saisit la première occasion de chercher querelle au roi de Tunkin, alors vassal tributaire de l'empire de la Chine. Celui-ci au premier combat abandonna son armée, et s'enfuit à Péking implorer le secours de l'empereur. Kien-Long envoya le vice-roi de Kang-Tong, Fou-Chang-Tong, à la tête de cent mille hommes pour chasser l'usurpateur; mais Long-Niang, prévenu de sa marche, avait affamé le pays que les Chinois devaient traverser, et après avoir perdu plus de cinquante mille hommes par la famine et les escarmouches, ceux-ci furent forcés de battre en retraite, et bientôt l'empereur se vit réduit à reconnaître Long-Niang souverain des royaumes unis de Tunkin et de Cochinchine, sous le nom de Quang-Tung. L'ancien roi de Tunkin fut fait mandarin d'une des provinces de la Chine.

Cependant Nquien-Chung après avoir sollicité inutilement du roi de Siam de nouveaux secours pour rentrer dans ses États, s'était vu forcé à une seconde retraite dans l'île de Pulo-Waï, qu'il fortifia et où il fut suivi par quinze cents Cochinchinois qui étaient restés fidèles à sa fortune. Il avait confié l'éducation de son fils au missionnaire Adran, il le chargea alors d'accompagner le jeune prince à la cour de Versailles et de solliciter le secours du roi de France. Adran et son élève arrivèrent à Paris en 1787, et leur mission eut un plein succès. Un traité offensif et défensif fut signé entre la France et la Cochinchine, et Adran, nommé évêque *in partibus* de ce dernier pays, partit porteur d'ordres qui devaient procurer au prince détrôné tous les secours nécessaires pour rentrer dans ses États. Les intrigues et la mauvaise volonté de Conway, gouverneur de Pondichéry, retardèrent l'entreprise que la révolution française fit définitivement abandonner.

Ce concours de circonstances malheureuses ne découragea pas Adran; il persista dans le projet qu'il avait formé de rétablir le souverain légitime s'il vivait encore, ou s'il n'était plus, de rendre au jeune prince le trône de ses ancêtres. Il était accompagné de plusieurs officiers français, qui s'attachèrent à lui comme volontaires; l'évêque s'embarqua avec eux et le jeune prince sur un vaisseau marchand qui le conduisit au cap Saint-Jacques, à l'embouchure de la rivière qui conduit à Say-Gong. Ce fut là que pour la première fois ils eurent des nouvelles du roi. Après leur départ, ce prince était resté près de deux ans dans l'île de Pulo-Waï, ne vivant comme les siens que de racines. Pendant ce temps, les deux usurpateurs s'étaient tellement épuisés par des querelles et des combats perpétuels, et ses fidèles sujets désiraient tellement sa présence à Donnaï, qu'il se détermina à risquer encore une descente dans ses États. Ses sujets de tous rangs s'étaient réunis avec ardeur sous ses drapeaux; il s'était rendu de suite à Say-Gong qu'il avait aussitôt fortifiée et mise en état de défense. Le hasard lui avait offert le moment le plus favorable pour son débarquement; car les deux frères rebelles, qui étaient en guerre l'un contre l'autre, étaient renfermés tous deux dans leurs capitales, où chacun s'attendait à être attaqué par l'autre. En outre, le roi avait conquis une partie du Cambodje et du Laos; il avait su tirer d'avance un grand parti des secours qu'il espérait du roi de France, en annonçant partout la haute protection qui lui était acquise, et en inspirant ainsi une plus grande confiance à ses amis, une terreur efficace à ses ennemis. Ces heureuses nouvelles ranimèrent toutes les espérances de l'évêque et de son pupille, qui joignirent le roi à Say-Gong dans l'année 1790; ils amenaient avec eux un petit vaisseau chargé d'armes et de munitions. Dès lors, ils concertèrent leur plan pour presser vigoureusement la guerre contre l'usurpateur; ils furent obligés d'employer presque toute la première année à fortifier Say-Gong, recruter, discipliner l'armée, rassembler et équiper une flotte.

Dans l'année 1791, le rebelle Quang-Tung mourut à Hué, laissant un fils, nommé Canh-Thin, âgé d'environ douze ans. Cet événement ne fit que hâter les dispositions du roi légitime. Nquien-Chung attaqua la flotte de Nhac dans le havre de Quin-Nong, et la détruisit presque entièrement. En 1795, tout le Donnaï était rentré sous sa domination, malgré les efforts quelquefois heureux de Canh-Thin, et surtout du fameux général Thien-Pho qui commandait ses troupes, guerrier aussi recommandable par son courage que par l'élévation de son âme.

Nhac tenait toujours le centre du pays; le royaume d'Hué, qui comprenait le territoire et les îles adjacentes à la baie de Turon, était gouverné par Canh-Thin. Nhac mourut bientôt, laissant pour successeur un fils qui eut tous les vices du père sans aucun de ses talents. En 1796, Nquin-Chung résolut d'attaquer sa capitale par terre; son ennemi avait cent mille hommes et cependant il le défit complètement et s'empara de Quin-Nong. Le fils de Nhac fut entièrement soumis, et tous ses États rentrèrent sous l'obéissance de leur maître légitime. L'autre jeune usurpateur à Hué était encore en possession du royaume de Tunkin en 1800. En 1802, Nquien-Chung marcha contre lui, entra dans le Tunkin, s'en rendit maître, et ayant fait mettre à mort Canh-Thin, tous les chefs de la famille Tay-son, le vaillant général Thien-Pho, sa femme et sa fille, réunit sous sa domination tous les États qui forment aujourd'hui l'empire d'Annam; il en fut reconnu roi par l'empereur de la Chine, en 1804, et sous le nom de Gya-Long il a régné paisiblement jusqu'à sa mort, arrivée le 25 janvier 1820. Son fils, l'élève de l'évêque Adran, était mort sans avoir été marié; il était le seul enfant que Gya-Long eût eu de l'impératrice; ce fut donc le fils de l'une de ses concubines qui lui succéda et monta sur le trône, le 15 février 1820. A son avénement il a pris le nom de Min-Menh, *brillante providence*, nom que peuvent justifier sa bonté et ses vertus, mais nullement sa capacité et ses talents.

Deux religions se partagent les habitants de l'empire d'Annam. La première, que le peuple seul professe, mais qui est en même temps sanctionnée par les lois, se nomme *Bont;* elle a les plus grands rapport avec celle de Fo des Chinois, qui n'est elle-même qu'une dérivation du bouddhisme, et elle peut être regardée comme une véritable idolâtrie. La base de cette religion est le polythéisme; elle en a tout le caractère, puisqu'elle admet plusieurs êtres surnaturels, existant par eux-mêmes, et investis d'une puissance indépendante quoique inégale. On croit même que des hommes ont été divinisés par la seule force de leurs vertus, et sans la participation des autres divinités. Quelle que soit la puissance attribuée à ces divinités de divers ordres, il est reconnu qu'elle est bornée, et qu'elle ne peut rien changer à un certain ordre de destinées, une sorte de livre du destin, qu'on appelle *Só*, catalogue.

Les principaux personnages de l'État, surtout les lettrés, dédaignent cette croyance et ses rites extravagants, ne se soumettent au culte des idoles que par déférence pour la loi et par égard pour les préjugés populaires; ils préfèrent la doctrine de Confutzée, cet oracle de la Chine, non moins respecté dans l'empire d'Annam. Ils lui élèvent des temples, font en son honneur des sacrifices, des libations, le considèrent comme un être supérieur à l'homme, l'invoquent pour obtenir de lui les lumières nécessaires pour l'intelligence de ses livres, et comme l'obtention de cette science est l'objet principal de leurs sacrifices, ils n'y admettent point les femmes.

Les bonzes ou prêtres jouissent dans l'empire de peu d'autorité; ils ne font que diriger les cérémonies religieuses; dans le Laos seulement, les prêtres, appelés talapoins comme à Siam, se sont arrogé une puissance assez étendue, dont ils n'usent que pour opprimer le peuple.

Le christianisme fut introduit dans l'empire par les Portugais vers le commencement du dix-septième siècle; le nombre des prosélytes augmenta en peu de temps, grâce au zèle des jésuites français; mais de fréquents édits portés contre l'exercice du culte en arrêtèrent les progrès; les jésuites furent chassés en 1772, et depuis l'on a toujours augmenté de sévérité contre les chrétiens, et naguère encore plusieurs missionnaires ont reçu dans cet empire la palme du martyre.

Dans les diverses opérations des beaux-arts, les Annamites ne cherchent nullement à produire les sensations morales, ils ne voient que la matière, et ne cherchent qu'à frapper les sens. Dépourvus de principes et de modèles, ils se livrent à leurs fantaisies, qui dégénèrent parfois en bizarreries dont l'habitude fait oublier la difformité. De même que dans l'action sur l'ouïe, ils préfèrent le grand bruit à la mélodie, de même dans l'action sur la vue, ils abandonnent la juste proportion pour le gigantesque, et l'élégance pour la surcharge d'ornements. Les convenances, les grâces, une noble simplicité sont inconnues; cependant quelques-uns de leurs écarts ne sont pas sans agréments par leur singularité même.

Le dessin, sans lequel la peinture n'est plus qu'une vaine enluminure, ne dirige jamais leurs pinceaux; ils n'ont aucune idée de la perspective, ils peignent tous les objets comme s'ils étaient isolés, et sans tenir compte des différences de proportion causées par l'effet de la distance relative des objets. Tous les tableaux manquent d'ordonnance et d'ensemble; les figures n'ont ni correction, ni élégance, ni âme; le coloris est vif, mais sans nuances; à peine connaissent-ils l'emploi des ombres;

à plus forte raison ignorent-ils complétement la science du clair-obscur. Aussi dans les œuvres de ces artistes chercherait-on vainement l'illusion, et même l'apparence de la réalité. Les détails sont représentés, il est vrai, avec une merveilleuse exactitude, une patience surprenante; mais qu'est ce mérite d'exécution mécanique auprès de l'oubli total des principes de l'art?

La sculpture dans ce pays est encore moins cultivée que la peinture; dans tout l'empire il n'y a qu'une province, celle de Xu-Thanh, où l'on sculpte la pierre, parce qu'on y trouve une pierre qui approche de la qualité du marbre. Dans cette province, quelques familles adonnées à cet art, représentent assez bien les animaux, mais fort mal la figure humaine. Dans les autres parties de l'empire on travaille certains bois durs très-propres à la sculpture; mais quoique le pays offre des animaux de la plus belle espèce, les artistes préfèrent toujours représenter des animaux monstrueux, fantastiques, auxquels l'imagination attache quelques idées superstitieuses.

Nous allons voir que l'architecture n'est guère plus avancée que ses deux sœurs, et que comme elles, elle semble, dans l'empire d'Annam, condamnée à végéter dans une éternelle enfance.

MONUMENTS RELIGIEUX.

Quelquefois chez les Annamites, le temple n'est autre chose qu'une sorte de grande cage avec deux portes à claire-voie, contenant une figure de Bouddha, et placée sur un arbre. Dans les bois qui environnent Touranne, on voit beaucoup de corbeilles ou de coffres de bois suspendus à des branches d'arbres, et contenant des idoles de bois ou des images de papier peint et doré avec des inscriptions tracées sur des planchettes. Le peuple offre à ces images les prémices des récoltes en les déposant au pied de l'arbre, ou en les suspendant à ses branches.

Ces sortes de petites chapelles, et certains temples rectangulaires, qui ne sont que de simples appentis ouverts de tous côtés, sans autels, sans ornements, autres que quelques idoles suspendues ou posées sur des tréteaux, avaient fait croire à certains voyageurs que les Annamites n'élevaient aucun temple digne d'être rangé au nombre des monuments; c'est une grave erreur; si l'empire d'Annam n'offre pas d'édifices sacrés comparables à ceux de l'Inde, il en renferme cependant quelques-uns qui sont dignes d'attirer un moment notre attention.

Tous les bourgs ont un temple, dont la grandeur, la simplicité ou l'éclat dépendent naturellement de la richesse ou de la pauvreté de la commune. Quant aux temples de Confutzée, bien que la religion de ce philosophe ne soit point celle reconnue par l'État, ils sont les seuls à l'entretien desquels le gouvernement contribue; il en existe deux dans chaque province. La dépense des autres temples est à la charge de ceux qui les fréquentent, ou il y est pourvu sur

PAGODE SOUTERRAINE.
(Tonkin)

des fonds attribués depuis longtemps à cet usage, et provenant de legs ou de fondations pieuses.

Parmi les monuments sacrés de cet empire, un des plus curieux, est le grand temple souterrain qui se trouve aux environs de la ville de Faï-Fo, dans la province de Cham. On traverse d'abord une gorge resserrée et pittoresque, dont le fond est occupé par de petits jardins, au milieu desquels s'élèvent plusieurs édifices ornés de peintures et de sculptures, et destinés à recevoir les dévots de haut parage. On trouve ensuite une galerie étroite, longue de plus de soixante et dix mètres, bordée de cellules inhabitées, construites en briques et en plâtre, et à laquelle font suite un sentier tortueux, une autre galerie souterraine, et un escalier de trente-sept marches. On arrive enfin devant la façade du temple (*planche* 24); elle n'offre qu'une seule porte, de forme ogivale, flanquée de deux massifs, portant des animaux fantastiques qui ressemblent assez aux harpies, telles qu'elles sont représentées sur les plus anciens monuments grecs. Après avoir franchi cette porte, on gravit encore plusieurs degrés qui conduisent dans l'intérieur du temple. Alors se présente aux regards une vaste excavation, évidemment agrandie de main d'homme, présentant une longueur de seize mètres environ, sur une largeur de treize, et une hauteur de quinze; elle est éclairée par un soupirail naturel, ouvert au sommet de la voûte. Aux côtés de la porte par laquelle on y pénètre, sont accroupies deux statues colossales, ayant à leurs pieds des animaux monstrueux; au fond de la grotte, vis-à-vis de l'entrée, dans un enfoncement exhaussé sur des degrés de briques, s'élève l'autel, décoré de flambeaux contenant des cierges de cire rouge, et une statue assise de Bouddha, haute d'un mètre. Sa tunique, son casque pointu, ses pieds joints et posés à plat, ses mains étendues sur ses cuisses rappellent le Goutama des Birmans. Cette figure est entourée de plusieurs autres, représentant ses disciples, et une divinité secondaire du sexe féminin. La paroi est couverte de petites niches contenant des idoles, peintes en rouge, et mal garanties des intempéries des saisons par des morceaux de toile grossière. Dans un renfoncement, que l'on a rendu régulier, est une source d'eau limpide, découlant goutte à goutte dans un bassin naturel.

Non loin de ce monument est un autre temple souterrain moins important, dédié à cette même déesse dont l'image est dans le grand temple, et figure également dans celui-ci.

Quant aux pagodes proprement dites, malgré leur simplicité, elles sont encore, après les palais de l'empereur, les plus beaux édifices du pays; celles du Tunkin sont en général plus riches que celles de la Cochinchine. On peut avoir une idée de la disposition de ces monuments par le temple de Kandyn, dont nous donnons le dessin (voyez *la vignette*, page 110). Kandyn est le port de la ville de Saï-Gong. Le principal de ses deux temples est construit en briques, et son toit de tuiles rouges est surmonté de barques, décorées de poissons monstrueux. Deux salles composent l'intérieur de l'édifice; dans la première s'élève un autel, surmonté de deux cigognes *affrontées*. La seconde salle, qui contient plusieurs tombeaux, est décorée de peintures représentant des tigres, des poissons, des dragons et d'autres animaux fantastiques. Ce temple, où l'on chercherait en vain quelque apparence de symbole religieux, est consacré aux monstres marins, protecteurs de la pêche, par la population de Kandyn, toute composée de pêcheurs.

Dans la ville de Faï-Fo sont plusieurs temples remarquables; le principal est dédié à la déesse chinoise qui préside au commerce et à la navigation. Il a été bâti, il y a environ un siècle, aux frais d'un négociant chinois qui fit venir de Kang-Tong les matériaux et les ouvriers. Dans l'intérieur du sanctuaire, un vase immense en fer, haut de deux mètres soixante et dix centimètres, est posé devant un autel, tandis que dans le bassin d'une fontaine, placée derrière cet autel, se jouent une trentaine de tortues de terre. On trouve aussi à Faï-Fo un des plus beaux temples bouddhistes de la Cochinchine.

MONUMENTS FUNÉRAIRES.

Les tombeaux des Annamites ont la plus grande analogie avec ceux des Siamois; ils consistent de même en simples pyramides de briques et de pierres, qui seulement, au lieu de se terminer en pointe comme celles de l'Égypte, sont surmontées d'une plate-forme, et reposent sur un soubassement carré. Nous donnons pour exemple un des plus beaux monuments de ce genre, celui qui se trouve aux environs de Touranne (voyez *le frontispice*).

Gya-Long a fait élever un mausolée somptueux aux environs de Saï-Gong, pour recevoir les restes de l'évêque d'Adran, mort à la fin de 1817.

CONSTRUCTIONS CIVILES.

Les Annamites ont en abondance les matériaux propres à la bâtisse; partout ils ont à leur disposition de belles pierres qui ont presque la solidité et le poli du marbre, de la terre propre à faire de bonnes briques, et surtout des bois de la plus grande beauté. Ce n'est pas non plus l'industrie et l'adresse qui leur manquent, et cependant l'architecture, et surtout l'architecture civile, est chez eux très-peu avancée. Il serait difficile d'expliquer ce fait, si l'on n'en trouvait la cause dans la nature même, et dans les règlements de police qui semblent s'accorder pour mettre obstacle à l'érection de bâtiments solides et réguliers. Dans plusieurs cantons, l'humidité force de laisser un intervalle entre le rez-de-chaussée et le sol; alors on comprend qu'il devient impossible d'élever sur des piliers des constructions importantes. Le peuple n'a pas la permission de bâtir ses maisons en pierre, et il ne peut leur donner qu'un seul étage. Quant aux grands édifices, aux pagodes, aux palais, on les construit souvent en bois, afin que, ployant sous les efforts des ouragans, si fréquents en ce pays, ils soient plus à l'abri de la destruction et puissent plus facilement être étayés. Plusieurs de ces grands édifices n'ont que leurs murs principaux en pierres ou en briques; le reste est en bois. Irréguliers, quoique avec quelque symétrie, ils offrent un ensemble qui n'est pas sans grandeur.

Les villes où se trouvent les constructions les plus importantes de l'empire sont Bac-Kinh, capitale du Tunkin, et Phu-Xuan ou Hué-Fou, capitale de la Cochinchine. Cette dernière, où l'empereur fait sa résidence, n'est qu'une forteresse dans une île, au milieu du fleuve; le prince y habite avec sa famille et sa garde; les courtisans et le peuple demeurent dans les faubourgs sur la rive du fleuve. Ce palais de Hué-Fou est le plus bel édifice qu'on connaisse dans l'empire, depuis que le palais des rois du Tunkin, à Bac-Kinh, a été dévasté et en partie détruit dans les guerres civiles. De ce magnifique palais il ne reste aujourd'hui que des ruines; il avait été bâti à la fin du dixième siècle, par le second prince de la dynastie des Lé. Comprenant de grands et nombreux bâtiments, et d'immenses jardins, il avait une enceinte de dix à douze kilomètres, fermée de murailles, percées de quatre portes répondant aux quatre points cardinaux, et en portant le nom. Pour arriver aux bâtiments qu'occupait l'empereur, on traversait plusieurs cours; dans les unes étaient les casernes pour les gardes, dans les autres des écuries pour les éléphants et les chevaux. Le corps de logis était un bâtiment carré, forme réservée à l'habitation du souverain. On montait au vestibule par des degrés de marbre; l'édifice était élevé de deux étages; ses salles étaient vastes, décorées d'une foule de colonnes et d'une grande profusion de dorures; mais ces ornements étaient bizarres et lourds, la sculpture sans agrément, les figures maussades, l'or prodigué sans intelligence. Les seuls objets vraiment remarquables étaient des colonnes de bois de fer, qui malheureusement étaient d'une longueur démesurée et sans aucune proportion avec leur diamètre. Celles qui sont placées aux portes du palais ont jusqu'à quatorze mètres de haut, et leur circonférence à la base n'est que d'un mètre soixante et dix centimètres, et diminue rapidement dans la hauteur. La colonne, sans piédestal ni chapiteau quelconque, pose sur un dé carré en pierre, saillant seulement de quelques centimètres hors du sol.

L'ancien palais des souverains de Kankao est également en ruine, et cependant on peut encore par ses restes se faire une idée de son ancienne splendeur. Sa circonférence était de huit à neuf kilomètres; ses cours pavées de marbre, ses portes majestueuses, les ruines de ses vastes appartements rendent témoignage de sa magnificence première, et font regretter la destruction d'un des plus beaux édifices de l'Asie.

Dans la construction des habitations particulières, les Annamites ne paraissent avoir d'autre pensée que celle de se préserver de la pluie et de l'ardeur du soleil. Quant au froid, ils ont peu de précautions à prendre contre lui; le climat en dispense.

Comme presque partout le terrain est humide, on élève souvent, ainsi que nous l'avons dit, les maisons sur des poteaux ou des piliers, ou au moins sur une plate-forme de terre battue. Aux extrémités de cette plate-forme on laisse vide un petit espace qui sert de terrasse. La maison consiste en une enceinte de piliers ou colonnes soutenant un toit en saillie. Dans les maisons des pauvres, la terre de la plate-forme sert de plancher; mais quand on veut avoir une habitation plus saine, plus propre, plus agréable, on forme un parquet en bois, élevé de quinze centimètres au-dessus du sol, ou, ce qui passe pour le *nec plus ultrà* du luxe et de l'élégance, on couvre le sol d'une sorte de papier, fait d'écorce d'arbre et enduit de chaux et de mélasse.

Les murailles sont en général formées de torchis, qui remplit les intervalles entre les piliers; mais dans les maisons plus soignées, le torchis est remplacé par des planches. Au lieu de fenêtres et de vitres, on a des treillis mobiles, composés de toiles ou de nattes de bambou, assez fines pour laisser passer le jour. Des chevrons très-minces, recouverts de roseaux ou de feuilles d'arbre, forment le toit. Quelques couvertures sont de paille de riz, d'autres, en très-petit nombre, sont en tuiles. Les cloisons sont en planches et enduites de chaux, à laquelle on donne une couleur brune en y mêlant de la cendre ou une couleur bleue au moyen de certaines herbes.

Les maisons sont composées de trois corps de logis; l'un forme l'habitation, un autre les cuisines, un troisième l'étable. Nous avons vu que le bâtiment ne peut avoir la forme carrée, réservée exclusivement à la demeure impériale; mais dans la disposition des appartements, les formes sont libres.

Les briques ont peu de solidité, étant crues et simplement séchées au soleil. Quant au bois, celui qui est employé presque invariablement dans la construction est le bambou, bois beaucoup moins cher que les autres, et qui, quoique creux et spongieux, est assez fort, durcit encore en vieillissant, et devient capable de supporter même des toits en tuiles. Il y a des maisons qui ne sont composées que de bois de bambou; on en forme les murailles, les piliers, les cloisons, le toit et même les meubles; mais chez les gens riches, on emploie de préférence le bois de fer pour les piliers et les colonnes, et divers autres bois pour les murailles et les meubles. Quant à la distribution des appartements de manière à en rendre l'habitation commode, c'est un art absolument inconnu. On se borne à construire des chambres spacieuses et bien aérées.

Il est cependant quelques villes où les habitations sont plus soignées; les maisons de Faï-Fo, bâties en chaux et en briques, et couvertes de tuiles, présentent quelque apparence de solidité et de propreté; mais aussi nous trouvons non loin de là les chaumières de Touranne (*planche* 22), ressemblant plus à des étables qu'à des habitations destinées à des créatures humaines. Et en effet, à l'extérieur rien ne les distingue des écuries à éléphants qu'ont décrites MM. d'Urville et Laplace; encore peut-être l'avantage resterait-il à celles-ci sous le rapport de la distribution intérieure, et de la solidité, et de la grandeur. Ce sont d'immenses hangars d'une grande hauteur, entourés de gros murs de terre et couverts avec des feuilles de

HABITATIONS ET FORT A TOURANNE.
Annam.

bananier. A l'intérieur sont des compartiments que séparent de fortes poutres, à peu près comme dans nos écuries d'Europe. Dans chaque stalle, le terrain forme un talus, dont le sommet se termine par un renflement qui sert à l'animal pour reposer sa tête lorsqu'il est couché, et de point d'appui pour se relever.

Les ponts offrent de la ressemblance avec certains ponts couverts de la Suisse; ils sont entièrement construits en bois, garnis de bancs à l'intérieur de leurs parapets, et couverts dans toute leur largeur de toits en tuiles. Ces ponts sont quelquefois si bombés qu'un cavalier est obligé de descendre de cheval pour les traverser, et que les éléphants, auxquels ces ponts peuvent encore moins servir, passent les rivières à gué.

Les Annamites sont plus inhabiles encore dans l'exécution des grands travaux tels que ports, chaussées, quais, etc. Le port d'Hué-Fou est à la vérité digne de remarque, mais il a été creusé par les soins d'un ingénieur français. Les digues, auxquelles dans ce pays on est si fréquemment forcé d'avoir recours, sont si mal construites qu'elles sont sans cesse rompues, et nécessitent des réparations continuelles.

CONSTRUCTIONS MILITAIRES.

On ne voit dans le Tunkin ni châteaux, ni places fortes; de même que les anciens Spartiates, les Tunkinois disent n'avoir besoin d'autre défense que celle que forme la poitrine de leurs soldats. Rien de mieux, si leur courage répondait à cette magnanime utopie. Les Cochinchinois, quoique plus braves, plus aguerris, n'ont point à ce sujet la même manière de voir; presque toutes leurs villes sont fortifiées, mais leurs murailles sont construites avec des matériaux légers et très-imparfaits; aussi tombent-elles bientôt en ruine, et disparaissent-elles sous une rapide et forte végétation. Il est vrai aussi que la manière de les bâtir est peu propre à en assurer la durée; une masse de terre grossière, entassée au milieu, tend perpétuellement à pousser en dehors les parements de briques ou de pierres qui revêtent la muraille, et qui finissent toujours par tomber dans les fossés. L'ouvrage le plus important en ce genre, exécuté par les Annamites, est la grande muraille qui sépare le Tunkin de la Cochinchine, et qui a cinq mètres d'élévation et sept mètres d'épaisseur, sur une longueur de trois kilomètres. Cette muraille, située dans une petite plaine, seule communication possible entre les deux pays, fut construite sur le modèle de la grande muraille de la Chine, modèle lui-même fort imparfait; elle fut élevée au seizième siècle, pendant une des suspensions de la rivalité des Nquien et des Trinh.

Je puis citer aussi les restes de la triple enceinte de la vieille ville de Kan-Kao. Le fort de Touranne (*planche* 22) est encore un exemple du peu de résistance que peuvent offrir aux injures du temps et aux attaques des hommes les fortifications indigènes. Il n'en est pas de même de celles de Hué-Fou qui ont été construites à l'européenne, en 1804, et armées de douze cents pièces de tous calibres. Le fossé qui environne la place a huit kilomètres de circuit, et vingt-sept mètres de large ; les murs ont dix-sept mètres de haut. Les fortifications ont été tracées, dit-on, d'après le plan de celles de Strasbourg. Il en est de même de Saï-Gong, fortifiée en 1790, sur une très-grande échelle par le colonel français Victor Olivier, et des remparts de quelques autres villes de l'empire.

CHINE.

INTRODUCTION.

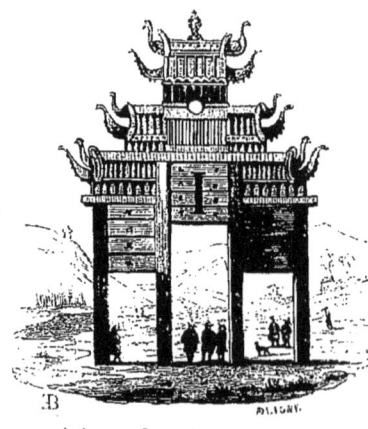

IL est peu de pays sur lesquels il ait été écrit autant de volumes que sur la Chine, et il en est peu cependant qui soient plus imparfaitement connus sous beaucoup de rapports. L'habileté scientifique des missionnaires jésuites nous en a donné, il est vrai, des cartes qui ne laissent aujourd'hui à faire que quelques changements, nécessités par de nouvelles divisions politiques; mais sous les autres points de vue, tels que les mœurs, la religion, les arts, etc., tout ce qui touche au Céleste Empire est encore une énigme dont heureusement nous allons bientôt avoir la clef, grâce aux derniers événements politiques qui ont fait tomber la barrière infranchissable dont la Chine s'était couverte contre les investigations étrangères. La France la première aura sans doute l'honneur au moins des premiers pas scientifiques, si elle n'a eu celui d'avoir renversé les obstacles matériels, et l'ambassade qui vient de partir de Paris, escortée de savants et de dessinateurs, peut nous faire espérer des résultats heureux et importants pour la science.

Le nom même de la Chine présente encore aujourd'hui un problème à résoudre. Le royaume est nommé par les Moghols occidentaux Catay, par les Tartares mandchoux Nican-Courou, et par les Chinois Tchong-Koué (centre de la terre), sans qu'il soit possible de trouver l'origine positive du nom que nous lui donnons en Europe. Le P. Duhalde suppose qu'on peut en chercher l'étymologie dans celui de la famille royale de Tsin, qui la première porta ses armes victorieuses vers l'Occident. Selon d'autres auteurs, Tsin aurait été le nom primitif de la province de Chen-si, patrie de Fou-hi. La Chine proprement dite est bornée au nord par la Mogholie et le pays des Mandchoux, dont elle est séparée par la grande muraille. Elle est bornée à l'est par la mer Jaune, qui la sépare de la Corée; au midi, par la mer de la Chine et le canal de Formose; à l'ouest, par le Tunkin, les provinces septentrionales de l'empire birman, le Thibet et le Sifan.

Les conquêtes des empereurs de la Chine, de la race des Mandchoux dans le dix-huitième siècle, ont étendu leur puissance sur la plus grande partie des pays désignés par les géographes sous le nom de Tartarie indépendante.

Par suite de ces conquêtes, l'empire russe et celui de la Chine se trouvent limitrophes sur une ligne de près de quatre cent quarante myriamètres, depuis les environs du lac Palcate, jusqu'à l'embouchure du fleuve Amour. Cette longue frontière est en général déterminée par la direction des montagnes altaïques, saganiques et daouriennes; toutefois, les Russes sont parvenus dans la Daourie à étendre leurs limites au delà des monts jusqu'aux rives de l'Amour. Le lac Palcate, les monts Alak et les monts Belar séparent à l'ouest l'empire chinois des Kirguises, des Usbeks et autres peuples indépendants de la véritable Tartarie. En même temps que la domination chinoise s'approchait dans le nord et le nord-ouest de la frontière de la Russie asiatique, elle s'étendit, à l'ouest et au sud-ouest, sur les sacrées et vastes contrées du Thibet, et devint presque limitrophe des possessions anglaises du Bengale. Les petits pays de Sirinague, de Népaul et autres, et les monts Garrow sont de ce côté la dernière barrière entre l'empire chinois et l'Inde. Plus à l'est, la province chinoise d'Yun-nan touche à l'empire birman.

L'océan Oriental, sous les divers noms de golfe de Tunkin, mer de Chine, canal de Formose, mer Bleue, mer Jaune et mer du Japon, baigne les côtes de l'empire chinois sur une étendue de sept cent soixante myriamètres, à partir des frontières du Tunkin, jusqu'à l'embouchure du fleuve Amour. L'empire chinois, compris dans ces bornes, s'étend en longueur à environ cinq cents myriamètres, en comptant depuis Cashgar jusqu'à l'embouchure de l'Amour; sa plus grande largeur, des monts Sayanski à la pointe méridionale de la Chine vis-à-vis de l'île d'Haï-nan, peut être évaluée à trois cents myriamètres. La superficie de cet empire contient ainsi presque le dixième de celle de la terre habitable. Suivant les auteurs chinois, la population ne serait pas moindre de 400,000,000 d'habitants; mais un calcul qui paraît plus probable réduit ce chiffre à 180 millions.

La Chine se divise en dix-huit provinces : celles de *Chen-si* et *Kan-sou*, de *Kan-si* et de *Pe-tche-li* s'étendent le long de la fameuse muraille. Celles de *Chan-toung*, *Kiang-sou*, *Ngan-hoeï*, *Tche-kiang* et *Fo-kien* sont sur la mer orientale; celles de *Kang-tong*, de *Kang-si*, d'*Yan-nan* et de *Se-tchuen* sont les bornes du midi et de l'occident; enfin, le milieu est occupé par les provinces de *H-nan*, de *Hou-kan*, de *Houpè*, de *Hoeï-tcheou* et de *Kiang-si*.

Le pays des Mandchous se compose des provinces de *Ching-king*, *Ghirin*, *Sakhalian-oula*. La Mogholie se partage en pays des Moghols et pays des Khalkha. Enfin, la Dzongarie, le pays des Kherghis et le pays des Torgots, forment la contrée désignée par les Chinois sous le nom de Thian-Chan-Pélou. Nous ne parlerons pas ici des Boutan et des Thibet, également soumis à la Chine, mais qui, par leurs monuments, leur religion, leurs usages, nous ont paru mériter d'être traités séparément. L'empire chinois, indépendamment des provinces que nous venons de passer en revue, se compose d'îles nombreuses. Les principales sont : Hay-nan, dont le nom signifie mer du Sud; Chang-tchuen, Chan ou Samian, célèbre par le tombeau de saint François-Xavier que l'on y voit encore; Hyamen ou Anconi, le meilleur port de l'empire; les îles des Pong-Hon, celles des Lekega, enfin Tai-ouan ou Formose, la plus remarquable et la plus importante de toutes, située vis-à-vis de la province de Fo-kien.

La prise de possession de Formose par les Chinois eut lieu seulement en 1685, sous le règne de Kang-hi. Elle aurait été occupée successivement par les Japonais et les Hollandais.

La surface de la Chine varie considérablement de hauteur dans ses différentes parties; elle s'élève généralement en terrasse, depuis la mer vers l'ouest, mais sans cependant former de montagnes remarquables.

Ce pays est coupé par cinq chaînes qui sont des prolongations du plateau central de l'Asie, et des Alpes thibétaises et mogholiennes. La plus considérable est la chaîne méridionale; elle embrasse les fertiles provinces de Kan-si, Kang-tong et Fo-kien au sud, et les provinces non moins riches de Hon-nan et de Kang-si au nord. Elle se dirige de l'est à l'ouest, et après avoir atteint les limites du Fo-kien, elle tourne au nord-est, puis elle se bifurque en deux branches secondaires qui coupent transversalement le bassin du Yang-tsé-kiang, dont je vais parler tout à l'heure. Quelques montagnes de cette chaîne sont d'un accès très-difficile. Il y demeure des peuplades sauvages, habituées à résister à l'autorité chinoise; ces peuplades descendent fréquemment dans la plaine et y répandent la désolation et la terreur.

La Petcha ou Stumar, la plus haute montagne de la Chine et la deuxième de l'Asie, fait partie de cette chaîne; elle est élevée de 6,868 mètres au-dessus du niveau de la mer.

Le Miling qui sépare les provinces de Kang-si et de Kang-tong lui appartient également; il n'a que mille mètres, mais le peu d'élévation des montagnes qui lui servent de ceinture fait ressortir sa hauteur.

Les montagnes de la Chine les plus intéressantes à connaître après la grande chaîne méridionale sont celles qui se rapprochent le plus de la mer, ou les montagnes du nord.

Les montagnes du nord de la Chine sont presque toutes à pic, et elles présentent pour ainsi dire dans toutes leurs parties un sol aride et nu. Elles paraissent avoir été ombragées par d'immenses forêts, mais aujourd'hui leurs flancs et leurs sommets dégarnis ne présentent plus que des productions souffreteuses et rabougries. Les deux principaux fleuves sont le Yang-tsé-kiang et le Hoang-ho. Le premier, que quelques géographes européens ont appelé à tort le fleuve Bleu (aucune désignation de ce genre ne lui était appliquée par les Chinois), prend sa source dans le Kokonor, pays entre la Chine et le Thibet, à peu de distance des sources du fleuve Jaune, et se jette dans l'Océan au delà de Nanking, après un cours de trois cent vingt myriamètres. Le Hoang-ho ou fleuve Jaune prend sa source dans le même pays, mais tournant bientôt vers le nord, non moins brusquement que le Tsé-kiang, vers le sud, il traverse la grande muraille, fait un coude autour du territoire des Ortous, traverse de nouveau la grande muraille, coule droit au sud, et forme la limite du Kan-si et du Chen-si; de là, il tourne soudain à l'est et se jette dans la mer au trente-quatrième degré de latitude. Son cours est presque aussi étendu que celui du Yang-tsé-kiang.

Un grand nombre d'autres fleuves et rivières arrosent le sol de la Chine; leurs eaux limoneuses fécondent les campagnes et procurent à la navigation intérieure des avantages inappréciables. Les lacs abondent dans quelques parties de la Chine; celui de Cong-ting-hou, dans la province de Hou-kan, a plus de trente-deux myriamètres de circonférence.

Hou-han, capitale de la province, veut dire *pays des lacs*. Le lac Poyang-hou, dans la province de Hoang-si, a une circonférence de seize myriamètres; il reçoit les eaux de quatre grandes rivières, sa navigation est très-dangereuse pendant plusieurs mois de l'année.

Indépendamment de ces lacs et de ces rivières, les Chinois ont un grand nombre de canaux artificiels, qui, comme autant d'artères, font circuler la vie dans tous les membres de cet immense empire.

Dans un pays d'une aussi vaste étendue, la température doit nécessairement être très-variée. La différence qui existe entre les provinces est due principalement, d'un côté, à l'influence qu'exercent les grandes chaînes de l'Asie centrale; d'un autre côté, à la proximité d'un immense Océan. Les provinces maritimes sont exposées à des ouragans terribles. Les trombes se montrent fréquemment dans les parages de la Chine et notamment dans le golfe de Tonkin. Dans les régions méridionales voisines du tropique, les chaleurs sont très-fortes, tandis que dans les parties septentrionales et occidentales, le froid est beaucoup plus intense que dans les contrées de l'Europe sitées dans la même latitude.

INTRODUCTION.

Nous trouvons peu de notions sur la Chine dans les auteurs de l'antiquité, bien qu'il paraisse prouvé que ce pays n'était pas inconnu aux Romains. Il est bien avéré aujourd'hui que les Seres mentionnés par Horace et par d'autres écrivains latins ne sont point les Chinois; mais aussi il serait impossible de ne point les reconnaître dans les peuples qu'Arius désigne sous le nom de Sinoe ou Thinoe, et qu'il nous point établis dans les parties les plus reculées de l'Asie et remportant les soies écrues et manufacturées qui venaient en Occident par la voie de Bactria. On sait à quelle haute et fabuleuse antiquité les Chinois prétendent faire remonter l'existence de leur empire. Nous ne nous appesantirons pas sur ces temps mythologiques où fleurirent les Fou-hi, les Chin-nong, les Hoang-ti et leurs successeurs immédiats, qui, comme les héros et les demi-dieux de la fable ont été investis d'attributs surnaturels pour avoir, par leurs talents ou leur courage, retiré les hommes de la barbarie primitive.

La partie fabuleuse de l'histoire de la Chine commence avec Pouan-kou, qui est représenté recouvert de feuilles, et sur lequel on n'a que des notions très-confuses. Suivant les annales chinoises, son règne a été suivi de celui d'une foule d'autres princes portant des noms qu'on peut regarder comme de pure invention et qui auraient régné plusieurs milliers d'années avant Fo-hi. A ce dernier, on devrait l'invention de l'écriture et aussi celle de plusieurs instruments de musique, des observations astronomiques, etc. Fou-hi (que l'on confond souvent et à tort avec Fou ou Bouddha) et ses deux successeurs, Chin-nong et Hoang-ti, sont appelés les trois empereurs, et passent pour avoir introduit les arts industriels. Chin-nong inventa le labourage et les instruments nécessaires à la culture de la terre, ainsi que le secret de faire du sel; il étudia les vertus des plantes, découvrit leurs propriétés malfaisantes et leurs qualités salutaires; il passe aussi pour l'inventeur de la médecine. Son successeur Hoang-ti, suivant la chronologie chinoise, serait monté sur le trône 2,618 ans avant Jésus-Christ. Au dire des Chinois, jamais règne ne fut plus heureux ni plus glorieux. Hoang-ti attela les bœufs et les chevaux aux chars, donna les modèles des premières maisons régulières, perfectionna la monnaie, accéléra les progrès de la médecine, distribua les terres et jeta les fondements de plusieurs grandes villes.

Aux trois empereurs succédèrent les cinq souverains, désignations qui semblent également arbitraires et en réalité sans valeur.

Le premier de ces princes, Chao-Hao (2597 avant Jésus-Christ), avait hérité des vertus de Hoang-ti, et son règne fut un des plus heureux dont on ait gardé la mémoire. Son successeur Tchouen-Hio (2513 avant Jésus-Christ) étendit par la la conquête les frontières de la Chine, en les portant au nord jusqu'à la Tartarie, au sud jusqu'à la Cochinchine, à l'ouest jusqu'au grand désert de Cobi, et à l'est jusqu'à la mer. Ti-ko (2425 avant Jésus-Christ) fut également un grand prince. La Chine bénit encore son nom pour avoir établi des docteurs destinés à l'enseignement de la morale; mais il introduisit la polygamie en Chine en épousant quatre femmes. Cette institution qui a traversé les siècles est arrivée jusqu'à nous, elle est devenue une source de maux pour les souverains de la Chine et pour la Chine elle-même. Son fils Tchi lui succéda (2366 avant Jésus-Christ), mais on ne le compte point parmi les cinq souverains. Ses vices le firent détrôner, et on choisit pour le remplacer Yao (2358 avant Jésus-Christ). Yao et Chan, les deux derniers des cinq souverains, furent le modèle de tous les empereurs chinois. On dit que Yao déshérita son fils et choisit pour lui succéder Chan à cause de ses vertus.

Suivant la tradition, Yao sentant approcher la vieillesse voulut céder l'empire à un ministre dont il avait souvent mis la sagesse à l'épreuve. Celui-ci refusa, se trouvant trop faible pour soutenir le poids d'une couronne, mais il indiqua à son souverain un laboureur, nommé Chan, qui, malgré les mauvais traitements, ne s'était jamais écarté du respect qu'il devait à ses parents. Yao fit venir Chan et lui donna le gouvernement d'une province, et après une épreuve de trois ans, il lui fit épouser ses deux filles et l'associa aussitôt à l'empire.

Le choix de l'empereur régnant est encore aujourd'hui la règle de succession et l'aîné ne succède pas de préférence.

Sous le règne de Chan, les Chinois placent une inondation que quelques personnes ont crue identique au déluge de Moïse. Pour reconnaître le mérite de Yu, qui sut, en y employant huit années, faire écouler les eaux de cette vaste inondation, Chan le choisit pour son successeur. Avec Yu commence la dynastie des Hia, environ 2000 ans avant Jésus-Christ.

A cette dynastie succéda celle des Chang, dont le dernier (1100 avant Jésus-Christ), fut le sanguinaire et barbare Tcheou-wang.

L'histoire de ces deux dynasties n'est encore qu'un tissu de fables.

A la fin, le peuple se souleva contre Tcheou-wang, proclama Wou-wang (le roi martial), qui fonda la dynastie des Tcheou. Confucius, qui fut à peu près contemporain d'Hérodote, a laissé les plus anciennes chroniques que nous possédions dans les cinq king et les quatre livres classiques. La période authentique paraît dater de la dynastie des Tcheou du temps de laquelle vivait ce philosophe. La dynastie des Tcheou comprenait plus de huit siècles, et, allant jusqu'à l'année 240 avant Jésus-Christ, fut marquée en Chine, non-seulement par la naissance de Confucius, mais aussi par l'apparition de deux réformateurs, Lao-Kium en Chine, et Bouddha dans l'Inde.

A la mort de Confucius, en 477 avant Jésus-Christ, la Chine était divisée en plusieurs petits royaumes. Le roi de Tsin depuis longtemps avait augmenté sa force aux dépens de celle de ses voisins; il combattit contre six autres royaumes, et les força à reconnaître sa suprématie. Son territoire commença dès lors à prendre l'aspect d'un empire; il formait la moitié de la Chine moderne, il était situé au nord du grand Kiang, mais cet empire à peine formé, était destiné à être démembré plus tard.

Ce fut ce premier empereur, Chi-hoang-ti, qui construisit la grande muraille.

Vers l'année 204 avant Jésus-Christ, la famille des Han monta sur le trône. Avec cette dynastie commence l'une des époques les plus célèbres de l'histoire de la Chine. Ce fut alors que les Tartares, par leurs déprédations, devinrent un objet d'inquiétude pour les paisibles Chinois. C'étaient les mêmes Hing-koue (nations errantes) auxquels le premier empereur avait vainement opposé la grande muraille. Les premiers empereurs de la dynastie des Han essayèrent de gagner leur amitié en leur donnant leurs filles en mariage. Ce qui n'empêcha pas, sous le neuvième empereur, Youen-ti, une nouvelle invasion tartare.

Ces querelles fournirent aux Chinois l'occasion d'arriver, au temps de Trajan, jusqu'aux bords de la mer Caspienne. Déjà quelques années auparavant, en l'an 94 de notre ère, un ambassadeur, envoyé par l'empereur dans le but de chercher à nouer quelques relations avec le monde occidental, avait atteint l'Arabie, mais n'avança point au delà. L'empereur Marc-Aurèle, en l'an 161, essaya d'envoyer dans le même but une ambassade en Chine, mais cette expédition échoua. La dynastie des Han finit en 260, pour faire place à celle des Tsin, qui, ainsi que je l'ai dit, aurait, selon quelques auteurs, donné son nom à la Chine.

A l'extinction de cette race de souverains, l'an de Notre-Seigneur Jésus-Christ 446, la Chine fut divisée en deux royaumes principaux. Nanking était la capitale du royaume du midi, et Ho-nan celle du royaume du nord. Pendant deux cents ans, cinq dynasties se succédèrent rapidement. La règle de l'hérédité était sans cesse violée par le plus fort. L'histoire de cette période n'est qu'une suite de révoltes et de crimes. A la fin, en l'année 585, les royaumes du nord et du midi furent réunis pour la première fois en un empire dont la capitale fut Ho-nan.

Le dernier empereur des cinq dynasties fut bientôt après déposé par Li-Youen, qui fonda, en l'an 622, la dynastie des Tang.

Taï-Stong, le second empereur de cette dynastie, fut l'un des monarques les plus renommés de la Chine. Les jésuites nous ont appris que sous son règne, en 1625, quelques missionnaires catholiques découvrirent, à Si-gan-fou (l'une des principales villes de la province de Chen-si), une inscription en caractères syriaques constatant la première introduction du christianisme en Chine en 625, par certains évêques nestoriens, qui avaient été chassés vers l'Orient par la persécution romaine. L'une des particularités les plus remarquables de l'histoire des Tang est le pouvoir qu'usurpèrent les eunuques du palais.

Le troisième empereur était tellement gouverné par une de ses femmes, qu'en mourant il la laissa investie de la souveraineté, contrairement aux lois de l'empire. La reine, après avoir occupé le trône pendant vingt ans, le légua à son fils.

Le dernier empereur de la dynastie mit fin au pouvoir des eunuques. Il les extermina avec l'aide d'un chef dont il réclama l'assistance. Ce chef s'acquitta de sa tâche à merveille, mais il tua l'empereur et son héritier, puis, après une série d'horribles cruautés, il mit fin à la dynastie des Tang, l'an 897.

Le pays fut donc encore une fois plongé dans un état de guerre civile et de désordre, et de nouveau livré aux prétendants. Cette époque, qui dura environ cinquante-trois ans, est appelée dans les chroniques chinoises les Steou-ou-taï, les cinq dernières successions. La population de la contrée nommée actuellement Liao-tong, à l'extrémité orientale de la grande muraille, se trouvant encouragée par les troubles qui agitaient la Chine, fit avec succès plusieurs incursions sur le territoire de l'empire.

Après plusieurs guerres civiles, Taï-Tsou, le premier empereur de la dynastie des Song, fut élevé au trône par les chefs militaires et cependant le règne des Song fut éminemment littéraire, ce que l'on doit sans doute à l'imprimerie qui commença à fleurir en Chine à cette époque, cinq cents ans environ avant son apparition en Europe.

Les Song furent des princes éclairés et civilisés, mais ils n'étaient point belliqueux, et le récit de leurs actions n'est qu'une suite de concessions et de compromis honteux avec les Tartares orientaux, appelés Kin (d'où sont sortis les Mandchous qui règnent maintenant sur la Chine), jusqu'au moment où les Moghols ou Tartares occidentaux prirent possession de l'empire sous Khoubilaï-khan.

Wei-tsong, troisième de la dynastie, se fit l'esclave des eunuques et ne tarda pas à éprouver les conséquences de sa faiblesse et de son imbécillité!

Les Tartares orientaux fondirent sur la Chine, s'emparèrent des provinces du nord et menacèrent le pays tout entier. Ils devaient toutefois être repoussés, non par les Chinois, mais par les Moghols qui les battirent. Ces peuples habitaient les pays qui s'étendent depuis les provinces nord-ouest de la Chine, jusqu'au Thibet et jusqu'à Samarcande. Ils avaient déjà conquis l'Inde, lorsque les Chinois énervés les appelèrent pour les protéger contre les Kin. Ils se rendirent à leur invitation, et, pour se récompenser de leur peine, subjuguèrent aussi leurs protégés.

Les Kin furent repoussés, leur principale ville fut emportée d'assaut, et la mort de leur prince mit fin momentanément à leur puissance; mais les Tartares qui survécurent furent les ancêtres des conquérants Mandchous.

A l'avènement de Khoubilaï-khan, premier empereur de la dynastie des Youen, la religion dominante des Tartares était celle de Bouddha ou Fo dont le grand lama du Thibet est le chef; les livres des autres religions furent proscrits et brûlés, et le bouddhisme n'a jamais été aussi florissant que sous la dynastie tartare moghole. Khoubilaï établit le siège de son gouvernement dans la province de Pe-tchi-li et dans la ville de Chun-ton-fou, plus connue sous le nom de Péking (cour du nord). Malgré l'habileté de ce prince qui, plus qu'aucun autre, était capable de jeter les fondements d'une domination durable, l'apathie, l'insouciance de ses successeurs furent telles, qu'au bout d'un peu plus de huit ans, l'empire leur échappa et le neuvième empereur se vit forcé de céder le trône à un Chinois.

Hong-vou, le premier empereur de la dynastie des Mong, qui expulsa les Moghols en 1366, avait été domestique dans un monastère de bonzes ou prêtres de Bouddha; s'étant joint à un corps nombreux de révoltés, il devint bientôt leur chef, et après s'être rendu maître de quelques provinces méridionales, il défit les troupes de l'empereur dans une grande bataille; les Chinois se réunirent à lui de toutes parts; après avoir traversé le fleuve Jaune, il força Chan-ti à fuir vers le nord, où il mourut peu de temps après, laissant le soldat de fortune maître du trône, sur lequel il monta en prenant le nom de Taï-Tsou (grand ancêtre).

Le nouvel empereur essaya d'établir sa résidence à Fong-Yang-fou, ville où il était né; mais la position peu avantageuse de cette ville, le força bientôt de l'abandonner pour Nanking. Quant à Péking, il l'érigea en principauté en faveur de l'un de ses plus jeunes fils, nommé Yong-lo. Celui-ci ayant plus tard succédé à l'empire en transporta de nouveau le siége à Péking, en 1408. Ce fut vers la même époque (en 1405) que Timour ou Tamerlan mourut en route, au moment où il marchait à la conquête de la Chine.

Peu d'années après le passage du cap par Vasco de Gama, les Portugais firent leur première apparition à Canton. La conduite qu'ils tinrent d'abord donna d'eux une idée peu favorable; mais lorsque dans la suite ils se posèrent comme les compétiteurs des Hollandais et des Anglais, les contestations que souleva leur avarice mercantile contribuèrent à les placer sous un point de vue encore plus désavantageux. Après Perestrella et Perez de Andrada, Ferdinand Mendez Pinto, grâce à ses exploits et à l'exagération avec laquelle on les a décrits, a rendu son nom fameux entre les premiers aventuriers du Portugal. Arrivé à Ning-Po, avec un équipage composé de hardis vauriens de son espèce, il apprit de quelques Chinois qu'il existait au nord-est une île où étaient situés les tombeaux de dix-sept rois chinois avec tous les trésors qu'ils renfermaient. Aidé de ses compagnons, il réussit à découvrir le lieu et pilla les tombeaux dans lesquels il trouva une énorme quantité d'argent; mais ayant été attaqué il fut obligé de se retirer avec une partie seulement de son butin.

A leur retour, les aventuriers furent assaillis par un coup de vent dans le voisinage de Nanking, et quatorze d'entre eux, qui échappèrent la vie sauve, furent pris par les Chinois et envoyés, après avoir subi divers mauvais traitements, à Nanking même, où ils furent condamnés à être fouettés et à perdre chacun un pouce. On les conduisit ensuite à Péking, et ce fut pendant la route que Pinta eut occasion d'étudier les mœurs des pays qu'il traversait. Condamné, ainsi que ses compagnons, à une année de travaux pénibles, il fut mis en liberté avant l'expiration de ce temps par les Tartares mandchous, qui envahirent le pays. Il se joignit à ses libérateurs et vit, pendant qu'il était à leur service, un des principaux lamas, qu'il appelle leur pape.

La première ambassade portugaise, et naturellement la première d'une puissance européenne à Péking par voie maritime, eut lieu dès 1520.

L'ambassadeur, Thomas Perez, après une foule d'humiliations, fut enfin arrêté, dépouillé de ce qu'il possédait, jeté en prison, et, à ce que l'on suppose, mis à mort.

Les diverses ambassades qui se succédèrent à Péking durant trois siècles furent accueillies de différentes manières, mais toujours sans succès pour nouer des relations de commerce. Telles furent les négociations d'Alfonso de Melo.

Ce fut vers le milieu du dix-septième siècle que les Portugais s'établirent à Macao, la seule colonie européenne qui ait été, avec un succès très-borné il est vrai, fondée sur la côte de la Chine. Il parait qu'ils ont eu, dès 1537, un abri momentané sur le rivage. Peu à peu ils prirent pied, ils furent autorisés à se bâtir des maisons; enfin les petits mandarins tolérèrent comme un surcroît de population l'établissement d'un gouvernement interne, et l'affluence de prêtres qui cherchèrent à convertir les Chinois.

En 1573, les Chinois élevèrent un mur en travers de l'isthme pour séparer Macao de l'île de Hiang-Chao. Un mandarin civil fut nommé dès les premiers temps; il réside dans la ville et la gouverne au nom de l'empereur de la Chine. Cet officier, qu'on appelle un Tso-tang, surveille attentivement les habitants et adresse des rapports à ses supérieurs. Les Portugais ne peuvent pas bâtir de nouvelles églises ou de nouvelles maisons sans une permission expresse. Le seul privilége qu'ils possèdent est celui de se gouverner par eux-mêmes, tandis que la population chinoise est placée sous le contrôle des mandarins.

Les Portugais, à diverses reprises, ont envoyé des ambassades à Péking depuis leur débarquement en Chine. La dernière eut lieu en 1755. Elles présentent, d'un côté, le spectacle ordinaire de l'arrogance, et, de l'autre, celui de la soumission.

Ce fut aussi sous les Ming que les jésuites s'établirent en Chine. En l'an 1618, Wanli, treizième Ming, occupait le trône, lorsqu'une guerre éclata avec les Tartares orientaux, qui donnaient alors à leur pays (actuellement Moukden) le nom de Mantchéou ou Mandchou (région entière). Nous avons déjà vu qu'avant la conquête mogole et sur la fin de la dynastie des Hong, les mêmes Tartares orientaux, sous le nom de Kin, ou race d'or, avaient subjugué quelques parties de la Chine, et avaient ensuite été chassés par les Mongols.

Lorsque le dernier des Moghols, descendu de Khoubilaï-khan, eut été expulsé de la Chine par le fondateur de la dynastie des Ming, ils cherchèrent un refuge parmi les Tartares orientaux, et de leurs alliances avec les indigènes sortirent les Bogdoï-khans ou princes mandchous qui devaient renverser les Ming.

Tien-Ming, l'ancêtre de la famille aujourd'hui régnante, pénétra, sous Wan-li, dans la province de Péking à la tête de cinquante mille hommes, et se disposait à mettre le siége devant la capitale, lorsqu'il fut repoussé et contraint de se retirer momentanément à Liao-Tong, au nord de la grande muraille. La guerre recommença ensuite et fut continuée avec divers succès jusqu'à l'avénement au trône du dernier Ming, en 1627. Ce prince parut ne pas comprendre le danger qui le menaçait; au lieu de repousser les Tartares, il mécontenta tellement ses propres sujets qu'une partie d'entre eux se soulevèrent contre lui. Le chef des rebelles subjugua les provinces de Ho-nan et de Chen-si, égorgea les principaux mandarins, puis, pour gagner le concours du peuple, il l'affranchit de tout impôt. Cette politique lui réussit à tel point, qu'il fut bientôt en mesure d'envahir Péking avec une nombreuse armée. L'empereur, préférant la mort à la honte d'être pris par les factieux, poignarda sa fille unique et se pendit ensuite, l'an 1643 de notre ère.

Après la mort du souverain, l'usurpateur ne rencontra plus d'opposition; il entra dans la capitale, où il fut reçu avec enthousiasme.

Une fois Péking tombé au pouvoir des Mandchoux, toutes les provinces septentrionales, ainsi que la plupart de celles du midi, reconnurent aussitôt la domination étrangère; mais plusieurs milliers de familles chinoises avaient abandonné leur pays pendant la lutte, et vingt-cinq mille d'entre elles au moins s'étaient transportées à Formose. Cet accroissement de population fut la principale cause qui contribua à l'expulsion des Hollandais de cette île, en 1622.

Atteint d'une maladie mortelle, le conquérant eut le temps de placer sur le trône son fils Chun-tchi, alors en bas âge (l'an 1644 de Jésus-Christ). Ce fut ainsi que commença la dynastie tartare-mandchoue, dont le sixième empereur occupe aujourd'hui le trône.

La dynastie fut surtout consolidée par Kang-hi, le deuxième roi tartare, et peut-être le plus grand monarque qui ait régné dans ce pays. Ce n'est pas sans quelque raison que les missionnaires jésuites ont comparé son règne à celui de Louis XIV et de Pierre le Grand, dont Kang-hi était contemporain. A plusieurs titres, en effet, l'empereur chinois se montra leur digne émule, et la durée de son règne, qui fut de soixante ans, est un trait de ressemblance de plus avec celui du grand roi de France.

Kang-hi se rendit surtout célèbre par la conquête du pays des Eleuts ou Kalmouks.

Yong-Tching, son successeur, ne se distingua que par sa persécution contre les prêtres catholiques. Kien-long, qui monta sur le trône en 1736, et qui, comme Kang-hi, régna soixante ans, fut digne de lui.

Ce fut près de lui qu'en 1793 lord Macartney fut envoyé en ambassade.

Lorsque Kang-hi eut accompli soixante ans de règne, il remit le sceptre dans les mains de son fils; mais il survécut peu à son abdication. Kia-King n'était guère propre à soutenir la dignité de son père; tout entier à ses plaisirs, il passait sa vie dans les orgies et dans la société des histrions. Il mourut en 1820, laissant le trône à son second fils, Tao-Kouang.

Il y a trois croyances religieuses à la Chine. La doctrine de Confucius ou Confutzée, appelée Yu, celle de Fo ou le bouddhisme, et la secte de Lao ou les rationalistes. Il ne faut pas croire cependant que ces trois cultes soient sur un pied égal. Le confucianisme est l'orthodoxie ou la religion de l'État, et les deux autres, tolérées en tant qu'elles ne heurtent point la première, sont plutôt discréditées qu'encouragées par le gouvernement. Les doctrines de Confutzée sont encore révérées aujourd'hui, et elles ont même conservé leur suprématie sur le culte national de la dynastie tartare, tandis que les superstitions absurdes des deux autres ont été tour à tour embrassées et rejetées par les divers souverains du pays.

La doctrine de Confutzée, considérée comme un dogme religieux, n'en a cependant point le caractère essentiel, puisqu'elle n'est point annoncée comme transmise par la Divinité, mais n'est que l'opinion d'un homme, à la vérité réputé le plus sage qui ait honoré l'espèce humaine. Les principes de Confutzée sont des conceptions d'une haute sagesse; il reconnaît un Être suprême, il estime que la raison humaine en est une émanation, que la loi religieuse se borne à prescrire de se conformer à la loi de nature et aux lumières de l'entendement. Ses préceptes sont en conséquence de ces principes. Travailler à se connaître, afin de perfectionner son être, étudier la nature des choses, afin de distinguer ce qui peut être obtenu et par conséquent doit être désiré et recherché; donner de bons exemples, afin de contribuer à l'amendement de ses semblables: tel en est le résumé.

Les sectateurs de Confutzée, en admettant un Être suprême qui dirige toute chose, croient cependant, ainsi que les philosophes grecs, que le monde est éternel, ce qui forme une contradiction évidente. Ils adorent ce maître de l'univers, mais sans aucun culte ostensible, sans autels, sans prêtres; ils lui rendent hommage par un sentiment intérieur, persuadés, ainsi que d'anciens philosophes, que l'hommage le plus agréable à la Divinité est de se rapprocher d'elle par la rectitude et la sainteté des actions, et de lui ressembler par la vertu.

On prétend que dans cette secte on est divisé sur la croyance de l'immortalité de l'âme; les uns croient que les âmes des méchants périssent avec leurs corps, que l'âme du juste survit seule, et que cette survie est sa récompense; d'autres croient que l'âme par son essence est nécessairement immortelle : mais dans l'une et l'autre de ces opinions on ne croit point à des récompenses. On pense que l'excellence de la vertu suffit pour la faire aimer et pratiquer.

Lao-Kiun et Fo sont les fondateurs des deux sectes qui, subordonnées à celle de Confucius, ont plutôt influencé que divisé la population chinoise.

La religion de Fo, ou, selon la prononciation de Canton, Fout'h, est celle de Bouddha, avec la forme sous laquelle elle existe au Thibet, à Siam, en Cochinchine, dans l'empire d'Annam, en Tartarie et au Japon. Si le bouddhisme est ainsi disséminé loin de l'Inde, son berceau, la cause doit en être attribuée à la persécution que lui firent éprouver les brahmines, qui le considéraient comme une hérésie.

Selon les Chinois, le bouddhisme s'introduisit dans leur empire soixante-cinq ans environ après notre ère, sous le règne de Ming-ti, de la dynastie des Han.

Les Samanéens, Ho-chang, ou prêtres, vivent ensemble dans des monastères attenants aux temples de Fo. Ils forment en Chine une société de mendiants. Leur costume ressemble beaucoup à celui du clergé catholique.

L'histoire de la Chine raconte que, sur le milieu du dixième siècle, l'empereur Kien-ti, qui fonda la dynastie des Song, envoya trois cents Samanéens ou prêtres bouddhiques dans l'Inde pour y chercher les livres et les reliques de leurs dieux.

Quoi qu'il en soit, la situation actuelle du culte de Fo en Chine est loin d'être florissante; les magnifiques édifices, fondés dans des temps plus prospères, tombent aujourd'hui en ruine, et il est rare de rencontrer une pagode en bon état.

Quant à la doctrine de Lao-Kiun ou de Lao-tsé, elle paraît avoir quelque analogie avec celle d'Épicure; elle recommande la vie tranquille et contemplative; elle admet d'ailleurs l'astrologie et la magie; ses sectateurs ont des monastères et une sorte de culte extérieur. Cette doctrine fut surtout en grande faveur sous la dynastie des Thang. En 674 l'empereur ordonna que les enfants des grands et des princes, de même ceux que du peuple, étudieraient le livre *de la raison et de la vertu* de Lao-tsé, et subiraient des examens sur cette matière.

Quelques années auparavant, en 666, l'empereur Kao-tsoung était allé au temple érigé en l'honneur de Lao-tsé, qu'il regardait comme un de ses ancêtres.

Les mahométans entrèrent en Chine vers le septième siècle, et plus tard ils vinrent par mer à Canton. Après la dynastie moghole des Youen, ils se répandirent dans tout le pays, et maintenant ils y sont en grand nombre. Non-seulement cette religion est aujourd'hui tolérée, mais encore ses sectateurs sont admis sans peine aux emplois du gouvernement dont les chrétiens sont rigoureusement exclus.

Nous avons vu que les missionnaires avaient reconnu des traces de l'introduction du christianisme en Chine vers le septième siècle. Marco Polo affirme que dans une ville des environs de Nanking, sur les rives du Yang-tsé-kiang, il y avait de son temps deux églises de chrétiens nestoriens, qui avaient été bâties en 1274, lorsque l'empereur confia pendant trois années le gouvernement de cette ville à un nestorien appelé Mar-Sachis.

Le premier pape qui paraît avoir envoyé des missionnaires, dans le but de convertir les Tartares et les Chinois à la foi catholique, est Innocent IV.

Le moine Giovanni Carpini, qu'il députa l'an 1246 en Russie vers Baata-khan, sur les bords du Volga, fut conduit à la cour tartare moghole, précisément dans le moment où le grand khan allait être installé. Carpini fut étonné des immenses trésors qui furent étalés sous ses yeux, et revint porteur d'une lettre amicale après avoir été parfaitement bien traité. La grande ressemblance qui existe entre les rites des bouddhistes chinois et ceux du culte catholique le flatta beaucoup plus que les superstitions ne le scandalisèrent, parce qu'il en induisit qu'ils étaient déjà chrétiens, ou qu'au moins ils ne tarderaient pas à l'être.

En 1258, Rubruquis fut envoyé de la même manière par saint Louis pendant la croisade. Rubruquis avait pour mission d'obtenir l'amitié des Moghols; il arriva après maintes fatigues à la cour du grand khan, où, comme son prédécesseur, il remarqua la ressemblance qu'offrait le culte lamaïque avec le catholicisme romain; il en conclut que ce culte devait tirer son origine d'un christianisme corrompu, peut-être même de celui des nestoriens.

Jean de Corvino, envoyé en Asie l'an 1288 par le pape Nicolas IV, est le premier qui réussit à répandre la foi catholique romaine en Chine. Il arriva à Khan-Balikh (c'était ainsi que les Tartares nommaient Péking), fut accueilli très-gracieusement par l'empereur, malgré les attaques des nestoriens, dont il avait excité la jalousie, et obtint l'autorisation de construire une église avec un clocher et des cloches. De Corvino baptisa, dit-on, plusieurs milliers de convertis et instruisit une multitude d'enfants dans les principes du christianisme et les éléments de la langue latine. La nouvelle de ses succès parvint jusqu'à Clément V, qui le nomma évêque de Khan-Balikh, et lui envoya un nombreux corps de prêtres pour l'aider dans ses travaux. A la mort de Corvino, il est probable qu'aucun homme aussi capable et aussi entreprenant que lui ne se présenta pour lui succéder; car l'établissement qu'il avait fondé paraît avoir été supprimé, ou tout au moins avoir dégénéré jusqu'au point d'être devenu totalement insignifiant.

Ce fut en 1552 que le fameux apôtre de l'Orient, saint François-Xavier, dont on a raconté tant de miracles, mourut à San-Chan ou Saint-Jean. On voit encore aujourd'hui les ruines de son tombeau que l'évêque de Macao avait autrefois coutume de visiter tous les ans pour y célébrer la messe et en rapporter un morceau de terre consacrée.

En 1579, Michel Ruggiero, jésuite italien, arriva à Canton et fut rejoint, au bout de quelques années, par Mathieu Ricci, qui peut, à juste titre, être considéré comme le fondateur de la mission catholique. Grâce à sa tolérance et à son habileté celui-ci obtint d'immenses succès. Après dix-sept ans de séjour en Chine, il alla à Péking, où il fut bien reçu. D'autres jésuites vinrent se réunir à la mission, et leur succès eut été très-grand s'ils eussent conservé le même esprit de tolérance.

Le jésuite le plus distingué par ses talents et son érudition fut le père Adam Schall, Allemand de naissance. Il arriva à Péking dans le temps où la dernière dynastie chinoise des Ming était sur le point d'être renversée du trône par les Tartares mandchoux.

Au moyen de l'influence exercée par un chrétien chinois, nommé Paul Siu, qui était Colao, et de ses vastes connaissances dans les sciences physiques, Schall s'acquit l'estime générale de la cour. Il conserva l'emploi qu'il y remplissait, même après que les Tartares se furent rendus maîtres de l'empire. Le premier empereur mandchou, Chun-Tchi, l'éleva à la dignité de président du conseil astronomique.

On autorisa les jésuites à bâtir deux églises à Péking, et de nouveaux missionnaires eurent la permission d'entrer dans le pays. Parmi ces derniers, Ferdinand Verbiest, jésuite flamand et homme d'une science remarquable, devint le coadjuteur d'Adam Schall. Lorsque Khang-hi monta sur le trône à huit ans, les querelles entre les jésuites et les dominicains gâtèrent tout. Schall mourut de chagrin, et Verbiest fut obligé de rester caché quelque temps. Lorsque Khang-hi, libéral et éclairé, régna par lui-même, Verbiest devint président du conseil des astronomes, et par son influence les missionnaires chassés obtinrent la permission de retourner à leurs églises. Sous ce prince, la situation du christianisme en Chine fut infiniment plus prospère qu'elle ne l'est aujourd'hui, après un siècle et demi.

Le décret par lequel Kang-hi autorisa, en 1692, l'exercice de la religion chrétienne fut abrogé par son successeur, Yong-Tching, qui chassa des provinces les missionnaires qui étaient toujours en hostilité avec les autorités et entre leurs divers ordres. Ce fut surtout l'intolérance des dominicains qui fut fatale aux progrès des missions. En 1708, Tournon fut envoyé par le pape Clément XI, comme vicaire apostolique, pour tâcher de faire rentrer la paix au sein de l'Église naissante, mais ses efforts furent vains et n'obtinrent aucun succès. En 1720 le patriarche Mezzabarba fut à son tour envoyé de Rome comme légat, dans le but d'aplanir les difficultés qui s'étaient élevées sur les points controversés; mais il ne put, malgré ses concessions, parvenir à conjurer l'orage. A la fin, les missionnaires furent dénoncés formellement par un décret impérial de Yong-Tching, en 1725. Quelques moines seulement furent tolérés à Péking; un petit nombre d'autres restèrent cachés dans les provinces, mais la plupart furent amenés à Macao avec l'injonction positive de quitter le pays.

Les jésuites, plus éclairés que les dominicains, parvinrent à se réconcilier avec la cour. Ignatius Kœgler fut nommé par l'empereur président du conseil des astronomes, avec un titre honorifique. A l'accession de Kien-long, en 1736, la haine que ce prince avait conçue contre les mauvais prêtres qui travaillaient en secret à la ruine de son autorité, le conduisit à les rechercher avec une extrême vigilance. Dans presque toutes les provinces, plusieurs d'entre eux étaient restés cachés sous des déguisements. Ils furent emprisonnés et leurs prosélytes prirent la fuite ou rentrèrent dans le devoir. Pour mitiger la rigueur de ces persécutions, les jésuites de Péking n'épargnèrent ni les prières, ni les présents, mais ce fut sans beaucoup d'effet, jusqu'à ce que le décret de 1785, qui fut publié environ cinquante ans après l'élévation de Kien-long au trône impérial, rendit la liberté aux moines emprisonnés et les autorisa soit à rejoindre leurs frères à Péking, soit à retourner en Europe.

Depuis cette époque jusqu'à ce jour, la mission catholique romaine a été en déclinant et a eu à souffrir plusieurs persécutions.

Selon le relevé fait par le P. Marchini, procurateur de la mission de la propagande à Macao, le nombre des ecclésiastiques européens en Chine s'élevait en 1810 à vingt-neuf, et celui des chrétiens indigènes à environ deux cent mille. Depuis cette année, le dernier des Européens a été renvoyé à Péking, mais quelques autres continuent à rester cachés dans les provinces.

Les efforts continuellement répétés des Européens pour nouer avec la Chine des relations commerciales étendues, n'avaient guère eu plus de succès jusqu'à ce jour que leurs tentatives de propagande. Nous avons vu que les premiers essais datent du temps même de Marc-Aurèle, et qu'ils furent renouvelés par saint Louis au treizième siècle. Nous avons donné un aperçu des tentatives un peu plus fructueuses des Portugais. Les premières ambassades moscovites, les plus célèbres de celles envoyées par terre, ont été celles d'Isbrand-Ides, en 1693, et d'Ismaïloff, qui fut député par Pierre le Grand, en 1719. Catherine 1re, en 1727, envoya le comte Vladislavitch en Chine, avec le titre d'ambassadeur extraordinaire. La première tentative des Anglais pour lier des rapports avec la Chine remonte à 1596. Trois vaisseaux furent alors équipés et mirent à la voile, sous le commandement de Benjamin Wood, qui était porteur de lettres de la reine Élisabeth pour l'empereur. Une nouvelle tentative eut lieu en 1664. Depuis le commencement du dix-huitième siècle les Anglais furent continuellement gênés dans leur commerce, même à Canton, le seul port qui fût ouvert aux Européens. Cet état de choses ne changea pas, lorsqu'à la fin de 1741, le commodore Anson, dans un voyage autour du monde, à bord du *Centurion*, vint aborder à Macao.

En 1788, le colonel Cathcart fut envoyé d'Angleterre comme ambassadeur en Chine, à bord de la frégate *la Vestale*. Sa mort, arrivée en route dans le détroit de la Sonde, arrêta entièrement la mission pour un temps et la frégate revint en Angleterre.

Ce ne fut qu'en 1792 que le projet fut renouvelé sur une plus vaste échelle. En conséquence, lord Macartney partit d'Angleterre au mois de septembre 1792, à bord du *Lion*, vaisseau de soixante-quatre canons, et accompagné de sir George-Léonard Staunton, en qualité de secrétaire de légation. L'un des principaux objets de la mission de lord Macartney était d'obtenir, s'il était possible, de l'empereur la permission de commercer à Ning-po, à Chusan, à Tien-tsin et à d'autres endroits outre Canton. Toute discussion sur ce point, et en réalité sur tout ce qui touchait aux affaires, fut soigneusement éludée par les ministres chinois et les mandarins durant le séjour de l'ambassade à Péking. Cependant, dans sa lettre au roi d'Angleterre, l'empereur n'omit pas d'établir nettement que le commerce anglais devait être strictement limité au port de Canton. Depuis, les efforts de M. Robert, en 1803, et de M. John Crawford plus récemment, n'ont pas eu plus de succès.

Le gouvernement anglais envoya, en 1816, une nouvelle ambassade, ayant à sa tête lord Amherst. On espérait pouvoir obtenir l'autorisation d'avoir un résident anglais dans la capitale, ou celle de trafiquer dans quelques-uns des ports situés sur la côte nord-est.

Cette mission, sans avoir en apparence un résultat bien positif, a été suivie d'un long intervalle de tranquillité et de liberté. Effectivement depuis 1816 le commerce anglais n'a été suspendu que par le décret qui a amené la guerre de 1841 et 1842, et le traité qui a fait tomber la barrière qui pendant tant de siècles avait isolé la Chine du reste de la terre.

Les arts du dessin sont loin d'occuper en Chine le rang élevé que nous lui assignons en Europe. Étant moins encouragés, ils ont dû nécessairement être moins cultivés. Le gouvernement, en effet, a toujours eu pour politique d'empêcher le goût du luxe de se répandre.

Dans les ouvrages qui n'exigent pas une observation rigoureuse de la perspective, ils se montrent quelquefois assez habiles. Ils peignent des insectes, des animaux, des fruits et des fleurs avec beaucoup de talent, et rien ne saurait égaler l'éclat et la variété de leurs couleurs. Des artistes chinois ont souvent été employés à Canton et à Macao par des naturalistes anglais qui leur faisaient dessiner des animaux et des plantes; convenablement dirigés, ils peuvent en effet exécuter des ouvrages très-corrects. Ce qu'ils ne comprennent pas, ce sont les ombres qu'ils n'emploient jamais. Le genre de peinture le plus estimé est le lavis sur le papier ou sur la soie. Leurs couleurs ont surtout le plus vif éclat lorsqu'ils emploient un papier, qu'on appelle à tort papier de riz, et qui n'est autre chose que la moelle d'un arbre. Son aspect est celui du velours blanc et sa consistance celle du pain azyme.

Les Chinois sont aussi assez habiles dans la peinture sur verre, mais ils ignorent l'art d'incorporer cette peinture au verre par le moyen de la cuisson, bien qu'ils y excellent lorsqu'ils peignent sur la porcelaine.

Les Chinois ne sont pas plus avancés dans la sculpture; cependant ils rachètent leur ignorance de l'art de la taille du marbre ou de la pierre par une assez grande habileté dans le modelage. C'est pour cette raison que les images de leurs dieux, au lieu d'être sculptées, sont modelées avec de l'argile. Ces figures sont toujours vêtues, et les draperies sont assez habilement exécutées.

Leurs modeleurs imitent parfaitement en petit la figure d'un homme dans trois ou quatre séances d'une heure chacune; ils font ces figures avec une espèce d'argile bien préparée, ils la peignent ensuite en couleurs naturelles; il y en a d'une ressemblance étonnante et d'un prix très-modique. Ils font aussi des figures d'une matière plus solide, qui ressemble à l'albâtre ou à l'agate suivant la couleur. On prétend qu'elles sont faites avec une pâte composée de riz cuit, de chaux et d'alun, et que ce mélange prend la dureté et le poli du marbre par la simple dessiccation et sans le secours de la cuisson. Il est facile de retrouver le type primitif de l'architecture chinoise. M. de Paw, dans ses recherches sur les Chinois, a touché ce point avec autant de justesse que de sagacité : « A la Chine, dit-il, on ne saurait se méprendre sur l'objet qui a servi de modèle aux premiers bâtiments; on y a contrefait une tente. » Et cela est très-conforme à tout ce que l'on peut savoir de plus vrai sur l'état primitif des Chinois qui ont été, comme tous les Tartares, des peuples nomades, logeant sous des tentes avec leurs troupeaux, avant d'avoir des villes. Nous trouvons ce type très-lisiblement écrit dans la configuration de leurs toitures; car il ne peut y avoir que la forme des tentes ou des pavillons en toile qui en ait été le modèle. Quoique des bâtis de charpente s'y soient par la suite assujettis et associés, la moindre connaissance de la marche des inventions du besoin, nous apprend que si la charpente avait donné le type primitif des constructions, elle n'aurait jamais pu procéder par des assemblages aussi légers et des formes aussi éloignées de la ligne droite. Aussi voyons-nous que les couvertures de tous les édifices sont recourbées et arrondies par le haut. Comment mieux imiter les contours d'une toile qui se prête à tous les caprices de la main qui la dirige sur le bâti léger qui lui sert de soutien? Une particularité caractéristique de ces combles est qu'ils ne reposent point sur les maîtresses murailles, mais sur la charpente, c'est-à-dire sur les colonnes de bois, et là se trouve encore la réunion des doubles toits dont on a souvent besoin pour couvrir les murailles. Il est une qualité caractéristique que l'on doit signaler dans l'architecture chinoise. Cette qualité, plus matérielle à la vérité qu'intellectuelle, est la gaieté. Ces combles et ces doubles toits brillants de tons, dont l'effet est comparé par les poëtes chinois aux nuances de l'arc-en-ciel, ces portiques diaprés de toutes sortes de couleurs, les vernis étendus sur toutes les parties des édifices, l'accord de ce genre de décoration avec les formes légères des bâtiments, tout cela concourt à donner à cette architecture un air de fête que l'on chercherait en vain chez tout autre peuple. On doit encore reconnaître comme une qualité de l'art de bâtir des Chinois, l'accord de son goût d'ornement ou de décoration avec ses formes et sa composition. Qu'on n'y cherche pas toutefois ces ornements de sculpture auxquels l'idée se reporte naturellement quand on parle d'ornements. Rien de semblable ne s'y remarque. L'art d'orner un édifice à la Chine n'y est autre chose que celui dont peut donner l'idée l'art que nos ouvriers apportent à la confection des meubles ou des objets d'un luxe capricieux. Dans le fait, ils traitent un bâtiment, sous le rapport de l'ornement, comme une armoire. La beauté consiste dans la précision et la propreté du travail. [On vernit les colonnes, on colore les toits, on peint les murailles. Les couleurs les plus belles, les plus brillantes, les plus inaltérables sont le premier mérite des édifices réputés les plus beaux. Si on y peint des figures, le mérite du dessin est le dernier que l'on cherche à atteindre. Lorsqu'on veut porter à leur plus haut point le luxe et la durée des ornements, on emploie la porcelaine peinte de ces couleurs brillantes que le feu rend inaltérables. Quant à l'art proprement dit des ornements, ce n'est à la Chine rien autre chose que l'art des découpures. Les châssis des fenêtres, les panneaux de boiserie offrent tous les entrelacs, tous les compartiments imaginables.

Les matériaux employés par les Chinois sont le bois, la brique, la pierre, le marbre et le fer. Parmi les bois, le premier rang appartient au bambou, au bois de fer et surtout au nan-mou, arbre dont le bois passe pour être incorruptible.

Quand on veut, disent les Chinois, faire un bâtiment qui n'ait point de fin, il faut y employer le seul bois de nan-mou. La brique a été employée à la Chine dès la plus haute antiquité; mais souvent ils l'ont employée sans être cuite et simplement séchée au soleil.

Ce qui a rendu assez rare dans ce pays les constructions en pierre et en marbre, ce n'est certainement ni le manque de matériaux ni la crainte de la dépense. La prodigalité de quelques empereurs ne permet pas d'admettre cette dernière supposition; ce n'est pas non plus le manque de pierre; toutes les provinces en ont abondamment, et les rues de quelques villes sont pavées en marbre de toutes sortes de couleurs, et qui sont plus communs que la pierre. Serait-ce la difficulté des moyens de transport? Mais les jardins des empereurs ont été remplis d'énormes rochers qu'on y a transportés; leurs palais reposent sur d'immenses blocs d'albâtre; de grandes dalles de marbre forment toutes les marches de leurs escaliers. Ce n'est pas enfin la difficulté de tailler la pierre, parce qu'on l'emploie dans beaucoup d'ouvrages publics. Si l'on ne bâtit pas en pierre, on en a donné pour raison la crainte des tremblements de terre; mais il paraît que plus que toute autre chose le climat s'oppose à l'emploi de ce genre de matériaux. Dans les provinces du midi, la chaleur et l'humidité qui l'accompagnent rendraient fort malsaines des maisons bâties en pierres. Selon les missionnaires de Péking, de semblables habitations dans la région du nord, seraient, pendant plus de la moitié de l'année sujettes aux mêmes inconvénients. Si l'on en croit ces récits, les froids de l'hiver et les malignes influences d'un climat humide s'opposent donc aux bâtiments en pierres.

Quoi qu'il en puisse être de ces causes météorologiques, il se pourrait que, dans un pays où rien ne change, la force de l'habitude et de la routine aient contribué à perpétuer dans les bâtisses l'emploi du bois qu'on peut dire y être général.

Les livres de construction des Chinois, que nous appellerions traités d'architecture ou de l'art de bâtir, ne contiennent pas une seule fois l'idée ni le terme de proportion. Tout se réduit à fixer pour toutes les sortes de bâtiments, et d'une manière uniforme, la grosseur et la hauteur de la colonne. Tout support perpendiculaire doit avoir de hauteur sept fois son diamètre. Là-dessus se règlent les mesures de tout le bâtiment dans toutes ses parties.

Les colonnes à la Chine n'ont point de chapiteau. Deux causes principales ont produit la privation de cette partie si universellement admise par tous les autres peuples. La première tient à l'absence réelle de ce qu'on appelle architrave ou entablement; la deuxième à l'usage des doubles toits. Le premier toit ou l'inférieur n'étant ordinairement qu'un véritable auvent dont la descente doit nécessairement cacher le haut des colonnes, toute espèce d'ornement à cette place a dû paraître superflu, et la pensée n'a pas même dû en venir dans l'esprit des constructeurs. Les colonnes ont généralement un diamètre égal dans leur hauteur. De même que nous attribuons l'origine de nos colonnes de pierre aux troncs des gros arbres qui vont en diminuant graduellement, de même les Chinois semblent avoir emprunté les leurs aux bambous qui sont minces et égaux dans toute leur longueur.

On voit, d'après ce que nous venons d'exposer, que toutes les parties de l'art de bâtir des Chinois sont complétement d'accord entre elles. Aucun style, aucun goût étranger n'ayant pu s'y mêler, cet art a reçu son développement d'une manière conforme aux besoins immuables et aux ressources invariables du pays et du génie de ses habitants. Ainsi, l'esprit de routine a retenu et retient encore depuis un grand nombre de siècles l'architecture chinoise dans un état stationnaire, dont toutefois les relations qui s'établissent entre ce pays et l'Europe peuvent faire supposer qu'elle finira enfin par sortir.

La légèreté des constructions des Chinois et la fragilité des matériaux qu'ils y emploient expliquent l'absence presque totale de monuments antiques dans toute l'étendue du Céleste Empire. Cette architecture est si éphémère que c'est avec raison que M. Barrow dit que si, par quelque accident, la ville de Péking, la plus vaste et la plus populeuse cité du globe, venait à être abandonnée, il ne faudrait pas beaucoup de siècles pour en faire disparaître jusqu'aux derniers vestiges, et pour qu'on cherchât vainement le lieu où elle aurait existé.

MONUMENTS RELIGIEUX.

Nous ne connaissons en Chine qu'un seul temple souterrain. Il est situé entre Macao et Canton, et dédié à la déesse Kouan-Yin, l'une des principales idoles bouddhiques. Il est creusé dans un rocher de pierre calcaire haut au moins de trois cent cinquante mètres. On ne peut y aborder qu'en bateau, attendu qu'il s'élève perpendiculairement sur le bord de la rivière. L'ouverture naturelle qui existait dans le roc a été élargie par les hommes. Les cellules des prêtres sont creusées dans la pierre et superposées les unes aux autres. On y monte par des escaliers également taillés dans le roc. De la façade de l'étage du milieu pend une énorme masse de stalactites du poids de plus de mille kilogrammes, et qui semble menacer de tout écraser dans sa chute.

Le Poo-ta-la (*planche* 23), grand temple situé près de Zhehol ou Je-ho, en Tartarie, est un des plus singuliers édifices religieux de l'empire chinois. Ce temple, construit au dix-huitième siècle par l'empereur Kien-Long, présente plutôt l'aspect d'une énorme forteresse, percée d'innombrables meurtrières, que celui d'un monument sacré. Il a cent quatre mètres de hauteur; son toit est entièrement doré.

Les bâtiments qui l'entourent contiennent plus de dix mille cellules, dont chacune a son ouverture sur l'un des côtés de la façade. Les murs et obélisques revêtus d'or et d'argent, les statues précieuses de Bouddha s'y trouvent en quantité prodigieuse, et huit cents lamas desservent ce temple consacré au culte de Fo.

La ville de Canton ne renferme pas d'autres édifices considérables que ses temples; mais le nombre de ceux-ci n'est pas moindre de quatre cents, tant grands que petits.

Le Kouang-Hio-Tsé ou *temple du resplendissant devoir filial* est un des plus vastes; il est situé dans l'enceinte de la ville, près de l'angle nord-ouest. D'immenses terrains sont affectés à l'entretien des prêtres qui sont au nombre de deux cents.

Si l'on en croyait une tradition évidemment mensongère, cet édifice daterait du règne des trois empereurs, c'est-à-dire de près de trois mille ans avant Jésus-Christ.

Après ce temple, le premier rang appartient à celui qui est situé de l'autre côté du Tigre, ou Tchu-Kiang, en face des factoreries européennes, ou *Hans*.

Cet édifice est d'une étendue immense. C'est un long parallélogramme composé de vastes bâtiments. Des chapelles construites transversalement forment dans l'enceinte une quantité de cours plantées d'arbres touffus et disposées en jardins pittoresques suivant le goût chinois.

En avant du temple est un vaste espace également planté d'arbres et pavé au milieu de larges dalles de granit; cette espèce de chaussée conduit au premier portique, dont l'entrée est gardée par deux figures colossales de l'aspect le plus effrayant; ce sont celles de deux guerriers mythologiques appelés Tchin-Ki et Tchin-Long.

On pénètre ensuite dans une cour que l'on traverse sur la continuation du sentier de granit qui, passant sous plusieurs portiques, conduit à la principale chapelle, consacrée à une sorte de Trinité femelle; les divinités sont assises sur une espèce de rose ou de lotus, les jambes croisées à la mode orientale, et le doigt sur la bouche, dans l'attitude du silence et du recueillement. Leur stature est gigantesque, et elles paraissent être de bois très-bien doré. Plus loin, dans une autre chapelle, est une autre Trinité, c'est celle de Confutzée, à laquelle les Chinois rendent un culte de vénération. Il y a peu de particuliers chez qui l'on ne trouve cette triple figure de matière plus ou moins riche. Une troisième grande chapelle contient une figure

LE POD TA LA OU GRAND TEMPLE PRES ZHEHOL, TARTARIE.
Chine.

FAÇADE DU GRAND TEMPLE A MACAO.
Chine.

MONUMENTS RELIGIEUX.

d'une grandeur et d'une grosseur monstrueuses; l'attitude, l'embonpoint de son corps, l'air de satisfaction qui brille sur son visage, tout représente un moine béat. C'est un *poutchat*, c'est-à-dire, suivant les Chinois, un homme jouissant du bonheur céleste. Ce temple est desservi par trois cents bonzes.

Dans un faubourg de Canton, à quelque distance au nord des factoreries, est un autre temple qui renferme une centaine de prêtres. Ce temple, en y comprenant les terrains qui sont dans sa dépendance, occupe une superficie de plusieurs ares. Dans une partie de l'édifice, on voit une image de Bouddha, et dans l'autre une idole de Kouan-Yin, *la déesse qui fait attention aux cris des mortels et les secourt*. Cette divinité est principalement adorée des femmes.

Le grand temple de Macao (*planche* 24) est un des plus élégants édifices de l'empire; mais aussi il n'en est point dont l'aspect soit moins approprié à sa destination. Ses portiques gracieux et coquets semblent bien plutôt former l'entrée d'un lieu destiné au plaisir que donner accès à un sanctuaire consacré à la prière.

Sur le Yang-Tse-Kiang, non loin de sa jonction avec le canal impérial et près de la grande ville de Quat-chow, est une île que sa beauté a fait nommer Kin-Shan, l'île d'or, cette île est couverte de temples appartenant à tous les cultes de la Chine, et semblant rivaliser entre eux de richesse et d'élégance.

L'empereur Hong-vou avait fait élever dans sa ville natale de Fou-yang-fou un temple qui existe encore. C'était auparavant une petite chapelle où Hong-vou, ayant perdu ses parents, se retira d'abord, et servit pendant quelque temps comme valet de cuisine. Lorsque, devenu ensuite soldat, puis chef de révoltés, il s'empara du trône, il voulut reconnaître les secours qu'il avait reçus dans sa misère des bonzes de Fou-yang-fou, et fit ériger un temple magnifique en place du petit sanctuaire qu'ils desservaient. Ce temple fut appelé Long-hing-si, le temple d'où le dragon est sorti, parce que le dragon à cinq griffes figure dans les armes de l'empereur.

J'excéderais de beaucoup les bornes dans lesquelles je dois me renfermer si j'essayais, non pas de décrire, mais seulement de signaler les innombrables temples qui couvrent la surface du Céleste Empire. Les portes mêmes des villes en sont presque toutes surmontées. Ce travail serait d'ailleurs sans intérêt. Dans leurs édifices sacrés comme dans tous les autres, les Chinois ne paraissent avoir suivi d'autre guide que leur imagination vagabonde, et il serait impossible de tirer de l'examen de leurs constructions religieuses, une théorie de l'art suivie et paraissant soumise à des règles quelconques.

Les mosquées sont assez nombreuses en Chine, et sont une nouvelle preuve de la tolérance religieuse qui règne en ce pays; les voyageurs en signalent un grand nombre, mais il n'en est pas qui, par leur importance, soient dignes de notre intérêt. Il en est de même des églises chrétiennes, qui sont toutes petites et construites sur ce modèle à peu près uniforme adopté par les jésuites au dix-septième et au dix-huitième siècle sur toute la surface du globe.

A chaque pas, on rencontre en Chine des constructions pleines d'élégance et d'un aspect parfois véritablement merveilleux; je veux parler de ces tours à plusieurs étages improprement appelées *pagodes* par les Européens, et dont le véritable nom est *Ta*.

Leur destination est un problème dont nous n'avons pas encore la solution, et qui, depuis plusieurs siècles, embarrasse les voyageurs et les antiquaires.

Staunton suppose que ces tours ont pu servir de vigies; Charpentier pense qu'on a dû les construire pour faire passer promptement des avis d'un lieu à un autre par le moyen d'un système de signaux. Mais comment croire qu'on aurait déployé un aussi grand luxe dans des édifices d'un emploi aussi vulgaire? Il est aussi une remarque que n'ont point faite ces voyageurs : c'est que les étages de ces tours sont toujours en nombre impair depuis cinq jusqu'à onze; ce qui suppose nécessairement une règle fixe établie par quelque intention mystique.

M. Davis croit retrouver dans les tours à neuf étages, un symbole des neuf incarnations de Wishnou, dont Bouddha est la neuvième; dans les tours à sept étages, un rapport avec les sept Bouddhas que l'on dit avoir existé à différentes époques. Quelque ingénieuses que soient ces suppositions, on ne peut guère les admettre, à moins de trouver une explication analogue aux pagodes de cinq ou onze étages. Quoi qu'il en soit, pour nous il est évident que ces singuliers édifices se rattachent au culte; aussi n'avons-nous pas hésité un moment à les classer parmi les monuments religieux.

Les Ta ne diffèrent guère entre elles que par la hauteur et le nombre des étages; quant à la disposition, elle est toujours la même, et un seul exemple suffira pour donner l'idée la plus juste de tous les autres édifices de cette classe.

Nous avons choisi celui qui est le plus justement célèbre et à plus d'un titre, la fameuse Tour de porcelaine regardée comme la merveille de la Chine. Cette tour (*planche* 25), située près de Nanking, doit son nom aux plaques et aux tuiles de porcelaine vernissées et peintes qui la revêtent. Quant à la construction proprement dite, elle est simplement en maçonnerie.

Cet édifice est isolé au milieu d'une vaste enceinte carrée environnée de portiques.

La tour est octogone; son diamètre est de treize mètres trente centimètres à sa base; sa hauteur totale de soixante et dix mètres. Ses étages sont au nombre de onze. L'escalier en spirale bâti dans la partie solide du mur qui entoure un espace vide s'élève jusqu'au sommet. A chacun des angles extérieurs des toits, pend une clochette de cuivre, que le moindre vent fait résonner. Des images de Bouddha et de la déesse Kouan-Yin sont placées dans des niches aux côtés de l'escalier.

Le plus beau monument de ce genre, après celui de Nanking, est celui plus moderne de Seou-Tcheou, également revêtu de porcelaine et orné de clochettes.

Dans une partie presque déserte de la ville de Tong-chou-fou, lord Macartney vit un de ces monuments qui portait toutes les traces d'une haute antiquité. Il est construit en briques; ses deux premiers étages, vastes et solidement bâtis, n'ont ni portes, ni fenêtres; on n'y aperçoit aucun vestige d'escaliers, ni aucun moyen de gagner la porte qui est au troisième étage. Ces étages, au nombre de onze, ne sont distingués que par une espèce de corniche ou saillie en briques. Toutes les parties du monument sont couvertes d'herbe et de mousse, mais parfaitement bien conser-

PALAIS IMPÉRIAL DE HOO-KEAU-SHAN
Chine

vées. Selon les Chinois, sa fondation serait antérieure à celle de la ville, et même à la construction de la grande muraille.

Le dessin que le P. Kircher a publié comme représentant la tour de porcelaine de Nanking, avec laquelle il n'a aucun rapport, pourrait bien être celui de la tour de Tong-chou-fou. Il reproduirait assez bien la description de lord Macartney.

Dans la ville de King-Tcheou, province de Pe-tche-li, est une tour également à onze étages. On cite encore parmi les plus élégantes celle qui domine l'île d'Or, dont je viens de parler tout à l'heure.

MONUMENTS FUNÉRAIRES.

L'usage de brûler les morts est loin d'être général en Chine; les tombeaux innombrables qu'on y rencontre en sont la preuve.

La forme des tombeaux importants est à peu près partout uniforme. Leur plan serait assez exactement représenté par l'Ω grec (voyez *la vignette*, page 141). Ces tombeaux sont très-vastes et souvent décorés de figures d'animaux en pierre. Les plus célèbres de tous sont le Loang-hi, sépulture du père de l'empereur Hong-vou, à Fou-yang-fou, et le magnifique mausolée élevé en l'honneur de Confutzée. Quant aux tombeaux des personnages moins riches ou moins élevés en dignité, la forme en est aussi variée que dans nos cimetières européens, et souvent, le monument consiste comme chez nous dans une simple pierre, couchée ou debout, portant une épitaphe. On croit que le choix heureux du terrain et de l'heure de la sépulture a la plus grande influence, non-seulement sur la destinée du mort dans l'autre monde, mais aussi sur celle des survivants en celui-ci. Aussi ce choix est-il l'objet de fréquentes consultations, qui sont pour les bonzes une de leurs principales sources de revenus.

CONSTRUCTIONS CIVILES.

Les palais mêmes de l'empereur sont des édifices peu importants par leur masse; la beauté, pour les Chinois, ne consistant ni dans la grandeur, ni dans l'élévation des bâtiments; tout le luxe étant pour eux dans la quantité. Ce goût s'explique peut-être aussi par leurs mœurs. Les empereurs ont un sérail et ils tiennent leurs femmes dans des maisons séparées les unes des autres. Il faut donc à chacune de ces habitations toutes ses dépendances particulières : ses jardins, pièces d'eau, etc.

La villa impériale de Hoa-Kew-Shan que nous avons choisie pour exemple (*planche* 26) peut donner une idée du singulier aspect de cet assemblage d'édifices.

Celle de l'empereur Kang-hi à Zhéhol ou Je-ho, en Tartarie, fut admirée par lord Macartney qui y fut reçu par l'empereur.

Une autre villa fort belle était celle construite dans l'île d'Or par l'empereur

Kien-Long ; malheureusement elle est en grande partie détruite. Cependant un appartement a été conservé avec un respect religieux par les Chinois ; c'est la bibliothèque de l'empereur. On y voit, gravés sur le marbre, quelques vers composés par ce prince, et dont les caractères sont un fac-simile de son écriture.

La plus magnifique des résidences impériales est naturellement celle de Péking ; mais du reste, là comme partout ailleurs, cette magnificence consiste moins dans la noblesse et l'élégance de l'architecture que dans la multitude des bâtiments, des cours et des jardins que ce palais renferme. Il a plus de quatre kilomètres de circonférence ; les abords en sont défendus par un large fossé sur lequel on a jeté un pont qui représente un énorme dragon ; ce dragon qui est de jaspe noir, paraît être d'une seule pièce, tant les pierres en sont bien liées ; les pieds servent de piliers ; le corps forme l'arche du milieu ; la queue en forme une autre, et la tête une troisième. L'intérieur du palais ressemble à une petite ville, on y trouve une grande quantité de maisons, où habitent les officiers de la cour et les artisans attachés au service de l'empereur. La demeure du prince est vaste, la façade est chargée de peintures et de dorures ; l'intérieur n'est pas moins riche ; on y voit, en meubles et ornements de luxe, tout ce que la Chine, l'Inde et l'Europe produisent de plus beau et de plus recherché. Les jardins dépendants du palais couvrent une superficie d'une grande étendue qui est accidentée çà et là par des montagnes artificielles de quinze à vingt mètres de hauteur, et par des vallées qu'arrosent des cours d'eau. Les montagnes sont chargées d'arbres odoriférants, et sur le sommet s'élève un kiosque élégant destiné à la retraite ou au plaisir.

Si des résidences impériales nous passons aux demeures des particuliers, nous serons étonnés de la ressemblance frappante qu'elles offrent avec celles dont on a découvert les restes sous les cendres et les scories de Pompéi. Elles consistent ordinairement en un rez-de-chaussée divisé en plusieurs appartements situés le long du mur de face et éclairés seulement par des croisées qui ont vue sur une cour intérieure.

La principale pièce après celle d'entrée sert à recevoir les visiteurs ; elle sert aussi de salle à manger ; derrière sont les appartements particuliers dont les portes sont des rideaux de soie ou de coton.

Dans les parties les plus froides de l'empire, la plupart des chambres ont des lits en briques recouverts de feutre ; sous ces lits sont pratiqués des fourneaux pour les échauffer. Toutes les maisons un peu importantes ont trois portes d'entrée : celle du milieu ne s'ouvre que dans les grandes occasions, ou pour recevoir les hôtes illustres, tandis que les autres plus petites sont pour le service journalier ; elles sont ornées, des deux côtés, de lanternes portant le nom et le titre du propriétaire. Les fenêtres sur la rue sont garnies de papier de Corée à travers lequel on ne peut voir du dehors ; les fenêtres intérieures sont en gaze de soie dont les peintures ou les broderies représentent des fruits, des animaux, des insectes, etc.

Les plus grandes maisons chinoises ont rarement d'autre escalier que les quelques marches qui les élèvent au-dessus du niveau du sol. Il arrive cependant que, dans les villes où l'espace est plus précieux, les maisons et les boutiques ont un étage au-dessus du rez-de-chaussée, et souvent sur le toit une plate-forme en bois, destinée soit à prendre le frais, soit à faire sécher des marchandises.

Les fondations sont extrêmement solides; dans les environs de Canton, elles sont ordinairement de granit.

Les murs sont de briques bleues et souvent décorés d'ornements en stuc. Les toits sont formés de tuiles creuses ou imbrices, comme dans beaucoup de parties de l'Europe et principalement en Italie. Un riche Chinois a ordinairement deux habitations : l'une pour ses affaires, et l'autre pour ses femmes. Il est assez difficile de comprendre comment les Chinois n'en sont point venus à donner plusieurs étages à leurs maisons, quand nous voyons, dans certaines parties de l'empire, des populations immenses réduites à habiter sur l'eau dans des barques, appelées *champans*. A Canton, par exemple, le nombre des gens qui vivent sur le Tigre est égal au tiers de ceux qui habitent la terre; on porte leur nombre à 500,000, et celui des champans à 60,000; ils occupent les deux rivages dans une étendue de plus de douze kilomètres. Il ne faut pas croire que cette cité sur l'eau ne soit composée que de bateaux habités par le peuple. On y trouve des rues garnies de riches et élégantes boutiques, et de loin en loin, à côté des petits champans des pêcheurs, des ouvriers, et des portefaix, se dressent des embarcations immenses, hautes de plusieurs étages, peintes, dorées, chargées de vases de fleurs, ornées à l'intérieur de lustres élégants et de meubles somptueux. Ces embarcations sont ou des hôtelleries, ou des lieux consacrés aux fêtes et aux plaisirs. On pourrait encore citer les innombrables habitations flottantes des villes de Sou-Tchaou et de Te-chene. Il arrive souvent que des familles pauvres n'ont à terre d'autres habitations que de vieilles barques hors de service, qu'ils couvrent tant bien que mal de toits de paille ou de roseaux. Ces misérables cabanes sont principalement en usage sur les bords de la mer; celles dont nous donnons le dessin (voyez *le frontispice*) ont été prises à Macao.

En Chine, les théâtres ne sont en général qu'une sorte d'estrade, construite en plein air. Comme la comédie, chez les Chinois, ainsi que chez les Grecs et les Romains, fait partie du culte religieux, les théâtres sont presque toujours situés vis-à-vis des temples, faisant face à l'autel principal. C'est par la même raison que leurs pièces sont continuellement remplies de cérémonies religieuses.

Il arrive parfois qu'on élève des théâtres sur des piliers, au milieu de la rue, laissant en dessous un passage pour ne pas gêner la circulation.

Les arcs de triomphe (voyez *la lettre*), appelés Pay-leou, sont très-communs en Chine; ils ornent le carrefour d'un grand nombre de villes dans chaque province.

Dans la seule ville de Yu-Yao-hien, Duhalde en compta sept ou huit, qui se touchaient presque les uns les autres. C'est qu'à la Chine ces monuments ne sont pas seulement, comme chez nous, destinés à rappeler de grands faits politiques; souvent ils sont consacrés à honorer la vertu la plus humble : belle institution dont aucun autre pays ne nous offre d'exemple. Il arrive aussi que quand un particulier a construit un édifice, un pont, un quai, un temple pour l'utilité publique, la reconnaissance nationale élève en sa mémoire des arcs de triomphe qui perpétuent le souvenir du bienfait, excitent l'émulation, et entretiennent les hommes dans les sentiments de bienfaisance.

Les peintures et les dorures font principalement la beauté de ces édifices, car pour les proportions elles sont mesquines et sans grâce, et l'entablement semble écraser les quatre maigres piliers qui les soutiennent et qui forment les trois ouvertures ou portes. La plupart des Pay-leou ont pour ornement des figures d'hommes et d'oiseaux, des fleurs fort ressemblantes, et travaillées à jour, qui sont comme liées ensemble par des cordons en saillie, vidés nettement et engagés les uns dans les autres sans confusion.

Duhalde remarque que sous ce rapport les arcs de triomphe nouvellement érigés en quelques villes n'ont rien qui approche des anciens; la sculpture y est fort épargnée et paraît grossière; tout y est massif. Cependant, dans les anciens comme dans les nouveaux Pay-leou, l'ordre est le même; mais cet ordre est bien différent du nôtre, surtout par la proportion des parties. On n'y remarque rien qui ressemble à nos chapiteaux, ni à nos corniches. Ce qui a quelque rapport à nos entablements est d'une hauteur qui choque un œil accoutumé à l'architecture européenne. Toutefois cette hauteur est d'autant plus du goût des Chinois, qu'elle donne plus de place aux ornements qui accompagnent les inscriptions.

Les Chinois élèvent quelquefois des édifices commémoratifs d'une autre forme et d'une construction plus solide. Près de Sou-tcheou est une espèce de gros pavillon ou édifice carré, à double toit, couvert de tuiles jaunes, et environné d'une muraille percée à jour par le haut, et ornée de figures diverses. C'est un monument que les mandarins ont érigé en mémoire d'une visite de l'empereur Kang-hi. On a gravé sur une pierre de cet édifice l'instruction que l'empereur fit au vice-roi pour le gouvernement de la province.

Non loin de là, est un monument analogue, élevé à la même occasion, dans la ville de Sou-tsien-kien.

Le plus considérable des travaux exécutés à la Chine est, après la grande muraille, le canal Impérial ou Yu-Leang-ho. Ce canal, sans égal au monde, affranchit entièrement les Chinois de la navigation côtière pour le commerce intérieur de l'empire. Il fut principalement construit par Khoubilaï-khan et ses successeurs. Il s'étend depuis Péking jusqu'à Hang-tcheou-fou et Zeytoun; il est navigable pour les vaisseaux, et a six cents milles géographiques de longueur. Toutefois le canal proprement dit, en d'autres termes le Tcha-ho ou *fleuve des écluses*, commence seulement à Lin-tsing-tcheou, dans la province de Chan-tong, et se prolonge au delà du fleuve Jaune. La principale rivière qui l'alimente est le Ouei-ho, qui, après avoir pris naissance dans le Taï-chan (province de Chan-tong), se jette dans le canal à sa plus haute élévation et dans une direction perpendiculaire à son cours. Ses eaux frappant avec force contre un retranchement en pierres qui supporte le bord occidental, se précipitent en partie vers le sud et en partie vers le nord. A cet endroit est le temple du *roi dragon*, ou génie aquatique, qui est censé avoir pris le canal sous sa protection.

Un des principaux mérites de ce travail gigantesque, est qu'il sert en même temps à dessécher le pays marécageux qu'il traverse depuis Tien-tsin jusqu'au Yang-tsé-kiang. La vaste côte près de Hoaï-ngan-fou, près du fleuve Jaune, s'étend sur une surface d'environ trois milles au-dessous du niveau de la mer. Si un accident survenait à la digue, la destruction totale de la ville serait certaine. Ce canal est, du reste, plus étonnant par sa largeur, sa profondeur et son immense étendue, que par les difficultés qu'a pu présenter sa construction, la nature n'y ayant apporté que des obstacles faciles à surmonter.

Les routes sur des levées sont très-communes en Chine; elles ont ordinairement trois à quatre mètres d'élévation au-dessus de la campagne, et huit à dix mètres de largeur au sommet; elles sont en général bien entretenues. La plus remarquable en ce genre est le chemin Impérial, qui conduit de Péking à Zhéhol; il a vingt-deux myriamètres de longueur et est entièrement restauré à neuf deux fois chaque année. Il occupe le milieu de la grande route destinée aux voyageurs vulgaires. Il a trois mètres trente centimètres de large, trente-trois centimètres de haut et est fait avec un mélange de sable et de terre glaise, si bien battu, qu'il a la solidité du ciment. La propreté de ce chemin égale celle du parquet de nos salons d'Europe, car on le balaye et on l'arrose continuellement.

Dans la province de Kang-tong, entre la ville de Nan-hiong-fou et celle de Nan-quan, qui est la première de la province de Kiang-si, est une grande montagne, nommée Mei-sin, sur laquelle on a pratiqué un chemin d'un peu plus de quatre kilomètres, bordé de précipices affreux. Du haut de la montagne, la vue s'étend fort loin dans l'une et l'autre province; on y voit une espèce de temple, bâti en l'honneur et à la mémoire du mandarin qui a fait ce chemin admirable, le plus célèbre de la Chine, parce qu'il réunit l'orient et le midi de l'empire.

Les seules constructions peut-être dans lesquelles les Chinois paraissent développer de véritables connaissances architecturales sont les ponts, répandus en si grand nombre sur la surface de l'empire. Les arcades sont très-bien faites, et il est probable que les Chinois ont connu la construction de la voûte longtemps avant les Grecs et les Romains.

Le plus beau de tous les ponts est celui de Suen-tcheou-fou, dans la province de Fo-kien, jeté sur un bras de mer assez dangereux. Il a plus de douze cents mètres. Il est soutenu par deux cent cinquante-deux gros piliers, terminés de part et d'autre en angle aigu, pour rompre la violence des flots. Ce pont n'a point d'arcades, mais de simples architraves, reposant sur des pieds-droits et occupant l'espace d'une pile à l'autre; il est bordé de balustrades enrichies à distances égales de globes, de lions et de pyramides posés sur des bases. Toutes les pierres sont d'énorme dimension et parfaitement taillées. On a peine à comprendre qu'on ait pu élever des masses aussi considérables sur des piliers assez hauts pour laisser passer d'assez gros navires.

A Fou-tcheou-fou, capitale de la même province, est un pont presque aussi étonnant. La rivière qu'il franchit n'a pas moins de deux kilomètres de largeur, elle est divisée en petits bras par plusieurs îles, dont on a fait un tout en les réunissant par des ponts. Le principal a plus de cent arcades, bâties de pierres blanches et garnies sur les deux côtés de balustrades sculptées, sur lesquelles s'élèvent, de dix en dix pieds, de petits pilastres carrés, dont les bases fort massives ont la forme d'une barque enfoncée.

A Tchang-tsing-hien, petite ville de la province de Chan-tong, est un pont de neuf arches, soutenu par de grosses piles carrées de pierres fort hautes, de sorte que le ceintre de l'arche est assez petit; il commence par une grosse culée et finit par un long talus, soutenu par sept petites arches qu'un gros massif de pierres sépare des autres. Les têtes des poteaux qui soutiennent les garde-fous de pierre, sont taillées assez grossièrement en figures d'animaux. Le tout est d'une espèce de marbre, tirant sur le noir, mais grossier et sans être poli. Le pavé est fait de grands quartiers du même marbre.

A Y-tcheou, dans la même province, est un autre pont de marbre dont les garde-fous sont de même ornés de figures de lions. Au sortir de la ville de Sou-tcheou est un pont de pierre d'environ dix mètres de large et sept cents mètres de long. Le tiers, qui forme le milieu de sa longueur, est arqué; le reste est horizontal. Non loin de là, sont deux autres ponts de soixante et dix et quarante mètres. Celui de Fee-ching-sé est d'une rare beauté. Il est construit en pierres de taille et sa longueur est de quarante-cinq mètres.

Les ponts chinois sont quelquefois d'une hardiesse dont nous avons peine à nous faire idée. Tel est celui qui existe dans la province de Chen-si (*planche* 27). On peut le comparer, pour sa dimension, aux plus grands travaux exécutés en ce genre par les Romains, mais il leur est bien supérieur par sa légèreté.

Je pourrais encore citer les beaux ponts de Tan-yang, de Tchin-kiang, etc. On rencontre fréquemment à la Chine des ponts extrêmement élevés, afin de ne pas interrompre la navigation, mais qui aussi ne peuvent servir que pour les piétons. Tels sont ceux qui traversent les nombreux canaux de la ville de Chao-king. On passe ces ponts en montant des escaliers plats et doux, dont les marches ont au plus huit centimètres de hauteur. Quelques-uns de ces ponts, au lieu d'arches, ont une seule pierre qui a parfois jusqu'à sept mètres de longueur.

Les canaux de Canton sont également coupés par un grand nombre de ponts. Les Chinois connaissent aussi depuis plusieurs siècles les ponts suspendus, introduits si récemment en Europe. On en voit un, dans la province de Chen-si, qui est comparable à tout ce que nous avons exécuté de plus étonnant, au pont de Fribourg en Suisse, à celui de la Caille en Savoie. Sa légèreté est telle qu'on ne l'appelle que le pont volant. Son tablier, qui n'a pas moins de cent trente-trois mètres de longueur, est à cent soixante-six mètres du niveau du fleuve qui séparait les deux montagnes que le pont a réunies.

Le P. Duhalde cite un pont de bois fort solidement construit, avec la chaussée couverte de terre, qu'il a vu près du village de Pe-keou.

Les Chinois qui, pour leurs usages particuliers, n'élèvent que des constructions pour ainsi dire éphémères, ne sont, comme on vient de le voir, arrêtés par aucune dépense, aucun travail, pour les édifices d'utilité publique. Cette magnificence

ROUTE SUR DES PILIERS
Chine

GRANDE MURAILLE
Chine

paraît encore dans la construction des quais qui bordent les rivières et les canaux. On est surpris de voir leur longueur et l'énorme dimension des blocs de pierre dont ils sont revêtus.

CONSTRUCTIONS MILITAIRES.

Il est peu de monuments aussi célèbres dans le monde entier que la grande muraille de la Chine, s'étendant, depuis les bords du golfe de Pe-tche-li, 3° 1/2 est de Péking, jusqu'à Si-ning, 15° ouest de cette capitale, sur un espace d'environ deux cents myriamètres. On a calculé que les matériaux employés à la construction de ce monument vraiment prodigieux pourraient ceindre deux fois le globe dans sa plus grande largeur d'un mur de deux mètres de hauteur sur soixante et dix centimètres d'épaisseur. Il commence par un gros rempart de pierre élevé dans la mer, à l'orient de Péking; il est terrassé, revêtu de briques, et sa hauteur varie de sept à huit mètres. Il est assez large pour que cinq ou six cavaliers puissent aisément y marcher de front.

Les portes de la grande muraille sont défendues au dedans par des forts assez importants. Le premier, à l'orient, s'appelle Chang-haï-koan; il touche à la muraille qui, à partir du rempart bâti dans la mer, s'étend pendant quatre kilomètres dans un pays plat et ne commence à s'élever sur les penchants des montagnes qu'au delà de cette place. Ce fut le général chinois qui y commandait qui appela les Tartares de la province voisine de Lea-tong, et fut ainsi cause de la conquête de l'empire des Chinois qui se croyaient si bien défendus par leur insurmontable rempart.

Toutes ces murailles sont crénelées (*planche* 28); elles couronnent les collines les plus élevées, descendent jusque dans les plus profondes vallées, traversent les fleuves sur des arches, et sont doubles à tous les passages importants.

Environ tous les quatre cents mètres le rempart est flanqué de tours massives ou de bastions. Le corps de la muraille consiste en un massif de terre retenu de chaque côté par un parement de maçonnerie et couronné d'une plate-forme en briques. La hauteur totale, en y comprenant les créneaux, est de sept mètres. Le toit repose sur un soubassement de pierre, dont la hauteur varie de soixante et dix centimètres à un mètre, selon les inégalités du terrain. L'épaisseur du mur à sa base est de huit mètres et se réduit à cinq à la plate-forme. Les tours ont treize mètres carrés à leur base, et vont en diminuant jusqu'au sommet où elles n'en ont que dix; leur hauteur totale est d'environ douze mètres; dans certains endroits, cependant, la tour a deux étages et seize mètres de hauteur. Les briques sont, comme d'ordinaire en Chine, d'une couleur bleuâtre, et ont à peu près quatre cent six millimètres de long, sur deux cent trois de large, et près de cent huit d'épaisseur. Telle est du moins la grande muraille dans toute la province de Pe-tche-li; mais dès qu'on la quitte pour passer dans celle de Chan-si, vers Tien-tching-ouei, la muraille commence à n'être que de terre battue; elle est sans créneaux et sans revêtement, peu large, et haute au plus de cinq mètres.

Cependant, quand on a passé Cha-hou-keou, elle est revêtue en dehors de briques, et parmi ses tours il y en a quelques-unes qui sont fort larges, et bâties de briques sur une base *de pierre;* mais elle ne continue pas toujours de même. Le fleuve Hoang-ho, bordé de guérites où des soldats font sentinelle jour et nuit, tient lieu de grande muraille vers les limites qui séparent la province de Kan-si de celle de Chan-si. Au delà du Hoang-ho, quand on va vers l'occident dans la province de Chen-si, la muraille n'est plus que de terre; elle y est basse, étroite, quelquefois ensablée; car elle est dans un terrain plat et sablonneux, et en quelques endroits tout à fait ruinée. Mais d'autre part, l'entrée est défendue par plusieurs villes considérables, telles que Yu-long-kien, Ning-hia, Lan-tcheou, Sou-tcheou et Si-ning.

Les montagnes sont si hautes dans le district de Ning-hia, qu'à trois myriamètres de la ville, elles tiennent lieu de muraille dans l'espace d'environ quatre myriamètres. On trouve ensuite une muraille de terre, jusqu'à la petite ville de Tchouang-lan, au delà de laquelle il n'y a plus de murailles, mais un fossé médiocrement large, excepté dans les gorges qui sont voisines de Si-ning, et qui sont murées comme celles de la province de Chen-si.

Les empereurs de la dynastie des Ming bâtirent un mur additionnel intérieur à l'ouest de Péking; il ceint une partie de la province, à partir de l'extrémité orientale de la grande muraille.

Dans le temps où la grande muraille a été construite, elle pouvait présenter une barrière infranchissable à des peuples qui ne connaissaient pas l'artillerie, et qui ne savaient, comme les Tartares, faire la guerre qu'à cheval. Aujourd'hui un pareil rempart serait en Europe d'une faible défense, et serait loin de valoir une ligne de places fortes.

Les villes de la Chine sont presque toutes entourées de murailles plus hautes pour la plupart que les maisons qu'elles renferment. Ces murailles forment en général un carré dont les quatre côtés font face aux quatre points cardinaux.

Parmi ces murailles, les plus hautes et les plus épaisses de toutes sont celles de Péking, qui semblent avoir servi de modèle à toutes les autres. Comme l'antique rempart de l'empire, la muraille de Péking a été construite avec des décombres, des pierres de rebut, de la terre et des briques. Sa hauteur est d'environ dix mètres, le parapet étroit est crénelé, mais les créneaux n'ont aucune ressemblance avec les embrasures régulières pratiquées en Europe pour les canons. Il est rare, en effet, d'y voir des pièces d'artillerie, quoiqu'il y en ait toujours près des portes. L'épaisseur de la muraille, à sa base, est de près de sept mètres, mais comme elle va en diminuant, elle n'en a plus que quatre à son sommet. Devant chaque porte est une esplanade, enclose d'un mur demi-circulaire et formant une sorte de place d'armes. Au-dessus des portes s'élèvent des tours à plusieurs étages, destinées à servir de caserne aux soldats qui les défendent. Le mur, tous les cinquante mètres environ, est flanqué de bastions de la même hauteur, qui forment une saillie de près de dix mètres. La plupart des plans de Péking représentent un fossé plein d'eau qui ceint complétement les côtés de la ville; cependant, il est certain qu'en 1816 la partie nord-est n'avait pas même un fossé sec.

La muraille de Nanking était semblable à celle de Péking, mais on n'y a pas pu découvrir le moindre vestige de fossés. L'enceinte qu'elle forme est peut-être plus étendue encore que celle de la capitale, mais la plus grande partie ne contient que les ruines des édifices qui la couvraient, et la cité de Kiang-ning-fou, comme on l'appelle aujourd'hui, n'en occupe qu'une faible partie.

La muraille de la partie de Canton, désignée sous le nom de Cité tartare, paraît remonter à une haute antiquité. Elle est bâtie en brique, haute de plus de treize mètres, mais elle n'a pas non plus de fossés. On cite encore, parmi les plus fortes et les plus entières, les enceintes de Ho-kien-fou, dans la province de Pe-tche-li, et celle de la ville forte de Tching-kiang.

Outre ces grandes places fortes, le sol de la Chine, et surtout les côtes et les bords des rivières, sont couverts de forts comme celui qui défend l'entrée du Tigre ou celui qui s'élève à plus de trente mètres au milieu de la ville de Fou-yang-fou, ou de fortins isolés construits exactement sur le modèle des tours qui flanquent leurs murailles. Ces fortins ont quatorze à quinze mètres de hauteur; on y entre par une voûte pratiquée à une certaine élévation au-dessus du niveau du sol, et qui, par conséquent, n'est accessible qu'au moyen d'une échelle, que la garnison a soin de retirer après elle. Ces tours carrées ont deux étages, sont crénelées et défendues par quelques pièces de canon; mais leurs murailles n'ont guère que trente-trois centimètres d'épaisseur et ne pourraient résister un seul instant à l'artillerie européenne. Je ne ferai qu'indiquer, en terminant, les forts de Nossa Senora de la Guia, de San Francisco de la Peina et autres, qui défendent Macao; ils sont l'ouvrage des Portugais, et comme tels, ne doivent point attirer ici notre attention.

THIBET ET BOUTAN.

INTRODUCTION.

Le pays que nous nommons Thibet est appelé par ses habitants Pioue ou Piouekoachim; ce dernier nom est composé de deux mots, dont l'un, *Pioue*, signifie septentrional, et l'autre, *Koachim*, neige; ainsi la réunion de ces deux mots veut dire *pays neigeux du nord*. Ce pays est aussi appelé Gang-Djean-Yoal (empire de la neige); il doit ces deux dénominations aux neiges éternelles qui couvrent les sommets de ses hautes montagnes. Le Thibet forme la partie méridionale du grand plateau de l'Asie centrale; il est borné au nord par le Turkestan chinois, et par le pays de Kockonor; à l'est et au sud-est, par la Chine; au sud et à l'ouest, par l'Asham, l'empire des

Birmans, le Boutan et l'Indostan, dont elle est séparée par la chaîne de l'Himalaya. On sait que la plus haute montagne du globe, le Dawalagiri, fait partie de cette chaîne; il est élevé de sept mille huit cent vingt et un mètres au-dessus du niveau de la mer. Outre celle de l'Himalaya, ce pays est coupé par plusieurs autres chaînes moins élevées, mais qui cependant présentent aussi d'imposants glaciers.

Une contrée aussi montagneuse ne peut manquer de contenir un grand nombre de lacs; le plus considérable porte le nom de Terkiri, il a environ cent huit kilomètres de long et trente-six de large; les cartes chinoises placent plusieurs autres lacs dans la partie septentrionale. Un lac, situé au sud de Hlassa, et que nos cartes appellent Jambro ou Pa-Eté, est d'une configuration fort extraordinaire. C'est une vaste tranchée, d'environ huit kilomètres de large, entourant une île qui a près de quarante-huit kilomètres de diamètre.

Le Setlidge, tributaire du Sind, le Gange, le Braho-napoutra, l'Yrawaddi, le Dzangoo, le Kiri-cha-kiang et le Sandjou ou Gagra, arrosent ses vallées, ou prennent leur source dans ses montagnes et ont leur embouchure dans l'océan Indien.

Le Braho-napoutra, appelé aussi Sampou, est le principal de ces fleuves; il prend naissance dans les mêmes montagnes que le Gange; il se dirige d'abord à l'est et au sud-est, et parcourt un espace de cent quarante-quatre myriamètres, jusqu'aux confins du Thibet et de l'Asham, il se dirige ensuite au sud-ouest et coule dans l'embouchure du Gange après un cours de cinquante-six myriamètres.

Le climat se ressent de la position élevée de ces contrées; il est généralement froid, toutefois les vallées sont fertiles et jouissent d'une température assez chaude; la vigne y croît et l'on y cultive même le riz avec succès. Le Thibet est riche en métaux; les entrailles de ses montagnes recèlent des mines d'or, d'argent, de mercure, d'arsenic, de plomb. On y trouve aussi des pierres précieuses, du sel et du salpêtre.

Le Thibet est divisé en quatre grandes provinces: à l'ouest, le Ladak ou petit Thibet; à l'est, le Kham, et dans la partie centrale, le Tsang et le Ouc. On remarque, parmi les villes, Ladack, Tchoumarte, Deba, Bourang-dakla, Gartope et Hlassa, la dernière est la capitale de tout le Thibet.

La population du Thibet se compose de deux races différentes: les véritables Thibétains, appelés *Bodh*, et les Moghols, appelés en thibétain Hor et Sogh-bou, littéralement *Nomades des prairies*. Les Bodh se distinguent des Moghols par leur physionomie, qui n'a rien de tartare, mais qui tient plutôt de celle des juifs; les femmes sont en grande considération chez les Thibétains, qui ont généralement adopté la monogamie. Ils sont d'un naturel très-doux, et tellement tolérants en matière de religion, que souvent ils donnent leurs filles en mariage à des mahométans. Ils mangent sans aucun scrupule les mets préparés par des personnes d'une autre religion, ce qui dans l'Inde serait regardé par les brahmines comme une souillure presque ineffaçable.

Au midi du Thibet s'étend un petit pays montagneux, borné au midi par l'empire Anglo-Indien et l'empire Birman. On le désigne aussi parfois sous le nom de petit

Thibet. Il est divisé en deux provinces, celle de Daebo, dont la capitale est Tassisudon, et celle de Bisni, qui porte le nom de sa principale ville.

Le climat du Boutan est tempéré si on le compare avec celui du haut Thibet; cependant les hivers y sont aussi rigoureux. Le pays est beaucoup moins riche que le Thibet sous le rapport minéralogique; il ne contient que quelques mines de fer et de cuivre.

Gengiskan fit la conquête du Thibet en 1206, et sous ses premiers successeurs la partie occidentale du pays fut totalement dévastée par les Mogols. Depuis lors le Thibet a été plus ou moins soumis aux empereurs de la Chine.

Les rois de ce pays portaient le titre de dheba; le dheba Sandje, s'étant révolté, fut tué par Hadzang, kan de Lhassa. Celui-ci envoya un ambassadeur à Pékin pour annoncer cette nouvelle. Cette démarche lui fit décerner par l'empereur de la Chine le titre de dheba; mais un autre rebelle envoya des troupes au Thibet sous le commandement du Mogol Tzering-Dodjoub, qui tua Hadzang et fit prisonnier son fils Sourdzou, sous prétexte de rétablir la religion menacée, mais en réalité pour s'emparer du pays. Les Thibétains invoquèrent le secours des Chinois; ceux-ci exterminèrent les révoltés; la paix fut rétablie, et le dalaï-lama qui, depuis la création de cette dignité, au milieu du quinzième siècle, n'était que le chef de la religion dominante, fut mis en possession du Thibet par une ordonnance impériale de 1720. Maintenant le dalaï-lama envoie annuellement à Pékin une ambassade avec des présents pour l'empereur et ses frères, ses ministres et autres grands personnages de la cour. Environ mille soldats chinois, distribués dans ce vaste pays, suffisent pour maintenir un peuple aussi indolent que celui du Thibet.

La conquête du Thibet ne s'était pas cependant opérée sans résistance, et les Chinois avaient eu à soutenir plusieurs guerres avant d'y établir leur suprématie. Une fois devenu définitivement vassal du Céleste Empire, le Thibet avait joui d'un long repos et d'une grande prospérité jusqu'en l'année 1792. A cette époque, une nation belliqueuse habitant les montagnes de Népaul, qui bornent le Thibet au midi, prit tout à coup les armes et entra sur le territoire du teschou-lama. Cette invasion ne pouvait pas éprouver beaucoup de résistance de la part d'un peuple qui n'entretient point de soldats et est à peu près étranger à l'usage des armes. Aussi les progrès des Népauliens furent excessivement rapides; mais après avoir ravagé le pays et pillé les trésors amoncelés depuis des siècles à Teschou-Loumbou, les Népauliens se hâtèrent de regagner leurs montagnes en emportant leur butin.

A la première nouvelle de cet attentat, l'empereur de la Chine envoya une nombreuse armée au secours des Thibétains. Le général chinois atteignit les Népauliens dans la vaste plaine de Tingri-Meïdan qui se trouve à mi-chemin du Népaul à Teschou-Loumbou. Les Népauliens y étaient redescendus après avoir enfoui dans leurs retraites inaccessibles les richesses dont ils s'étaient emparés. La bataille fut sanglante et la victoire bravement disputée, mais enfin elle se déclara du côté de la bonne cause, et les Népauliens, malgré tous leurs efforts, furent complétement défaits. Ils furent ensuite vaincus de nouveau dans une seconde bataille et se réfugièrent dans leurs montagnes, détruisant derrière eux toutes les voies de communication. Ces obstacles n'arrêtèrent pas le général chinois, et bientôt les Népauliens se virent forcés de demander grâce, de restituer tout ce qu'ils avaient enlevé, et de se reconnaître tributaires de la Chine. Alors le général chinois se retira avec son armée; mais, avant de s'éloigner, il eut soin d'établir plusieurs redoutes sur les frontières méridionales du Thibet, et il y laissa des soldats pour les défendre. Depuis cette époque la tranquillité du Thibet n'a pas été troublée.

La religion dominante, au Thibet et au Boutan, est le lamaïsme, qui ne diffère du bouddhisme, ou de la religion de Fo, que par quelques points; elle doit probablement son origine à l'un des disciples de Bouddha. On dit qu'elle fut d'abord reçue dans la partie du Thibet voisine de l'Inde, et que c'est à cause de cela que cette contrée est devenue la résidence du grand lama. Elle pénétra ensuite dans le pays des Tartares mandchoux, et de là elle se répandit à la Chine et au Japon. Bouddha est désigné au Thibet sous le nom de Mahamounie, mot sanscrit qui signifie le grand saint, ou sous celui de Dherma-Rajah.

Le chef de cette religion, ou plutôt son Dieu, est le dalaï-lama qui, ainsi que je l'ai dit, est maintenant à la fois souverain spirituel et temporel. Le grand lama sort rarement de son palais et se tient toujours renfermé dans le fond d'un temple, entouré de ses prêtres, qui lui rendent tous les hommages dus à l'Être suprême. Ces prêtres portent eux-mêmes le nom de lamas; ils cherchent à persuader au peuple que le dalaï-lama ne meurt point; pour cette raison ils l'appellent le Père éternel. Le grand lama est, bien entendu, mortel comme les autres hommes; tout l'art de ses ministres consiste, à sa mort, à lui substituer un autre lama, de même taille et à peu près de même figure, et comme, par respect, lorsque les dévots viennent l'adorer, ils se tiennent à distance, la supercherie est assez facile. En outre, le temple où il se place pour recevoir leurs hommages est toujours faiblement éclairé, afin qu'on ne puisse distinguer les traits de son visage.

Quoi qu'il en soit, la puissance même spirituelle du dalaï-lama n'est pas reconnue universellement. Deux sectes divisent presque toute la Tartarie, depuis le Turkestan jusqu'à l'extrémité orientale du continent. Elles sont distinguées par les noms de *gyllonkpa* et de *chammar*; chacune des deux sectes a trois principaux lamas. Les chefs de celle des gyllonkpas sont le dalaï-lama, le teschou-lama, et le taranaut-lama. Le premier réside dans le Pouta-la, ce temple célèbre que j'ai eu déjà occasion de décrire, l'autre à Teschou-Loumbou, et le troisième à Kharka. Cette secte est établie dans presque tout le Thibet, et elle s'étend, dit-on, jusque dans la province de Seurra, qui fait partie du Dékan. Les chammars ont également trois chefs : le lama, appelé le deb-rajah, le lama-sobrou-Naouang-namghi et le lama-gassatou. Tous trois résident dans le Boutan; leurs monastères sont séparés, mais à peu de distance les uns des autres, parce que le pays n'a pas beaucoup d'étendue. Le chef des chammars qui sont au Thibet se nomme Gongso-Rimbochaï, et réside à Sakia.

Ces deux sectes se distinguent par la couleur du costume de leurs prêtres; le jaune est la couleur favorite des gyllonkpas; chapeaux, robes, ceintures et jusqu'à leurs chapelets, tout est de cette couleur. Le rouge est adopté par les chammars. Ils se rasent le visage et la tête. La continence est la principale vertu que leur règle leur recommande. Ils sont aussi obligés de prier continuellement, aussi les voit-on sans cesse rouler entre leurs doigts les grains de leur chapelet. Une autre pratique religieuse fort singulière, consiste à faire tourner sans cesse un petit baril peint et doré placé sur un axe dans une caisse, et à répéter en même temps la formule sacramentelle : *Oum maunie paimi oum*, dont j'aurai occasion de parler plus tard. Les trois préceptes principaux qui font la base de leur doctrine, sont d'honorer Dieu, de n'offenser personne, et de rendre à chacun ce qui lui appartient.

Outre les lamas ou prêtres, il existe au Thibet un grand nombre de moines appelés gylongs. Les jeunes gens que l'on destine à cette condition entrent dans les monastères à l'âge de huit ou dix ans. Ils portent dès lors le titre de *touppa;* on leur donne l'éducation qui convient à leur âge et aux devoirs auxquels ils sont destinés; à quinze ans ils sont admis parmi les *tohbas*, qui composent la classe inférieure de l'ordre. Quand ils ont atteint l'âge de vingt et un ou de vingt-quatre ans, on leur fait subir un examen rigoureux, et si on les juge suffisamment instruits, on les élève au grade de gylong. S'ils sont favorisés, ou qu'ils aient de grands talents, on les met à la tête de quelque monastère, et dès qu'ils occupent une de ces places, ils sont décorés du titre de *lama*.

Il existe aussi des couvents de femmes appelés Annie-Gombah.

La civilisation est en progrès dans le pays qui nous occupe, et les sciences sont cultivées par le clergé; presque tout le peuple sait lire et écrire; quant aux arts, ils ne s'appliquent guère qu'aux usages religieux et ils sont en général encore moins avancés qu'en Chine, surtout dans le Boutan. Nous y trouverons cependant quelques monuments dignes d'attirer un moment notre attention.

MONUMENTS RELIGIEUX.

Nous avons décrit, en parlant des monuments de l'empire chinois, le magnifique temple de Pouta-la. Ce temple paraît être le type de tous ceux du Thibet, mais il leur est de beaucoup supérieur par sa magnificence et son étendue.

Il en est cependant un qui peut figurer avec honneur, même après lui. Je veux parler du temple principal de Hlassa, appelé en thibétain Hlassei-Tsiokan, et en mogol Tkhé-Tjao. Selon les traditions du pays, il fut construit par la princesse chinoise Wyn-Tchène, mariée au souverain du Thibet en 641. On y trouve encore aujourd'hui les statues des divinités révérées à cette époque. Au lieu d'une muraille, il est entouré d'un bâtiment à deux étages, qui, aussi bien que le temple lui-même, est recouvert de toiles dorées. Nous citerons encore les temples de Ouandichi et de Tassisudon. On voit toujours des temples plus ou moins importants près de tous les monastères des gylongs. Des idoles semblent être mises en sentinelle pour en garder l'avenue. Il est fort difficile pour un étranger d'y pénétrer.

Le temple appelé Kugopea (*planche* 27), situé à l'extrémité nord-est du monastère de Teschou-Loumbou, est d'un aspect fort extraordinaire. Cet édifice vaste et élevé contient les portraits de tous les souverains lamas qui ont régné dans le pays, ainsi que la représentation de différents sujets de la mythologie thibétaine. En outre, il est spécialement consacré à diverses cérémonies mystiques.

On remarque aussi parfois dans le Thibet et dans le Boutan de singuliers monuments religieux dont nous ne connaissons d'analogues dans aucun autre pays ; c'est un simple mur de quatre à cinq mètres de long, deux mètres de haut et soixante et dix centimètres d'épaisseur. Sur les deux côtés de ce mur sont des planches sur lesquelles sont sculptés en relief les mots *Oum mainie-paimi oum*. Malgré tous ses efforts, M. Turner n'a jamais pu avoir une explication satisfaisante de cette phrase, que les habitants du Boutan et du Thibet regardent comme sacrée et qu'ils répètent sans cesse en guise de prière. Quant aux monuments qui portent cette légende, comme l'inscription commence de chaque côté par un bout différent, les dévots ont grand soin de longer le mur de manière à ne pas en voir les mots à contre-sens, ce qui serait regardé comme un présage funeste. M. Turner signale des monuments de ce genre à Tekagong, à Chouka, à Kepta, à Pauga, à Nomnou, à Ouangoka, auprès de Tassisudon, et en divers autres endroits.

On trouve quelquefois cette même inscription gravée sur les rochers en très-grandes lettres ; on la lit même sur la pente de quelques montagnes, et alors les lettres, formées par des pierres, sont si grandes que l'on ne peut les distinguer et les lire qu'à une grande distance.

On trouve dans les montagnes, non loin de Teschou-Loumbou, une sculpture gigantesque qui offre beaucoup d'analogie avec les fameuses idoles du Bamian de l'Afghanistan ; c'est une figure colossale de Mahamounie, la principale des divinités du Thibet et du Boutan. Elle est sculptée en relief sur un immense rocher et dans l'attitude ordinaire des idoles de ces contrées, c'est-à-dire les jambes croisées. Cette figure est très-irrégulière et très-mal travaillée ; mais si on ne peut faire l'éloge des talents du sculpteur, on doit au moins louer sa patience, car cet ouvrage a dû lui coûter un temps considérable.

Nous avons vu que les monastères sont en grand nombre dans le Thibet et le Boutan. Le plus beau et le plus considérable de tous est celui de Teschou-Loumbou, qui sert de résidence au second lama. Il est composé de trois ou quatre cents maisons habitées par des gylongs. Il renferme en outre beaucoup de temples, de mausolées et le palais du pontife. Ce monastère est situé dans le creux d'un rocher très-élevé ouvert du côté du midi. Les bâtiments sont tous en pierre et il n'y en a aucun qui ait moins de deux étages. Les toits en sont plats, et garnis d'un haut parapet en terre et en fascines dont le bas est saillant et forme une corniche revêtue de maçonnerie. Le fascinage a trois ou quatre pieds d'épaisseur et l'extérieur en est fait avec tant de

TEMPLE DE KUGOPEA
(Thibet et Boutan)

soin qu'à une certaine distance il ressemble à de la maçonnerie. Il est peint en brun foncé, usage généralement adopté dans ces contrées pour distinguer les édifices religieux. Cette couleur, contrastant avec la blancheur des murailles, produit un effet assez agréable. Il est difficile de se rendre compte de l'emploi de ces parapets en fascines. Peut-être doit-on l'attribuer à des motifs d'économie ou au désir de rendre les toits moins pesants; peut-être aussi est-ce pour que dans les temps de dégel, la neige filtre plus facilement à travers les fascines qu'elle ne coulerait par les gouttières qui se bouchent souvent.

Le monastère de Thanseu est dans une situation analogue à celle de Teschou-Loumbou; il est placé dans le flanc concave d'une montagne. Les cent cinquante maisons qui le composent forment plusieurs rues bien alignées; ces maisons sont petites et assez régulières; les murs sont bien blanchis, et ont dans le haut, suivant la coutume, une bande d'environ un mètre de large peinte en rouge brun. Les temples, les dômes dorés et les demeures des principaux prêtres forment un ensemble aussi magnifique qu'imposant.

Le monastère de Tessaling, fondé par le teschou-lama à la fin du siècle dernier, occupe un terrain de plus d'un kilomètre de circonférence, entouré d'une muraille. Le palais du lama est au centre, et les autres bâtiments servent à loger trois cents gylongs.

Je signalerai encore le vaste monastère qui couronne la montagne de Pomœla; il est surtout remarquable par son admirable situation.

MONUMENTS FUNÉRAIRES.

Quand un homme meurt, au Thibet ou au Boutan, on rapproche sa tête de ses genoux, on lui place les mains entre les jambes et on le maintient ainsi avec des cordes; puis on le revêt de ses habits ordinaires, et on le met dans un sac de cuir ou dans un panier qu'on suspend à une poutre. On le pleure, on invite des lamas à dire des prières, on porte aux temples du beurre que l'on fait brûler devant les images divines; tous les effets du défunt sont donnés aux lamas. Quelques jours après la mort, on porte le corps sur les épaules à un lieu consacré à cet usage, et on le livre aux *découpeurs*. Ceux-ci, l'ayant attaché à une colonne en pierre, le coupent en petits morceaux qu'ils donnent à manger aux chiens, ce qui s'appelle *l'enterrement terrestre*. Quant aux os, on les pile dans un mortier, on les mêle avec de la farine grillée et on en fait des boulettes qu'on donne encore aux chiens ou aux vautours. Dans ce dernier cas, on appelle ce mode de sépulture *l'enterrement céleste*. On regarde ces deux manières d'être enterré comme portant bonheur au défunt. Les cadavres de ceux qui n'ont pas assez d'argent pour payer les découpeurs, sont jetés à l'eau. Cette sépulture, qu'on appelle *aquatique*, passe pour un grand malheur, et les familles s'imposent les plus durs sacrifices pour en préserver les parents qu'ils ont perdus.

Dans certaines parties du Thibet, on laisse aux vautours le soin de disposer seuls des cadavres : on place sur les montagnes des édifices carrés en pierre, surmontés d'une plate-forme sur laquelle on expose les corps à la voracité des oiseaux de proie. A côté du monastère de Teschou-Loumbou est une enceinte assez spacieuse destinée à cette exposition des morts; elle est située contre un roc perpendiculaire, et entourée des autres côtés par de hautes murailles que l'on a sans doute construites pour épargner aux vivants le dégoût et l'horreur que pourrait leur causer la vue de ces affreuses dépouilles. Le centre est totalement découvert; dans le fond est un passage étroit et bas par lequel pénètrent les chiens et autres animaux carnassiers. Les corps sont précipités dans le charnier du haut du rocher. Les Thibétains imitent en cela les parsis de l'Indostan et de la Perse, et leurs édifices funèbres ont la plus grande analogie avec les *dakmeh* des descendants des anciens mages.

Quelquefois aussi les corps sont brûlés sur un bûcher. Cet usage s'applique principalement aux dépouilles mortelles des lamas d'un rang inférieur. Leurs cendres sont recueillies et mises dans de petites statues de métal qui ont une place assignée dans les temples.

On conçoit que tous ces différents modes de disposer des dépouilles des morts ne donnent lieu à l'érection d'aucun monument funéraire; aussi en chercherions-nous vainement dans les contrées qui nous occupent, si l'usage n'était de conserver les restes des souverains lamas et de leur élever un mausolée, habituellement de forme pyramidale.

Un des plus beaux est celui construit à la fin du siècle dernier pour servir de sépulture au teschou-lama dans le monastère de Teschon-Loumbou (Voyez *la lettre*). Ce tombeau est bâti de pierre brute et de mortier; il a plus de largeur que de profondeur et sa hauteur est considérable. En avant est un portique élevé sur un grand soubassement. Au-dessus de ce portique et précisément dans le centre du bâtiment est une fenêtre garnie de rideaux de moire noire; sur les murailles sont peintes en or le soleil, la lune et ses différentes phases. Une bande de couleur brune règne tout autour du bâtiment, un peu au-dessus de la fenêtre; au-dessus de cette bande, on voit sur la façade une tablette où l'on a écrit en grandes lettres d'or la phrase mystique : *Oum maunie paimi oum*. Vient ensuite un espace blanc, et toute la partie de la façade qui est au-dessus et qui a environ quatre mètres de haut est peinte en rouge; la frise et la corniche sont peintes en blanc. On voit au-dessus des angles de l'édifice des espèces de bornes ou de colonnes d'environ un mètre soixante centimètres de haut et d'un mètre de circonférence; elles sont de métal richement doré et surmontées d'un ornement léger en forme d'amortissement. Plusieurs de ces colonnes sont couvertes de drap noir et ont de divers côtés des bandes d'étoffes blanches perpendiculaires et transversales, qui forment des croix bien distinctes. Enfin, au-dessus du tout s'élève un toit richement doré, supporté par de légères colonnes et décoré de têtes d'animaux fantastiques.

PALAIS DE TASSISUDON.
(Boutan.)

CONSTRUCTIONS CIVILES.

Les palais du Thibet et du Boutan sont bien loin de la somptuosité de ceux de la Chine ou de l'Inde. Ils n'ont en général qu'un étage ou deux au plus, et ressemblent bien plus à une grange qu'à la demeure d'un souverain ou d'un grand personnage.

Le palais de Tassisudon (*planche* 30), capitale du Boutan, s'élève vers le milieu de la vallée; il est bâti en pierre et forme un carré long. La façade est d'un tiers plus longue que les côtés. Les murailles ont plus de trente pieds de haut et sont un peu en talus. A la moitié de leur hauteur est un rang de fenêtres garnies de rideaux de crin qu'on ferme tous les soirs. Au-dessous des balcons on a percé de très-petites fenêtres qui semblent plutôt destinées à donner de l'air que du jour. Le palais a deux entrées; la première, qui fait face au midi, a un escalier en bois dont les marches sont bordées de bandes en fer; cet escalier est pratiqué dans l'épaisseur de la muraille; l'autre entrée, qui est la principale, fait face au levant; on y monte par un escalier en pierre.

Le palais de Panoukka, qui occupe le second plan de notre frontispice, ressemble extérieurement à celui de Tassisudon, mais il est plus spacieux; il est bâti à l'extrémité d'une péninsule dont un côté est baigné par les eaux du Patchieu, et l'autre par celles du Matchieu, qui bientôt se confondent. A peu de distance de Tassisudon, sur le sommet d'une colline, est un palais à deux étages, habité par le lama Ghassatou. C'est un simple pavillon carré sur lequel s'en élève un second de même forme, mais plus étroit. (Voyez *le premier plan du frontispice.*) Cette forme est celle de tous les palais de second ordre. Telle est celle de ceux de Zemrigatchi et de Teschou-Loumbou. Ils sont même parfois plus simples encore, comme on peut en juger par celui qui sert d'habitation au lama Tessaling (*planche* 29), dans le monastère de Teschou-Loumbou, auprès du Kugopea.

On comprend que, si telle est la simplicité des palais, les maisons des particuliers doivent être loin d'avoir une apparence magnifique. Au Thibet elles ont la forme et la grandeur de nos fours à briques; elles sont bâties avec des pierres qu'on élève les unes sur les autres, sans les lier par aucune espèce de mortier, et à cause du vent qui règne continuellement dans ces contrées, on n'y fait que trois ou quatre petites ouvertures afin d'y donner du jour. Le toit forme une terrasse entourée d'un parapet d'un mètre environ de hauteur. Il est ordinairement surmonté de quelques piles de pierres, sur lesquelles on plante, soit un petit drapeau, soit une branche d'arbre, soit une corde garnie de morceaux de papier ou de chiffons de toile blanche, comme la queue d'un cerf-volant. Quand cette corde est tendue, d'une maison à l'autre, elle devient, suivant les Thibétains, un contre-charme infaillible.

Les maisons des Boutaniens sont plus simples et plus grossières encore; elles sont pour la plupart composées de bois, et on les chauffe en faisant du feu sur une large pierre placée au centre de la pièce principale. La fumée n'a d'autre issue que la porte et les fenêtres, aussi est-il presque impossible de respirer dans ces habitations lorsqu'on n'y est pas accoutumé. Dans quelques parties du Boutan, les habitations sont élevées sur des poteaux, mais le bas est clos et sert à serrer des marchandises ou du bois. Les maisons sont parfois construites entièrement en bambou, et ressemblent presque complétement à celles du royaume de Siam. On rencontre cependant dans quelques villes ou villages des constructions un peu plus solides et qui se rapprochent de celles du Thibet. Le village de Marichom, par exemple, contient une vingtaine de maisons carrées, bâties en pierre avec de l'argile au lieu de mortier. Les murs de ces maisons ne s'élèvent pas perpendiculairement, mais ils sont inclinés vers le centre. Le toit, qui dépasse beaucoup les murs, est très-bas et composé de planches de sapin, supportées par des poutres et des chevrons de même bois et assurées contre les efforts du vent par de grosses pierres qui les chargent, ainsi qu'on le voit, en Europe, aux chalets de la Suisse. Les étages de ces maisons sont planchéiés, et il y a des portes à deux battants qui tournent sur des pivots et se ferment sur un montant qui est dans le milieu de l'entrée. Le plafond est fort élevé, et il y a ordinairement à chaque chambre un ou deux balcons qui donnent de l'air et du jour dans l'appartement et où l'on s'assied pour prendre le frais. Toutes ces maisons ont un grenier où l'on serre le bois de chauffage, les gros meubles et les provisions.

Les Thibétains et les Boutaniens n'ont point la coutume d'élever des arcs de triomphe ou pay-leou, comme les Chinois; mais, comme ceux-ci, ils consacrent quelquefois des constructions d'un autre genre au souvenir des grands hommes ou des événements importants. Devant le temple principal de Hlassa est un monument en pierre, à moitié ruiné, élevé en 822, en commémoration de la paix conclue entre la Chine et le Thibet.

Les acqueducs, très-nombreux dans ces contrées, sont aussi primitifs que les autres constructions; ils sont faits avec de gros troncs d'arbres creusés, qui sont, en quelques endroits, posés dans la terre qui couvre les rochers, et dans d'autres soutenus par de longs poteaux plantés sur le bord des précipices. Ces acqueducs rustiques se prolongent quelquefois pendant plusieurs kilomètres.

Il me reste à parler des constructions dans lesquelles ces peuples semblent avoir déployé le plus d'industrie; je veux parler des ponts, qui ne peuvent manquer d'être en grand nombre dans un pays sillonné par tant de rivières et de torrents.

Les plus simples de ces ponts, malgré leur construction ingénieuse, n'en sont pas moins fort effrayants pour ceux qui n'y sont point habitués. Ils consistent en deux fortes cordes de lianes bien tordues et placées parallèlement; un cerceau entoure ces deux cordes. Le voyageur s'assied dans le cerceau et tenant de chaque main une des cordes, il se hale doucement et franchit ainsi un abyme que l'Européen n'ose souvent contempler qu'en frémissant.

On trouve déjà un perfectionnement dans le pont appelé Selochazum, près du château de Durbi dans le district de Paro. La construction de ce pont, destiné seulement aux piétons, est fort singulière. Ce sont deux chaînes distantes l'une de l'autre d'un mètre trente centimètres, tendues parallèlement au-dessus de la rivière et passant sur une pile de pierres élevée sur chaque bord. Elles sont attachées derrière ces piles à une grosse pierre assurée par beaucoup d'autres. Des planches de vingt-quatre centimètres de large sont suspendues longitudinalement par des lianes entre les chaînes, au-dessous desquelles elles sont baissées d'environ un mètre trente centimètres. Le pont a vingt-trois mètres de long; on en change les lianes tous les ans. Les planches sont mobiles, de sorte que si quelque liane casse, on peut raccommoder cet endroit sans toucher au reste.

Il est un autre genre de pont suspendu, que nous avons trouvé déjà dans plusieurs contrées de l'Asie, et qui semble être le type de ceux construits depuis en Europe. Un des plus remarquables est celui de Chouka dans le Boutan (voyez *la vignette*, p. 153). Ce pont traverse le Tchintchica à vingt-quatre kilomètres environ de Murichom. Le tablier, élevé de onze mètres au-dessus des eaux, et long de quarante-quatre mètres sur une largeur de deux mètres, est soutenu par cinq chaînes fortement retenues par deux massifs de maçonnerie; des bambous placés en travers composent le plancher, et d'autres qui forment les parois du pont rendent le passage moins dangereux. Il est difficile, cependant, de se défendre d'un sentiment d'effroi lorsqu'on sent le terrible balancement qui est imprimé au pont par le passage des voyageurs, bien qu'on ait soin de ne jamais traverser qu'un seul cavalier à la fois. Ce pont passe, aux yeux des indigènes, pour une merveille; aussi le croient-ils l'ouvrage d'un être surnaturel qu'ils appellent Dewta Tchuptchup.

Arrivons maintenant aux ponts reposant sur des supports. Les plus simples, tels que celui de Saftabaerry, se composent d'un plancher de bambous soutenu par des poteaux fourchus. Ces ponts sont assez solides pour les piétons, mais il serait imprudent de s'y exposer à cheval, ou de vouloir y faire passer des bestiaux ou des bêtes de somme.

Le pied du roc où on a construit le château de Durbi est baigné par le Tchintchica-Patchica, que traverse un pont fait avec des poutres de sapin, sur lesquelles on a placé transversalement des planches du même bois, fixées par des liens de bambou. Quoique les ponts de cette espèce soient d'une structure fort simple, ils ne manquent pas de solidité; ils ont d'ailleurs un grand avantage, c'est de pouvoir être enlevés très-facilement.

Le pont d'Ouandipore, dans le Boutan, est d'une construction remarquable; il est tout entier en bois de sapin, et on n'y a employé ni fer, ni aucun autre métal. Il a trois entrées, c'est-à-dire une à chaque bout, et la troisième sur une chaussée qu'on a construite au milieu de la rivière. Du côté du chemin de Tassisudon, l'entrée du pont est au milieu d'un bâtiment carré construit en pierre, et dont le haut est garni de balcons.

La première partie du pont occupe près des deux tiers de la rivière et a trente-sept mètres de long; les deux côtés en sont obliquement élevés et supportent le milieu, qui est horizontalement posé, et qui par ce moyen se trouve de quelques pieds plus haut que le sol de l'entrée. Un quadruple rang de poutres, dont les bouts sont assurés par de la maçonnerie, supporte les berges aux abords du pont. Le pont est, dans toute sa longueur, garni de chaque côté d'une légère balustrade. La seconde partie du pont, c'est-à-dire celle qui va de la chaussée à la montagne, est horizontale ; elle porte d'un côté sur la chaussée même, et de l'autre sur un triple rang de poutres. Ce pont a maintenant près de deux cents ans, et sa parfaite conservation est une preuve de la longue durée du térébinthe, sorte de pin qui a été employé dans sa construction.

On rencontre dans ces contrées bien peu d'exemples de ponts de pierre ; cependant, au Thibet, au pied du château de Païnom, dans l'endroit où la rivière a le plus de largeur, on voit un pont porté par neuf piles, d'une structure très-grossière à la vérité. Les pierres qui les composent ne sont ni taillées, ni liées par du mortier ; mais pour les assurer on y a entremêlé de grands arbres avec leurs branches et leurs racines. Des poutres qui vont d'une pile à l'autre, portent des pierres plates qui sont assez mal assujetties. Ce pont, tel qu'il est, est encore un des meilleurs du Thibet ; car la plupart, comme nous l'avons vu, sont fort dangereux, ou au moins fort effrayants.

CONSTRUCTIONS MILITAIRES.

Quoique fort peu belliqueux, les Thibétains et les Boutaniens ont un grand nombre de forteresses, répandues sur toute la surface de la contrée qu'ils habitent. On y a même reconnu quelques camps retranchés qui offrent beaucoup d'analogie avec ceux des Romains : tel est celui de Saftabaerry qui est formé d'une longue et haute levée formant un carré, et défendu par deux bastions.

Le château de Chaka est un des plus forts du Boutan. C'est un grand édifice carré, placé sur une hauteur et qui n'est accessible que par un escalier, au sommet duquel se trouve l'entrée défendue par des portes fort grandes et fort massives.

Le château de Ouandipore est placé à l'extrémité d'un roc fort étroit et fort élevé, qui se trouve entre deux rivières, le Matchieu-Patchieu et le Tchanchica, dont les eaux se réunissent immédiatement à l'extrémité de l'angle aigu que forme sa base. Ce château est construit en pierre ; les murailles en sont hautes et solides. Il n'y a qu'une entrée du côté de la façade, et devant cette entrée est une grande plateforme. A environ cent pas du château est une tour ronde bâtie sur une très-haute éminence, et tout autour de laquelle il y a non-seulement des parapets, mais aussi des meurtrières pratiquées dans le mur. Cette tour peut contenir beaucoup de monde ; elle commande tout le devant de la montagne, et dérobe la vue du château, même à une très-petite distance. Le château est de la même époque que le pont qui y conduit; ils sont l'ouvrage du lama Sebrou, qui s'empara du Boutan il y a environ deux cents ans.

Citons enfin, en terminant, les châteaux de Paro, de Doukka-Teung, de Phari, et celui de Thausea-Teung, dont les tourelles offrent tant d'analogie avec celles qui flanquaient nos châteaux du moyen âge.

JAPON.

INTRODUCTION.

'empire du Japon est formé de plusieurs îles situées dans le grand Océan boréal, à l'est de la Chine. Il est compris entre les 126° et 148° de longitude orientale, et les 29° et 47° de latitude méridionale. Ses limites sont, au nord, les îles Terrakaï et Kouriles; au sud, le grand Océan et la mer Orientale, ou Thoung-haï des Chinois; à l'est, le grand Océan; à l'ouest, le canal occidental de la Corée, la mer du Japon et la Manche de Tartarie. Outre un grand nombre de plus petites îles, cet empire en offre au sud-ouest deux considérables, l'une nommée Kiu-siu ou Bongo, et l'autre Sikokf, mais qui le cèdent cependant encore à la plus importante de toutes, celle de Nipon, située au nord-est des deux précédentes.

La géographie de Kœmpfer a été rectifiée par des voyageurs plus modernes, suivant lesquels l'île de Kiu-siu a, du nord au sud, à peu près vingt myriamètres de largeur, et dans sa plus grande longueur trente-deux myriamètres. L'île de Sikokf a quatorze myriamètres de longueur sur huit de largeur.

La grande île de Nipon se dirige du sud-ouest au nord-ouest et n'a pas moins de cent vingt myriamètres de longueur ; mais elle est si étroite dans toute son étendue, que dans le milieu elle ne présente pas plus de douze myriamètres de largeur, quoiqu'elle puisse en avoir le double à compter d'une extrémité à l'autre de deux espèces de promontoires qui font saillie de chaque côté de l'île, mais non pas en face l'un de l'autre.

C'est dans l'île de Nipon que se trouvent les deux principales villes de l'empire. Yedo, capitale et résidence du koubo ou souverain politique, est située dans une baie au sud-est de l'île ; le port est si peu profond qu'un vaisseau européen serait obligé de jeter l'ancre à la distance de cinq lieues. Miaco, chef-lieu du pouvoir spirituel, demeure du souverain ecclésiastique ou daïri, et la seconde ville de l'empire, est située dans les terres à environ quinze myriamètres au sud-ouest de Yedo dans une plaine unie. C'est dans cette ville qu'on frappe la monnaie ; et la cour du daïri étant composée de gens de lettres, c'est là que s'impriment tous les livres. Après les deux capitales on peut encore nommer Nagasaki, la ville la plus connue du Japon, parce qu'elle est la plus voisine des factoreries hollandaises établies dans l'île de Desima, et Simonoseki, Muru, Osakka, Sakai, etc. On évalue à quarante environ le nombre des villes du Japon.

Le plus ancien nom connu que les Chinois aient donné à ces îles est Yang-hou (magasin du soleil) ; ils les ont ensuite appelées Nou-Kom (royaume des esclaves), dénomination changée depuis en celle de Ge-pon (lieu du jour ou du soleil). Nipon ou Nifon est une altération de ce mot, et signifie en japonais *origine du soleil*. Les naturels la nomment encore Ten-Ka (sous le ciel). Marco-Polo désigne le Japon sous le nom de Zipangu, qui n'est autre chose que le nom chinois Zy-pen-koué (royaume de l'origine du soleil) ; enfin actuellement les Chinois les nomment Sippon et Zepouen.

L'empire est partagé en dix régions ou *do* fort inégales pour l'étendue et pour la population. A l'exception de deux d'entre elles, qui se composent des petites îles Iki et Tsou-Tsima, les huit autres sont subdivisées en plusieurs provinces ou *kokf*, et ces dernières se subdivisent encore en districts ou *kori*. Les kokfs sont autant de principautés dont les chefs sont vassaux de l'empereur ; on en compte de soixante à soixante et dix.

Les princes gouverneurs des provinces sont investis d'un pouvoir héréditaire ; mais aussi ils sont soumis à une responsabilité sévère, et non-seulement ils répondent personnellement de leur administration, mais encore leur famille reste en otage dans la capitale. On donne le titre de *daimio* aux princes du premier ordre, et celui de *siomio* à ceux du rang inférieur. L'indépendance de ces petits monarques va chaque jour s'affaiblissant. Le système du séogoun, koubo ou empereur, est de ruiner peu à peu ce système féodal. Sur ce grand nombre de princes, tous maîtres chez eux autrefois, il ne reste plus que ceux de Kalga, de Satsouma et de Sendaï qui paraissent avoir conservé quelque indépendance; les autres ne sont plus que des espèces de gouverneurs. Le séogoun a en propre cinq provinces, formant le *Gokosio*, et qui sont gouvernées en son nom par des gouverneurs nommés *obanjos*.

Composé d'îles seulement, cet empire ne peut avoir de longues et larges rivières. Les plus importantes sont dans Nipon et dans la partie occidentale de l'île où le versant a le plus d'étendue. Là coulent le Yodo-Gawa, qui sort du lac intérieur Biva-no-Mitsou-Oumi, et qui se jette dans le golfe d'Osakka; le Kiso-Gawa, le Tenrio-Gawa (rivière du dragon céleste) qui a trois embouchures dans la mer; le Kamanafi, coupé presque dès sa source en deux branches qui ne se réunissent plus; l'Ara-Gawa, dont l'un des bras passe à Yedo, sous le fameux pont de Niponbas, dont j'aurai occasion de parler plus tard; l'Oukami-Gawa, le Figami-Gawa, le Kasaba-Gawa et le Mogami, le plus grand fleuve de la province de Deva, réunion de plusieurs rivières qui descendent des montagnes. Parmi les fleuves du Japon, on peut encore citer la Yoto-Gawa, qui coule au sud-ouest du lac d'Oitz, le principal du Japon; l'Oomi, que l'histoire du Japon assure être sorti de terre dans une nuit; l'*Ujin*, appelé *Ojen* par Thunberg, enfin la *Nogafa*, l'*Ogin-Gawa*, la *Suri-Gawa*, la *Sak-Gawa* et l'*Aska-Gawa*. On a compris sans doute que le mot japonais *gawa* signifie rivière ou fleuve. On remarquera la frappante analogie qu'il offre avec le mot arabe *ouad*, qui a le même sens et duquel est dérivé le français *gave*.

Le sol de l'empire japonais est fort inégal, et presque partout couvert de montagnes assez élevées; mais l'agriculture a su cependant en tirer parti, et la terre est partout admirablement cultivée, même jusqu'au sommet des montagnes. La principale est celle de *Furi*, qui est couverte de neiges pendant presque toute l'année. Plusieurs de ces montagnes sont volcaniques. Dans la province de Figo est un volcan qui est presque continuellement en éruption. Plusieurs îles de cet archipel sont aussi des volcans dont le principal est dans le voisinage de Firando.

On n'a que peu de données positives sur l'origine des Japonais, qui néanmoins paraît être la même que celle des Chinois, quoique, selon Kœmpfer, la langue que parle l'un de ces peuples n'ait aucune analogie avec celle de l'autre; mais si l'on compare la langue de la Corée, la terre la plus proche du Japon, avec la langue chinoise, on trouvera peut-être le lien d'affinité entre elles. Il est possible que les Japonais aient quitté le continent lorsque la société, chez eux et chez les Chinois, était encore dans l'enfance, et du temps, joint à une civilisation différente, il sera résulté un langage particulier à chaque nation, bien qu'ayant une origine commune.

Kœmpfer divise en trois périodes l'histoire japonaise, la première fabuleuse, la seconde douteuse, la troisième certaine.

La première remonte bien au delà de l'époque où l'Écriture sainte place la création du monde. Les Japonais disent que, pendant cette période, leur empire fut successivement gouverné par sept grands esprits célestes, et que le dernier de ceux-ci ayant épousé une déesse, il sortit de cette union une race de cinq demi-dieux, dont l'un régna 250,000 ans, et le cinquième plus de 800,000. La première de ces demi-divinités était la fille du soleil, nommée Tensio-daï-sin, ou le grand esprit de la clarté. Les Japonais croient que leurs daïris ou empereurs spirituels descendent de Ten-sio-daï-sin, et que par conséquent leur famille n'a pas d'origine humaine.

Kœmpfer entremêle la seconde période avec l'histoire des Chinois. Cette partie de son ouvrage démontre que les Japonais eux-mêmes reconnaissent du moins qu'ils ont tiré de la Chine la forme de leur gouvernement, et qu'ils lui doivent les premiers progrès de leur civilisation. Les annales chinoises racontent elles-mêmes que vers l'an 1195 avant Jésus-Christ, les habitants de la Chine orientale, opprimés par l'empereur Wou-y, s'embarquèrent en très-grand nombre, hommes, femmes et enfants, et gagnèrent les îles voisines où ils fondèrent des colonies.

Sin-Non, un de ces monarques chinois dont les Japonais parlent dans leurs annales, survint ensuite, et sans doute à la tête d'une armée considérable d'aventuriers, bien que la chronique n'en parle pas, car on pourrait difficilement expliquer comment seul il aurait pu conquérir le pays. Ce prince est représenté avec une tête de taureau, ou du moins avec des cornes, comme ayant enseigné l'agriculture et l'art d'élever les troupeaux.

Depuis Sin-Non d'autres colons arrivèrent encore, entre autres trois cents couples de jeunes gens des deux sexes, qui, d'après un récit évidemment allégorique, furent envoyés par l'empereur Tsin-chi-Houang-ti, sous la direction de Ziko-Fouk, médecin habile, vers l'île imaginaire de Fo-raï-sun pour y chercher le breuvage d'immortalité. La chronique ajoute qu'après avoir vainement cherché l'île et la précieuse source, cette troupe de Chinois aborda au Japon l'an 209 avant Jésus-Christ. Le conducteur de ces émigrés mourut sur le mont Fousino-Yama, et comme il importa dans le pays des arts et des sciences qui y étaient inconnus, on lui rendit après sa mort les honneurs divins.

La troisième période, où celle des faits positifs, commence en même temps que l'établissement de la succession héréditaire des empereurs ecclésiastiques, c'est-à-dire soixante-six ans avant Jésus-Christ. Durant cette période, cent sept princes de la même dynastie gouvernèrent le Japon, jusqu'au moment où les princes s'emparèrent de l'autorité suprême. En général le règne de ces princes fut pacifique. Il est vrai qu'à de grands intervalles les Tartares mandchoux et les Coréens envahirent le Japon, mais ils en furent toujours chassés par la valeur des habitants.

Sous le règne de Gonda, quatre-vingt-dixième daïri ou empereur spirituel, les Mogohls, après avoir quatorze ans auparavant conquis la Chine, rassemblèrent de grandes forces pour se rendre maîtres du Japon. Des récits exagérés font monter à quatre mille le nombre de leurs petits navires, et à vingt-quatre mille hommes celui de leur armée; mais du moins il est probable que les nombreuses jonques chinoises en portaient une très-formidable. Tout cet armement, comme l'invincible *armada* de Philippe II, fut dispersé et détruit par une tempête, que les Japonais attribuent pieusement aux divinités protectrices de leur empire. Le P. Amiot nous a donné dans un ouvrage resté manuscrit, et qui existe à la bibliothèque royale, l'histoire de cette expédition d'après les auteurs chinois. Suivant eux, elle eut lieu en l'année 1281 de l'ère chrétienne.

L'armée chinoise, réunie à celle des Coréens, formait cent mille hommes. Les Coréens n'avaient pas moins de cent vaisseaux de guerre. À peine la dixième partie de cet armement put-il échapper à la fureur des flots.

Les daïris, énervés par une possession tranquille et incontestée, laissèrent peu à peu régner sous leur nom les *koubos* ou *seogouns*, chefs de leur milice, et commandants des armées. Bientôt ces officiers devinrent de véritables maires du palais sous des rois fainéants. Aussi quand, vers 1190, le séogoun Yoritomo, de la famille des Ghensi, eut, après une longue guerre civile, sauvé le daïri régnant des ambitieuses trames de la famille des Feïke, le chef vainqueur fut nommé généralissime et fixa sa résidence à Kama-Koura.

De cette victoire datèrent les empiétements des séogouns, mais l'usurpation ne fut consommée qu'au seizième siècle. Ce fut en 1585 que cette grande révolution s'opéra dans la forme de l'empire japonais. Le koubo, ou empereur séculier s'empara du pouvoir suprême, et depuis cette époque le daïri est toujours renfermé et presque gardé à vue, de peur qu'il n'essaye de reprendre l'autorité dont jouirent autrefois ses prédécesseurs, et le koubo est maintenant le seul véritable monarque du Japon, bien que le daïri, étant le chef spirituel de l'empire, occupe dans l'ordre hiérarchique un rang plus élevé. Le koubo se garde bien de lui disputer ces vains privilèges, et il conserve toujours quelque apparence de soumission; ainsi, dans les affaires importantes qui touchent à la politique du pays, pour une innovation législative, pour une question diplomatique, le koubo ne manque pas d'envoyer un ambassadeur à son collègue pour obtenir son approbation. Ces démarches consultatives se font avec une grande pompe officielle, afin que le peuple en soit frappé et reste convaincu de la bonne harmonie qui règne entre les deux empereurs. Outre cet échange constant de politesses et de marques de déférence, il est rare qu'une fois tous les cinq ans, le koubo ne vienne pas en grande pompe rendre visite au daïri dans sa résidence de Miaco.

La cour ecclésiastique ne s'occupe plus que de littérature, et le daïri, dans son palais de Miaco, est loin d'être entouré du même éclat qu'autrefois.

C'est aux Portugais, comme on sait, que nous devons la découverte d'une route par mer aux Indes orientales, et c'est le hasard qui a procuré à ces navigateurs la découverte de l'archipel du Japon. Selon le P. Charlevoix, ce fut sous le règne du cent sixième daïri, vers l'an 1542 de notre ère et 2202 ans après la fondation de la monarchie japonaise par Syn-mu, qu'une tempête poussa les Portugais sur les côtes du Japon. Fernand Mendez Pinto, dont j'ai esquissé rapidement les aventures en parlant de la Chine, ayant quitté les Mandchoux qui l'avaient délivré, lui et ses compagnons, de l'esclavage pénible qu'ils avaient si bien mérité, se fraya un chemin jusqu'à la côte, et s'embarqua de nouveau pour Ning-po. Abandonnés par trahison, dans une île inculte, ils étaient sur le point de mourir de faim, quand un pirate les prit à son bord. Bientôt après, des vents contraires les poussèrent sur les côtes du Japon. A son retour à Ning-po, Pinto fit à ses compatriotes un tableau si séduisant de tout ce qu'il avait vu, que ceux-ci se hâtèrent d'envoyer une grande expédition au Japon. Elle ne fut pas très-heureuse; plusieurs vaisseaux se perdirent, et Pinto lui-même, entraîné vers Liou-tchéou, fut accusé avec ses compagnons d'avoir tué quelques naturels de cette île à l'époque où les Portugais s'étaient emparés de Malacca. Or, comme on avait dit au roi que les Portugais étaient des pirates, il ordonna que Pinto et les autres aventuriers fussent écartelés, et qu'on exposât leurs membres après l'exécution. Ils échappèrent encore à ce danger imminent, grâce à l'intervention de quelques femmes du pays; Pinto retourna à Malacca, et plus tard, en 1550, nous le voyons encore figurer dans une mission au Japon. Les Portugais furent très-bien reçus, et firent, pendant près de cent ans, un commerce très-lucratif que les Espagnols partagèrent ensuite avec eux, lorsque les deux nations furent soumises à un même souverain. Les Anglais commercèrent aussi pendant quelque temps avec le Japon; mais par un traité, passé en 1601, entre l'empereur du Japon et les Hollandais, ceux-ci supplantèrent tous leurs rivaux, et conservèrent la possession exclusive du commerce du Japon. Ils en tirèrent, dans le commencement, un profit immense; mais on l'a ensuite tellement resserré, qu'il se réduit maintenant à bien peu de chose. Le gouvernement japonais avait commencé par accorder aux Hollandais une tout autre liberté que celle qu'ils ont maintenant. Ils pouvaient envoyer cinq, six ou sept vaisseaux dans le port de Firando, avec autant d'or, d'argent et autres marchandises qu'ils jugeaient à propos; leur commerce n'était pas limité. Dans la suite, il leur fut enjoint de transporter leur factorerie, qui jusque-là était dans la ville de Firando, dans l'île de Desima, voisine de la ville de Nagasaki, et l'on fixa la somme au delà de laquelle ne devait pas monter leur commerce annuel. Au commencement du dix-huitième siècle, on restreignit à trois et ensuite à deux le nombre des vaisseaux qu'ils pourraient envoyer chaque année; enfin les prohibitions s'étendirent jusque sur la quantité et la qualité de leurs marchandises, ce qui réduisit leur commerce à deux millions de florins, environ cinq millions de notre monnaie.

Les Chinois commerçaient avec le Japon de temps immémorial, et leur privilége ne leur a jamais été contesté; ils sont peut-être les seuls Asiatiques commerçants admis dans l'empire.

En 1665, Colbert avait projeté l'envoi de quatre grandes ambassades en Perse, en Chine, à la cour du Grand Moghol et au Japon. François Carron avait été chargé d'aller représenter la France dans ce dernier pays; il avait reçu des instructions prudentes, dont voici quelques passages : « Vous direz, sur l'article de la religion, que celle des Français est de deux sortes : l'une la même que celle des Espagnols, l'autre la même que celle des Hollandais; que Sa Majesté ayant appris que la religion des Espagnols était désagréable au Japon, elle a ordonné qu'on y envoyât de ses sujets qui professent la religion des Hollandais. On fera une objection, savoir, si le roi de France dépend du pape comme le roi d'Espagne et d'autres;

vous répondrez qu'il n'en dépend point, le roi de France ne reconnaissant personne au-dessus de lui, et qu'il est facile de voir la nature de la dépendance de Sa Majesté à l'égard du pape, par ce qui arriva, il y a dix ans, pour un outrage fait à Rome en la personne de l'ambassadeur de Sa Majesté (le duc de Créqui); car le pape ne l'ayant pas fait réparer assez tôt, Sa Majesté envoya une armée en Italie, dont tous les princes et le pape même ayant été effrayés, le pape lui envoya un légat *a latere* (le cardinal Chigi), chargé de supplications très-humbles et très-instantes, auxquelles Sa Majesté ayant eu égard, rappela ses troupes, déjà campées sur les terres du pape. » Ces précautions singulières furent sans utilité; le mauvais succès de l'ambassade en Perse fit renoncer à celle du Japon. La France n'est depuis revenue à aucun projet de ce genre. Les Anglais ont essayé à plusieurs reprises, et à l'aide de différentes ruses, de nouer avec le Japon des relations lucratives, mais toujours sans succès. Les Américains n'ont pas été plus heureux.

Les Russes ont fait aussi quelques tentatives pour lier des relations commerciales avec le Japon. Ce fut pour la première fois en 1804, qu'une expédition officielle, autorisée par le czar, parut dans les baies japonaises; mais l'ambassadeur, M. Resanoff, n'obtint aucun résultat. D'autres essais n'ont pas été plus fructueux, et les Hollandais ont conservé le monopole exclusif, qu'ils exercent dans l'île de Desima. Cette île peut, à certains égards, être considérée comme un faubourg de Nagasaki. Le gouvernement loue cette île aux Hollandais, ainsi que les maisons qu'elle contient. Quand la marée est basse, Desima n'est séparée de la ville que par un fossé, mais au moment du flux elle communique avec la terre ferme par le moyen d'un pont; elle n'a pas plus de trois cent cinquante mètres de long sur cent cinquante de large; il n'a pas été difficile de renfermer une pareille étendue de terrain dans un enclos de planches avec deux portes : l'une, du côté de la ville, donne sur le pont; l'autre, du côté de la mer, ne s'ouvre que quand il s'agit de décharger ou de charger des vaisseaux. Des Japonais gardent pendant le jour la porte de terre, qui reste fermée pendant la nuit.

Le même système religieux règne dans toutes les îles du Japon; mais il se divise en une multitude de sectes, qui, à la vérité, se réduisent à deux principales. Chacune de ces sectes a ses temples et ses idoles, en grand nombre et la plupart hideuses; du reste il règne entre elles beaucoup de tolérance, et elles se souffrent réciproquement avec une grande indulgence. Elles ont toutes pour base le lamisme ou chamanisme, d'où sont également dérivées les religions des Indous, des anciens Égyptiens, des Hébreux, des chrétiens, etc. Elles ont un chef commun, le daïri (seigneur), qu'on appelle aussi *Vo* ou *Codaï* (race élevée), *Tenca* (prince céleste), *Taï-Ten-Sin* (fils du ciel), *Mikad-Do* (grand prince). On voit que la puissance du daïri a beaucoup d'analogie avec celle du pape chez les chrétiens. Après leur mort, les daïris sont mis au rang des *kamis* ou demi-dieux.

Quoiqu'on ne reconnaisse pas de secte dominante, il y en a, comme je l'ai dit, deux infiniment plus répandues que les autres, celles de Sinto et de Boudsdo. Le culte du premier est originaire du pays et le plus ancien; mais il a maintenant peu de partisans. La religion de Sinto (religion des *sin* ou des *kamis*, deux mots synonymes, signifiant *habitants des cieux*) était très-simple avant que l'on y introduisît une foule de pratiques et de cérémonies étrangères. Son origine se perd dans la nuit des temps, et il y a tout lieu de présumer que les idées simples et pures de son fondateur ont été obscurcies et à peu près dénaturées par ses successeurs. Cependant ils reconnaissent encore aujourd'hui un Être suprême, la déesse Ten-sio-daï-sin (le grand esprit de la lumière), qui a fixé son séjour au plus haut des cieux et qui est regardée comme la souche céleste d'où sont descendus les daïris. C'est en son nom qu'ils prononcent les serments les plus sacrés, mais ils ne lui rendent aucun culte; ils la croient trop au-dessus d'eux pour avoir besoin de leurs hommages et de leurs adorations, et pour faire attention aux misérables intérêts des mortels. En conséquence, ils invoquent, comme médiatrices, une multitude de divinités inférieures, appelées *Singo-Zin*, qu'ils supposent présider à toutes les passions, à tous les états, à tous les produits de la terre, etc., comme l'ont cru aussi les Grecs et les Romains. On voit que la nécessité d'une médiation quelconque s'est fait sentir dans presque toutes les religions.

Les Sintos croient à l'immortalité de l'âme; leur paradis se nomme *Taka-ama-ka-wara*, et leur enfer *Ne-no-koun*. Le paradis se trouve immédiatement au-dessus du ciel; les peines de leur enfer consistent seulement, pour les âmes des méchants, à errer dans les airs jusqu'à ce qu'elles aient expié leurs fautes. La doctrine de la métempsycose leur est inconnue, et cependant ils s'abstiennent de toute nourriture animale, ayant en horreur l'effusion du sang.

Depuis l'introduction de la secte de Boudsdo au Japon, celle de Sinto a admis différents dogmes et pratiques qui lui étaient absolument étrangers. Malgré ces innovations, elle est encore la moins déraisonnable de l'empire. C'est la religion du koubo, qui est obligé d'aller une fois par an en personne, ou au moins d'envoyer un ambassadeur, à quelque temple pour offrir de riches présents.

Les Japonais ont des prêtres séculiers et des religieux, et ceux-ci connaissent seuls les mystères de la religion. Ces prêtres ne font pas d'offices réguliers, mais il est des jours de fête que l'on célèbre à des époques fixes. La gaieté règne dans les cérémonies du culte, parce qu'ils considèrent les dieux comme des êtres qui se plaisent à dispenser le bonheur; mais il paraît qu'il n'en a pas toujours été de même, et qu'en des temps plus anciens quelques victimes humaines tombaient sous le couteau du prêtre: ainsi pour conjurer des divinités malfaisantes, telles que Kiou-sin-rio, le dragon à neuf têtes, du mont Tokakousi, on lui immolait de jeunes et jolies filles, des jeunes gens des plus beaux et des premières familles. Aujourd'hui, les sacrifices faits dans les jours de fête se bornent à des offrandes de divers mets, de riz, de poisson, de chevreuil, etc. Outre le premier jour de l'année et trois ou quatre autres fêtes solennelles, le premier jour de chaque mois est considéré comme sacré. Toutefois les portes des temples sont ouvertes toute la journée, et les dévots peuvent y entrer à toute heure pour y faire leur prière ou bien déposer leurs aumônes. L'accès des temples n'est pas défendu aux étrangers et souvent même il arrive qu'on les loge dans ces édifices sacrés lorsque les auberges se trouvent être pleines.

La secte de Boudsdo n'est autre que celle de Bouddha, qui, ainsi que je l'ai dit, passa de Ceylan dans l'Inde, et de là vint au Japon, en traversant la Chine et la Corée. On fixe à l'an 543 de notre ère, selon les uns, à l'an 552, selon d'autres, l'époque de son introduction au Japon.

En cette année, disent les annales japonaises, l'un des princes coréens envoya un ambassadeur au daïri Kin-mei-ten-o. Ce personnage était porteur d'une image de Bouddha et des livres sacrés de sa religion. Ainsi cette doctrine étrangère s'introduisit d'abord dans les palais des grands; de là elle se répandit dans la multitude, qui préférait ses pratiques sévères, ses cérémonies pompeuses aux rites simples et purs du culte de Sinto. L'engouement devint contagieux; les conversions furent innombrables. Non-seulement on demanda des prêtres bouddhistes à la Corée et à la Chine, mais une foule de Japonais allèrent dans les monastères du continent étudier la nouvelle croyance pour venir ensuite la prêcher dans leur patrie. La chose en vint au point que plusieurs daïris, issus des dieux du Sinto, suivirent secrètement la loi bouddhique, et que des princes de leur famille se rasèrent la tête et devinrent bonzes. En 805, le cinquantième daïri se convertit ouvertement; il plaça dans son palais des images bouddhiques, et se fit expliquer les livres canoniques de cette foi. Quand le bouddhisme fut ainsi devenu le culte dominant et populaire, les empereurs le firent reconnaître comme religion de l'État. Cet acte politique s'accomplit sans contrainte et sans persécution. Il en résulta ce fait singulier que les sintoïstes eux-mêmes adoptèrent le bouddhisme sans croire à une abjuration, et que peu à peu les deux cultes se confondirent aux yeux du vulgaire. Il est vrai que le bouddhisme a adopté quelques maximes étrangères, et n'est pas toujours d'accord avec lui-même : car on ne compte pas moins de huit sectes principales, qui se partagent ses adeptes; mais il a conservé le dogme de la transmigration des âmes, dont les plus perverses sont supposées passer dans le corps des animaux jusqu'à ce qu'elles soient entièrement purifiées. Les sectateurs de Boudsdo appellent l'Être suprême *Amida*, et le diable *Yemma*. Les temples sont ouverts tous les jours pendant toute l'année et très-fréquentés, surtout les jours de fête, où ils deviennent même des espèces de rendez-vous de plaisir.

Les Japonais ont des moralistes ou des philosophes, dont la doctrine est appelée *shuto* et a des rapports avec celle des épicuriens. Les individus qui l'ont adoptée reconnaissent avec confiance que la source la plus pure du plaisir est la vertu; ils admettent une âme de l'univers, mais ils n'adorent point les dieux inférieurs et ils n'ont ni culte, ni temples. Par une singularité remarquable, la persécution exercée contre les chrétiens a considérablement diminué le nombre des épicuriens du Japon, qui, pour détourner les soupçons, se sont empressés de retourner aux dieux de leur pays. Il existe aussi une secte de prêtres appelés *Yama-bous;* ce sont des espèces d'anachorètes, qui habitent les montagnes, et auxquels le peuple attribue une science surnaturelle et le don de magie. Ils diffèrent des autres prêtres bouddhistes en ce qu'ils se marient et mangent de la viande. Leur vie se passe en pèlerinages dans les hauts lieux qui sont réputés saints. Parmi les religions du Japon on peut encore citer la doctrine de Con-fu-Tzée, appelée le *Suédo*. Ce fut vers l'an 284 de Jésus-Christ, et sous le règne du daïri Ozen-Teno, qu'arrivèrent de Corée des hommes versés dans la religion des lettrés chinois. Ces savants apportèrent à Miaco le *Ron-go*, livre de Con-fu-Tzée, le présentèrent au daïri et l'enseignèrent à l'un de ses fils; depuis ce temps cette doctrine s'est répandue dans le Japon, mais sans acquérir cependant une très-grande influence. Enfin on trouve encore au Japon la croyance des *Aïnos*, espèce de dualisme qui se professe sans temples ni prêtres.

Dès l'an 1549, c'est-à-dire très-peu de temps après la découverte du Japon par les Portugais, arrivèrent les premiers missionnaires jésuites. Ils se répandirent dans tout le royaume, au moyen des renseignements que leur donna un jeune Japonais, qui était venu se faire baptiser à Goa. L'entreprise réussit au delà des espérances des missionnaires. Plusieurs princes japonais, tels que ceux d'Arima, de Boungo, d'Amoura et plusieurs autres, embrassèrent le christianisme; enfin, les jésuites acquirent une telle consistance qu'ils envoyèrent une ambassade japonaise au pape Grégoire XIII, avec de riches présents. Les succès et les immenses richesses que leur produisait le commerce enflèrent tellement l'orgueil des Portugais, qu'ils ne tardèrent pas à se rendre odieux à leurs hôtes. Dès 1589, des ordres rigoureux pour exterminer tous les chrétiens furent promulgués, et exécutés avec tant d'activité, que dans le cours de l'année suivante, il y eut plus de vingt mille personnes mises à mort. Ces persécutions n'empêchaient pas les conversions, car elles montèrent à plus de douze cents en 1591 et 1592. Le koubo lui-même, nommé Fi-de-Jori, ainsi que sa cour et son armée, avait embrassé le christianisme. Il ne tenait donc qu'aux Portugais de se maintenir; mais leur orgueil et leur avarice, les vains projets des jésuites, la conduite insolente d'un évêque envers un prince japonais, contribuèrent d'abord à rendre odieuse la religion qu'ils professaient et dont les principes purs condamnaient leur conduite. Non contents de la position avantageuse où ils se trouvaient, ils voulurent s'immiscer dans les affaires de l'État, et leur fatale ambition amena les dernières catastrophes. On vit en 1597 les persécutions recommencer avec plus de violence que jamais. Toute espèce de prédication fut sévèrement interdite et la plus grande partie du clergé chassée. Ce fut alors qu'on relégua les négociants dans l'île de Desima. Sur ces entrefaites, les Portugais ne méditaient rien moins que de détrôner l'empereur; cette conspiration fut découverte par les Hollandais, qui étaient en guerre avec eux; dans un vaisseau qu'ils leur prirent se trouva une lettre d'un officier japonais, nommé Moro, adressée au roi de Portugal pour l'instruire du complot. D'autres lettres, du même Moro, adressées à Macao, confirmèrent le contenu de la première. Le gouvernement japonais ordonna alors que tous les chrétiens qui ne voudraient pas abjurer, seraient chassés ou mis à mort. Cette persécution dura quarante années sans se ralentir, et ne finit qu'après l'anéantissement radical du christianisme au Japon et la destruction du commerce des Portugais dans ses îles. Trente-sept mille chrétiens, réduits au désespoir, s'étaient réfugiés dans la forteresse de Simmabara; après y avoir été assiégés et forcés, ils furent tous massacrés en un même jour, en 1638. Depuis cette terrible époque, la religion catholique a été en horreur au Japon, de nos jours encore plus d'un pieux missionnaire y a vu sa sainte mission couronnée par le martyre, et tous les ans, dans une cérémonie publique, on foule aux pieds, la croix, l'image de Marie et les autres symboles du christianisme. Hâtons-nous d'ajouter que la haine seule et la jalousie ont fait accuser les Hollandais de n'avoir obtenu leur monopole qu'à la condition de participer eux-mêmes à cette démonstration sacrilége.

La littérature est chez les Japonais assez florissante; et chaque année il sort des imprimeries de Miaco un grand nombre de livres, traitant principalement des sciences naturelles. Leur théâtre est aussi assez riche et offre beaucoup d'analogie avec celui des Chinois. La peinture et la sculpture en sont aussi à peu près au même point que chez les habitants du Céleste Empire; cependant il est à remarquer que les Japonais s'appliquent plus volontiers à reproduire des objets réellement existants qu'à inventer ces monstres fantastiques qu'affectionnent tant les Chinois.

L'architecture n'a pu faire de grands progrès chez les Japonais, et aucun de leurs édifices ne peuvent entrer en comparaison avec ceux de l'Europe ou de certaines parties de l'Asie. Les fréquents tremblements de terre auxquels sont sujettes leurs îles ne permettent que des constructions en charpente; aussi ne pouvons-nous espérer d'y rencontrer un grand nombre de monuments anciens, et les idoles et les monnaies sont probablement les seuls objets d'une haute antiquité que l'on puisse trouver dans ces contrées.

MONUMENTS RELIGIEUX.

Les temples, appelés *mia*, sont très-nombreux au Japon. Selon Kœmpfer, de son temps on n'en comptait pas moins de vingt-sept mille sept cents, en y comprenant sans doute les chapelles dépendantes des temples principaux; ils sont ordinairement bâtis hors l'enceinte des villes, sur des éminences et dans les plus beaux sites, et ils sont précédés de majestueuses allées de cyprès. Devant l'entrée se trouvent d'ordinaire les deux chiens *Koma-inu*, et devant le sanctuaire de Ten-sio-daï-sin, ses deux compagnons, Fino-o (le roi du feu) et Mitza-o (le roi de l'eau). Les images de ces deux personnages sont aussi portées dans toutes les processions faites en l'honneur de la déesse. Les mias, quoique d'une construction fort simple, ne laissent pas, joints aux habitations des prêtres, de former des édifices assez vastes; ils consistent en plusieurs appartements et en galeries, et la façade offre des portes et des fenêtres que, selon la coutume du pays, on peut enlever à volonté. Les toits forment de chaque côté une saillie suffisante pour former une galerie qui entoure le temple et sous laquelle le peuple se promène. On ne remarque à l'intérieur aucune idole, aucune figure qui soit censée représenter l'Être invisible et suprême, quoiqu'on y conserve quelquefois dans une boîte une petite image, qui est celle de quelque divinité secondaire à laquelle est consacré l'édifice. On place fréquemment au centre du temple un large miroir de métal poli, qui est destiné à rappeler aux dévots que de même que les taches du corps se peignent fidèlement dans ce miroir, de même les défauts de l'âme ne peuvent demeurer cachés aux regards pénétrants des immortels. Le plancher est couvert de nattes de paille. Chacun de ces temples est desservi par une multitude de prêtres, dont les fonctions se bornent à entretenir la propreté dans le lieu saint, à allumer les lampes et les bougies, et à renouveler les fleurs et l'encens.

Au Japon comme dans l'Inde, il est quelques temples bien plus célèbres, bien plus vénérés que les autres. On y va en pèlerinage avec autant d'empressement que les Indous à Bénarès ou à Jaggernaut, que les musulmans à la Mecque. Tel est surtout le temple d'Isie, consacré à la divinité suprême Ten-sio-daï-sin; il attire une affluence prodigieuse de pèlerins. C'est peut-être un des plus anciens et en même temps l'un des plus petits temples du Japon. Il est près de tomber de vétusté, malgré les soins qu'on prend de l'étayer. Il ne contient autre chose que le miroir symbolique et des morceaux de papier suspendus à la muraille pour indiquer, par leur blancheur, que personne d'impur ne doit approcher du sanctuaire. C'est principalement à ce temple que le koubo envoie des ambassades lorsqu'il ne peut s'y rendre lui-même. C'est un pèlerinage que les personnes des deux sexes doivent faire une fois dans leur vie, n'importe à quel âge. Beaucoup de dévots le font tous les ans.

Au chef-lieu de la religion de Sinto, à Miaco, le plus beau temple et le plus digne d'attirer l'attention, est celui de Daïbouts. Il est soutenu par quatre-vingt-seize colonnes; ses deux étages sont en retrait l'un sur l'autre, et sont surmontés d'un double toit, dont le supérieur est supporté par de gros piliers de bois peint. L'intérieur du temple est pavé en carreaux de marbre blanc, sorte de luxe dont il n'existe guère d'autre exemple au Japon. Cet édifice pèche un peu par le défaut de lumière. La statue de Daïbouts ou grand Bouddha, placée au milieu, est colossale; elle est assise sur ses jambes croisées, à la manière des divinités indiennes, dans le calice d'une fleur de Lotus. Cette figure était autrefois de bronze doré; mais le tremblement de terre de 1662 l'ayant tout à fait dégradée, on la remplaça, en 1667, par une statue de bois, recouverte de papier doré. La hauteur totale de ce colosse est de vingt-sept mètres, dont vingt-quatre pour la statue et trois pour la fleur de Lotus.

Il existe à Miaco un autre temple qui le cède à peine à celui de Daïbouts en grandeur et en magnificence. C'est celui de *Kwanwon* ou Quanvon; sa longueur est surtout considérable et hors de proportion avec la largeur et la hauteur. La statue du dieu, également colossale, a trente-six mains et est environnée des figures des innombrables divinités qui lui sont subordonnées. La taille de ces idoles est graduée de telle sorte, qu'elles semblent disposées en amphithéâtre et qu'on peut les embrasser toutes d'un seul coup d'œil, bien que leur nombre s'élève à trente-trois

TEMPLE DE CANON AU JAPON

mille trois cent trente-trois, chiffre mystique consacré par la religion japonaise.

Le temple principal de la grande divinité japonaise Ten-sio-daï-sin est le Naï-kou, situé près d'Ouza, dans la province d'Yzé; il fut fondé par le onzième daïri, quatre ans avant l'ère chrétienne. C'est un édifice très-simple, entouré de sept autres temples, dédiés à différents dieux et génies.

Non loin de là, sur le mont Nouki-Nouko-Yama, se trouvent vingt-quatre autres chapelles, formant un Ghe-kou (temple extérieur), consacré aux esprits tutélaires. On y invoque le dieu Toyo-ke-o-daï-sin, regardé comme le créateur du ciel et de la terre. Ce dieu est le patron du daïri, qui lui rend de fréquents hommages. Le Ghe-kou date de la même époque que le Naï-kou; il est entouré de quatre autres monuments religieux, consacrés à la terre, à la lune, au vent, etc.; seize chapelles ou sanctuaires sont dans le voisinage, et huit autres se trouvent un peu plus loin. Toute cette terre d'Yzé, en général, est remplie de temples et de lieux de sacrifices; c'est la terre sainte du Japon. Le père de la déesse Ten-sio-daï-sin était nommé Fatsman; son principal temple fut bâti l'an 570 avant Jésus-Christ, à Ouza, dans la province de Bounzen. Fatsman est le dieu de la guerre; il veille à l'intégrité du territoire.

Parmi les divinités bouddhiques figurent au premier rang le dieu Amida ou Xaca, et son fils Canon. Un des temples les plus remarquables du Japon est dédié à ce dernier; il se trouve près d'Osakka (*planche* 31): c'est un édifice élégant, entouré de magnifiques jardins; il est desservi par deux cents prêtres, qui tous habitent les dépendances du temple.

Dans la même ville existent plusieurs autres temples, dont un, dédié à Daïbouts, ne le cède guère en grandeur et en magnificence à celui de la même divinité à Miaco. Il fut construit, vers l'an 1614, par Fendegori, fils du daïri Taïcosama. Cet édifice, suivant Pygneyra, coûta plus de trois millions et renferme plus de mille idoles colossales, sans compter les petites.

A quarante-huit kilomètres d'Yedo est le temple de Miko, l'un des plus célèbres du Japon: il s'élève sur l'une des plus hautes montagnes de l'empire, nommée Niko ou Nitgeoo, et située dans la province de Couzouqui. Ce temple, en grande vénération, attire un nombre considérable de pèlerins.

Enfin je citerai encore le grand temple voisin de Saccaï, dans la province de Quïo, ceux qui couvrent toutes les hauteurs qui environnent Nagasaki; mais je bornerai là cette revue, qui serait aussi fastidieuse qu'inutile si je voulais y comprendre les innombrables édifices sacrés dont le sol du Japon est presque entièrement couvert: dans la seule plaine de Zéran, près du lac d'Oitz, Kœmpfer en a compté au moins trois mille.

MONUMENTS FUNÉRAIRES.

Les corps des grands personnages obtiennent seuls au Japon les honneurs du bûcher; les restes mortels des gens de condition moyenne ou inférieure sont, aujourd'hui surtout, presque toujours rendus à la terre. Chez les Japonais, comme chez les Chinois, on célèbre en l'honneur des morts la fameuse fête des lanternes; mais en outre l'usage est, comme chez les chrétiens, de visiter les tombeaux à certaines époques de l'année.

Les monuments funéraires des Japonais sont de la plus grande simplicité; le plus souvent ils consistent en une simple pierre. On voit dans le voisinage des villes et des villages, et généralement auprès des chemins et sur les hauteurs, un grand nombre de ces pierres sépulcrales debout, et chargées d'une multitude de figures et d'inscriptions en lettres dorées. Quelquefois ces pierres sont brutes et sans aucune sculpture.

Le monument funéraire le plus singulier, au moins par sa destination, que nous présente le Japon, est une chapelle qui s'élève près du grand temple de Miaco: on le nomme *Mimi-tsouka* (la tombe des oreilles). Le nez et les oreilles des Coréens tués dans une bataille contre Tayko sont enterrés dans cet endroit; après la bataille, ce prince les avait fait saler et envoyer au Japon dans des barils.

CONSTRUCTIONS CIVILES.

Le plus beau comme le plus vaste des édifices civils du Japon est naturellement le palais de l'empereur, à Yedo. C'est une espèce de ville, environnée de remparts et de fossés pleins d'eau, sur lesquels s'abattent des ponts-levis. L'enceinte, qui n'a pas moins de six kilomètres de circonférence, renferme, outre le palais de l'empereur, celui du prince héréditaire, qui en est séparé par de larges fossés remplis d'eau et par des murailles en pierre. D'autres quartiers sont habités par les princes du pays, les grands seigneurs, les divers agents de l'empereur et par les familles des princes gouverneurs des provinces.

Le palais même de l'empereur est construit sur une hauteur; aussi, bien qu'il n'ait qu'un étage, il domine toutes les autres constructions renfermées dans son enceinte; comme ceux des Chinois, il consiste en un nombre considérable de bâtiments séparés, dont les toits sont pour la plupart ornés de dragons dorés. La principale pièce est le *Sen-sio-siki* (le salon des cent nattes), du nombre de celles qui, selon l'usage, en couvrent le plancher; il a deux cents mètres de long sur cent de large. Les colonnes et les plafonds sont de bois de cèdre, de camphrier et d'autres bois précieux; mais tout l'ameublement consiste dans des nattes blanches, garnies de franges d'or. C'est là que se réunissent, dans les occasions solennelles, les princes

PALAIS D'ONNAY.
Japon.

et autres grands dignitaires; quant à l'empereur, il donne ses audiences dans une salle moins vaste, où il est assis sur un tapis. Le palais est surmonté d'une tour carrée, marque de prééminence qui, dans cette ville, est interdite aux autres princes, lesquels à leur tour jouissent de la même prérogative dans leurs propres domaines. Cette tour est composée de plusieurs étages richement décorés.

Le palais du daïri, à Miaco, ne le cède guère en étendue et en magnificence à celui de son collègue le koubo, à Yedo. Cette vaste enceinte est de même bornée de toutes parts par des murs et des fossés. Au centre est une immense tour carrée, d'où rayonnent dans toutes les directions treize rues, habitées par les grands dignitaires. Le koubo lui-même a aussi un palais à Miaco, palais construit en pierre de taille et environné de deux fossés, l'un sec et l'autre plein d'eau.

Après ces palais du premier ordre, on peut encore admirer celui d'Onnay (*planche* 32), non moins célèbre par la beauté de ses jardins, réputés les plus magnifiques du Japon, que par la grandeur et la richesse des constructions. Il se compose de quatre corps de logis, entourant une cour rectangulaire, et surmontés à chaque angle d'un pavillon à quatre étages en retrait les uns au-dessus des autres. Devant la face principale se développe un immense escalier, décoré à la moitié de sa hauteur d'une espèce d'arc de triomphe fort élégant. La plupart des palais des princes gouverneurs sont autant de forteresses, aussi ne peut-on les séparer des constructions militaires, parmi lesquelles ils trouveront place.

Les maisons japonaises n'ont que deux étages, avec des boutiques ou des ateliers sur la rue. En avant sont tendues des bannes pour garantir du soleil et de la pluie les ouvriers, les marchands, ou leur étalage, qui n'est pas disposé avec moins d'art et d'élégance que chez les Chinois. Les maisons qui n'ont pas de boutiques sont séparées de la rue par une espèce de cour entourée de murailles : cette cour sert à recevoir la suite qui accompagne les visiteurs. Les hôtels des gens riches et des seigneurs sont plus vastes et plus beaux, mais pas plus élevés que les maisons des particuliers; ils sont aussi reconnaissables aux armoiries des propriétaires, qui sont peintes, dorées et sculptées sur la façade. Les maisons japonaises, généralement construites en bois, revêtues de placage et blanchies en dehors, semblent être bâties en pierre de taille. Toutes les pièces qui composent la charpente sont placées horizontalement ou verticalement; on n'en voit aucune disposée obliquement, comme en Europe. On entrelace parmi ces poutres minces et carrées, des cannes de bambous que l'on recouvre d'une épaisse couche de mortier, composé de terre glaise, de sable et de chaux; quelquefois les murs des maisons, dans les villages ou petites villes, sont recouverts de morceaux d'écorce attachés à de petites lattes, pour empêcher l'eau de dissoudre le mortier.

On comprend combien, avec ce genre de construction, les incendies doivent être fréquents et terribles; aussi, dans les grandes villes comme Yedo, Miaco, Nagasaki, on a presque toujours le soin d'élever auprès des maisons un magasin bâti en pierre, où, en cas d'accident, on peut mettre à l'abri les objets les plus précieux.

Ces maisons sont couvertes de tuiles épaisses et pesantes; celles des pauvres ne le sont que de planchettes, taillées comme des tuiles et chargées de pierres pour les maintenir, ainsi que nous le voyons pratiquer en Suisse. Ce toit excède toujours de beaucoup le corps de la construction; on y ajoute souvent encore un appendice pour couvrir une galerie étroite, construite devant les fenêtres. Plusieurs tringles carrées, plantées en terre et clouées par le haut à ce petit toit, servent à soutenir des nattes de jonc que l'on baisse ou que l'on roule à volonté. Ces espèces de jalousies ont le triple avantage de mettre les habitants de la maison à l'abri de la curiosité des passants, de les garantir du soleil et d'empêcher la pluie de détruire les carreaux de papier qui seuls garnissent les fenêtres, car les Japonais ne connaissent ni le talc ni les verres à vitres. Chaque corps de logis n'est composé que d'une grande pièce qui peut être divisée en divers appartements, selon le goût et le besoin du propriétaire. Les cloisons qui forment ces distributions intérieures sont simplement des châssis sur lesquels on colle du papier fort et transparent : ces châssis s'ajustent avec autant de célérité que de justesse dans des coulisses pratiquées aux planchers supérieurs et inférieurs. Les personnes qui occupent les diverses chambres ne peuvent voir d'une manière distincte ce qui se passe chez leurs voisins, mais elles ne peuvent manquer d'entendre jusqu'au moindre bruit. Le plancher supérieur est en général assez uni et formé de planches bien assemblées au moyen de rainures et de mortaises; au contraire, les planches sur lesquelles on marche, et qui sont soutenues par des lambourdes à quelques centimètres du sol, sont fort mal jointes, mais aussi elles sont toujours couvertes de nattes très-épaisses. La salle de réception a un plancher plus élevé. Les murs et les plafonds des appartements sont tendus en papier orné de fleurs peintes. L'usage des cheminées est absolument inconnu; quand la température l'exige, on place au milieu de la chambre un vase de cuivre plein de braise allumée, semblable au *forone* ou *brazero* des Italiens et des Espagnols. Quant au foyer de la cuisine, il consiste en un trou carré, au centre de la pièce; ce trou est revêtu de pierres et environné de nattes. Une ouverture dans le toit donne issue à la fumée.

L'étage supérieur sert de garde-meuble et de grenier, et rarement est habité. Les maisons des personnes de condition sont divisées en deux appartements : d'un côté est le logement des femmes, qui ne paraissent jamais; et de l'autre côté est l'appartement du mari. Les femmes jouissent de plus de liberté dans les maisons des marchands. Chaque maison a sa petite cour, plantée d'arbres et de fleurs; aussi l'appartement situé sur le derrière et donnant sur cette espèce de parterre est-il le plus recherché. Enfin il n'y a presque pas d'habitation qui n'ait sa salle de bain, presque toujours située à l'une des extrémités du logis. Les rues des villes sont cailloutées et en général en bon état; devant les maisons règnent des trottoirs dont l'entretien est à la charge des propriétaires.

Les routes, dans toute l'étendue de l'empire, sont également l'objet de soins tout particuliers; elles sont ferrées, larges et garnies de fossés pour l'écoulement des eaux. Comme les seigneurs du pays, aussi bien que les Hollandais, sont obligés de

FORT DE FIRANDO.

faire tous les ans un voyage à la cour de l'empereur, on sable la route, on la balaye et l'on enlève toutes les ordures avant qu'ils ne passent; on a même soin d'arroser le sol pendant les chaleurs. Au reste, l'absence des voitures à roues rend l'entretien des chemins très-facile. Les distances sont marquées par des bornes milliaires, qui, pour tout l'empire, ont un point de départ commun au pont de Niponbas, situé dans la ville d'Yedo. Ce pont est, comme tous ceux de l'empire, construit en bois; il n'offre rien de remarquable; car sa longueur n'excède pas vingt mètres. Les ponts les plus longs de l'empire sont : celui d'Okosaki, dans la province de Mikava (soixante et dix-neuf mètres), celui d'Iodo (deux cent soixante et dix mètres), et enfin ceux de cèdre jetés sur la Jedogana, dans la ville d'Osakka; leur longueur varie de cent à cent vingt mètres.

CONSTRUCTIONS MILITAIRES.

Beaucoup de villes du Japon sont entourées de remparts et de fossés, mais la plupart sont simplement défendues par une citadelle, qui est la demeure du gouverneur.

Parmi les premières, l'une des plus fortes est Kvano, ville grande et belle de l'Osvari, l'une des plus riches provinces de l'empire. Kvano est environnée de fossés et de murailles percées de meurtrières; elle est en outre protégée par deux citadelles.

La citadelle d'Osakka, l'une des cinq villes impériales, dépendant directement du koubo, celles de Sanga, capitale de la province de Fisen, de Kokoura, capitale de la province du même nom, sont regardées comme les plus importantes de l'empire, après les palais fortifiés d'Yedo et de Miaco, et aussi après le palais de Firando (*planche* 35), qui passe pour l'une des merveilles du Japon. Celui-ci est bâti sur le sommet d'un rocher, et composé principalement d'une tour à plusieurs étages, qui par la multiplicité de ses toits offre quelque analogie avec les pagodes chinoises. Un large fossé et un mur d'enceinte enveloppent cette construction centrale. Les casernes pourraient recevoir au besoin une garnison d'un millier de combattants. On monte au fort par des gradins pratiqués dans le roc, et divisés en trois rampes par des lignes de rochers que l'on n'a point travaillées. Un second mur d'enceinte, percé de douze portes, environne l'édifice principal.

Enfin, je mentionnerai une autre espèce de défense très-commune au Japon, et qui offre beaucoup d'analogie avec les tours qui commandent le cours des rivières de la Chine : je veux parler de petits fortins, simples pâtés de pierres, percés à distances égales d'ouvertures rondes pour les pièces de canon. Tel est celui qui est placé à la tête du cap qui forme l'un des côtés de la baie où se trouve le port de Nagasaki.

Les côtes du Japon présentent une grande quantité de ports, mais la plupart incommodes et mal entretenus. Ils manquent généralement de profondeur, et les navires d'un tonnage un peu fort sont souvent contraints de mouiller à une grande distance de la terre. Il en est cependant quelques-uns où même les navires européens trouveraient un abri commode. Tel est celui de Fiogo, ville située dans la baie et en face même d'Osakka. Ce port est très-vaste et ouvert du côté du midi. Cette exposition le rendait très-dangereux, et l'on ne venait y mouiller qu'en tremblant : ce fut pour obvier à ce grave inconvénient que l'empereur Feki a fait construire une digue qui rompt la violence des vagues. Cette digue a coûté des sommes incalculables et la vie à une foule d'ouvriers; elle s'élève très-peu au-dessus de la surface de la mer, et on la prendrait volontiers pour un banc de sable.

Entrée du port de la ville de Muru.

BABYLONIE.

INTRODUCTION.

Tout en étant la plus riche des satrapies qui composaient le grand empire des Perses, la Babylonie était en même temps la moins étendue. On lui donnait aussi le nom de Chaldée; quoique ce nom, à proprement parler, ne convienne qu'à la partie située vers le golfe Persique; enfin on appelait encore cette contrée la Plaine de Sennaar; c'est ainsi qu'elle est désignée dans l'Écriture, qui fait partir de ce lieu la dispersion du genre humain. La Babylonie était bornée à l'est par la Susiane, au sud, par le golfe Persique; à l'ouest, par l'Arabie déserte et la Mésopotamie. L'Euphrate, aujourd'hui le *Moratson*, l'arrosait dans toute sa longueur, et les Babyloniens avaient creusé plusieurs canaux qui faisaient communiquer ce fleuve avec le Tigre, auquel du reste il se réunit plus bas près de Korna, pour ne plus faire qu'un seul et même fleuve, qui porte le nom de *Chat-el-Arab*.

Aujourd'hui la Babylonie a cessé d'appartenir à l'empire persan; elle fait partie de la Turquie d'Asie et de la province appelée *Irak-Araby* ou *pays d'Irak* ou *d'Iran*. Elle a pour limites le Kourdistan et l'Al-Djezireh au nord, la Perse à l'ouest, le golfe Persique au sud-est, et le grand désert de l'Arabie au sud et à l'ouest. Sa longueur, du golfe Persique à la frontière kourde, est de soixante-huit myriamètres; sa plus grande largeur est de vingt myriamètres, et sa plus petite de six.

L'histoire de la Babylonie est celle du berceau du genre humain : à chaque page nous y retrouvons ces noms fameux qui nous ont frappés dès les premières lectures de notre enfance; aussi aucune histoire peut-être n'est-elle plus propre à exciter notre intérêt, à réveiller nos souvenirs, à enflammer notre imagination.

Babylone fut la capitale de l'un des plus puissants et certainement du plus ancien des empires du monde.

Cent ans environ après le déluge, plus de deux mille ans avant Jésus-Christ, Nemrod, fils de Chus, petit-fils de Cham et arrière-petit-fils de Noé, fonda avec Babylone le premier empire des Assyriens. Nemrod, dit l'Écriture, fut un *violent chasseur devant Dieu*. En se livrant et en exerçant la jeunesse à la chasse, image de la guerre, il se préparait des armées fortes et aguerries, capables de seconder ses projets ambitieux; car Nemrod fut un grand conquérant, et selon toute apparence le premier et le plus ancien de tous ceux qui ont ambitionné ce nom.

Le règne de ses successeurs est couvert d'une obscurité impénétrable jusqu'à la réunion de Babylone et de Ninive. Assur, père des Assyriens, avait fondé cette dernière ville sur le Tigre, non loin du lieu où s'élève aujourd'hui Moussoul, dans l'Al-Djezireh ou Mésopotamie. Bélus, l'un de ses descendants, conquit la Mésopotamie et la terre de Sennaar, et se rendit maître de Babylone. Ce fut lui qui, après sa mort, fut divinisé et devint la principale divinité des Babyloniens. Ninus, fils de Bélus, conquit la Susiane, la Perse, la Médie, l'Hyrcanie et la Bactriane. Il était dans la destinée de ce grand prince de voir sa gloire éclipsée par une femme que, d'un rang obscur, il avait élevée jusqu'à lui, et qui paya ses bienfaits de la plus noire ingratitude. Sémiramis empoisonna, dit-on, son époux pour rester seule maîtresse du trône où il l'avait fait monter. L'époque précise du règne de Sémiramis est encore incertaine, mais toutefois il paraît hors de doute qu'on doit la placer plus de dix-neuf siècles avant l'ère vulgaire. Ninus, assiégeant la ville de Bactres, aurait peut-être vu échouer tous ses efforts sans le secours et le génie de Sémiramis, femme d'un de ses premiers officiers, née à Ascalon, en Syrie. Sémiramis fournit à Ninus le moyen d'attaquer et de prendre la citadelle, et par là de se rendre maître de la ville, où il trouva des trésors immenses. Ninus conçut pour elle une violente passion; et son infortuné mari, effrayé par les terribles menaces du roi, s'étant donné la mort, Sémiramis devint reine de Babylone. Après la mort de Ninus, Sémiramis occupa le trône. De ce moment, elle ne songea plus qu'à immortaliser

INTRODUCTION.

son nom et à se montrer digne du haut rang où elle était parvenue, en couvrant la bassesse de sa naissance par la grandeur de ses entreprises. Elle embellit Babylone, agrandit l'empire par ses conquêtes, porta ses armes dans l'Égypte, l'Éthiopie, la Libye et jusqu'au delà de l'Indus; elle s'appliqua enfin surtout à protéger les arts et les sciences. C'est à son règne que remontent les principales découvertes astronomiques des Chaldéens. L'oracle de Jupiter-Ammon avait prédit à Sémiramis que sa vie finirait quand son fils Nynias lui dresserait des embûches, et qu'après sa mort une partie de l'Asie lui rendrait les honneurs divins. A son retour de sa malheureuse expédition des Indes, elle découvrit que son fils conspirait contre elle et qu'un de ses principaux officiers lui avait offert son concours. Elle se ressouvint alors de l'oracle de Jupiter-Ammon, et avertie que la fin de sa carrière approchait, elle pardonna aux conspirateurs qui étaient tombés en son pouvoir, abdiqua volontairement l'empire entre les mains de son fils, et se déroba à la vue des hommes dans l'espérance de jouir plus tôt des honneurs divins, comme l'oracle le lui avait promis. Elle mourut bientôt, à l'âge de soixante-deux ans, après en avoir régné quarante-deux.

Si Sémiramis avait montré sur le trône tout le génie, toute la force et le courage d'un homme, son fils Nynias, sembla avoir changé de sexe avec sa mère. Efféminé, indolent, voluptueux, livré aux plus honteuses débauches, il se reposait du gouvernement sur des ministres qui abusaient de leur autorité. Ses successeurs pendant trente générations suivirent son exemple, et enchérirent encore sur ses vices. Leur histoire est complétement inconnue et à peine en retrouve-t-on quelques traces dans les saintes Écritures ou dans les auteurs de l'antiquité. Du temps d'Abraham, l'Écriture parle d'Amraphel, roi de Sennaar qui suivit, avec deux autres princes, Chodorlahomor, roi des Élamites dont il était peut-être tributaire, dans la guerre que ce dernier fit à cinq rois du pays de Chanaan. Vers l'an 1491 avant Jésus-Christ, l'empire d'Assyrie fut menacé par les conquêtes de Sésostris; mais comme ces conquêtes furent de peu de durée et ne furent pas continuées par les successeurs du roi égyptien, elles laissèrent l'empire des Assyriens dans son premier état. L'Écriture nous apprend que l'an 774 avant Jésus-Christ, Phul, roi des Assyriens étant venu dans la terre d'Israël, Manahem roi des dix tribus lui donna mille talents d'argent, afin qu'il le secourût et qu'il affermît son règne (Rois, l. II, ch. XV, v. 19 et 20). On croit que ce Phul est le roi qui fit pénitence avec tout son peuple à la prédication de Jonas. On pense aussi qu'il fut le père de Sardanapale, dernier roi des Assyriens dont le véritable nom était Sardan-Phul, Sardan, fils de Phul.

Sardanapale surpassa tous ses prédécesseurs en luxe, en mollesse, en lâcheté; il ne sortait point de son palais et passait sa vie au milieu d'une troupe de femmes, habillé et fardé comme elles, et s'occupant comme elles à filer. Arbace, gouverneur des Mèdes, Bélésis, gouverneur de Babylone, et plusieurs autres grands de l'empire, irrités de voir tant de gens de courage soumis à un prince plus mou et plus efféminé que les femmes mêmes, formèrent contre Sardanapale une conspiration. Au premier bruit de cette révolte, le roi se cacha au fond de son palais. Obligé ensuite de se mettre en campagne avec quelques troupes qu'il avait ramassées à la hâte, il fut vaincu et obligé de rentrer dans Ninive, où il s'enferma, espérant que les révoltés ne pourraient réduire une ville si bien fortifiée et munie de vivres pour un temps considérable.

En effet le siége traîna en longueur; mais un débordement du Tigre ayant renversé vingt stades de murailles, Sardanapale comprit qu'il était perdu; il réunit sur un bûcher ses femmes, ses eunuques et ses trésors, et s'y brûla avec eux. Ainsi finit, en l'an 747 avant Jésus-Christ, un des plus puissants empires du monde. De ses débris se formèrent trois royaumes, celui des Mèdes, qu'Arbace, le principal chef de la conjuration, rétablit dans leur indépendance, celui de Babylone qui fut donné à Bélésis, et celui de Ninive dont le premier roi se fit appeler Ninus le jeune.

Bélésis ou Nabonassar, que l'Écriture appelle Baladan, après un règne de douze ans, eut pour successeur sur le trône de Babylone, son fils, Merodac-Baladan, celui qui, selon l'Écriture, envoya des ambassadeurs au roi Ézéchias pour le féliciter sur sa convalescence; il avait, comme nous venons de le dire, fondé le royaume de Babylone à la mort de Sardanapale. Cet empire devait être de peu de durée. Soixante ans plus tard, l'an 687 avant Jésus-Christ, Asarrhadon, roi de Ninive, réunit la monarchie de Babylone à celle de Ninive, recomposant ainsi en partie l'ancien empire d'Assyrie. Saosduchin, Nabuchodonosor ou Nebuchadnesar Ier, fils et successeur d'Asarrhadon, maintint d'abord sa domination sur l'Asie par la victoire de Ragau; mais bientôt la mort d'Holopherne, son général, l'anéantissement de son armée devant Béthulie, et enfin l'invasion des Scythes et la mort de Nabuchodonosor même, laissèrent le royaume sans défense. Nabopolassar, soutenu par les Mèdes, se révolta et partagea l'Assyrie avec ses alliés, après en avoir fait périr le roi, l'efféminé Sarac-Sardanapale appelé aussi Chynaladanus (626 avant Jésus-Christ). A partir de ce moment, Ninive perdit son importance, et Babylone devint seule capitale de l'empire. Nabuchodonosor II, fils de Nabopolassar, est un des princes les plus célèbres que mentionne l'Écriture; il repoussa Nechao, roi d'Égypte, réduisit la Syrie révoltée, conquit le royaume de Judas (558 avant Jésus-Christ), détruisit Jérusalem, ses palais et son temple, emmena son peuple captif à Babylone, prit Tyr, après un siége de onze ans, et ravagea l'Égypte sous Amasis et Apriès.

Arrivé au faîte de la puissance, Nabuchodonosor, dit l'Écriture, fut changé en bête, c'est-à-dire qu'il fut atteint d'une folie furieuse, que l'on regarda comme une punition de son orgueil, et qui dura sept années, pendant lesquelles les rênes du gouvernement furent dans les mains de la reine Nitocris. Evilmerodach, son fils, puis Nériglissor et Laborosoarchod, qui lui succédèrent, ne purent arrêter la décadence de l'empire.

Au dernier de ces rois succéda Labnity ou Nabonit, que l'Écriture appelle Balthazar. On croit que ce prince était fils d'Evilmerodach, et par conséquent petit-fils de Nabuchodonosor. Ce fut sous son règne que Cyrus, roi des Perses, envahit la Babylonie. En vain Balthazar réunit ses efforts à ceux d'une puissante ligue formée de presque tous les rois d'Asie, le moment fatal annoncé par les prophètes était arrivé pour Babylone. On sait que pendant que les ennemis assiégeaient la ville, Balthazar

INTRODUCTION.   179

au milieu d'un grand festin, vit une main qui écrivait sur la muraille les trois mots terribles : *Mane*, *Tecel*, *Pharès*, que Daniel expliqua. Ces mots étaient la sentence qui condamnait Balthazar, et lui annonçait que son royaume lui était ôté et donné aux Mèdes et aux Perses. Cette nuit même, la ville fut prise, Balthazar fut égorgé. Ainsi finit, en l'an 536 avant Jésus-Christ, l'empire Babylonien, après avoir duré deux cent dix ans depuis la destruction du grand empire des Assyriens. Cyrus détruisit en grande partie la malheureuse ville que Dieu avait condamnée.

Les rois de Perse, maîtres de Babylone, achevèrent de la ruiner en bâtissant Ctésiphon, qui lui enleva ce qui lui restait d'habitants. Alexandre avait bien eu la pensée de rétablir cette ville et d'en faire la capitale de son empire ; mais la mort du conquérant empêcha l'exécution de ses projets, et anéantit avec eux le dernier espoir de Babylone. Elle fut si universellement abandonnée qu'il ne reste plus que l'enceinte de ses murailles, et elle était réduite à cet état au temps même de Pausanias. Les rois de Perse, la voyant déserte, en firent un parc où ils enfermèrent des bêtes sauvages pour la chasse. « Les bêtes sauvages s'y retireront, ses maisons seront remplies de dragons, les autruches y viendront habiter, etc. (Isaïe, ch. XIII, v. 21.) Mais c'était encore trop que les murs de Babylone subsistassent ; ils tombèrent en plusieurs endroits et ne furent pas réparés ; enfin Babylone, devenue entièrement déserte, n'a jamais été habitée depuis, et bientôt peut-être ses derniers vestiges auront disparu de la surface de la terre.

Quelques mots maintenant sur la religion des Babyloniens, c'est-à-dire des Chaldéens ; elle mérite une attention toute particulière par le rôle important qu'elle joue dans les écrits de tous les anciens et en particulier dans l'Écriture sainte, et aussi par l'influence qu'elle exerça sur la religion des Grecs et des Romains. Les deux principales divinités babyloniennes, celles dont les images se multiplient le plus sur les monuments, sont Bel et Mylitta. Si d'après les différents documents que nous fournissent les écrivains de l'antiquité grecque et hébraïque, et d'après la comparaison des figures de Bel qui nous ont été conservées en assez grand nombre, et qui notamment sont gravées sur ces cylindres répandus maintenant dans toutes les collections de l'Europe, on veut se faire une idée complète des images de ce dieu et des symboles qui l'entouraient, on devra le représenter debout, une jambe devant l'autre dans l'attitude de la marche, la tête, soit imberbe, soit barbue coiffée d'une tiare radiée, tenant d'une main une couronne et de l'autre un poignard, un sceptre ou une épée, tantôt les symboles du soleil et de la lune, signes nécessaires dans une religion qui n'était autre que le culte des astres.

La plus importante divinité des Chaldéens, après Bel, était Mylitta, cette déesse Nature, cette expression de l'humide principe générateur de tous les êtres dont les Grecs ont des reproductions variées dans la Diane d'Éphèse, la Junon de Samos. Son simulacre était assis sur un siége radié, vêtu d'habits splendides, avec les fruits du pavot et de la grenade, emblèmes de sa fécondité ; la figure était vue de face, position qui indique le disque de la lune, et le corps s'appuyait sur un lion. Devant lui deux chiens s'élançaient en se croisant ; à ses pieds était un autel sur lequel étaient placées des têtes de béliers, signe de l'équinoxe; à côté de lui une étoile et un croissant, signes du soleil et de la lune.

A ces deux grandes divinités babyloniennes, il faut en joindre une troisième, c'est Nebo ou Nabo, dieu médiateur entre le principe du bien et celui du mal, comme le Camillus des Étrusques, comme l'Hermès des Grecs, comme le Mercure des Latins. Quelque effacé que soit ce symbole après avoir passé par tant de mythologies, on le retrouve également dans le culte de Mithra, et ses représentations se voient sur plusieurs monuments assyriens. Bérose nous fait encore connaître une autre divinité babylonienne, l'Hercule Sandès, que l'on voit sur les curieuses médailles de Tarse. Il y est représenté debout sur une base carrée, vêtu d'une peau de lion avec un carquois attaché sur ses épaules, et un vase ou une couronne à la main.

Telles sont les principales divinités qui étaient adorées dans la Babylonie.

Quant aux temples qui leur étaient consacrés, et aux autres édifices élevés par les peuples qui habitent cette contrée, ils méritent un examen tout spécial par leur style, leurs caractères particuliers, et par leur antiquité, qui date pour quelques-uns presque du déluge de Noé.

Le caractère dominant de l'architecture babylonienne, caractère qui se retrouve également dans la sculpture, c'est sa proportion colossale : tel est le fait qui résulte des récits anciens comme des ruines qui subsistent encore; telle est l'impression que Babylone a laissée, dans le temps de sa splendeur, à des hommes en garde contre tout sentiment d'admiration, comme étaient les prophètes hébreux, ou à des hommes étrangers de races, de mœurs, et préoccupés par conséquent d'idées différentes, comme Hérodote et les compagnons d'Alexandre.

Peut-être les Grecs ont-ils exagéré un peu les dimensions des principaux édifices; peut-être ont-ils cru trop facilement aux témoignages intéressés des prêtres qui voulaient rehausser l'éclat de leurs dieux en agrandissant les monuments élevés en leur honneur; mais un fait évident, palpable pour ainsi dire, que l'admiration ne saurait défigurer, c'est l'élévation des maisons particulières. Hérodote, qui avait parcouru l'Égypte où les demeures n'avaient qu'un étage, et qui était né en Grèce où les habitations étaient également peu élevées, vit avec étonnement dans cette ville immense plusieurs étages les uns au-dessus des autres, et des maisons pour ainsi dire amoncelées. Jérémie exprime la même idée lorsqu'il désigne Babylone sous le nom de *montagne*, et les ruines de cette ville par celui de *montagne de combustion*, expressions qui se retrouvent dans le texte grec de Bérose, tel qu'Eusèbe nous l'a conservé.

Les matériaux qui servaient à construire de si grands édifices contrastent singulièrement avec eux. Des briques tantôt séchées au soleil, tantôt cuites au four, liées ensemble par de l'asphalte et séparées par des couches de roseaux, suffisaient pour élever ces bâtiments gigantesques et ces masses solides qui semblaient destinées non à la vie d'un peuple ou d'une société, mais à l'éternité tout entière. On conçoit que de semblables matériaux étaient peu favorables à la beauté de l'architecture, à l'élégance et à l'harmonie des formes; et en effet voyons-nous ces constructions exécutées dans un style barbare qui sacrifiait la perfection des détails à l'imposante grandeur de l'ensemble. Un autre trait général de l'architecture babylonienne, c'est le revêtement des murs extérieurs, et ici c'est moins un ornement arbitraire qu'une nécessité imposée par le mode de construction et par la nature des matériaux employés. En effet, si toutes les briques de l'antique Babylone qui sont parvenues jusqu'à nous sont couvertes de cette écriture, de ces caractères cunéiformes qui sont encore pour nous une énigme indéchiffrable (voy. *la lettre*), ce serait une erreur de penser que ces briques présentaient leurs faces couvertes d'inscriptions, de manière à ce que les murs des monuments devinssent un vaste livre où chacun pût lire les annales de l'empire, les dogmes de la religion ou les préceptes de sa morale. Il n'en était pas ainsi, et c'est un fait que tous les voyageurs ont observé; on posait les briques sur leur côté plat, où l'inscription était gravée, de sorte que les caractères étaient cachés par le ciment et perdus dans le mur. Il semble que ce singulier peuple écrivait pour n'être pas lu, et faisait tout pour cacher à la postérité ce qu'on aurait cru que ces innombrables inscriptions devaient lui révéler. On trouve bien quelquefois des briques qui portent leurs inscriptions sur la tranche, et il en existe plusieurs au musée Britannique; mais il est probable que cette tranche n'était pas celle qui formait le côté extérieur du mur. Ainsi, ce n'était que par la ruine complète d'un édifice babylonien que les documents dont ses matériaux étaient couverts pouvaient se produire au jour. Cette remarque nous explique comment les inscriptions n'excluaient pas la coutume de peindre les murs des monuments de Babylone. Ce revêtement se faisait en général au moyen de l'émail; mais il était employé de deux manières différentes : tantôt il était posé à plat sur le mur, de manière à faire corps avec lui et à confondre toutes les briques dans une teinte uniforme; tantôt il était appliqué en saillie de manière à présenter des bas-reliefs. Nous avons des exemples de l'un et l'autre de ces deux modes. On a transporté en Europe, et notamment dans le cabinet de Paris, des morceaux de briques vernies, soit à une seule couleur, soit à couleurs variées. Souvent même, par ce procédé on traçait sur des pierres des dessins de fleurs ou d'ornements, et M. Mignan a reproduit dans son voyage une rosace peinte en émail sur une brique, rosace qui présente la plus grande analogie avec celles que l'on retrouve sur certains vases italo-grecs. M. de Beauchamp rapporte que l'on découvrit à Babylone, dans l'une de ses ruines, une chambre sur laquelle était représentée une vache en tuiles vernies, avec les symboles du soleil et de la lune.

Quant à la peinture proprement dite, il ne nous en reste aucun échantillon; tous les produits de cet art ont péri en traversant les siècles, ou sont enfouis sous des monceaux de ruines.

La sculpture babylonienne nous a laissé beaucoup de cachets ou d'amulettes, beaucoup de ces fameux cylindres gravés dont je parlerai en traitant de la Perse. Elle s'exerçait aussi sur une bien plus grande échelle; et pour elle aussi, comme pour l'architecture, la majesté, la beauté étaient la grandeur colossale, les proportions gigantesques.

Le prophète Daniel nous a transmis la mesure du colosse, haut de cinquante coudées, que Nabuchodonosor II avait élevé dans la plaine de Babylone. Enfin chaque jour amène la découverte de bas-reliefs de proportion colossale taillés dans le flanc des rochers ou sur les parois des monuments.

MONUMENTS RELIGIEUX.

La plaine qu'occupent les ruines de Babylone (voy. *le frontispice*), resserrée de plus en plus par le désert, est couverte, dans une étendue de plus de sept myriamètres, de débris amoncelés, de collines chargées de ruines, de canaux à demi comblés. Les ruines commencent à un lieu nommé *Escanderia,* mot dans lequel on retrouve le nom d'Alexandre, qui, comme Nemrod et Sémiramis, représente un âge de l'art babylonien. On rencontre des monceaux de briques qui, à mesure que l'on avance, deviennent plus fréquents et plus élevés, et enfin l'on voit de toutes parts et à perte de vue des chaînes de petites collines surmontées de briques qui, seules peuvent indiquer les détours et les embranchements des rues anciennes. Lorsqu'on s'avance dans la ville en suivant le cours de l'Euphrate, on voit s'élever sur les deux côtés de colossales ruines; elles sont plus nombreuses sur la rive gauche ou orientale, mais la plus grande, le *Birs-Nemrod*, dont je parlerai bientôt, est sur la rive droite ou occidentale.

Le monument le plus considérable de la rive gauche est une tour de forme carrée bâtie de briques cuites au four et couvertes d'inscriptions cunéiformes, et surmontée encore de restes de constructions; elle présente une circonférence de deux cents mètres. Le temps n'a pas été la seule cause de la ruine de cet édifice. Depuis la destruction de Babylone par Cyrus, il a été une carrière inépuisable pour tous les peuples qui se sont succédé. Des fouilles y ont été opérées dans tous les sens, sans plan, sans souci de l'ensemble, suivant la nécessité du moment ou la commodité des lieux; en sorte que, sous cet assemblage confus de briques jetées çà et là, il est impossible de retrouver le plan primitif de l'édifice, et l'on ne saurait s'engager sans danger dans ces vastes souterrains sans issue et sans air qu'y a creusés la main des hommes. Néanmoins la position des ruines, leur aspect général, la richesse des débris qu'on y trouve, tout fait penser que c'est là la tour carrée sur laquelle était bâti le *grand temple de Bélus*. Une circonstance particulière vient donner un grand poids à cette conjecture. D'après une tradition locale, on avait enterré une ancienne idole babylonienne dans le sable près de ces ruines. M. Rich fit faire un fouille, et au bout de plusieurs jours de travail, il trouva un lion grossièrement sculpté en granit gris. Il crut que c'était à cette image que s'appliquait la tradition, et ne poussa pas plus loin ses pénibles recherches. M. Ker-Porter vit le lion découvert par M. Rich, mais déjà mutilé et privé de la tête; il se livra à de nouvelles fouilles et, plus heureux que son devancier, il aperçut une statue d'homme de granit gris renversée, haute de neuf pieds et large de trois, et qui par son style barbare semblait remonter à une haute antiquité. Elle est encore maintenant à demi enfouie dans le sable et exposée aux mutilations qui ont déjà frappé le lion. L'origine de la tour et du temple de Bélus se confond dans les traditions bibliques avec celle de la *tour de Babel*. Quelques voyageurs modernes ont cru retrouver à la fois les deux monuments dans une seule ruine, le Birs-Nemrod, sur la rive droite de l'Euphrate : c'est une erreur évidente, les deux monuments étaient distincts et les traces du feu du ciel que porte le Birs-Nemrod ne permettent pas d'y méconnaître un moment le monument du fol orgueil des enfants de Noé.

La tour de Bélus, sur le côté oriental de l'Euphrate, fut commencée à une époque très-reculée; mais sa construction ne fut pas terminée, ou du moins avait déjà souffert des atteintes du temps lorsque, dans un temps postérieur, sous Nebuchadnezar, le Nabuchodonosor de l'Écriture (605-562 avant Jésus-Christ), elle prit sa forme définitive. Ce prince élevait à la fois sur la rive droite un édifice semblable, sinon par les dimensions, au moins par le plan général. Le temple de Bélus était une pyramide carrée par sa base et qui, suivant Hérodote, présentait un stade de largeur sur chacune de ses faces, et un stade de hauteur. Malheureusement, il est difficile de décider de quelle sorte de stade veut parler Hérodote. S'il entend le petit stade, chacune des dimensions de l'édifice serait de cent mètres; mais si au contraire l'historien veut indiquer le stade persique dont il se sert souvent pour les mesures itinéraires de ces contrées, la tour de Bélus avait cent soixante mètres de largeur et de hauteur, huit mètres de moins que la grande pyramide de Memphis. Le temple de Bélus était isolé au milieu d'une enceinte carrée comme lui, et qui présentait deux stades sur toutes ses faces. Cet espace dont l'usage, sous le nom de *péribole*, est passé de l'Orient dans la Grèce et à Rome, servait à l'habitation des prêtres. La tour de Bélus était composée de huit étages en retrait, genre de construction très-usité dans l'Orient, et que nous avons retrouvé dans les édifices bien plus modernes de l'Inde. On montait d'un étage à l'autre par des escaliers extérieurs. Au centre de l'édifice était une grande salle ornée de sièges somptueux et destinée à servir de lieu de repos. Au faîte s'élevait le temple de Bélus dans lequel il y avait une table d'or et un lit de même métal, mais sans aucun simulacre. La statue du dieu, cachée dans une chapelle intérieure, était d'or, ainsi que les meubles et les deux autels. De ces autels, le plus petit servait aux sacrifices des animaux à la mamelle et le plus grand à celui des animaux adultes. Outre la première statue qui était assise, il y en avait une autre debout, un pied devant l'autre et dans la position d'un homme qui marche; elle était en or, travaillée au repoussé, et présentait une hauteur de douze coudées. Telles sont les richesses que contenait le temple de Bélus, richesses qui, suivant les calculs d'Hérodote, ne s'élevaient pas à moins de cinquante-quatre millions de francs, et dont les rois Mèdes successeurs de Cyrus s'emparèrent successivement. Ainsi fut accomplie la prophétie d'Isaïe : « Bel a été rompu, Nabo a été brisé; les idoles des Babyloniens ont été mises sur des bêtes et sur des chevaux; ces dieux que vous portiez dans vos solennités lassent par leur poids les bêtes qui les emportent. Ils ont été rompus et mis en pièces; ils n'ont pu sauver ceux qui les portaient, et ils ont été eux-mêmes enlevés captifs. »

La lettre de Jérémie qui suit la prophétie de Baruch nous donne sur ces simulacres les plus précieux détails, et nous apprend que le roi allait les adorer tous les jours. Il est évident qu'il faut entendre par là non pas les rois mèdes, qui professaient une autre religion et qui ne résidaient pas à Babylone, mais les anciens rois chaldéens. Outre ces statues d'or, le temple de Bélus contenait des images de toute forme et de tout métal, et possédait les riches offrandes dont l'avaient décoré la piété des fidèles. Diodore prétend qu'il y avait une statue en or, haute de soixante pieds et du poids de quarante talents; mais il semble qu'il est ici l'écho d'une de ces exagérations nationales dont aucun peuple n'est exempt. Sur le faîte de l'édifice étaient placées trois statues d'or battu, de grandes dimensions, qui représentaient les divinités désignées par les Grecs sous les noms de *Zeus*, *Rhea* et *Hera*. La première, celle de Bel, qui est souvent le symbole du soleil, était debout un pied devant l'autre, dans la position de marcher. Cette attitude se retrouve dans une foule d'images des dieux égyptiens et est reproduite également dans les monuments du premier âge de la Grèce. La seconde figure, celle de *Rhea*, c'est-à-dire de *Mylitta*, était cette *déesse Nature*, qui, transportée dans la mythologie hellénique, avait sous différents noms des temples à Éphèse, à Paphos, à Perga.

Sur la plate-forme qui dominait tout le monument était un observatoire où les prêtres se livraient, suivant les dogmes de leur religion, à l'étude assidue des révolutions célestes. Le résultat de leurs observations, inscrit sur des briques cuites au four, qui, lors de la conquête des Grecs, remontaient, dit-on, à dix-neuf siècles, fut adressé par Alexandre à Aristote. Les murs des étages inférieurs étaient également couverts d'inscriptions cunéiformes. Outre ces inscriptions, les murs du temple présentaient des images d'animaux monstrueux, dont Bérose nous a laissé la description. « Il fut un temps, dit-il, où tout était ténèbres et humidité, au sein desquelles se produisirent des êtres monstrueux sous des formes singulières. C'étaient tantôt des hommes à deux ailes, ou à quatre ailes, et à double visage, ou des hommes qui réunissaient les deux sexes, hommes et femmes à la fois; tantôt d'autres hommes qui avaient des cuisses et des cornes de boucs, ou des pieds de cheval, ou la partie supérieure du corps d'un homme et la partie inférieure du corps d'un cheval, comme les hippocentaures. Il se forma aussi des taureaux portant des têtes humaines, des chiens à quatre corps qui se terminaient en poissons, des chevaux à tête de chien, des hommes avec des têtes et des corps de chevaux ou des queues de poissons, d'autres animaux avec les formes de monstres de toutes espèces. En outre des poissons, des reptiles, des serpents et d'autres bêtes étranges qui ont changé entre elles de figure. » Telles étaient les images consacrées dans le temple de Bélus. Alexandre, lorsqu'il conçut le projet de prendre cette ville pour capitale de son empire, voulait rendre à ce temple son antique splendeur. Strabon qui nous donne ces détails, assure qu'il aurait fallu dix mille hommes pendant plus de deux mois pour déblayer seulement le temple des ruines qui l'entouraient et qui avaient fait partie des habitations sacerdotales. Quittons un moment les ruines de cette ville infortunée pour aller visiter les curieux vestiges

TOMBEAU DE ZOBÉIDE, PRÈS DE BAGDAD.
(Babylonie.)

d'un temple situé non loin de Bagdad, dans un lieu appelé Akar-Couf. Sur un monticule artificiel, semblable à ceux sur lesquels sont bâtis tous les monuments attribués à Sémiramis, s'élève un amas informe de briques cuites au soleil, haut de quarante mètres environ, et qui, selon toute apparence, fut la base d'un temple et d'un observatoire, édifices inséparables chez les peuples qui professaient le sabéisme. L'aspect gigantesque de ces débris, leur apparence de vétusté ont fait penser à quelques voyageurs que ce temple avait été fondé par Nemrod, petit-fils de Cham, et arrière-petit-fils de Noé (2230 ans environ avant Jésus-Christ), et cette conjecture se trouve justifiée par la ressemblance des noms. Dans la Genèse (ch. X, v. 10) nous lisons : « La ville capitale du royaume de Nemrod fut Babylone, outre celles d'Arach, d'Achad et de Chalanné, dans la terre de Sennaar. » On ne peut manquer d'être frappé de l'analogie du nom de la ville d'Achad avec celui de la localité actuelle Akar-Couf. Il est aussi à remarquer que le père de Nemrod se nommait Kousch. A quelque distance de là, on voit près de l'Euphrate, dans un lieu appelé *Boursa-Gisara*, jadis *Borsa* ou *Borsippa*, un monceau de ruines qui sans doute ont appartenu au temple fameux du soleil et de la lune qui, selon Strabon, existait à Borsa, ville autrefois le siège d'un collège célèbre de prêtres chaldéens.

MONUMENTS FUNÉRAIRES.

Nous ne trouvons pas sur le sol même de la Babylonie de monuments funéraires remontant à des époques reculées. Nous rencontrerons en Perse des tombeaux d'origine et d'art babyloniens; mais nous n'avons à signaler ici qu'un seul mausolée digne d'attirer notre attention, c'est celui de Zobéide, la femme célèbre du calife Haroun-al-Raschid. Cet élégant monument (*planche* 35) s'élève aux environs de Bagdad, au milieu d'un vaste cimetière. C'est un édifice octogone, à deux étages, surmonté d'un cône, revêtu d'espèces d'écailles. Ce monument date des premières années du neuvième siècle.

CONSTRUCTIONS CIVILES.

« La terre n'avait qu'une seule langue et qu'une manière de parler; et comme ces peuples étaient partis du côté de l'orient, ayant trouvé la campagne de Sennaar, ils y habitèrent, et ils se dirent l'un à l'autre : Allons, faisons des briques, cuisons-les au feu. Ils se servirent donc de briques comme de pierres, et de bitume comme de ciment. »

» Ils s'entredirent encore : Venez, faisons-nous une ville et une tour qui soit élevée jusqu'au ciel, et rendons notre nom célèbre avant que nous ne nous dispersions en toute la terre. » (Genèse, ch. XI, v. 1, 2, 3 et 4.)

Ainsi parlaient les hommes, petits-fils de Noé, l'an du monde 1757 (2247 ans avant Jésus-Christ). Cette ville, c'était Babylone; cette tour, c'était la tour de Babel, le *Birs-Nemrod*, dont les ruines gigantesques frappent encore nos regards étonnés. Ce monument, le plus antique sans doute qui soit parvenu jusqu'à nous, s'élève sur la rive droite ou occidentale de l'Euphrate. Le nom de *Birs-Nemrod*, qu'il porte aujourd'hui, est dérivé du phénicien *Birtha*, palais, et signifie donc palais de Nemrod; et en effet, ce fut *le violent chasseur devant le Seigneur*, ce fut Nemrod qui fonda Babylone et présida à la folle entreprise de la tour de Babel, cette entreprise que nous payons bien cher chaque jour en étudiant ces langues innombrables que Dieu introduisit alors parmi les hommes pour les forcer de laisser inaccompli leur projet téméraire. Ce vaste édifice (*planche* 34), situé à près de deux kilomètres du fleuve, et cependant compris encore dans l'enceinte de l'ancienne ville, est de forme oblongue, irrégulière; il a six cent quatre-vingt-quatorze mètres de circonférence, et sa hauteur inégale varie de seize à vingt mètres à l'occident, jusqu'à près de soixante et dix mètres à l'orient. Cette immense terrasse est surmontée d'un reste de murailles de briques cuites, et non simplement séchées au soleil, haut de douze mètres et divisé en trois étages; par sa construction et ses matériaux il paraît avoir fait partie d'appartements intérieurs. Des monceaux de briques, des pans de murailles entiers se sont détachés et jonchent le terrain. Tous les voyageurs ont remarqué avec un vif étonnement et une profonde émotion d'immenses masses de briques vitrifiées comme par l'action d'un feu violent, symptômes éclatants de quelque grand désastre, signes évident de la foudre qui a renversé ce monument de l'orgueil de nos pères. Le voyageur anglais Mignan a dessiné et fait graver pour son ouvrage une de ces masses vitrifiées, haute de quatre à cinq mètres. De l'examen de cette ruine il résulte que ce monument était construit en pyramide, et s'élevait à une très-grande hauteur.

Les ruines de Babylone nous offrent les restes d'autres monuments, qui, pour remonter à une époque un peu moins reculée, appartiennent cependant à une haute antiquité, et n'en sont pas moins dignes de tout notre respect par le grand nom historique qui s'y rattache. On a déjà compris que ce nom est celui de Sémiramis, la plus illustre parmi toutes les femmes qui portèrent le sceptre et la couronne.

Sur la rive droite de l'Euphrate, non loin de la tour de Babel, s'élevait le vieux palais des rois de Babylone; il n'avait pas moins de six kilomètres de circuit. En face, de l'autre côté du fleuve, fut construit un nouveau palais de douze kilomètres de circonférence; il était environné d'une triple enceinte de murailles, séparées l'une de l'autre par un espace assez considérable. Les murailles, aussi bien que celles de l'autre palais, étaient embellies d'une infinité de sculptures qui représentaient au naturel toutes sortes d'animaux. On y remarquait surtout une chasse où Sémiramis à cheval lançait un javelot contre un léopard, et où Ninus, son mari, perçait un lion.

BIRS NEMBROD OU TOUR DE BABEL.
Babylone.

Pl. XXXII.

C'est dans ce dernier palais qu'étaient ces fameux jardins suspendus que les Grecs avaient mis au nombre des merveilles du monde. Les historiens ne sont point d'accord sur l'origine de cette prodigieuse construction. Selon les uns, elle serait l'ouvrage de Sémiramis; selon le texte de Bérose, qui nous a été conservé par Diodore de Sicile, les jardins auraient été bâtis par Nabuchodonosor pour reproduire aux yeux de sa femme Amestris, princesse mède, les forêts de son pays qu'elle regrettait; enfin, on les attribue aussi avec quelque vraisemblance à Nitokris, mère de Labonit ou Balthazar, dernier roi de Babylone, le même qui fut détrôné et tué par Cyrus, l'an 538 avant notre ère. Quoi qu'il en soit, ils étaient composés de plusieurs terrasses superposées, dont la plus élevée égalait en hauteur les murailles de Babylone; ces terrasses étaient soutenues par des galeries avec des plafonds plats et non voûtés que Diodore appelle συφιγγες, et tout l'édifice était fortifié d'une muraille de sept mètres trente centimètres d'épaisseur qui l'entourait de toutes parts. Sur le sommet de ces plafonds on avait placé de grandes pierres plates de plus de cinq mètres de longueur sur un mètre trente centimètres de largeur. Dessus, était une couche de roseaux enduits d'une grande quantité de bitume, sur laquelle il y avait deux rangs de briques liées fortement ensemble avec du mortier. Le tout était recouvert de plaques de plomb, et sur cette dernière couche était posée la terre du jardin. Ces plates-formes avaient été ainsi construites, afin que l'humidité de la terre ne pénétrât point les plafonds et ne les détériorât pas. La terre qu'on y avait transportée était assez profonde pour laisser tout développement aux racines des plus grands arbres. On montait d'un étage à l'autre par de vastes escaliers qui portaient aussi des pompes pour faire monter l'eau de l'Euphrate jusqu'à la plate-forme la plus élevée. Dans les différentes étages, on avait ménagé de grandes et magnifiques salles bien éclairées et ayant une vue admirable.

Les ruines qui subsistent encore (voy. la vignette, p. 190), offrent à peine quelques traces de ces gigantesques travaux; cependant les habitants les appellent encore Alcasr, le palais, et il ne faut pas oublier que c'est dans ce palais qu'Alexandre rendit le dernier soupir. Il est encore un autre témoin que l'on prétend avoir traversé les siècles pour dire lui aussi à la postérité : Ici furent les jardins de Babylone. Au milieu de cette terre désolée et stérile, s'élève seul, sur la place des jardins suspendus, un arbre portant tous les caractères de la plus haute vétusté, à demi déchiré par le temps, et ne montrant plus qu'au bout des branches une apparence de végétation. Cet arbre, suivant la tradition mahométane, fut préservé par Dieu dans la destruction générale, afin qu'Ali pût y attacher son cheval. Du reste, les naturalistes l'ont reconnu pour appartenir à une espèce qui ne se retrouve que dans l'Inde, et qui par conséquent est étrangère au pays. Voilà ce qui reste de ces jardins célèbres dont nous possédons une espèce d'imitation en miniature dans les dix terrasses chargées d'arbres de l'île Borromée, dans le lac Majeur en Lombardie. Sémiramis avait fait réunir les deux rives de l'Euphrate par un pont qui avait deux cent huit mètres de long sur dix de large. Les arches étaient bâties de grosses pierres qu'on avait liées ensemble avec des chaînes de fer et de plomb fondu. Bauwolf, qui voyageait en 1574, ayant visité les ruines de Babylone dans une saison où les eaux étaient basses, en vit des restes assez considérables, et Mignan a découvert dans le sable des crampons de fer qui entraient vraisemblablement dans sa construction. Si l'on pouvait faire des fouilles sur les bords de l'Euphrate et les débarrasser des sables qui les encombrent, on découvrirait sans doute quelqu'une des portes des vingt-cinq passages souterrains qui communiquaient du palais au fleuve; et si les recherches étaient heureuses, peut-être rencontrerait-on quelques traces de ce fameux *tunnel*, bâti par Sémiramis, suivant Diodore, et par Nitokris, suivant Hérodote, qui allait d'un palais à l'autre en passant sous le lit du fleuve, ouvrage regardé longtemps comme fabuleux et que les travaux exécutés de nos jours en Angleterre ne permettent plus de regarder comme impossible.

Le long de la rive orientale de l'Euphrate, un long monticule de briques s'étend du nord au sud; sa hauteur est d'environ quarante pieds; sa largeur varie suivant les accidents du fleuve. C'est le quai construit par Sémiramis qui mit ainsi une digue infranchissable au débordement des eaux.

Je ne parlerai pas de l'innombrable quantité de ruines de maisons et d'autres édifices qui couvrent encore l'emplacement de Babylone. Ces constructions, n'ayant plus ni formes ni nom, ne se recommandent que par le souvenir de la ville fameuse dont elles firent partie. Nous franchissons bien des siècles avant de retrouver sur le sol de la Babylonie un édifice digne d'attirer notre attention. Ce n'est qu'au troisième siècle de notre ère qu'on peut faire remonter les ruines qui s'élèvent non loin du Tigre, à douze kilomètres de Bagdad, et dans l'enceinte de l'ancienne Ctésiphon. L'emplacement qu'occupent ces ruines est d'accord avec la tradition locale pour y faire reconnaître le palais des Sassanides, de cette dynastie qui monta, l'an 226 après Jésus-Christ, sur le trône de Perse qu'elle occupa pendant plus de quatre cents ans. Le nom même de ces restes, *Takht-Kesra*, c'est-à-dire voûte ou palais de Cosroès, est une nouvelle preuve de leur origine; car on sait que le nom de Cosroès fut très-commun dans la dynastie des Sassanides. Les ruines consistent en une vaste façade, bâtie en briques cuites au four; au milieu est une grande arcade, et des deux côtés, quatre rangs de petites arcades feintes, ou niches, entremêlées de grandes colonnes sans base, sans chapiteau, qui dans leurs dimensions et leur espacement entre elles n'ont aucune concordance. L'arcade du milieu a près de trente-trois mètres de hauteur, sur vingt-cinq mètres de largeur et cinquante de profondeur. L'édifice entier a quatre-vingt-cinq mètres de longueur. Tout dans ce monument indique un art peu avancé; on n'y remarque nulle proportion, nulle harmonie dans la distribution des parties, nulle intelligence du but et des lois de l'architecture. La colonne, dépouillée de tout ce qui caractérise l'ordre, ne supporte rien, et perd avec son utilité presque tout son mérite, les arcades feintes, entassées sans mesure, sans ordre, ne sont plus qu'un vain placage. En effet, ce qui constitue la principale beauté des œuvres d'architecture, c'est l'appropriation de chaque partie, de chaque ornement même, au monument tout entier, c'est le rapport parfait entre sa forme et son usage, entre ses proportions et les lois générales de la pesanteur.

Il est curieux de remarquer l'analogie frappante que présente dans sa marche la décadence des arts chez les peuples les plus éloignés les uns des autres, et par la distance des lieux, et par la longueur des siècles. Les preuves que nous avons signalées ici de l'état de barbarie où étaient tombés les arts dans la Babylonie sous la dynastie des Sassanides, nous les retrouverons toutes dans les monuments élevés en Italie ou en France sous les princes du bas-empire ou sous les rois des deux premières races. Ces rapprochements singuliers pourraient se faire entre presque tous les pays qui, après une civilisation brillante se sont trouvés par l'effet des révolutions politiques, et plus encore peut-être, par une sorte d'influence fatale de la destinée, descendus tout à coup du haut degré de splendeur où ils s'étaient élevés. Nous aurons encore plus d'une fois l'occasion de signaler ces rapports, qui cessent d'étonner quand on pense que la nature humaine est partout la même, et que, sur elle, les mêmes causes doivent nécessairement produire partout les mêmes effets.

CONSTRUCTIONS MILITAIRES.

L'architecture militaire des Babyloniens, de même que leur architecture religieuse ou civile, avait pour but la grandeur matérielle plutôt que l'élégance des formes ou la savante combinaison des lignes. Mais là, au moins, cet usage, dont une idée singulière et fausse de la beauté était l'origine, avait un avantage réel, puisque cette grandeur matérielle ne pouvait manquer d'ajouter beaucoup à la force de ces ouvrages destinés à la défense. Les murailles de Babylone, élevées par Sémiramis, étaient célèbres dans toute l'antiquité par leur proportion colossale. Elles étaient épaisses de vingt-cinq mètres, et leur hauteur n'était pas moindre de cent dix-sept mètres, selon Ctésias; Darius les réduisit à vingt-cinq, en punition d'une révolte. Leur circuit était de trois cent soixante-cinq stades, en mémoire du nombre des jours de l'année solaire. Ces murailles étaient entourées d'un vaste fossé, rempli d'eau et revêtu de briques des deux côtés. La terre qu'on en avait tirée en le creusant avait été employée à faire les briques dont la muraille était construite. Le plan de l'enceinte était rectangulaire, et chaque côté de ce grand carré avait vingt-cinq portes d'airain; aussi voyons-nous, dans l'Écriture, Dieu promettant à Cyrus la conquête de Babylone, lui dire : « Je marcherai devant vous, je romprai les portes d'airain. » (Isaïe, ch. XLV, v. 2.) Entre ces portes, et aux angles, étaient plusieurs tours élevées de trois mètres trente centimètres au-dessus du niveau de la muraille. Des vingt-cinq portes de chaque côté du carré partaient autant de rues qui aboutissaient aux portes du côté opposé, de sorte qu'il y avait en tout cinquante rues qui se coupaient à angle droit. De ce rempart gigantesque à peine reste-t-il aujourd'hui quelques traces, et dans leur chute ses débris sont venus combler de nouveau le fossé d'où ils étaient sortis. C'est ainsi que s'est accomplie la terrible prédiction d'Isaïe. « Cette grande Babylone, cette reine entre les royaumes du monde, qui avait porté dans un si grand éclat l'orgueil des Chaldéens, sera détruite comme le Seigneur renversa Sodome et Gomorrhe.

» Elle ne sera plus jamais habitée, et elle ne se rebâtira point dans la suite de tous les siècles; les Arabes n'y dresseront pas même leurs tentes, et les pasteurs n'y viendront point pour se reposer.

» L'homme y sera plus rare que l'or, il sera plus précieux que l'or le plus pur. » (Isaïe, ch. XIII, v. 19, 20 et 21.)

PERSE.

INTRODUCTION.

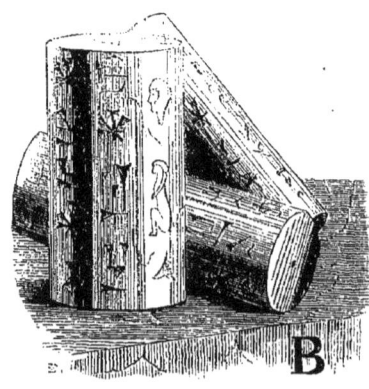

ien longtemps l'empire de Perse a figuré au premier rang parmi les empires de l'Asie, bien longtemps il a occupé les cent bouches de la renommée du bruit de sa puissance et de ses conquêtes, ou au moins de ses expéditions militaires. Au seul nom de la Perse, qui ne se rappelle la délivrance des Israélites captifs à Babylone, les batailles de Marathon et de Salamine, les victoires d'Alexandre, la défaite de Crassus, le triomphe de Sapor sur Valérien, les conquêtes de Thamas-koulikhan, et les derniers revers des armées persanes? De nos jours la Perse joue dans notre esprit un rôle plus pacifique, moins brillant sans doute, mais également digne de notre intérêt; depuis le commencement du dix-neuvième siècle, elle attire l'attention des savants et des hommes d'État de l'Europe par ses antiquités, l'importance de sa position, et par les grandes réformes politiques et administratives qu'elle a subies.

Le plus ancien nom de cette contrée est *Elam* ou *Elymaïs*, qui vient d'Elam, fils de Sem. Daniel et Esdras l'appellent *Paras*. Elle est encore nommée *Achæmenia*, des Achéménides, ses anciens rois. Suivant Hérodote, ses habitants étaient désignés, à une époque très-reculée, sous les noms de *Céphènes* et d'*Artæi*. Quant au nom de Perse, sous lequel ce pays est connu des Européens, les érudits sont loin d'être d'accord sur son étymologie : les uns, se fondant sur la fable, le font venir de Persée, fils de Jupiter et de Danaë; d'autres de *Fars*, ou *Farsistan*, l'une de ses provinces, ou du mot arabe *Fers*, cheval. « Les Arabes, en effet, dit Langlès, ont ainsi nommé cette province à cause de ses haras, du talent de ses habitants pour l'équitation, et de leur goût pour les chevaux; goût si fortement prononcé parmi eux, que plusieurs de leurs anciens noms appellatifs se terminaient en *Asp*, monosyllabe persan qui signifie *cheval*. Les écrivains musulmans emploient les dénominations de *Fars*, *Adjem* et *Iran*. Le nom d'Iran que porte aujourd'hui l'empire du Schah désignait, sous les Darius et les Sapor, toutes les contrées situées entre la Mésopotamie et l'Inde, par opposition au mot *Touran*, par lequel on indiquait le pays des Scythes et les contrées situées au nord de l'Oxus, avec lesquelles ces rois étaient souvent en guerre. Ce n'est que par un sentiment d'orgueil assez ridicule que les faibles monarques de la Perse actuelle ont remis en usage un nom aussi imposant. »

Les bornes de l'ancien empire perse étaient, à l'est, le fleuve *Indus*; au nord, l'Iaxarte, la mer Caspienne, la chaîne du Caucase et le Pont-Euxin; au sud, la mer des Indes, le golfe Persique et l'Arabie. A l'ouest, les limites n'étaient guère fixes; les guerres continuelles avec les Perses et les Grecs les faisaient changer fréquemment; on peut cependant indiquer la mer Égée comme servant de bornes à l'empire de ce côté.

L'Euphrate partageait l'empire en deux parties inégales; le pays qui se trouvait à l'ouest du fleuve comprenait la presqu'île de l'Asie Mineure, la Syrie et la Phénicie; la seconde partie renfermait les contrées situées entre l'Euphrate et l'Indus. Ces différentes provinces formaient vingt-trois satrapies. Douze provinces appartenaient à l'Asie Mineure : la Lydie, l'Ionie, la Carie, la Mysie, la Phrygie, la Cappadoce, la Paphlagonie, la Bythinie, la Lycie, la Cilicie, la Pamphylie et la Pisidie. Deux se trouvaient sur la rive orientale de la Méditerranée : la Phénicie et la Syrie.

Les provinces entre l'Euphrate et le Tigre étaient au nombre de trois; c'étaient la Mésopotamie, la Babylonie, l'Arménie. Entre le Tigre et l'Indus étaient l'Assyrie, la Perse proprement dite ou Perside, la Susiane, la Médie, l'Aria, l'Hyrcanie, la Parthie, la Bactriane, la Sogdiane, la Carmanie et la Gédrosie.

Six grands fleuves arrosaient l'empire perse: l'Euphrate, le Tigre, l'Araxe, l'Oxus, le Phase et l'Indus.

L'empire perse est bien loin aujourd'hui de cette immense étendue; déjà bien des fois réduit par les envahissements, il était revenu sous *Thamas-Kouli-Khan* à une assez grande puissance; mais à la mort de ce conquérant, en 1747, il fut de nouveau partagé et forma quatre États indépendants : le royaume d'*Iran* ou Perse proprement dite, le royaume de Kaboul ou des Afghans, le royaume de Kandahar, et la *confédération des Béloutchis*. Le royaume d'Iran, dont seul nous avons à nous occuper ici, est borné au nord par l'Arménie et le Schirvan, la mer Caspienne et le Turquestan; à l'est par le gouvernement de Hérat, le Caboul et le Belouchistan; au sud par le golfe d'Oman et le golfe Persique; à l'ouest, par la Turquie asiatique. Il est divisé en onze provinces qui sont : 1° l'*Irak-adjemi*, grande Médie et Parthie; 2° le *Tabaristan*; 3° la *Mazenderan* (ces deux provinces composées du pays des Tapyres et de l'Hyrcanie); 4° le Guilan (pays des Gelæ ou Cadusiens); l'*Aderbidjan* (Médie Atropatène); 6° le *Kurdistan* persan (Elymaïs ou pays d'Elam); 7° le *Khouzistan* (Susiane); 8° le *Fars* ou *Farsistan* (Perside) ; 9° le Kouhistan (Carmanie et Perside); 10° le *Kirman* (Carmania); 11° enfin le *Khorasan occidental* (Parthyene et Aria).

A ces provinces, il faut ajouter le royaume de Hérat, démembrement de la monarchie de Kaboul, qui avait conservé son indépendance, mais qui, depuis 1823, est devenu non-seulement vassal, mais même tributaire du roi de Perse.

La Perse actuelle forme un plateau très-élevé qui se joint à celui de l'Asie Mineure et de l'Arménie à l'ouest, et qui confine à l'est avec le plateau de l'Afghanistan et du Beloutchistan.

Les principales rivières sont le Kerkhah, ou Kérah, qui porte aussi le nom turc de *Karasou* (le Gyndes des anciens), le *Caroun*, le *Sitareguian*, ou *Sitaroguian*, le *Divroud*, le *Séfidroud* ou *Kizilouzen*, le *Tedjen* ou *Tedzen*, le *Bendemir*, le *Zendehroud*, le *Schourchroud* et le Mourgab (l'ancien Margus).

Il est peu d'États qui aient subi autant de révolutions que la Perse, surtout dans les temps modernes.

La fondation du royaume de Perse remonte au delà de tous les temps historiques de l'Asie, conséquemment au delà de tous ceux du monde entier. Quoique nous ne puissions pas même fixer d'une manière satisfaisante l'époque où s'établit la première des quatre dynasties ignicoles, les *Peychdadyens*, les *Kayanyens*, les *Achéaniens* ou *Arsacides* et les *Saçanides*, antérieures à l'invasion des musulmans, il paraît maintenant hors de doute, d'après les documents nouvellement découverts dans différents écrivains persans qui nous étaient inconnus, que ces quatre dynasties furent précédées de plusieurs autres, telles que celles des *Abadyens*, ou *Mahabadyens*, des *Chayens*, et des *Yecuniens* dont l'existence est attestée par Mohamed-Mohsyn-Fany. Malgré l'obscurité profonde qui enveloppe ces mystères historiques, on a tout lieu de conjecturer que sous ces dynasties antérieures, les Persans entretenaient des relations intimes avec les habitants du haut Indostan et envoyèrent dans cette contrée une colonie; car il paraît qu'alors les Persans et les Indous avaient le même système politique, professaient la même religion et parlaient la même langue; de là les nombreuses conformités qu'on remarque entre la langue *zend*, l'ancien persan, et le *samskrit*, la langue sacrée des brahmanes. Nous ignorons aussi à quelle époque ces communications auront été rompues, par l'effet sans doute de quelque révolution. Grâce au voile épais qui enveloppe ces temps reculés, l'histoire de la Perse ne commence guère pour nous qu'au règne de Cyrus. Nous savons seulement que Chodorlahomor, roi des Elamites ou Perses, avait eu sous son obéissance pendant douze ans les rois de la Pentapole. La treizième année, ces rois se retirèrent de sa domination et la quatorzième Chodorlahomor, marcha contre eux et les vainquit. Il reprit ensuite la route d'Elam, emmenant Loth, neveu d'Abraham. Ce patriarche ayant appris le malheur de Loth, poursuivit Chodorlahomor avec trois cent dix-huit hommes choisis, l'atteignit à Dan, le défit et délivra Loth. Quelle distance de ce prince défait par trois cent dix-huit hommes, aux *grands rois* ses successeurs marchant à la conquête de la Grèce à la tête de ces armées innombrables dont les pas faisaient trembler la terre! Nous ignorons ce que devinrent les Elamites jusqu'au règne de *Nabuchodonosor*, qui les subjugua de nouveau, secondé par Cyaxare, roi de Médie, son allié; mais quoique tributaires de l'étranger, les Elamites eurent toujours sur le trône des princes de leur propre nation. La seule famille royale dont on trouve la mention est celle d'Achæmenès ou des *Achæmenides*, dont Hérodote nous a transmis la généalogie : Achæmenès, Cambyse, Cyrus, Teïspès, Ariaramnès, Arsanaès, Hystape, Darius et Xercès. Cyrus naquit, 599 ans avant Jésus-Christ, de Cambyse, Perse de naissance, et de Mandane, fille d'Astyage, roi des Mèdes; celui-ci, épouvanté d'un songe où il crut voir que son petit-fils le détrônerait, le fit exposer dans un bois; mais le jeune prince fut conservé par Harpage, à qui Astyage avait ordonné de le faire mourir. Il fut élevé avec des bergers, puis s'étant mis à la tête de quelques troupes révoltées, il força Astyage de l'associer à la souveraineté et fonda l'empire des Perses sur la ruine de celui des Mèdes, l'an 559 avant Jésus-Christ. Il vainquit Crésus, roi de Lydie, prit Babylone, délivra les Juifs de la captivité où ils languissaient depuis soixante et dix ans, et leur permit de retourner à Jérusalem et de rebâtir le temple; il mit fin au royaume d'Assyrie et de Babylone et conquit toute l'Asie. Suivant Xénophon, son historien, il mourut dans la Perse, de sa mort naturelle; mais Hérodote et Justin rapportent que, vaincu, il fut fait prisonnier par Tomyris, reine des Messagètes, et eut la tête tranchée par ordre de cette princesse Cyrus mourut l'an 529 avant Jésus-Christ. Cambyse, son fils, lui succéda.

Dès que ce prince fut monté sur le trône, il songea à porter la guerre en Égypte pour une injure particulière qu'il prétendait, suivant Hérodote, avoir reçu d'Amasis; cette entreprise fut couronnée par la conquête de l'Égypte; mais il ternit l'éclat de ses victoires par ses cruautés. Il avait fait mourir Smerdis, son frère, sur des craintes qu'un songe lui avait inspirées. Les actes de fureur auxquels il se livrait l'ayant rendu odieux à toute la Perse, un mage, qui avait quelque ressemblance avec son frère, usurpa le trône en se faisant passer pour ce prince. Cambyse se disposait à marcher contre lui, lorsqu'il mourut des suites d'une blessure que lui fit sa propre épée en sortant du fourreau au moment où il montait à cheval. Smerdis se trouva donc, l'an 522 avant Jésus-Christ, paisible possesseur du trône.

L'Écriture donne à ce prince le nom d'Artaxerce. Un des premiers actes de sa puissance fut la défense qu'il fit aux Juifs de pousser plus loin la construction de leur ville et de leur temple. L'ouvrage demeura ainsi suspendu jusqu'à la deuxième année du règne de Darius. Smerdis chercha par sa bonne administration à se concilier l'affection des Perses; mais il ne put empêcher sept seigneurs, qui avaient découvert sa véritable origine, de former contre lui une conspiration qui lui ravit le trône et la vie après un règne de quelques mois. Parmi les sept conjurés était Darius, illustre seigneur persan, dont le père, Hystaspe, était gouverneur de la Perse. Ce fut lui que ses complices choisirent pour succéder à Smerdis, et Darius justifia leur choix par son courage, par la sagesse de son gouvernement. Darius monta sur le trône l'an 522 avant Jésus-Christ. Il permit aux Juifs de reprendre les travaux de la ville et du temple, interrompus par ordre de Smerdis. Au commencement de la cinquième année de son règne, les Babyloniens s'étant révoltés, il s'empara de leur ville après un siége de dix-neuf mois. Il porta ensuite la guerre chez les Scythes, mais cette expédition ne fut pas heureuse. Il réussit mieux dans l'Inde, où il poussa fort avant ses conquêtes. Megabise, son général, soumit la Thrace; quelques temps après ses généraux se rendirent maîtres de toute l'Ionie. La guerre ayant éclaté entre les Grecs et les Perses, Darius envoya contre les Grecs une armée innombrable qui fut défaite à la fameuse bataille de Marathon, l'an 490 avant Jésus-Christ. Darius faisait de nouveaux préparatifs contre les Grecs et contre les Égyptiens, qui venaient de se révolter, quand il mourut, 485 avant Jésus-Christ, après un règne glorieux de trente-six ans. Il laissa le trône à Xercès Ier, l'aîné de ses fils, qu'il avait eu d'Atosse, fille de Cyrus. Ce prince, après avoir fait rentrer l'Égypte dans le devoir, marcha contre la Grèce, à la tête d'une armée de 800,000 hommes et d'une flotte de mille voiles. Il jeta un pont sur l'Hellespont et fit couper l'isthme du mont Athos; lorsqu'il fut arrivé sur le sol de la Grèce, le courage héroïque de Léonidas et des trois cents Spartiates au passage des Thermopyles lui fit connaître à quels ennemis il avait affaire; et bientôt les Athéniens, gagnant sur lui la fameuse bataille de Salamine, le contraignirent de se retirer dans ses États, laissant en Grèce son général Mardonius avec le reste de son armée, qui fut presque entièrement détruite le 22 septembre 479 avant Jésus-Christ, à la célèbre bataille de Platée et à celle de Mycale, qui fut livrée le même jour. Les Perses furent aussi chassés successivement de Byzance et de l'île de Chypre. Tant de revers abattirent entièrement le courage de Xercès. Ce prince, renonçant à toute idée de conquêtes, ne pensa plus qu'à ses plaisirs. Une pareille conduite lui ayant attiré la haine et le mépris de ses sujets, Artaban, capitaine des gardes, l'assassina, et plaça sur le trône Artaxercès, troisième fils de Xercès, l'an 473 avant Jésus-Christ. Ce prince fut surnommé *Longue Main*, suivant Plutarque, parce qu'il avait la main droite plus longue que la gauche. Il fut célèbre par la bonté et la générosité dont il ne cessa de donner des marques pendant tout son règne; il paraît être celui que l'Écriture désigne sous le nom d'Assuérus et qui épousa Esther. Artaxercès vainquit les Bactriens, mais devint plus illustre peut-être par l'asile qu'il offrit à Thémistocle, fuyant l'ingratitude des

Grecs. Dans la guerre qu'il soutint contre la Grèce, il essuya une sanglante défaite dans le combat naval que lui livra Cimon, l'an 424 avant Jésus-Christ. Artaxercès en mourant, après un règne de quarante ans, laissa le trône à Xercès II, le seul fils qu'il eût eu de la reine Damaspe, sa femme. Il avait eu dix-sept enfants de ses concubines, entre autres Sogdien, que Ctésias appelle Secydien et Secyndien. Celui-ci, de concert avec Pharnacyas, l'un des eunuques de Xercès II, s'introduisit un jour chez ce prince, qui, après s'être enivré dans une fête, s'était retiré dans son appartement pour dormir. Sogdien le surprit et le tua pendant son sommeil, quarante-cinq jours seulement après la mort d'Artaxercès; Sogdien monta sur le trône aussitôt après avoir commis ce meurtre (424 avant Jésus-Christ). Il ne jouit pas longtemps du fruit de son crime : après un règne de six mois et demi, il fut détrôné et mis à mort par Ochus, l'un de ses frères, qui, devenu roi l'an 423 avant Jésus-Christ, prit le nom de Darius, auquel les historiens ont ajouté le surnom de *Nothus*, (bâtard), parce qu'il était fils d'une concubine. Son règne, qui dura dix-neuf ans, fut occupé en grande partie à réprimer les révoltes de ses proches et des gouverneurs de ses provinces. Il mourut l'an 404, laissant le trône à son fils Arsace, qui prit le nom d'Artaxercès. Les historiens grecs lui ont donné le surnom de Mnénon, à cause de sa prodigieuse mémoire.

Artaxercès Mnénon eut à lutter contre son frère Cyrus le jeune, aidé d'environ douze mille Grecs auxiliaires.

Cyrus fut vaincu à la bataille de Cunaxa, l'an 404 avant Jésus-Christ. Il y périt, selon quelques historiens, de la main même du roi, selon d'autres de celle d'un soldat carien ou d'un Perse, nommé Mithridate. Ce fut alors que les Grecs, qui avaient suivi ses fortunes, effectuèrent cette fameuse retraite des dix mille dont Xénophon nous a transmis le récit. Artaxercès soutint encore plusieurs luttes contre la Grèce, contre Exagoras, roi de Chypre, contre l'Égypte et contre plusieurs provinces révoltées. Arrivé à l'âge de quatre-vingt-quatorze ans, il mourut, après un règne de quarante-trois ans, l'an 361 avant Jésus-Christ. Il laissa la réputation d'un prince doux et ami du peuple; mais rien ne contribua tant à le faire regretter que la comparaison qu'on fit de lui avec son fils Ochus, qui, par sa cruauté et son naturel sanguinaire, surpassa les hommes les plus féroces. Parvenu au trône par la mort de ses frères, Ochus prit le nom d'Artaxercès III; il reconquit l'Égypte, désola Sidon, la Syrie et la Palestine. Enfin ses crimes reçurent leur juste châtiment : il fut empoisonné, l'an 338 avant Jésus-Christ, par l'eunuque Bagoas, dans lequel il avait mis toute sa confiance.

Après la mort d'Ochus, Bagoas mit sur le trône Arsès, le plus jeune des fils de ce roi et fit mourir tous les autres. Mais Arsès ayant laissé entrevoir qu'il connaissait la scélératesse de Bagoas et voulait la punir, celui-ci le prévint en le faisant assassiner. Arsès avait régné environ deux ans. Bagoas n'osant pas s'emparer pour lui-même de la couronne de Perse, la plaça sur la tête d'un de ses favoris, appelé Codoman (l'an 336 avant Jésus-Christ), lequel prit alors le nom de Darius. Ce prince ne jouissait du pouvoir souverain que depuis peu de temps, lorsque Bagoas, qui avait espéré gouverner tout l'empire sous son nom, reconnut qu'il s'était trompé dans son attente. Dès lors il prit la résolution de se défaire de Darius et prépara du poison pour exécuter son dessein; mais la trame ayant été reconnue, Darius força Bagoas à boire la coupe empoisonnée et se délivra ainsi de ce scélérat.

La seconde année du règne de Darius, l'an du monde 3670, 334 ans avant Jésus-Christ, Alexandre entreprit la conquête de l'Asie. Darius, vaincu au passage du Granique, à la bataille d'Issus, et enfin à celle d'Arbelles, s'enfuit dans la Médie, où il fut assassiné par Bessus, gouverneur de la Bactriane, la sixième année de son règne; avec lui finit la monarchie des Perses, deux cent trente ans après qu'elle eut été fondée par Cyrus.

Telle est l'histoire de cet empire d'après les historiens grecs; elle a au moins le mérite de la vraisemblance, sinon celui de l'exacte vérité. Je ne puis cependant m'empêcher de dire quelques mots de celle qui nous est racontée par les écrivains orientaux.

Dans l'origine des siècles, la Perse était peuplée de plusieurs tribus adonnées à la vie pastorale et qui reconnaissaient l'autorité d'un chef amovible. Cet état patriarcal ne put durer, le lien qui unissait les familles se relâcha, les crimes se multiplièrent, et on sentit la nécessité d'élire un chef dépositaire de l'autorité publique et chargé de faire respecter les lois de la nation. Le choix se fixa sur Kaïoumarats, être chéri du ciel en qui la vertu se trouvait unie aux plus rares talents. On lui attribue l'extension des limites de l'empire, l'établissement des premières lois civiles, morales et religieuses, la fondation de plusieurs villes, l'invention de la flèche et du javelot, l'extinction des querelles et des animosités particulières, le rétablissement de la paix et de l'union dans les familles. Son règne, suivant la tradition, fut de deux cent quatre-vingt-dix-neuf ans, et sa vie de cinq cents. Houchenk, son petit-fils, lui succéda, car la mort avait moissonné son fils Siamich; son équité lui mérita le titre de *Pichdad* ou de juste. C'est de ce surnom que les princes de sa famille ont pris la dénomination de *Pichdadiens*. Cette dynastie, la première, selon les auteurs orientaux, qui ait gouverné la Perse, présente une suite de dix princes dans un espace de 1,259 ans. Plusieurs d'entre eux se sont distingués par leurs exploits militaires, et l'admiration a consacré leurs noms; d'autres se sont fait remarquer par leur douceur, la justice de leur administration, et la reconnaissance des peuples leur a élevé des autels. Le plus célèbre de ces princes fut Djemchid, que ses succès et sa puissance enivrèrent au point de se croire dieu, mais qui expia son orgueil par la mort la plus affreuse. Ce fut sous le règne de l'un des derniers de ces princes, Manoutchéher, que naquit Roustam, l'Hercule des Persans. L'histoire de ce héros est un tissu de prodiges, ou plutôt c'est l'histoire de tous ceux qui ont porté le même nom. On doit la regarder comme l'œuvre de la poésie et de l'imagination qui se sont plu à attribuer les entreprises dont on ignorait les auteurs à un même personnage, pour le rendre plus digne de leurs tableaux.

Les derniers princes ne furent pas dignes de leurs prédécesseurs; et avec Kurchasp finit la dynastie des Pichdadiens.

A celle-ci succéda celle des Kaïaniens, qui prit son nom de l'épithète *kaï*, grand, que les princes de cette dynastie placèrent devant leur nom.

Kaï-Cobad, premier prince kaïanien, le *Déïokès* des Grecs, selon Volney, était neveu de Kurchasp, et, comme lui, devait la couronne à Zal et à Roustam. Autant le règne de Kaï-Cobad fut stérile en événements, autant celui de Kaï-Kavous, son fils et son successeur, fut célèbre surtout par les exploits de Roustam. Arrivé à une extrême vieillesse, abandonné de Roustam, que des calomnies avaient détaché de lui, accablé sous les coups de ses ennemis, Kaï-Kavous abdiqua en faveur de Kosrou, son petit-fils, qui fut le plus grand prince de la dynastie des Kaïaniens. Son règne fut fécond en exploits auxquels prirent encore part Zal et Roustam. Kosrou ne se rendit pas moins célèbre par ses vertus civiles que par son courage militaire. Dans sa vieillesse, sentant approcher le terme de sa carrière, il voulut se livrer tout entier à la pratique de ses devoirs religieux. Il assembla donc tous les grands du royaume, parmi lesquels Zal et Roustam figuraient au premier rang, et là, en leur présence, il remit les insignes du pouvoir aux mains de Lohrasp, arrière-petit-fils de Kaï-Cobad. Peu de jours après, Lohrasp prit possession du trône, et Kaï-Kosrou, se dirigea vers la solitude où il désirait finir ses jours dans de pieux exercices.

Le nouveau monarque et les grands voulurent l'accompagner. Arrivé au pied d'une haute montagne, Kaï-Kosrou s'arrête, prédit un ouragan affreux, de sinistres événements, et ordonne à ce brillant cortége de s'éloigner de lui. Personne ne consent à lui obéir. Vers le milieu de la nuit, Kaï-Kosrou disparaît de sa tente, et dès l'aurore, éclate une tempête horrible, suivie d'une neige si abondante que les plaines en furent couvertes à la hauteur de dix pieds. Plusieurs héros qui avaient été à son service périrent sous cette neige. Les âmes pieuses de l'Iran considérèrent la disparition de Kaï-Kosrou comme une heureuse assomption. Cette opinion, reçue parmi le peuple, adoucit l'amertume de ses regrets sur la perte d'illustres guerriers qu'il regardait comme destinés à partager la félicité éternelle dont jouissait le vieux monarque. Trois grands événements signalent le règne de Lohrasp, prince vertueux mais faible : le siége de la monarchie persane transféré de Persépolis à Balk; les conquêtes de Boudham, prince d'Ispahan, que l'on croit être le Nabuchodonosor de l'Écriture, et la révolte de Kuchtasp, fils de Lohrasp. Kuchtasp, ayant voulu contraindre son père à lui céder une partie de son royaume, échoua dans son entreprise et fut obligé de s'enfuir à Sardes en Lydie, où, sous le nom supposé de Ferouk-Sad, il se rendit célèbre par son courage et son adresse dans les tournois. Plus tard, Lohrasp, instruit des exploits de Ferouk-Sad, et ayant découvert que ce héros n'était autre que son fils, lui pardonna, le rappela près de lui, et bientôt abdiqua en sa faveur.

Le règne de Kuchtasp s'annonçait sous d'heureux auspices; l'Iran commençait à se relever de ses pertes sous son gouvernement ferme et actif; les frontières de l'empire étaient à l'abri de toute invasion. L'apparition subite de Zoroastre vint troubler cette paix et exciter des guerres plus cruelles que toutes celles qui avaient précédé, parce que le fanatisme religieux les suscitait. Kuchtasp, après avoir lutté contre la religion nouvelle, après avoir persécuté et combattu ses partisans; après avoir tenu Zoroastre lui-même en prison pendant sept années, converti, tout coup à par un prétendu miracle, devint le plus fervent de ses adeptes, et ce fut les armes à la main qu'il l'imposa à ses sujets et qu'il s'efforça de la faire adopter par ses voisins. La mort d'Isfandiar, fils aîné du roi, tué en combat singulier par Roustam, et celle de Roustam lui-même, assassiné par son frère Chagad, sont les seuls faits remarquables des dernières années du règne de Kuchtasp.

Ce prince abdiqua en faveur de Behmen, petit-fils d'Isfendiar, et mourut peu de mois après. Le nouveau roi, Behmen-Ardeschir est, dit-on, l'Artaxercès Longue Main des Grecs. Il épousa sa propre fille nommée Homaï, et, de cette union incestueuse, naquit Darab.

A la mort de Behmen-Ardeschir, Homaï prit les rênes de l'État, qu'elle tint d'une main faible et sans énergie jusqu'au jour où elle les remit aux mains de Darab, et alla finir ses jours dans la retraite. C'est à cette reine que quelques historiens orientaux attribuent la construction du palais de Persépolis. A ce Darab succéda Darab, son fils, le Darius-Codoman des Grecs, en qui finit l'empire des Perses.

On sera sans doute étonné, dans une histoire de Perse, quelque abrégée qu'elle soit, de ne voir pas figurer une seule fois les noms de Cyrus, de Darius, dont l'armée fut défaite à Marathon, de Xercès, qui fondit sur la Grèce à la tête d'armées innombrables, et de tant d'autres princes non moins célèbres; mais il existe une telle contradiction entre les écrivains grecs et orientaux, qu'il est absolument impossible de les concilier; et cependant comment admettre que les Grecs aient raconté la vie et les exploits d'un si grand nombre de princes, qui n'auraient jamais existé? Du reste, il est évident que la vérité doit être du côté de ces derniers. La durée fabuleuse de plusieurs siècles, assignée par les écrivains orientaux à plusieurs règnes, entre autres à celui de Djem-Chid, qui aurait occupé le trône sept cents ans, nous donne la mesure de la foi que nous devons ajouter à leurs récits. Revenons donc aux historiens grecs, et reprenons notre histoire à l'époque où nous l'avons laissée. A la mort d'Alexandre, la Perse échut en partage à Seleucus Nicator, l'un de ses généraux qui devint le chef de la dynastie des Séleucides, qui ne devait être que de peu de durée. Séleucus monta sur le trône l'an 312 avant Jésus-Christ. La Perse lui resta soumise ainsi qu'à Antiochus Soter, son fils; mais l'an 256 avant Jésus-Christ, Arsace, seigneur parthe ou bactrien, se révolta contre Agatoclès, lieutenant d'Antiochus Théos, successeur d'Antiochus Soter, et fonda l'empire si connu des Parthes ou des Arsacides.

Les auteurs grecs et latins qui ont écrit l'histoire de l'empire des Parthes, se contentant de faire connaître les événements auxquels les Romains se trouvent mêlés, n'apprennent que peu de détails sur tous les autres, et les chroniqueurs persans, loin de remplir cette lacune, ne donnent pas même exactement les noms des successeurs d'Arsace. Je me bornerai donc à indiquer ici la liste chronologique des Arsacides, telle qu'elle m'est fournie par l'excellent ouvrage de M. Dubeux. L'an 256 avant Jésus-Christ, Arsace se révolte contre Antiochus Théos, et fonde un empire dans la province de Parthie. Après de grands succès, il est tué dans une guerre contre Ariararthe, roi de Cappadoce, et laisse la couronne à son frère Tiridate.

En montant sur le trône (an 255 avant Jésus-Christ), Tiridate quitta son nom pour prendre celui d'Arsace II. Il fut d'abord battu par les troupes de Séleucus Callinicus, fils et successeur d'Antiochus Théos, et obligé de quitter la Parthie; mais il y rentra ensuite et s'empara même de l'Hyrcanie. Il mourut en 217 avant Jésus-Christ.

Artaban Ier, son fils, lui succéda. Ce prince gouverna ses États avec gloire, fit une invasion en Médie, et força Antiochus le Grand à reconnaître sa souveraineté, et mourut la vingtième année de son règne. Il eut pour successeur son fils Phriapatius, qui régna quinze ans.

Phraate, fils de Phriapatius, succéda à son père (an 181 avant Jésus-Christ). Il soumit les Mardes et mourut bientôt après cette glorieuse expédition. Préférant la prospérité de l'État aux intérêts de ses enfants, il légua la couronne à Mithridate, son frère, qui s'était précédemment distingué par sa sagesse, son courage et sa droiture. Mithridate Ier (173 ans avant Jésus-Christ) se montra digne de ce choix; il soumit la Bactriane, la Perse, la Médie, l'Elymaïde, ainsi que plusieurs autres provinces, et fit même une expédition dans les Indes, où il pénétra plus loin qu'Alexandre le Conquérant. Terrible à ses ennemis, ce législateur, chéri de ses sujets, mourut après avoir régné environ trente-sept ans.

Phraate II, fils de Mithridate, hérita de son trône, de ses qualités, mais non point de son bonheur (136 ans avant Jésus-Christ). Après quelques expéditions brillantes en Syrie, qu'avaient précédées des défaites sanglantes, il fut tué dans une expédition contre les Scythes en l'année 128 avant Jésus-Christ.

Artaban II, son oncle et son successeur, eut le même sort.

Mithridate II, fils d'Artaban II, prit alors la couronne (an 124 avant Jésus-Christ). Ce prince mérita le surnom de grand par sa sagesse autant que par ses victoires.

Mnaskirès, fils de Phraate Ier, succéda à son oncle Mithridate II (87 ans avant Jésus-Christ). Il soumit Sinatrockès, fils de Mithridate Ier, qui voulait lui ravir la couronne. Les guerres civiles qui désolèrent alors l'empire des Arsacides réduisirent le pays à un tel état de faiblesse, que les Arméniens faisaient impunément des incursions dans les provinces parthes, voisines de leurs frontières. Mnaskirès mourut dans un âge fort avancé, l'an 77 avant Jésus-Christ.

Sinatrockès, fils de Mithridate Ier, fut son successeur. Celui-ci, qui était extrêmement âgé, associa à l'empire son fils Phraate III. Après la mort de Sinatrockès, Phraate III, régna seul (an 69 avant Jésus-Christ). Ce prince contracta une alliance avec les Romains. Il mourut, l'an 61 avant Jésus-Christ, empoisonné par ses fils.

Mithridate III, fils de Phraate III (an 60 avant Jésus-Christ), avait contribué à la mort de son père. A peine sur le trône, il exila son frère Orode, qui conspirait contre lui. Son caractère cruel le rendit bientôt odieux à ses sujets, qui le chassèrent et rappelèrent Orode. Celui-ci, devenu maître de la personne de Mithridate, le fit mettre à mort l'an 54 avant Jésus-Christ.

Orode signala son avénement par la défaite si fameuse de Crassus, et la destruction des légions romaines sous les ordres de ce général, en juin 53 avant Jésus-Christ. Les détails de cette expédition célèbre, où Crassus mourut en Romain, après s'être conduit en insensé, sont trop connus pour les retracer ici. Bientôt après, il fit une irruption dans la Syrie, d'où il fut chassé par Cassius. L'année suivante (50 avant Jésus-Christ), il envoya dans ce pays son fils Pacore, qui n'y obtint pas de grands succès. Plusieurs années après cette expédition, Pacore fut défait et tué par Ventidius ; Orode mourut étranglé par son fils Phrahate, l'an 37 avant Jésus-Christ.

Phrahate IV, profitant de la lutte d'Antoine et d'Auguste, envahit la Médie et l'Arménie. Devenu odieux à ses sujets, il fut chassé ; mais il recouvra la couronne par le secours des Scythes. Il fut étouffé, l'an 4 de Jésus-Christ, par son fils Phrahataces, qui tomba bientôt lui-même sous les coups d'Orode II. Celui-ci ne jouit que bien peu de temps du fruit de son crime, et au bout de quelques mois il fut assassiné.

Vononès, fils de Phrahate IV, qui était en otage à Rome, fut demandé par les Parthes pour occuper le trône de son père (an 6 de Jésus-Christ). Ayant conservé les mœurs romaines, il ne put se concilier l'affection de ses sujets, qui offrirent la couronne à Artaban, roi des Scythes et du sang des Arsacides du côté de sa mère. Après une guerre qui dura environ deux ans, Vononès fut obligé de se retirer, laissant la couronne à Artaban.

Artaban III (an 15), tranquille possesseur de l'empire des Parthes, mit son fils Orode sur le trône d'Arménie. Tibère, redoutant les envahissements des Parthes, envoya Germanicus contre Orode. Le général romain chassa celui-ci, et mit un autre prince sur le trône d'Arménie. Artaban III mourut l'an 43 de Jésus-Christ, après avoir désigné Bardanès, son second fils, pour lui succéder.

Bardanès fut bientôt détrôné par Gotarzès, son frère aîné ; mais celui-ci, s'étant rendu odieux à ses sujets par sa cruauté, fut obligé de céder de nouveau la couronne à Bardanès. Ce dernier, étant mort (an 47), eut pour successeur Gotarzès, qui laissa lui-même la couronne à Vononès II, prince de la famille royale (an 54). L'année suivante, Vologèse Ier, fils de Vononès, monta sur le trône après le règne très-court de son père. Il envahit ensuite l'Arménie et renouvela les anciens traités avec le sénat de Rome. A sa mort, Pacore, son fils aîné, lui succéda. Il régna dix-sept ans, et laissa la couronne à son frère Chosroës, qui attira sur le royaume des Parthes les armes de Trajan, en enlevant l'Arménie à Exedarès que l'empereur y avait établi, et en mettant à sa place Parthamasiris, frère de ce même Exedarès. Vologèse II, fils de Chosroës, monta sur le trône l'an 134 de Jésus-Christ, et mourut en 188. Ce prince fit la guerre aux Romains qui battirent plusieurs fois ses troupes, et aux Scythes qui envahirent la Médie, et dont il ne parvint à se débarrasser qu'en leur donnant des sommes considérables. Monnesès, déclaré roi par les Parthes, régna à la place de Vologèse qui recouvra plus tard la couronne. Vologèse II eut pour successeur son fils Vologèse III, qui entreprit d'arracher l'Arménie aux Romains. De grands succès marquèrent les commencements de son entreprise, mais une longue suite de désastres suivirent ces premières victoires.

Artaban IV (214) fit la guerre aux Romains et les obligea à conclure avec lui une paix honorable; mais il perdit dans cette lutte ses meilleures troupes. Un Perse, d'une naissance peu illustre et appelé Ardeschir, Artaxercès ou Artaxarès crut que le moment était venu de reprendre sur les Parthes la suprématie dont les Perses avaient été dépouillés; Artaban, instruit de cette révolte, marcha avec toutes ses forces contre Artaxercès, qui avait une armée à peu près égale en nombre à celle de son rival. Après un combat acharné, la victoire se déclara pour les Perses. Artaban fut fait prisonnier et mis à mort par les ordres d'Artaxercès. Ainsi finit l'empire des Parthes après avoir duré près de cinq siècles. Toutefois la race des Arsacides ne fut pas éteinte dans la personne d'Artaban. Une branche de cette famille continua à régner sur l'Arménie jusque vers le milieu du sixième siècle de notre ère.

Artaxercès était fils de la femme d'un cordonnier nommé Pabec, et d'un officier appelé Sassan. Après sa victoire sur Artaban, il monta sur le trône l'an 226 de Jésus-Christ, et devint ainsi le fondateur de la dynastie des Sassanides. Artaxercès voulut reprendre aux Romains tous les pays qu'ils possédaient dans l'Asie Mineure, et qui avaient toujours été gouvernés par des satrapes perses depuis Cyrus jusqu'à Darius; Alexandre Sévère vint en Asie, et recouvra, presque sans coup férir, ces provinces dont Artaxercès s'était déjà emparé; mais lorsque l'empereur fut de retour à Rome, Artaxercès, profitant de son absence, reprit toutes les provinces que les Romains lui avaient enlevées. Ce prince mourut après avoir régné près de quinze ans.

Les Orientaux placent ce monarque au nombre des plus grands princes qui aient paru sur le globe. Ils rapportent de lui un grand nombre de belles paroles, dignes d'un sage et d'un philosophe. On lui attribue deux ouvrages, le *Kar-nameh*, ou mémoires sur sa vie, et *la Manière de se bien conduire* qui est un traité de morale appliquée à la vie civile et privée. Chapour ou Sapor, fils d'Artaxercès (241), continua la guerre contre les Romains. Il eut à combattre successivement Gordien, Philippe et Valérien. Ce fut lui qui s'empara de ce dernier empereur, et qui ternit sa gloire par sa cruauté envers son prisonnier. Loin de consentir à lui rendre la liberté à aucun prix, il traitait cet illustre vieillard de la manière la plus indigne, jusqu'à lui poser le pied sur le cou, pour monter à cheval. Enfin, après l'avoir retenu longtemps dans ce cruel esclavage, il le fit écorcher tout vif. Sapor eut encore à soutenir les efforts d'Odenat, roi de Palmyre et de la reine Zénobie. Il mourut après un règne de trente et un ans. Hormouz ou Hormisdas, et son fils Behram ou Varanne Ier, régnèrent peu d'années, et eurent pour successeur Varanne II, qui combattit Probus, Carus et Dioclétien, presque toujours avec désavantage. Varanne III, qui monta sur le trône en l'an 293, ne régna qu'une année, et laissa le pouvoir à Narsy ou Narsès qui en jouit pendant sept ans et cinq mois. Ce prince, vaincu dans deux batailles par Galère, qui pénétra jusqu'au delà du Tigre, finit par surprendre les Romains et les tailla en pièces; mais plus tard il fut complètement vaincu, et, rongé de chagrin, ne survécut pas longtemps à ses désastres.

Hormisdas, qui lui succéda, régna, comme son père, sept ans et quelques mois.

Son règne ne fut marqué par aucun grand événement, et son seul titre de gloire est peut-être d'avoir été le père de Sapor II, qui fut roi au moment de sa naissance, l'an 310. Son règne fut un des plus brillants que présente l'histoire des Sassanides. Valeur extraordinaire, rare habileté dans la guerre, politique adroite et raisonnée, prudence, justice dans le gouvernement de ses sujets, il réunit toutes les qualités qui forment un grand monarque. Ce prince soutint courageusement une lutte acharnée contre Constantin, Constance, Julien l'Apostat, qui y trouva la mort, et Jovien. Après une longue alternative de succès et de revers, l'avantage se déclara pour les Perses, et Jovien, pour sauver les débris de l'armée romaine, se vit obligé d'accepter la paix, en cédant à Sapor cinq provinces avec les villes de Nisibe et de Singara. Après ce succès, Sapor fit une expédition dans la Tartarie et dans les Indes. Jovien étant mort environ huit mois après son avènement, Sapor, au mépris de la foi jurée, entra sur les terres de l'empire, pénétra dans l'Arménie et tua Arsace, qui en était roi. L'arrivée d'un général romain le força de rentrer dans ses États. Ce fut alors qu'il transporta à Ctésiphon, ancienne capitale des Parthes, le siége de la monarchie. Ce fut le dernier acte important de la vie de Sapor, qui mourut bientôt après. Il avait régné soixante et dix ans, autant qu'il avait vécu. Nous n'avons rien à dire de ses successeurs, Artaxercès II, Sapor III et Varanne IV, qui occupèrent le trône de 380 à 400, époque de l'avénement d'Yezdedjerd, ou Isdidgerdès Ier, un des plus grands rois qui aient régné sur la Perse. A son lit de mort, Arcadius, empereur d'Orient, justement inquiet du sort de son fils Théodose II encore au berceau, et redoutant surtout pour lui et pour l'empire les attaques des Perses, pria, par son testament, Isdigerdès d'accepter la tutelle de ce jeune enfant, et de prendre l'empire romain sous sa protection. Isdidgerdès accepta noblement et ne démentit jamais son généreux caractère, et tant qu'il vécut, l'empire d'Orient, protégé par ce fidèle allié, jouit d'une paix profonde. Isdidgerdès permit aux chrétiens de bâtir des églises dans toute l'étendue de son empire. Il mourut après un règne de vingt et un ans. Bien différent de son père, Varanne V marqua le commencement de son règne par une persécution contre les chrétiens. Il combattit le pupille d'Isdidgerdès, Théodose II. Il éprouva des défaites terribles, fut vaincu en diverses rencontres par le général romain Ardaburius, et fut enfin contraint de signer un traité de paix, dont l'un des principaux articles fut la liberté pour les sujets perses de professer la religion chrétienne. Le règne d'Isdidgerdès (441-458) fut signalé par l'adjonction à l'empire perse d'une partie de l'Arménie par la donation qu'en fit Tigrane, l'un des héritiers d'Arsace. Firouz ou Perozès qui lui succéda, périt dans une expédition contre les Huns blancs, appelés Ephthalites, qui infestaient les frontières de son royaume. Ses fils, au nombre de trente, trouvèrent la mort à ses côtés; un seul survécut, étant alors beaucoup trop jeune pour assister à l'expédition. Les Perses n'osant pas, dans les circonstances difficiles où se trouvait la monarchie, confier le gouvernement à un enfant sans expérience, placèrent sur le trône (an 482) Palach, ou Balas, frère de Perozès, prince juste mais paisible, qui employa les quatre années qu'il l'occupa en vains efforts pour repousser les Ephthalites.

Cobad, Covades ou Cobadès monta sur le trône à la mort de son oncle (485). Il parvint à soumettre les Ephthalites. Ce prince, grand guerrier, se rendit odieux à ses sujets par sa sévérité et par les changements qu'il voulut introduire dans les mœurs et la constitution de l'empire; il fut détrôné, et on mit à sa place son oncle Zamasphès (496). Mais au bout de quelques années, Cobadès parvint à s'échapper de la prison où il était renfermé, et revint à la tête des Ephthalites reconquérir son trône; il jeta Zamasphès en prison, après lui avoir fait crever les yeux. Le reste de son règne fut occupé par une guerre contre l'empereur Anastase, et plus tard contre les armées de Justinien, commandées par Bélisaire. A la mort de Cobadès, son troisième fils, Cosrou ou Chosroës, dit *Anouchirvan*, monta sur le trône (531). Le commencement de son règne fut troublé par une conspiration dont le but était de mettre sur le trône Cobadès, fils de son frère Zamès; il parvint à la déjouer. En 540, au mépris des traités faits avec les Romains, il porta la guerre dans la Syrie et la Cilicie. Il prit les villes de Sura et d'Antioche, et réduisit la dernière en cendres. Il finit par conclure une paix aussi avantageuse pour lui que honteuse pour les Romains, qui furent contraints de lui payer une somme considérable. Chosroës ayant en plusieurs occasions violé ce traité, Justinien irrité de son manque de foi, envoya de nouveau Bélisaire contre les Perses, qui se contenta d'une incursion sur le territoire persan, d'où il rapporta un butin considérable. Mais après deux années de campagne, les Romains furent encore obligés d'acheter à prix d'argent une trêve de cinq ans. Chosroës eut, en 550, à réprimer la révolte de son fils Anatoxade, qui s'était fait proclamer roi; il le vainquit et lui brûla les yeux.

Enfin le long règne de Chosroës ne fut qu'une suite de guerres plus ou moins heureuses contre les Romains; il mourut en l'an 579, après avoir occupé le trône quarante-huit ans. Hormisdas III lui succéda. Il continua la guerre contre les Romains, mais en général avec moins de succès que son père. Il trouva aussi un ennemi redoutable dans un de ses plus braves généraux, nommé Behram ou Varame, qui se révolta par suite de l'injustice du roi. Il en fut de même de Bindoes, autre seigneur, qui avait également à se plaindre de lui. Hormisdas fut détrôné par ce dernier, qui mit à sa place son fils Chosroës II (592).

Chosroës II s'efforça d'abord d'adoucir par tous les bons traitements possibles la captivité de son père; mais n'ayant pu parvenir à apaiser son humeur farouche, il finit par le mettre à mort.

Chosroës soutint une guerre sanglante contre le révolté Varame, qui s'était fait proclamer roi; mais avec l'aide des secours envoyés par l'empereur Maurice, il parvint à le vaincre. A la mort de Maurice, il refusa toute alliance avec son meurtrier Phocas, et il chercha à reculer les bornes de son royaume aux dépens de l'empire romain. Ainsi commença la guerre la plus sanglante que l'empire ait jamais soutenue contre les Perses, ces opiniâtres rivaux de la puissance romaine. Elle dura vingt-quatre ans, et, pendant les dix-huit premières années jusqu'à la douzième du règne d'Héraclius, ce ne fut pour les Romains qu'une suite perpétuelle de désastres. Chosroës II, moins grand capitaine, mais plus cruel que son aïeul, trouvant l'empire dépourvu de généraux expérimentés, porta en tous lieux le massacre et l'incendie. Toute l'Asie, depuis le Tigre jusqu'au Bosphore, ce pays le plus peuplé, le plus riche, le plus fertile de l'univers, ne fut plus qu'un théâtre d'horreurs. Enfin, en 622, Héraclius remporta sur les Perses une victoire complète : il tailla en pièces leur armée. A partir de ce moment, les combats d'Héraclius contre les Perses furent autant de triomphes. Chosroës, accablé par l'âge et les malheurs qu'il avait si bien mérités, songeait à remettre le trône à l'un de ses fils nommé Merdasas, quand Chirouëch ou Siroës, son fils aîné, le prévint en faisant massacrer tous ses frères au nombre de dix-sept et en s'emparant de la tiare. Il fit jeter Chosroës dans une prison, où il le condamna à mourir de faim; mais comme il vivait encore le cinquième jour après sa condamnation, ce fils dénaturé le fit achever à coups de flèches. Devenu paisible possesseur du pouvoir (629), Siroës fit demander la paix à Héraclius, qui la lui donna à la condition que les deux États conserveraient leurs anciennes limites, que les prisonniers seraient rendus de part et d'autre et qu'on remettrait aux Romains la vraie croix que Sarbar avait prise à Jérusalem. Siroës ne conserva que bien peu de temps le trône qu'il avait acquis au prix de ses crimes : il mourut de la peste après un règne de six mois. Rien d'important sous les courts règnes d'Artaxercès III, fils de Siroës; de Sarbar, usurpateur qui le fit périr; de Borane, fille de Chosroës, qui gouverna l'empire sept mois, et enfin d'Hormisdas IV, qui fut tué après avoir occupé le trône quatre ans. A sa mort la couronne échut à Isdidgerdès III (632). Son règne fut fameux par l'invasion des Arabes, qui s'emparèrent de la Perse sous la conduite des successeurs de Mahomet, Omar et Othman. Les célèbres batailles de Zab, de Cadissieh, de Médaïn, la prise et le sac de cette dernière ville, la capitale de Chosroës, portèrent enfin le coup mortel à la monarchie persane, et les efforts qu'elle fit dans la suite pour se soustraire au joug des Arabes ne furent plus que les derniers mouvements d'un corps qui lutte contre la mort. Le combat de Néhavend, que les Arabes appellent *la victoire des victoires*, parce qu'elle les mit en possession de la Perse entière, acheva de ruiner le parti du malheureux Isdidgerdès, qui fut tué en combattant. Avec lui finit la dynastie des Sassanides et un empire qui avait subsisté avec tant de gloire pendant quatre cents ans. C'est de cette époque que les historiens font dater l'histoire moderne de la Perse.

Les troubles qui agitèrent l'empire naissant des Arabes après la mort d'Othman et l'élection d'Ali, suspendirent un instant le cours de leurs victoires. Cependant bien peu de temps après la mort d'Isdidgerdès, ils étaient maîtres de tout le pays depuis les rives de l'Euphrate jusqu'à l'Oxus. Tandis qu'Ali et Moaviah se disputaient le trône, Abdallah, gouverneur de Basrah pour Ali, confia le gouvernement de la partie conquise de la Perse à Ziad, dont la prudence et la justice rappelèrent aux Persans les plus beaux règnes de leurs rois. Sous les Ommiades, les Arabes étendirent leur empire et le consolidèrent. Vers l'an 820 de Jésus-Christ, la Perse recommença à avoir une existence propre. Un certain Taher se déclara indépendant, et fonda la dynastie des *Tahérides*, qui occupa le trône pendant plusieurs générations. En 875, la Perse tomba au pouvoir de Yacoub, fils d'un certain Leïs, fondeur de laiton dans la province de Sistan. Cette profession fit donner à ses successeurs le surnom de *Saffarides*, du mot arabe *saffar* qui veut dire fondeur de laiton. Yacoub, après avoir exercé jusqu'à dix-huit ans la profession de son père, s'était mis à la tête d'une bande de brigands, et osa refuser de reconnaître la suzeraineté des califes. Il mourut avant d'avoir consolidé son entreprise; Amrou, son frère et son successeur, témoigna au contraire une grande soumission au calife, et consentit à recevoir de lui l'investiture du gouvernement des provinces de l'Irak-Adjemi, du Fars, du Khorasan, du Sistan et du Tabaristan. Plus tard, à la demande des habitants du Khorasan, le calife Mothaded voulut détacher cette province de ses domaines. Amrou se révolta et, après une lutte assez longue mêlée de succès et de revers, força le calife à revenir sur sa décision au moins en apparence. Mothaded, trop faible, engagea un prince tartare, appelé Ismaël Samani, à enlever à Amrou le gouvernement du Mawaralnahr ou Transoxane. Amrou fut battu et envoyé à Bagdad, où il fut mis à mort en 901. Avec lui périt la dynastie des Saffarides, qui fit place à celle des Samanides, dont Ismaël devint le fondateur. Ce prince, modèle de toutes les vertus civiles et militaires, n'occupa malheureusement le trône que pendant un petit nombre d'années. Il mourut après un règne de six ans, en 907 de Jésus-Christ (an 295 de l'hégire).

Ses successeurs Ahmed, Nasr, Nouh Ier, Abdoulmelic, Mansour, Nouh II, Mansour II, Abdoulmelic II et Montaser régnèrent pendant plus d'un siècle, sans qu'aucun fait important soit venu signaler leur passage. Montaser, après avoir erré de ville en ville avec quelques cavaliers qui lui étaient restés fidèles, fut assassiné par le chef d'une tribu arabe auquel il avait demandé asile et protection (l'an 395 de l'hégire; 1004 de Jésus-Christ). Les princes Samanides n'avaient succédé aux Saffarides que dans une partie de leur territoire. Tandis que les premiers régnaient sur le Mawaralnahr et le Khorasan, une nouvelle dynastie s'élevait dans l'Irak-Adjemi. Imad-Eddoula, fils d'un pêcheur de la province de Dilem, nommé Bowaïh, fondait celle des Bowaïh ou Dilemites, et choisissait Schiraz pour capitale de son royaume; il partagea son empire avec ses frères Roen-Eddoula et Moezz-Eddoula qui eurent, l'un le Kirman et l'autre l'Irak. Ainsi s'établirent trois puissances en quelque sorte parallèles. Un prince de la famille de Bowaïh, nommé Aboulfaouaris, ayant fait une irruption dans les États d'un de ses frères, fut vaincu et obligé de prendre la fuite. Il se retira auprès de Mahmoud, le Gaznevide, empereur ou sultan du pays de Ghizneh, l'ancienne Bactriane. Ce prince, dont nous avons déjà eu occasion de parler et de signaler les conquêtes dans l'Indostan, en favorisant le prince fugitif et en lui accordant des secours, affaiblit l'une par l'autre les diverses branches de Bowaïh, qui, enfin, furent contraints de céder aux Gaznevides, le gouvernement des diverses provinces de la Perse, au commencement du onzième siècle. Sous le règne de Maudoud, petit-fils de Mahmoud, les Gaznevides perdirent toutes leurs possessions en Perse; elles leur furent enlevées en 1037 par Togril, chef de la tribu tartare des Seldjoukides, qui tirait son nom d'un de ses anciens chefs, appelé Seldjouk. Togril conquit l'Irak-Adjemi et le territoire de Mosoul, et la prise de Bagdad le rendit maître de la personne même du calife, qui fut trop heureux de se racheter, en lui accordant l'investiture de ses conquêtes qu'il compléta bientôt en s'emparant de tout le reste de la Perse. Togril, après avoir épousé, à l'âge de soixante et dix ans, la fille du calife, mourut quelques mois après ce mariage, laissant le trône de Perse à son neveu Alparslan (1065). Celui-ci fut un des plus grands princes qui aient régné sur la Perse. Attaqué par l'empereur d'Orient Diogène, il le battit, le fit prisonnier et le renvoya généreusement. Il mourut de la main d'un officier prisonnier auquel il avait voulu lui-même donner la mort.

Son fils Meliçshah soumit par ses généraux la Syrie et l'Égypte, et fit la conquête de Bockhara, de Samarcande et de plusieurs autres pays voisins de la Perse.

A sa mort, son frère et ses quatre fils s'étaient partagé son empire; mais bientôt, à la suite de guerres civiles et par la mort de plusieurs des compétiteurs, il se réunit tout entier dans les mains de Sandjar, le troisième des fils du roi. Après un règne glorieux et jusqu'alors heureux, Sandjar tomba au pouvoir d'une tribu turcomane révoltée, et resta captif pendant quatre années; il parvint enfin à s'échapper et mourut peu de temps après, à l'âge de soixante et treize ans (1157). Pendant les quarante années qui suivirent sa mort, la Perse fut déchirée par les guerres que se faisaient les différentes branches de la famille des Seldjoukides. Le dernier prince de cette race qui exerça le pouvoir souverain sur la Perse fut Togril III, qui, après avoir vaincu presque tous ses rivaux, devint odieux par les excès de toutes sortes auxquels il s'abandonna. Takasch, roi du Kharizm, aujourd'hui pays de Khiva, excité par les mécontents, entra en Perse, attaqua Togril, qui fut vaincu et tué l'an 1193. La dynastie des Seldjoukides avait régné en Perse 158 ans. Alaeddin-Mohamed, successeur de Takasch, conserva l'autorité souveraine en Perse jusqu'au moment où il fut détrôné par Gengis-khan. Alaeddin avait attiré les armes de ce conquérant sur ses États, en faisant massacrer des marchands qu'il envoyait dans le Kharizm, en outrageant son ambassadeur et en refusant de lui accorder satisfaction. Il connut trop tard la faute qu'il avait commise. Les Moghols, semblables aux flots d'une mer irritée, inondèrent le Kharizm, la Transoxane, le Khorasan et la Perse, et portèrent partout le meurtre et la ruine. Accablé sous le poids de ses défaites, Alaeddin perdit à la fois le courage et la raison; il erra de province en province et se réfugia dans une île de la mer Caspienne, où il finit ses jours, abandonné de tous et dans la misère. Djelal-eddin, fils d'Alaeddin, essaya pendant quelque temps, et non sans succès, de résister aux Moghols; mais enfin il succomba à son tour, et par sa mort les Moghols se trouvèrent une seconde fois maîtres de la Perse.

Avant de mourir (1226), Gengis-khan nomma Oktaï-khan son successeur, et chargea son quatrième fils, Touli, de la régence. Ainsi fut fondée en Perse la dynastie des Moghols ilkhaniens. Touli mourut trois ans après son père; il laissa un grand nombre de fils parmi lesquels était Houlagou, qui devint maître de la Perse. Après un règne glorieux, Houlagou mourut en 1264. Ses successeurs Abaka-khan, Tangodor, ou Ahmed-khan, Argoun, Kaï-khatou, Baïdou-khan, Gazan-khan, Aldjaïtou-khan, plus connu sous le nom de Mohammed-Khodabendeh, qui bâtit la ville de Sultanieh, occupèrent le trône avec quelque éclat pendant environ un siècle. Abousaïd-Behader succéda à son père Khodabendeh, n'étant encore âgé que de douze ans. Pendant sa minorité, la Perse se trouva plongée dans l'anarchie par les désordres des nobles. Abou-saïd, prince indolent, mais brave, mourut d'une fièvre qu'il gagna dans le Schirvan, où il était allé pour repousser une invasion des Tartares (1335). Ce monarque fut le dernier de la famille de Houlagou qui ait possédé en réalité l'autorité souveraine. Ses successeurs, élevés sur le trône par des grands seigneurs ambitieux, en étaient arrachés dès qu'ils paraissaient contrarier leurs projets. Chaque province de la Perse tomba au pouvoir d'un prince indépendant, et l'empire ainsi démembré devint bientôt la proie des armées de Timour, plus connu sous le nom de Tamerlan.

L'émir Timour, surnommé *Lenc*, boiteux, naquit à Kesch dans le Mawaralnahr l'an 736 de l'hégire, 1335 de Jésus-Christ. Son père était chef d'une tribu soumise aux khans de Tartarie. Profitant de l'anarchie qui régnait dans sa patrie, Timour parvint à s'emparer successivement du Mawaralnahr, des pays de Caschgar et de Kharizm, du Khorasan, du Candahar, du Caboul, du Sistan et du Mazenderan; enfin, il en vint à être maître de toute la Perse. Le conquérant porta alors ses armes victorieuses dans les principales contrées de l'Asie. Il était en marche contre les Chinois et venait de passer l'Iaxarte, lorsqu'une maladie violente l'obligea de s'arrêter à Otrar, où il mourut en 1405.

Timour avait laissé la couronne à son petit-fils Pir-Mohammed-Jehanguir; mais celui-ci trouva un compétiteur dans son frère Khalil-soultan, qui s'empara définitivement du trône après que Mohammed eut été assassiné par son propre ministre. Khalil, sacrifiant tout aux caprices de sa favorite Shadoulmouc, fut chassé par ses sujets, et son oncle Shah-Rokh, fils de Timour, fut mis à sa place. Le règne de ce prince fut occupé tout entier à réparer les maux causés par la guerre. Il mourut en 1446, laissant le trône à son fils Oulougbeg, qui hérita de ses inclinations pacifiques et de son amour pour les sciences et les lettres. Malheureusement son règne fut court; il fut détrôné et mis à mort en 1449 par son fils Abdoullatif, qui lui-même, six mois plus tard, reçut la juste punition de son parricide; il fut massacré par ses propres soldats. Rien de bien important ne marqua les règnes de Baber, d'Abou-saïd et de Hozeïn-Mirza. Ce dernier cependant, par les succès qu'il obtint sur ses compétiteurs, acquit le surnom de *Gazi* ou Victorieux. Le fils d'Hozeïn Mirza, appelé Bedi-Alzeman, fut le dernier prince de la race de Timour qui régna sur la Perse. Obligé de fuir devant les Turcomans qui envahissaient son royaume, il se réfugia auprès de Shah-Ismaël-sophi, qui avait établi sa domination sur quelques provinces de la Perse. Plus tard, Bedi-Alzeman ayant été pris à Tauris par l'empereur ottoman, Selim Ier fut emmené à Constantinople où il mourut.

Au commencement du seizième siècle, Shah-Ismaël devint le fondateur de la dynastie des sophis, qui prit son nom d'un ordre religieux auquel Ismaël appartenait. Une suite de victoires le mit, en moins de quatre ans, en possession de la Perse. Il prit ensuite Bagdad et s'empara de tout le Khorasan, puis de la Géorgie, et mourut à Ardebil en 1523.

Shah-Tamasp n'avait que dix ans quand il succéda à son père. Les principaux faits qui signalèrent son règne, furent l'invasion en Perse d'une armée ottomane commandée par Soliman, qui, après plusieurs succès, fut forcée de se retirer, et la fuite de l'empereur moghol Houmaïoun, qui, renversé en 1544 par l'usurpateur Shyr-khan ou Shère-shah, vint chercher un asile à la cour du roi de Perse, qui le reçut magnifiquement et contribua puissamment à le replacer sur le trône. Shah-Tamasp mourut en 1576, après un règne de cinquante-trois ans. Ismaël II, qui lui succéda, mourut dans l'année suivante, laissant le trône à son frère Mohammed-mirza, dit Khodabendeh, dont le règne fut court et malheureux. Malgré les efforts de son fils aîné Hamza-mirza, et de son brave ministre Soliman-mirza, qui tous deux payèrent leur dévouement de leur vie, il fut détrôné par son fils Abbas. Ce prince introduisit dans ses armées la tactique européenne et il lui dut en grande partie ses succès contre les Turcs, auxquels il reprit Tauris et Erivan, et sur lesquels il remporta plusieurs victoires éclatantes. Shah-Abbas, à l'aide des Anglais, qui espéraient succéder aux Portugais, s'empara du comptoir que ces derniers avaient établi depuis plus d'un siècle dans l'île d'Ormouz. Cette conquête n'eut d'autre résultat que l'anéantissement d'un établissement florissant, et les Anglais ne purent jamais obtenir la permission de prendre la place de ceux que leurs manœuvres intéressées avaient fait expulser. Abbas le Grand mourut dans son palais favori, à Farahabad, en 1628, à l'âge de soixante et dix ans. Sam-Mirza, petit-fils d'Abbas, prit en montant sur le trône le nom de Shah-Sefy. Le règne de ce tyran cruel et jaloux fut malheureux et sans gloire. Les Turcs reprirent Bagdad, et le Candahar se souleva en faveur du Grand Moghol. Shah-Sefy mourut à Caschan en 1644.

Son fils, Abbas II, ternit l'éclat de son règne par les excès auxquels il s'abandonna dans ses fréquents moments d'ivresse. Lorsqu'il était de sang-froid, on admirait sa sagesse, sa justice, sa tolérance. Il montra aussi des qualités guerrières, et recouvra le Candahar. Il mourut en 1666.

Shah-Soliman, son fils, fut un prince aimant le luxe et les arts, mais faible, efféminé et dissolu.

Les vingt premières années du règne de Hoseïn, son fils, se passèrent dans ce calme profond qui précède souvent un orage. En 1722, une petite armée d'Afghans vint mettre le siége devant Ispahan, s'en empara, et le faible et superstitieux Hoseïn signa une honteuse capitulation par laquelle il abandonnait sa couronne à Mohammed l'Afghan. Ainsi finit la dynastie des sophis, qui a dû toute son illustration à un seul nom, à celui d'Abbas le Grand.

Le règne de Mahmoud, le fondateur de la dynastie afghane, ne fut pas heureux. Ce prince n'était pas de force à supporter le fardeau dont il s'était chargé. La Porte et la Russie le dépouillèrent à l'envi de plusieurs de ses provinces, et enfin, ayant perdu la raison, il fut étouffé par ordre de sa mère, qui voulut abréger ses souffrances.

Aschraf, cousin de Mahmoud, monta sur le trône en 1725. Ce prince avait de grands talents politiques; mais à peine commençait-il à jouir de la tranquillité qu'il avait acquise au prix d'une sage administration et de plusieurs victoires, qu'un ennemi bien plus redoutable que tous ceux qu'il avait eu à combattre se dressa devant lui. Lors de la prise d'Ispahan par Mahmoud, un fils du sultan Hoseïn, nommé Thamas ou Tamasp, était parvenu à s'échapper et cherchait à remonter sur le trône de ses pères. Vers 1726, il appela à son aide un ancien tailleur de manteaux de peau de mouton qui, devenu chef de brigands, avait autour de lui une bande de trois mille hommes, avec lesquels il levait des contributions sur les habitants du Khorasan. Cet homme, c'était Nadir-kouli, devenu si célèbre sous le nom de Thamas-kouli-khan et de Nadir-shah.

Avec son aide, et après deux victoires, Tamasp rentra dans Ispahan, aux acclamations du peuple. Ce fut alors qu'il donna à Nadir le nom de *Thamas-kouli-khan*, c'est-à-dire le prince esclave de Thamas.

Enfin Aschraf, après de nouvelles défaites, cherchant à s'échapper pour regagner le pays des Afghans, fut assassiné par un Beloutschi, qui envoya sa tête à Shah-Tamasp. Tamasp, rétabli sur le trône des sophis, ne devait pas l'occuper longtemps. Ayant voulu se mettre lui-même à la tête de l'une de ses armées pour marcher contre les Turcs, il éprouva les plus honteux revers. Nadir, furieux, fit renfermer le prince et proclamer à sa place son fils, âgé de huit mois, sous le nom d'Abbas III; puis il prit pour lui-même le titre et les fonctions de régent du royaume. Bientôt, le trône étant devenu vacant par la mort du jeune prince, Nadir se fit facilement proclamer et fonda la dynastie des Afschars. Le règne de Nadir ne fut qu'une suite de conquêtes. La plus célèbre de ses expéditions fut celle des Indes, d'où il rapporta un butin immense, évalué à plus de 750 millions de francs. La fin de la vie de Nadir fut souillée par les excès et les cruautés les plus abominables. Plusieurs de ses officiers conspirèrent contre lui, et après une lutte dans laquelle Nadir fit tomber sous ses coups deux de ses assassins, il succomba à son tour sous ceux de Salah-bey, capitaine de ses gardes; il avait alors (1747) soixante et un ans, et était dans la douzième année de son règne. Son neveu, Adil-shah, lui succéda; mais celui-ci avait un frère nommé Ibrahim, qui voulut lui disputer le trône. Après plusieurs alternatives de défaites et de victoires, Ibrahim parvint à s'emparer d'Adil par trahison, le fit mettre à mort et se fit proclamer à sa place.

Nadir-shah avait laissé deux petits-fils, Shah-Rokh et Riza-kouli-mirza, qui étant absent lors de sa mort, s'étaient vus exclus du trône par l'usurpation d'Adil; Shah-Rokh, l'aîné, qui était gouverneur de la ville de Mesched, lorsqu'il apprit la mort de son grand-père, marcha contre Ibrahim, qui, plus fort que lui, le défit, le fit prisonnier et lui fit brûler les yeux dans Mesched même, où il l'avait suivi et dont il s'était rendu maître. Shah-Rokh avait deux fils, Nuffir-ulla-mirza et Nadir-mirza; le premier, en apprenant la captivité de son père, rassembla ses troupes et assiégea Ibrahim au château de Tibs, grande forteresse située sur les confins de Khorasan, et ayant corrompu les officiers d'Ibrahim, il se rendit maître de lui, et le fit mettre à mort. Ainsi, en moins de deux ans, à partir de la mort de Nadir-shah, deux princes furent tués et un troisième privé de la vue. Après la mort d'Ibrahim, le peuple délivra Shah-Rokh, et le mit à la tête de l'État, quoiqu'il fût privé de la vue et que les anciennes lois de la Perse défendissent de placer sur le trône un homme affligé de quelque infirmité corporelle. Nous avons vu, du reste, que cette loi n'était pas toujours bien strictement observée, car Tamerlan était boiteux. Shah-Rokh, loin d'être reconnaissant de sa délivrance, devint jaloux des succès de son fils Nuffer-ulla-mirza ; il corrompit son ministre Moumin-khan, et le malheureux prince fut fait prisonnier et tous ses biens furent confisqués.

Shah-Rokh fut bientôt puni de son ingratitude; Ahumud-shah, fils de Timour-shah, qui régnait sur le Caboul, le Candahar et les diverses contrées situées entre l'Inde et la Perse, vint assiéger Meschcd, qui, après huit mois de siège, tomba en son pouvoir par trahison. Shah-Rokh, détrôné, fut rétabli comme prince des Khorasiens seulement par le roi des Afghans. Alors les gouverneurs des provinces de la Perse se déclarèrent indépendants, et pendant dix ans plusieurs petites monarchies s'élevèrent et tombèrent tour à tour, jusqu'à l'apparition de Kerim-khan.

Ce prince était sorti d'un rang inférieur, mais par ses talents il était devenu le favori de Nadir-shah. A la mort du prince, il était absent et n'avait joué aucun rôle dans les révolutions qui l'avaient suivie. Un certain chef Bakhtiari, nommé Ali-Merdan-khan, s'était emparé d'Ispahan et avait placé sur le trône un jeune prince de la famille des sophis, Shah-Ismaël, âgé seulement de huit ans. Kerim-khan vint se ranger sous les ordres de ce prince.

La mort d'Ali-Merdan-khan, qui fut assassiné, la défaite du gouverneur de l'Aderbidjan et de Mohammed-Hoseïn-khan, qui s'était emparé de Mazenderan, rendaient Kerim-khan tranquille possesseur de toute la Perse occidentale. Malgré les avantages qu'il avait remportés sur ses ennemis, Kerim jugea prudent de laisser subsister le fantôme de souverain auquel Ali-Merdan-khan avait donné le nom de roi, et il se contenta pour lui-même du titre modeste de vakil, ou gouverneur, qu'il conserva même après la mort de Shah-Ismaël.

Il fixa sa résidence à Shiraz et fut le fondateur de la dynastie des Zends, nom qu'il emprunta à la tribu d'où il était sorti et dont il avait été le chef. Après un règne de trente années, il mourut regretté de toute la Perse, en 1779, à l'âge de quatre-vingts ans.

Ce prince fut un des plus grands monarques qui aient régné sur la Perse ; aux plus brillants talents militaires, il joignait le goût de la paix, des arts et des sciences. Sous son règne s'élevèrent de toutes parts les plus riches et les plus beaux monuments, aussi son nom reviendra-t-il sans cesse sous ma plume, lorsque je passerai à la description de ceux qui embellissent la Perse. Kerim-khan laissa en mourant deux fils; mais malgré les efforts des principaux généraux qui voulaient placer sur le trône le second de ces princes, Aboul-fath-khan, ce pouvoir tomba aux mains de Zeki-khan, frère indigne de Kerim-khan, qui retint son neveu prisonnier. Ses cruautés le rendirent bientôt odieux à ses sujets, et il fut massacré par ses propres gardes. Aboul-fath-khan fut alors reconnu unanimement; mais ce prince faible et dissolu ne put conserver longtemps l'autorité. Un autre de ses oncles, Mohammed-Sadik-khan, gouverneur de Bassora, se révolta, entra dans Schiraz, fit prisonnier le malheureux prince, le priva de la vue et s'empara de son pouvoir. Sadik-khan fut à son tour dépossédé, et mis à mort en 1781 par son neveu Ali-Mourad-khan, qui, après un règne court et agité, mourut de maladie (1785). Sadik-khan avait un fils nommé Giafar-khan, qui était gouverneur des provinces de Beaboon et de Shuster, au S.-O. de Schiraz; celui-ci s'était soumis à Ali-Mourad.

A la mort de celui-ci, il lui succéda, mais seulement dans le gouvernement du Fars et du Kirman. Un compétiteur redoutable, Agha-Mohammed, plus connu sous le nom de l'eunuque Aghâ-Méhémet, de la tribu des Cadjars, établit sa domination sur le Guilan, le Mazenderan et sur les villes d'Ispahan, de Hamadan et de Tauriz.

En 1788, Giafar mourut empoisonné. Il eut pour successeur son fils Louft-Ali-khan. Celui-ci devait le trône à Hadji-Ibrahim, homme qui joignait la plus parfaite intégrité, la plus profonde sagesse, aux plus brillants talents militaires; mais bientôt il en devint jaloux, et à force de mauvais procédés, il le poussa à la révolte. Agha-Mohammed se joignit à Hadji-Ibrahim, et après une lutte acharnée Louft-Ali-khan succomba, il tomba aux mains de son compétiteur, qui lui arracha les yeux et le fit mettre à mort.

Agha-Mohammed se trouva ainsi possesseur de toute la Perse, et fut le fondateur de la dynastie des Cadjars, qui occupe le trône aujourd'hui. Il fut assassiné à l'âge de soixante-trois ans, après avoir été plus de vingt ans maître d'une grande partie du royaume, mais n'ayant été que pendant peu de temps souverain reconnu de toute la Perse. Il avait désigné pour son successeur Baba-khan, son neveu, qui monta sur le trône sous le nom de Feth-Ali-shah, en 1789. Feth-Ali-shah s'assit sur le trône relevé par son oncle, mais il ne put rendre à la Perse ses anciennes limites. La Russie était maîtresse de la Géorgie; plus tard le Khorasan appartint aux Ousbecks; le Kandahar devint une partie du royaume des Afghans; nous verrons que d'autres parties du royaume en furent encore détachées. Il eut à soutenir des guerres sanglantes contre la Russie, surtout en 1805; enfin un traité de paix fut, par la médiation de l'Angleterre, signé à Gulistan en 1813. Le manque, dans ce traité, d'indication précise de la limite des deux États fut cause du renouvellement des hostilités. Dans la campagne de 1826 et 1827, le prince Abbas-Mirza, fils du roi, déploya un grand courage, un véritable talent militaire; mais enfin il succomba, et fut contraint de signer un traité désastreux pour la Perse, qui fut approuvé par le roi le 22 février 1826. La Russie demeura en possession des provinces d'Érivan et de Nakhitschevan, et reçut une indemnité de quatre-vingts millions de roubles. Quelques autres difficultés avec la Russie troublèrent encore la fin du règne de Feth-Ali-shah, qui mourut en 1834 à Ispahan. Son fils Abbas-mirza était mort quelques mois auparavant, et ce fut Mohammed-shah, fils de celui-ci, qui monta sur le trône qu'il occupe encore aujourd'hui.

L'histoire politique de la Perse nous a peut-être entraîné un peu au delà des bornes dans lesquelles le plan de notre ouvrage nous resserre. L'importance de cette histoire, l'abondance des faits qu'elle présente, le rôle immense qu'elle joue parmi celles des peuples de l'antiquité, nous servira d'excuse, je l'espère, et on nous pardonnera, avant de passer à la description des monuments, d'ajouter encore quelques mots pour faire connaître les différentes religions qui ont tour à tour fait régner leurs lois sur cette célèbre contrée.

La religion la plus ancienne que nous connaissions comme ayant été pratiquée en Perse est celle des Chaldéens, dont nous avons parlé en traitant de la Babylonie. Au milieu du sixième siècle avant Jésus-Christ, dans la trente et unième année du règne de Darius, fils d'Hystaspe, apparut Zoroastre, le législateur de la Perse. Ce novateur forma le projet de détruire la religion des Perses pour la remplacer par une autre de sa création. Des connaissances supérieures, une éloquence naturelle et vive, une grande hardiesse le rendaient propre à l'entreprise qu'il tentait. On ignore le lieu de sa naissance, mais ce fut dans l'Adzerbaïdjan, l'ancienne Médie, qu'il jeta les fondements de sa grandeur future. Persuadé qu'un réformateur doit commencer à en imposer au peuple par un genre de vie extraordinaire, il se retira dans une caverne obscure, et là, s'occupa jour et nuit à la contemplation. Il y étudia aussi les sciences naturelles et y apprit à faire de prétendus miracles, qui ne contribuèrent pas peu à ses succès. En peu de temps, le nombre de ses prosélytes devint immense. Certain alors de parvenir à son but, il s'occupa de donner à sa doctrine une forme stable en en rédigeant le code. Il appela ce code Zend-Avesta, et comme le style en était mystique et obscur, il y ajouta un commentaire sous le titre de Pa-Zend.

Les dogmes principaux étaient l'unité de Dieu, l'existence de deux principes, l'un bon, Ormouzd, créateur du monde; l'autre mauvais, Ahriman, auteur du mal; l'immortalité de l'âme; un paradis et un enfer pour la vie future, avec différents degrés de béatitudes et de souffrances.

Les pratiques du culte consistaient : à saluer religieusement, trois fois dans le cours d'un jour, le soleil et la lune, emblèmes de la Divinité vivante et régénératrice; à célébrer les six *kiahambar*, ou fêtes en l'honneur des six époques de la création; à faire chaque année un pèlerinage au temple métropolitain du royaume; à prier pour les morts, à distribuer des aumônes, à faire des ablutions. Plusieurs préceptes de cette religion respiraient des sentiments d'humanité, et l'amour de la vertu. Elle exigeait de ses sectateurs la fréquence des aumônes, proscrivait le mensonge, le plus grand des péchés, recommandait la pratique de la vertu, ordonnait de détruire les insectes et les reptiles, mais de conserver les autres animaux, de confier l'éducation de la jeunesse aux ministres de la religion, de les consulter dans toute circonstance importante de la vie, de regarder leurs lumières comme une émanation de celles de la Divinité.

Vers le milieu du troisième siècle de notre ère, sous le règne de Sapor Ier, s'éleva un nouveau réformateur. Manès, après avoir hérité, selon les auteurs ecclésiastiques, de la doctrine de l'hérésiarque Terebenthus, commença à en semer une nouvelle en Perse, qu'il avait puisée en partie dans les écrits des gnostiques et de Zoroastre.

Manès admettait, comme Zoroastre, deux principes incréés et éternels; l'un, esprit de lumière, créateur du monde spirituel et invisible, était un Dieu bon; l'autre, matière et ténèbres, auteur du monde matériel et visible, n'engendrait que le mal. Ces mondes avaient chacun cinq éléments, les ténèbres, les eaux, l'air, le feu et la fumée, participant à leur nature, et étant comme eux dans une constante opposition. Le destin gouvernait le monde. Au mauvais principe appartenait le règne temporel; au bon le règne spirituel. Dans cette doctrine, l'âme était seule susceptible de résurrection, sans être soumise à un jugement dernier, car elle ne pouvait être responsable de ce qui ne devait être que l'œuvre du destin. Elle se composait d'un mélange de bien et de mal, produit par l'action des deux principes. La faculté de transmigrer même dans le corps des animaux ou des plantes était une de ses propriétés. Manès, en rejetant l'Ancien Testament, admettait l'existence et la venue de Jésus-Christ, pour sauver le genre humain; mais cette venue s'était opérée en esprit, et non sous une enveloppe corporelle. La politique, plutôt que la foi, le portait à reconnaître cette mission divine; car il s'annonçait pour le *Paraclet* promis par le législateur des chrétiens.

La prohibition du meurtre de tout animal, l'abstinence de toute viande, étaient une conséquence de son système sur la transmigration des âmes. Pour en imposer davantage à la multitude, Manès transcrivit les dogmes de sa doctrine en caractères symboliques sur un livre réputé sacré, orné de peintures, et célèbre en Orient sous le titre de *Tengh* ou *Erdjengh*.

Cette doctrine, quelque absurde qu'elle fût, trouva de nombreux partisans, et elle s'est conservée pendant plusieurs siècles dans la Perse et dans diverses autres contrées où elle s'introduisit.

Enfin, au commencement du septième siècle, les sectateurs de Mahomet, en envahissant la Perse sous le califat d'Omar, y ont importé l'islamisme, qui est devenu la religion dominante et presque universelle du royaume.

Lorsque je parlerai de l'Arabie, berceau de cette croyance, j'en signalerai les principaux dogmes. On sait que lorsque Mahomet mourut, il oublia de désigner son successeur. Le choix des musulmans se partagea entre son gendre Ali et Abou-Bekr, son beau-père. De là naquirent deux sectes, dont la rivalité sanglante faillit compromettre l'existence du nouvel empire et de la nouvelle religion. Les partisans d'Ali prirent le nom de Chias, Chites ou Schiites; ceux d'Abou-Bekr, celui de Sunnites. C'est à la première de ces sectes qu'appartiennent presque tous les Persans. Ils ont en horreur les trois premiers successeurs de Mahomet, Abou-Bekr, Omar et Osman, qu'ils accusent d'avoir usurpé la succession légitimement due à Ali. En outre, aujourd'hui encore les Indous des provinces autrefois dépendantes de l'Inde professent la religion de Brahma; celle de Zoroastre, ou le magisme, est suivie par un petit nombre de Guèbres ou Parsis. Le christianisme est professé par les Arméniens, divisés en Arméniens proprement dits, et en catholiques romains, leur nombre a beaucoup diminué depuis la cession de l'Arménie persane à la Russie; quelques milliers d'individus professent les dogmes de l'Église nestorienne. Dans les grandes villes on rencontre quelques juifs et quelques sabéens dont la religion est devenue un mélange monstrueux de christianisme, de mahométisme et de magisme. Enfin, dans quelques parties montagneuses du royaume, on trouve encore des restes d'idolâtrie.

INTRODUCTION.

Arrivons enfin à la matière qui doit principalement nous occuper, à l'état des arts en Perse aux diverses époques de son histoire. Dans aucun temps les Persans n'ont atteint à un grand degré de perfection dans la peinture et la sculpture. Les figures de Persépolis et des autres parties du Fars sont très-défectueuses sous le rapport du goût et des proportions.

Toutes ces sculptures sont généralement de proportion colossale; mais le ciseau des Perses s'est aussi exercé souvent sur une bien plus petite échelle : je veux parler de ces cylindres répandus dans les différents musées de l'Europe, au nombre de plus de six cents (voyez *la lettre*). Ces cylindres servaient, aux anciens Perses et aux Babyloniens, de cachets ou d'amulettes. On les portait attachés au cou par un ruban qui les traversait et descendait jusque sur la poitrine. Il y en a de toutes matières, métaux et pierres précieuses, en cornaline, en jaspe, en opale, en agathe, en cristal, en ivoire, en hématite, en or et en argent. Les sujets gravés sur ces cylindres sont en général hiératiques, et fournissent les renseignements les plus précieux sur la religion et les mœurs des Chaldéens. Maintenant les Persans semblent avoir entièrement oublié la sculpture, et je ne sais si on trouverait une statue moderne dans tout le royaume.

Nous n'avons aucun monument qui puisse nous donner une idée de l'état de la peinture chez les anciens Perses. Aujourd'hui il y a à la cour une place de peintre du roi, place très-remarquable dans une cour musulmane, où doit être sévèrement proscrite toute représentation humaine; mais on connaît le relâchement des sectateurs d'Ali, regardés comme des infidèles et des renégats par les sévères sectateurs d'Omar.

Les peintres persans emploient de belles couleurs; mais ils ne savent en tirer aucun parti, et n'ont aucune idée du dessin, des effets de lumière et de la perspective. Ils essayent quelquefois de copier les enluminures d'Europe en habillant les personnages à la persane, et ce sont les productions les moins barbares de leur pinceau. Ils attrapent aussi assez bien la ressemblance dans leurs portraits. Quant à leurs tableaux, qui généralement représentent quelques faits de l'histoire ancienne, tels que les combats de Roustam, les amours de Chérin et de Kosrou, ou les belles actions de quelque prince des temps modernes, ils n'offrent qu'une multitude confuse de figures disproportionnées d'hommes et de chevaux entassés et confondus de la manière la plus extravagante. Ils ne réussissent réellement que dans les arabesques employées à la décoration des palais et des mosquées; elles sont d'une recherche, d'un fini, d'un précieux, d'une richesse qui étonnent. Souvent on a mis plus de travail et de dépense pour l'ornement d'un plafond que pour le reste de l'édifice.

En architecture, aussi bien qu'en sculpture, les anciens Persans surpassaient leurs descendants; c'est du moins le jugement que nous pouvons porter d'après les ruines de Persépolis, de Chuster, de Kendjaver et les restes du palais de Kosrou, dans l'ancienne Ctésiphon. Aujourd'hui ce n'est guère que dans les dômes et les minarets que consiste tout l'ornement des édifices modernes de la Perse.

MONUMENTS RELIGIEUX.

Nous ne trouvons en Perse aucun monument religieux que nous osions attribuer au culte chaldéen; nous sommes plus heureux pour ceux plus modernes qui ont appartenu à la religion de Zoroastre.

Parmi tant de ruines qui couvrent l'emplacement de l'antique Persépolis, la vue est attirée par un édifice carré; il a une porte à chaque face et quelques colonnes. On pense que c'est l'oratoire d'Ormouzd et le sanctuaire où nuit et jour brûlait le feu sacré, symbole du Dieu suprême. Les deux portes qui regardent le nord et le sud sont ornées de deux sculptures semblables. On y voit sur chacune trois figures colossales, dont la plus grande est celle du souverain, et les deux autres représentent deux satrapes. On reconnaît facilement le monarque à sa robe médique, à sa tiare élevée et aux autres emblèmes qui le caractérisent. Il est barbu, et sa barbe est frisée en boucles nombreuses et symétriques; sa main droite s'appuie sur une hache de guerre, sa main gauche tient une fleur de lotus. Derrière le roi un satrape soutient l'ombrelle, un autre le chasse-mouche. Au-dessus on voit une figure qui paraît la répétition en petit de l'image du monarque et qui est son *féroher*, son génie tutélaire, tenant un anneau d'une main et élevant l'autre main vers le ciel. Cet être, suivant la doctrine de Zend-Avesta, est le type de la création de l'homme, et reste dans une région plus pure, pour suivre toutes ses actions et partager toutes ses fonctions. Entre les *férohers* il y a la même hiérarchie, les mêmes rapports de supériorité et d'infériorité qu'entre les hommes qu'ils représentent, en sorte que le *féroher* du roi est le plus élevé et le plus puissant de tous. La conformation de ce *féroher* indique son usage et ses attributs : son buste est celui du roi dont il est l'image; la conformité de la posture et des accessoires montre l'exactitude avec laquelle il suit toutes ses actions; ses ailes sont les marques de sa nature supérieure, éthérée; enfin le cercle qui l'environne est le signe de son éternité. Revenons à notre monument. Les murs offrent deux bas-reliefs qui ont été dessinés par Ker-Porter, et qui représentent des scènes analogues à celle décrite précédemment. Sur le premier bas-relief est figuré le monarque dans le costume et avec les emblèmes ordinaires; il est assis sur un trône, et derrière lui se tiennent debout trois satrapes, dont l'un porte le chasse-mouche; le second, appartenant à la milice, a l'épée ceinte à droite à la manière des Perses, et tient le *sagaris* ou hache de guerre; le troisième s'appuie sur une espèce de verge, le *rabdos* des Grecs, et représente certainement un chef des employés civils. Au-dessous du trône sont distribués, dans cinq compartiments, des groupes de personnages civils et militaires, formant la suite du roi. Au-dessus est le globe ailé. Enfin le bas-relief est complété par deux rangées d'animaux purs et impurs, pour indiquer les deux créations d'Ormouzd et d'Arihman, qui composent le monde. Le second bas-relief offre également, dans la partie supérieure, le monarque assis avec un seul serviteur qui porte le chasse-mouche.

Le cercle ailé et le *féroher* du roi se voient dans le haut, et ici, comme partout ailleurs, la figure du satrape a la bouche voilée, afin que l'impureté de son souffle n'offense pas la majesté royale. Le trône est soutenu par trois esclaves ou serviteurs, véritables types des cariatides, des Atlas et des Télamons, que les Grecs ne commencèrent à adopter que lorsque l'influence de l'Asie se fit sentir à eux d'une manière plus immédiate après la guerre médique.

Cette forme des édifices sacrés des Guèbres est la plus ordinaire, nous en donnons un exemple dans le frontispice de ce chapitre, mais elle n'est cependant pas invariable et sans exception. A Seraï, dans le Guylan, on voit encore quatre de ces temples. Leur forme est ronde, leur diamètre est de dix mètres et leur hauteur de quarante. Les Persans modernes, regardant la religion de leurs ancêtres comme une grossière idolâtrie, n'auraient pas manqué de détruire ces temples, s'ils n'étaient construits avec les matériaux les plus solides. On voit aussi à Firouzabad, dans le Fars, les ruines d'un fameux temple des Guèbres.

Non loin d'Ispahan se trouve une éminence triangulaire, appelée l'*Ateschgah* ou *endroit du feu*, et que l'on aperçoit d'assez loin. Cette éminence est composée de plusieurs couches de rochers; la montée la plus facile est un sentier à l'est; au sommet se trouvent plusieurs édifices, bâtis en terre ou en briques cuites au soleil; ces dernières sont d'une très-grande dimension; entre chaque couche de briques, il y en a une de roseaux, sans apparence de ciment. Les Persans attribuent ces ouvrages aux Guèbres.

Au sommet des montagnes de Naschi-Roustam sont deux autels du feu (voyez *la vignette*, p. 241), taillés dans le roc, et que les Grecs désignent sous le nom de *Pyrées*. Ces autels se retrouvent sur les médailles des rois perses, et principalement sur celles de la dynastie des Sassanides (1).

Les Grecs ont laissé aussi dans quelques monuments des traces de leur passage sur le sol de la Perse. A Konkovar, misérable petite ville du Kurdistan persan, on a reconnu, il y a quelques années, les ruines d'un grand temple de Diane. A une lieue de Tauris on voit également les vestiges d'un temple; il reste encore des tronçons de colonnes et des tables d'albâtre.

Les mosquées musulmanes varient beaucoup par leur grandeur, leur magnificence, mais leur plan est généralement à peu près uniforme. Ordinairement l'édifice se compose d'une nef couverte en dôme, et de portiques sur les ailes et des deux côtés du portail. Une cour, traversée par un canal ou ornée d'un beau bassin et d'allées d'arbres, en occupe le milieu. Tantôt il est surmonté d'un seul minaret et tantôt de plusieurs, selon la richesse de sa construction. Sous le portail se trouve un bassin, afin que ceux qui viennent prier puissent s'y préparer par des ablutions. L'intérieur est orné d'arabesques, de mosaïques et d'inscriptions tirées du Coran;

---

(1) Voy. Ad. de Longperrier, *Médailles des rois sassanides*, in-4°. Paris, 1840.

un tapis couvre le plancher. La nef est toujours tournée du côté de la Mecque; une table de marbre ou un trou pratiqué dans le mur en indique la direction à celui qui fait sa prière; cette marque porte le nom de *mihrab*. Une chaire appelée *mimber* (trône) est destinée aux *kathib* ou prédicateurs.

Au nombre des plus belles mosquées de la Perse, on comptait celles de Sultanieh (*planche* 36), ville déserte de l'Irak-Adjemi, sur les confins de l'Adzerbaïdjan, dont on admire encore les immenses ruines, et que l'on croit être l'ancienne *Tigranocerte*, capitale du royaume des Parthes. Ces deux mosquées ont été construites au quatorzième siècle par le shah Moghol-Mohammed *Codabendeh*, pour lui servir de tombeau. Ces monuments ont été cruellement endommagés, au commencement de ce siècle, par un tremblement de terre; l'un d'eux ne présente plus guère que des ruines, le second est encore assez bien conservé. Cette mosquée est construite de briques et surmontée d'une coupole haute d'environ quarante mètres sur seize de diamètre, et soutenue par huit grands arceaux. Le dôme est, à l'extérieur, composé de briques recouvertes d'un vernis blanc et bleu pâle. Les minarets qui, en général, sont en Perse beaucoup moins élevés qu'en Turquie ou dans l'Inde, étaient ici au nombre de quatre et les plus hauts du royaume. L'intérieur de la mosquée est décoré de faïence dorée.

Parmi les mosquées d'Ispahan, la plus belle est la mosquée royale, appelée aussi mosquée de Shah-Hoseïn. Elle est située sur l'un des côtés du *Meïdan* ou grande place (*planche* 41). L'entrée en est belle, et le portique d'une architecture très-riche. Les portes sont de bronze et entourées de garnitures d'argent à leur extrémité; des fleurs artistement ciselées et des versets du Coran en couvrent les faces. Par ces portes, on entre sous une rotonde, d'où l'on passe dans la cour de l'édifice; cette cour est grande et de forme carrée, et au milieu est un vaste bassin dont les bords sont de jaspe; au côté droit se trouve la mosquée qui est terminée par une coupole, et dont la façade a deux minarets; la coupole tombe en ruine; les briques vernissées qui la couvrent se détachent chaque jour. Il en est de même des marches qui composent les escaliers des minarets, dans lesquels il ne sera bientôt plus possible de monter. A l'intérieur, la chaire et toutes les murailles sont incrustées de jaspe, de porphyre et de bois de senteur, où l'on voit gravés divers passages du Coran.

Des trois autres côtés de la cour, l'un est occupé par un beau portique sous lequel on a pratiqué des chambres où l'on va fumer le tabac et boire le café. Des bancs sont disposés en amphithéâtre; au milieu de chaque salle est un bassin plein d'eau courante, pour remplir la carafe du *narghileh*, la pipe ordinaire des Persans. Aux deux autres côtés de la cour sont les logements des élèves du collège, ou *medresseh*, qui est joint à la mosquée. Chacun de ces bâtiments a deux étages et douze chambres petites, carrées, couvertes d'un tapis, calmes, silencieuses et parfaitement propres à l'étude.

On remarque encore à Ispahan la mosquée de *Louftallah*, qui est assez bien conservée, et celle du *Sedr* ou du grand pontife, qui a servi de modèle pour la construction de la mosquée royale. Elle n'est pas tout à fait aussi grande que celle-ci, mais elle est aussi belle et aussi riche. Les murailles en sont de même garnies de jaspe, et peintes en azur et en or. Les cours sont remplies de beaux bassins pour les ablu-

MOSQUÉE DE SULTANICH
Perse

Pl. XXXVI

tions, et plusieurs belles colonnes d'émail vert soutiennent le jubé, qui est tout entier de jaspe.

A Tauris, capitale de l'Adzerbaïdjan, les mosquées sont au nombre de plus de deux cent cinquante; la plupart, du reste, sont en fort mauvais état. La mosquée d'Ali-shah est presque toute détruite; on en a reparé, tant bien que mal, le bas où le peuple va à la prière; et le minaret qui est assez élevé. C'est la première qu'on découvre en venant d'Érivan. Cette mosquée a été bâtie, il y a environ six cents ans, par Cojà-Ali-shah, grand vizir de Kasan, roi de Perse, qui faisait sa résidence à Tauris et qui y a été enterré. Tavernier dit avoir vu, dans cette ville, une mosquée superbe que les Persans avaient abandonnée, la regardant comme immonde pour avoir été construite par les sectateurs d'Omar. Ce bâtiment était revêtu en dehors de briques vernissées de différentes couleurs, et décoré en dedans de riches arabesques et d'inscriptions en lettres d'or et d'azur. Aux côtés de la façade étaient deux minarets revêtus de briques vernissées, et terminés par un petit dôme en forme de turban. Il est probable que ce monument aura été détruit, lors du tremblement de terre de 1780, qui bouleversa toute la ville.

La principale mosquée de Tauris a été bâtie l'an 878 de l'hégire. Tout l'intérieur et une partie de l'extérieur sont dorés. La mosquée dite *des deux tours* est remarquable en ce que les deux tours ne sont, à proprement parler, qu'une seule composée de deux étages superposés, le second étage étant plus haut et plus large que l'inférieur.

La principale mosquée de Schiraz, capitale du Fars, est celle d'Atarbeg; vient ensuite celle du Vakil ou du régent, commencée par le Vakil-Kerim-khan, et achevée après sa mort. Le bâtiment est de forme carrée; dans le centre est un réservoir d'eau pour les ablutions. Aux quatre côtés de la cour sont des portiques; sur les murailles sont gravées des sentences du Coran. Au fond de la cour est une salle surmontée d'une coupole, qui est la mosquée proprement dite; elle est revêtue de marbre blanc, ornée de lapis-lazuli artificiel et de trois grandes lampes d'argent.

Dans le centre de la ville est la *Musjidi-noo*, ou nouvelle mosquée. Malgré son nom, cette mosquée est presque contemporaine de l'invasion mahométane. Dans la cour sont deux grands cyprès, que les Perses affirment exister depuis six cents ans; ils sont appelés *Aashuk-Maashuka*, ou l'amant et sa maîtresse; ils sont en grande vénération.

Tous ces monuments ont beaucoup souffert du terrible tremblement de terre de 1824. Pas un des dômes ni des minarets n'est resté debout.

Aux environs de cette ville, quelques pans de mur indiquent la place du *Mosalla*, tant chanté par le poëte Hafiz. Ce *Mosalla* était, à ce qu'il paraît, un édifice consacré à la prière et autour duquel se trouvaient un cimetière et des jardins.

A Téhéran, la plus belle mosquée est très-moderne; elle a été construite par Feth-Ali-shah.

La mosquée royale de Casbin, qu'on appelle *Medjid-shah*, est une des plus grandes et des plus belles de la Perse.

Je ne mentionnerai celle d'Ardebil, dans l'Adzerbaïdjan, attenante au tombeau de Shah-Abbas, que parce qu'on y conservait une célèbre bibliothèque, regardée comme l'une des plus riches de l'islamisme. Ses plus précieux manuscrits sont allés augmenter la collection de la bibliothèque impériale de Saint-Pétersbourg.

Outre les mosquées, on trouve fréquemment en Perse, sur le bord des routes, des espèces de chapelles auxquelles on donne le nom d'*iman-zadeh* et qui me paraissent répondre aux *santons* de l'Égypte, aux *marabouts* de Barbarie.

MONUMENTS FUNÉRAIRES.

Nous savons par les écrivains grecs que les Perses ne brûlaient pas les restes des morts comme d'autres peuples de l'antiquité. En effet, il eût été contraire aux lois de Zoroastre de souiller par le contact d'un cadavre l'élément sacré, émanation d'Ormouzd lui-même. L'inhumation était à la fois commandée par l'usage civil et par la loi religieuse. Cependant le choix de la terre qui devait recevoir les dépouilles mortelles des Perses n'était pas arbitraire; les prescriptions religieuses intervenaient encore et désignaient la terre *natale*, la terre sacrée qui avait produit chaque homme et où chaque homme devait retourner. Les témoignages les plus nombreux et les plus exprès se réunissent pour nous apprendre cette particularité. C'est ainsi que Cambyse fit transporter son père Cyrus en Perse, à Pasargade, non loin de Persépolis. Nous savons que Darius Nothus prépara lui-même son tombeau; et si l'histoire ne nous a rien transmis d'analogue sur les princes suivants, nous voyons Alexandre, observateur si exact et si scrupuleux des coutumes des peuples qu'il combattait, ordonner, après la bataille d'Arbelles, de porter le corps de Darius dans le tombeau de ses pères.

Le monument funéraire le plus ancien que nous trouvions sur le sol de la Perse paraît être celui qui existe aux lieux où fut Suze, près de Chouster, dans le Khousistan, et qui, suivant des traditions locales conservées jusqu'à nos jours, serait le tombeau du prophète Daniel. En effet, si nous ne pouvons lui assigner avec certitude une origine aussi reculée et aussi illustre, tout nous autorise, malgré la différence des lieux, à le considérer comme un produit de l'art babylonien. C'est un cube de granit couvert sur deux de ses faces d'inscriptions cunéiformes. Au-dessus de ces caractères sont deux rangées de représentations symboliques d'hommes et d'animaux. On y remarque une figure qui a les traits caractéristiques des deux natures, et un monstre qui réunit un corps de sanglier, une tête d'homme avec des cornes et des jambes de bouc. Il serait à désirer que nous eussions de ce monument des dessins plus exacts que ceux que nous possédons, qui sont loin d'être d'accord entre eux. Les rabbins attribuent à ce tombeau beaucoup de prodiges, et les juifs y vont encore en pèlerinage.

Dans le Kerman, à Hamadan, l'ancienne Ecbatane, on montre bien le prétendu

TOMBEAU DE CYRUS.
Perse.

tombeau d'Esther et de Mardochée, qui est également en grande vénération parmi les juifs. Ce monument est placé au milieu d'une synagogue, et construit en briques revêtues de bois peint en noir. Cet édifice n'est certainement pas d'une époque antérieure à l'islamisme. Une inscription en hébreu, gravée d'une manière assez grossière sur une pierre placée dans l'intérieur, porte que ce monument fut élevé sur le sépulcre de Mardochée et d'Esther, par deux pieux juifs de Caschan, l'an du monde 4474.

Dans la plaine de Mourgab, et non loin d'Ispahan, est un monument que les habitants appellent *Meschedi-maderi-Souleïman*, tombeau de la mère de Salomon, par suite de l'habitude où sont les Orientaux d'attribuer au grand Salomon les monuments dont ils ignorent l'origine; Ker-Porter croit reconnaître dans cet édifice le tombeau de Cyrus, et, dans la plaine où il est situé, l'emplacement de l'ancienne Pasargade. Cette supposition n'est pas dénuée de vraisemblance; car la description du tombeau de Cyrus, qui nous a été transmise par Strabon et par Diodore de Sicile, s'applique assez bien au monument qui nous occupe. Ce tombeau (*planche* 37) est composé d'une petite édicule exhaussée sur sept assises de marbre, en retrait l'une sur l'autre. Il est d'une très-grande simplicité, ce qui s'accorderait avec ce que l'histoire dit, que Cyrus prescrivit lui-même pour ses funérailles.

Au couchant de Persépolis s'étend une haute montagne, nommée Mechhed, qui domine les ruines en forme d'amphithéâtre. Dans le flanc de cette montagne on remarque deux tombeaux, les plus intéressants peut-être à tous égards de ceux que l'antiquité nous a transmis, si on excepte les Pyramides d'Égypte. Les habitants appellent ces monuments le *cherk-almas*, c'est-à-dire le *talisman* ou le *diamant du destin*, parce qu'ils croient qu'ils renferment un talisman, et que ceux qui ont voulu y pénétrer ont été arrêtés par les démons gardiens de ce trésor.

L'une des faces de la montagne, composée tout entière de marbre blanc de la plus grande beauté, a été taillée de manière à s'élever presque verticalement. Sur cette immense surface, au milieu de la montagne, et à une élévation de vingt à trente mètres, sont creusés dans le roc les deux tombeaux entièrement semblables (*planche* 39) de situation, de dimension, d'ornements, de distribution, qui semblent n'être que deux exemplaires du même type. Plus loin, sur la même face, on voit un autre tombeau où sont indiquées les mêmes formes et la même proportion, mais qui n'a pas été terminé. Nous verrons tout à l'heure, qu'à peu de distance de là, sont quatre autres tombeaux, semblables aux premiers, en tout sept tombeaux, nombre égal à celui des monarques persans de la dynastie des Achéménides, depuis Darius, fils d'Hystaspe, jusqu'à Darius Codoman, le dernier de cette famille. Diodore de Sicile nous a laissé sur les tombes royales de Persépolis des détails qu'il est curieux de rapprocher des relations des voyageurs : « A l'orient de la ville est une montagne éloignée de quatre pléthres, et à laquelle on donne le nom de royale; elle contient les tombeaux des rois. Le rocher a été taillé, et, au milieu de sa hauteur, on voit plusieurs édifices dans lesquels on plaçait les corps des défunts. Ils ne présentent aucune entrée ouverte par la main des hommes; mais ils recevaient les cercueils des morts, apportés par des machines destinées à cet usage. » Si l'on fait abstraction de l'erreur évidente de Diodore, qui place la montagne royale vers le levant de la ville, tandis qu'elle est au couchant, son récit s'accorde pour la distance, l'élévation, la forme des monuments avec les observations des modernes. A ce témoignage, nous pouvons ajouter le récit d'un contemporain, d'un témoin qui avait vécu longtemps à Persépolis, et qui, par sa position particulière, avait dû en connaître tous les monuments; je veux parler de Ctésias, médecin d'Artaxercès II. Par malheur, son ouvrage est perdu, et il ne nous en reste que quelques fragments cités par Photius et par Diodore de Sicile. Le patriarche Photius a vraisemblablement altéré et abrégé les passages qu'il rapporte, pour en appuyer ses opinions particulières. Diodore de Sicile est plus exact et plus explicite; mais la réunion de tous ces fragments est loin, par malheur, de former un ensemble satisfaisant et de combler toutes les lacunes. Quoi qu'il en soit, Ctésias rapporte dans ces termes une anecdote curieuse sur ces mêmes tombeaux : « Son père et sa mère (de Darius) voulurent, dit-il, contenter leur curiosité et visiter le tombeau que Darius avait fait construire; il leur en coûta la vie. Les prêtres, qui les guidaient au haut de la montagne, ayant aperçu des serpents, en furent si effrayés, qu'ils lâchèrent les cordes; le prince et la princesse se tuèrent en tombant. Cet accident causa beaucoup de chagrin à Darius; il fit couper la tête aux quarante personnes chargées de guinder en haut de la montagne son père et sa mère. » Toutes les preuves semblent donc être réunies, et il ne nous est pas permis de douter de la destination de ces monuments.

Les deux tombes achevées sont celles de Darius, fils d'Hystaspe, et de Xercès, son fils et son successeur; celle qui n'est pas terminée est celle de Darius Codoman, qui, détrôné par Alexandre, assassiné par Bessus, ne put achever le palais funéraire qu'il se préparait.

Ces deux tombes, nous l'avons dit, sont entièrement semblables : la description de l'une est la description de l'autre. Elle est taillée dans le marbre, et, au premier coup d'œil, aussi étonnante par ses dimensions grandioses, par ses proportions fortement colossales, que par le fini de l'exécution, par la délicatesse du travail, qui apparaissent dans toutes ses parties. C'est un édifice prodigieux de hardiesse, de patience, de grandeur dans la conception première, et de persévérance dans son accomplissement. Il se compose d'une façade à deux étages, élevés en retraite sur une plate-forme. A l'étage inférieur, on voit un portique de quatre colonnes, au fond duquel est une porte feinte. Nous savons avec certitude que cette porte ne conduit pas à l'intérieur du monument. On y remarque une effraction produite, sans doute, à une époque reculée, dans le dessein de dépouiller la chambre mortuaire de ses trésors. Du reste, l'examen le plus minutieux n'a montré aucun interstice, aucune trace d'ouverture ou de passage, et tout donne à penser que le sépulcre ne communiquait pas avec cette façade, et qu'on y entrait par une porte qui donnait sur quelque autre partie de la montagne, et qui, jusqu'à présent, s'est dérobée à toutes les recherches.

Au-dessus de la porte de la façade est une frise à denticules, soutenue par douze

TOMBEAU PRÈS DE PERSEPOLIS.
(Perse.)

TOMBEAU DE NAKSCHI ROUSTAM.
Perse.

lions disposés face à face, six dans un sens et six dans l'autre. L'étage supérieur présente une immense travée, composée de deux rangs de figures représentant des Perses armés, avec l'épée à droite, dans la posture d'atlantes et de caryatides, et supportant une sorte de balustrade. Aux deux extrémités sont deux licornes ailées de proportion colossale, dont les pattes de derrière reposent sur des fruits de lotus. Enfin, des deux côtés on voit deux petites figures, probablement des prêtres d'un ordre inférieur, qui ont la main appuyée sur les supports du bas-relief dont nous allons parler. La partie culminante de cette façade est une scène symbolique, sculptée en haut-relief, et dans des dimensions toujours fortement colossales. C'est un homme en costume médique, la tête couverte d'une tiare, appuyé d'une main sur un arc immense, et tenant l'autre main levée en signe d'adoration. En face de lui est un autel, sur lequel brûle le feu sacré, et qui est surmonté d'un globe, et au-dessus, dans une région supérieure, le *Féroher*. Le personnage principal de cette représentation est, selon toute vraisemblance, le roi, sectateur de Zoroastre, adorant le feu. Au-dessus de l'autel est, comme nous l'avons remarqué, un globe, sur la signification duquel les interprètes ne sont pas d'accord. Les uns y reconnaissent le monde où s'exerce la puissance d'Ormouzd, les autres le soleil, manifestation de Mithra.

Nous avons dit que quatre autres tombeaux analogues existaient à peu de distance. Pour les décrire, nous prendrons principalement pour guide l'excellente notice publiée par notre ami M. Dubeux, le savant orientaliste persan (1). A quatre milles de Persépolis, et à douze lieues environ de Schiraz, est un rocher de marbre blanchâtre, taillé à pic, et qui s'élève à une hauteur de près de trois cents mètres. C'est sur la face de ce rocher (*planche* 58), que se trouvent les sculptures et les excavations appelées aujourd'hui *kabrestani-guiauran*, ou le *cimetière des Guèbres*, *Takhti-Roustam*, le trône de Roustam, et plus communément *Nakschi-Roustam*, ou l'image de Roustam.

Les habitants du pays ont adopté ce dernier nom, parce qu'ils croient reconnaître dans les sculptures du rocher, la représentation des combats singuliers et des hauts faits d'armes de Roustam, le fameux héros des temps fabuleux de la Perse : les monuments de Nakschi-Roustam se composent des quatre tombeaux et de plusieurs grands reliefs; les premiers appartiennent, comme nous l'avons vu, à la dynastie des Achéménides, et durent contenir les restes mortels d'Artaxercès Longuemain, de Darius Nothus, d'Artaxercès Mnémon et d'Ochus; les bas-reliefs sont de l'époque bien plus moderne des rois sassanides. Les quatre tombeaux ne diffèrent en rien l'un de l'autre, du moins à l'extérieur. Celui qui fut visité par Ker-Porter forme sur le rocher une retraite de près de cinq mètres. Cette retraite, plus large au milieu, présente l'aspect d'une croix grecque. La hauteur totale du monument est d'environ trente mètres, et forme trois étages. Le premier, entièrement lisse, était destiné probablement à recevoir une inscription; le second, où se trouve la porte, est orné de quatre colonnes distantes d'environ sept pieds l'une de l'autre. Ces co-

(1) *Monuments anciens et modernes*, publiés sous la direction de M. Jules Gailhabaud; in-4°, Paris, Firmin-Didot, 5e livraison.

lonnes ont à leur base des plinthes, qui avancent de cinquante centimètres au delà du niveau de l'entrée du tombeau. Les fûts sont couronnés par des chapiteaux présentant deux têtes de taureau. Ces chapiteaux soutiennent une architrave, qui n'a d'autre ornement qu'une rangée de modillons. La porte du tombeau est placée entre les deux colonnes du milieu ; sa partie inférieure offre les traces d'une violation ancienne. La largeur de cet étage est de dix-sept mètres. L'étage supérieur est seul décoré de sculptures, que je ne décrirai pas ici, car elles offrent la plus grande analogie avec celles de Persépolis, et ne présentent aucune particularité saillante qui les en distingue.

Nous avons vu que ce monument est placé dans un renfoncement taillé dans le roc; les quatre surfaces que présente le roc dans la partie supérieure sont ornées chacune de trois figures placées l'une au-dessus de l'autre : celles placées à gauche sont armées de lances; celles de droite, également vêtues de longues robes, paraissent être des pleureurs ; elles tiennent la main gauche élevée à la hauteur du visage, et relèvent le pan de leur robe comme pour essuyer leurs larmes. Ces tombeaux sont creusés, comme nous l'avons dit, à une grande hauteur au-dessus du sol. On ne saurait y pénétrer que par une ascension qui exige beaucoup d'adresse et de courage, et qui présente des dangers et des difficultés très-réels. Niebuhr n'a pu entreprendre ce périlleux voyage, mais il nous a transmis les résultats des recherches d'un de ses amis qui avait visité ces monuments. Corneille de Bruyn a voulu essayer d'y monter, mais, arrivé au bas de la montagne, le cœur lui a manqué ; il s'est contenté d'y faire monter des habitants du pays, il est resté près d'eux pour leur donner ses instructions et recueillir leurs observations. Chardin a été plus courageux, mais les renseignements qu'il a donnés sont rapportés avec plus d'exactitude et de détail par Ker-Porter.

Ce voyageur fit monter des habitants du pays, qui le hissèrent par une corde jusqu'au tombeau. Après cette ascension de plus de vingt mètres, Ker-Porter pénétra par l'ouverture dans une chambre longue de onze mètres et haute de trois, dont le plafond est noirci par la fumée des torches. Au fond de cette chambre, dans de grandes niches, étaient trois coffres de pierre, longs de deux mètres soixante et dix centimètres, sur un de large, dont les couvercles, encore en place, avaient été brisés, sans doute pour y chercher les trésors que l'on enfouissait dans les tombeaux. On s'assura, en y introduisant un flambeau, qu'il n'y avait aucun reste de dépouille humaine. Je ne sais jusqu'à quel point Ker-Porter a raison d'en conclure qu'ils n'ont jamais contenu de cadavre, et que cette chambre n'était pas un sépulcre; que c'était ailleurs qu'était déposé le corps du roi. Il est certain que cette chambre est sans issue. Il y a dans le flanc de la montagne un grand nombre de corridors ou galeries souterraines, qui, peut-être, conduisent à la véritable chambre sépulcrale; c'est un labyrinthe où les routes se croisent et se replient sur elles-mêmes dans tant de tours et détours, qu'on risque de s'y égarer. Chardin s'engagea dans le souterrain, et y pénétra successivement par sept ou huit issues, et suivit des voies différentes, mais toujours sans succès. Tantôt des vapeurs méphitiques menaçaient d'éteindre ses flambeaux et de l'étouffer, tantôt des quartiers de rocher, déta-

BAS-RELIEF DE NAKSCHI-ROUSTAM.

MONUMENTS FUNÉRAIRES.

chés de la voûte, l'arrêtaient dans sa marche, tantôt le chemin se rétrécissait jusqu'à ce qu'il ne pût plus y passer la tête.

Le Bruyn fit aussi quelques tentatives qui ne furent pas plus heureuses.

Les monuments de l'époque des Sassanides se composent uniquement de bas-reliefs, et sont placés à une hauteur beaucoup moins considérable que les tombeaux, quelques-uns même se trouvent à moitié cachés par la terre et le sable amoncelés; ces monuments forment six énormes tableaux en relief et taillés dans le roc. Sur l'un, on aperçoit Ormouzd qui présente à Artaxercès, fondateur de la dynastie des Sassanides, un anneau duquel pendent des bandelettes, et qui doit être l'emblème de l'autorité royale. Deux inscriptions en pehlvi et en grec, dont l'une est la traduction de l'autre, ne laissent aucun doute sur ce sujet. Un second bas-relief représente une princesse recevant ce même anneau d'un personnage qui doit être le roi son mari. Sur le troisième (*planche* 38 *bis*) est un homme à genoux, en posture de suppliant. Comme ce même sujet est représenté sur les monuments de Chapour ou Sapor Ier, et que l'homme à pied et l'homme à genoux portent le costume romain, il est à croire qu'il est ici question de l'infortuné Valérien, qui tomba au pouvoir de Sapor. Deux bas-reliefs représentent deux guerriers à cheval et combattant avec lance. Enfin, le sixième et dernier montre un roi placé sur une espèce de tribune et prononçant un discours. Différents personnages sont groupés autour du roi. Il y a encore, non loin de là, une autre tombe du même genre, nommée *Nakschi-Radjab*, ou le portrait de Radjab. C'est une salle creusée dans le roc et ouverte par en haut. Le fond et les côtés de cette salle sont couverts de bas-reliefs. Une de ces figures, qui représente un roi de Perse de la dynastie des Sassanides, est devenue, on ne sait trop comment, pour les habitants du pays, un héros imaginaire auquel ils ont donné le nom de Radjab. Les têtes de presque tous les personnages ont été mutilées par le fanatisme des sectateurs de Mahomet.

Franchissons maintenant plusieurs siècles, et arrivons aux monuments funèbres érigés par les musulmans. Les funérailles des Persans se font à peu près comme celles des autres mahométans; les corps sont inhumés, soit dans un monument, soit dans un cimetière public. Les seuls guèbres ont conservé de leurs ancêtres l'usage de déposer les corps dans une enceinte où ils sont dévorés par les oiseaux de proie.

Au centre de Schiraz, près la *Musjidi-noo*, la nouvelle mosquée, est un très-grand bâtiment appelé *Schah-Chérang*, ou la lampe du roi; il est considéré comme très-saint, étant le mausolée d'un frère de leurs imans. Ce monument est très-antique, mais on ne peut fixer la date de sa fondation; on croit toutefois qu'il date du quatrième siècle de l'hégyre. Autrefois magnifique, il tombe maintenant en ruine. Il fut cependant réparé par Kerim-khan, qui le fit recouvrir entièrement; mais depuis, il a beaucoup souffert du temps et des injures des saisons. Quoi qu'il en soit, plusieurs des *imans-zadas*, ou des descendants des imans, y résident, et sont entretenus au moyen des faibles restes des immenses revenus que possédait autrefois cette fondation religieuse.

Il existe près de Schiraz deux tombeaux très-célèbres en Perse, ce sont ceux des deux fameux poëtes Sadi et Hafiz. Sadi-Mosleh-eddin naquit à Schiraz, l'an 571 de l'hégire, 1175 de Jésus-Christ; il mourut en 691 de l'hégire, 1291 de Jésus-Christ. Hafiz-Mohammed-Shems-eddin ne naquit qu'un demi-siècle après la mort de Sadi, également à Schiraz; il mourut en 794 de l'hégire, 1391 de Jésus-Christ. Bien que Kerim-khan ait dépensé 10,000 piastres pour faire réparer et embellir le tombeau de Sadi, ce monument est de nouveau tombé en ruine et ne mériterait aucune mention, s'il ne renfermait les cendres du plus grand poëte de la Perse. Ce mausolée, situé au pied des montagnes qui bornent le territoire de Schiraz au nord-est, se compose d'un grand bâtiment carré à l'extrémité duquel on a pratiqué deux cellules dans la muraille; celle de droite contient la tombe de Sadi, qui est longue de deux mètres et large de soixante et dix centimètres. Cette tombe est encore dans son état primitif; elle est recouverte d'une boiserie à dessins d'or, sur laquelle on lit une ode du poëte, gravée avec soin.

La tombe de Hafiz est non loin de là, à deux milles de Schiraz, hors de la porte *Schah-Mizza-Hamza*. Kerim-khan y a érigé une salle des plus élégantes, au milieu d'un beau jardin. Devant le bâtiment sont un bassin et une fontaine. Sous l'ombrage est la tombe du poëte, composée d'une dalle de marbre blanc de Tauris, longue de deux mètres soixante et dix centimètres sur un mètre trente centimètres de largeur. Cette tombe, plus moderne, recouvre la véritable, et est toute parsemée d'inscriptions gravées, tirées des œuvres du poëte. Le tombeau de Hafiz est devenu pendant l'été le rendez-vous des promeneurs de Schiraz, qui y trouvent, à leur disposition, une des plus élégantes copies de ses œuvres.

A peu de distance, au nord de la tombe de Hafiz, est un monument appelé *Heft-tun*, les sept corps. On raconte que sept derviches, étant venus d'une grande distance se fixer en ce lieu, y moururent l'un après l'autre, et s'y enterrèrent jusqu'au dernier, qui fut enseveli par les voisins. Kerim-khan a érigé en ce lieu une belle salle longue de neuf mètres sur six, et haute de treize mètres trente centimètres. Un tiers de la hauteur est revêtu de marbre de Tauris, le reste est décoré d'arabesques bleu et or, et de peintures dans le style persan, parmi lesquelles on remarque le sacrifice d'Abraham, et Moïse enfant conduisant les troupeaux de son beau-père Jethro. Sur les portes de la salle sont les portraits des poëtes Hafiz et Sadi. Autour de cette salle est un beau jardin, où chaque derviche a sa tombe marquée par une pierre sépulcrale. Le tombeau des sept derviches est, comme celui de Sadi, un lieu de promenade pour les habitants de Schiraz.

A un quart de mille seulement de Schiraz est un grand bâtiment octogone, qui renferme la tombe d'Abdurraham-khan, second fils de Kerim-khan, mort à l'âge de douze ans. Cette tombe a deux mètres soixante et dix centimètres de long et un mètre de large; elle est placée au milieu de la salle et couverte d'une pièce de brocart. La tombe est d'un très-beau marbre de Tauris, élégamment sculptée; sur le plat et sur les côtés sont gravées, avec soin, des inscriptions persanes. La salle est surmontée d'une belle coupole, ornée intérieurement d'arabesques bleu et or, imitant la porcelaine de la Chine.

Kom, dans l'Irak-adjemi, ville en grande partie ruinée, est célèbre par les tom-

MONUMENTS FUNÉRAIRES.

beaux des petits-fils et descendants d'Ali, qu'on appelle *iman-zadeh*, c'est-à-dire *fils d'apôtres*; ce sont les saints des Persans. Au temps de Chardin, on comptait autour de la ville quatre cent quarante-quatre mausolées ou petites mosquées où ils sont enterrés. Ces tombeaux suffiraient pour faire de Kom une ville sainte; mais il en est un bien plus révéré que tous les autres, qui est visité chaque année par plusieurs milliers de pèlerins, et qui se distingue par la beauté de son architecture, la richesse des ornements et les trésors qu'il renferme. C'est, d'après la plupart des voyageurs, celui de Sidi-Fatima ou Fatime, fille aînée de Mahomet, qui épousa son cousin germain Ali. M. Dubeux lui assigne une origine moins illustre; selon lui, ce monument renfermerait les cendres de Fatima, fille de Mousa, fils de Djafar-Sadik, le septième des douze imans des Persans, empoisonné par ordre du calife Haroun-Al-Raschid. Enfin, à en croire Tavernier, Sidi-Fatima aurait été fille de l'iman Hoséin, qui était fils d'Ali et de Fatmé, fille de Mahomet. Quoi qu'il en soit, ce tombeau est réputé sacré; un drap de velours vert, brodé d'or et de pierreries, en cache la vue au peuple; autour est une grille d'argent massif, qui a cinq mètres trente centimètres en carré, et dont chaque barreau est surmonté d'une grosse boule; les préposés à sa garde donnent un certificat aux pèlerins qui ont le moyen de le payer. La belle mosquée qui renferme ce tombeau, ayant beaucoup souffert du temps et des tremblements de terre, a été refaite par Feth-Ali-schah en 1802.

A Kom sont deux autres tombeaux fort élégants renfermant les restes de Schah-Sefy Ier, et de son fils Abbas II, morts, le premier en 1641, le second en 1666.

Au centre de Meckhed, ville considérable du Khoraçan, est le tombeau d'Ali, fils de Mousa, huitième iman de la race d'Ali, surnommé *Riza*, le *favori de Dieu*, qui naquit à Médine en 765 de notre ère. Le tombeau de l'iman Riza est un mausolée très-beau, avec un dôme richement décoré. Trois treillis environnent la tombe. Le premier est en acier trempé, le second en or fin, et le troisième, qui entoure immédiatement le cercueil, est en bois de sandal. Plusieurs voyageurs ont écrit que le dôme était couvert de lames d'or; il est seulement revêtu de cuivre poli.

A Ardebil, ville de l'Adzerbaïdjan, sont inhumés Cheikh-Sefy, Ibayder et Ismaïl-schah. Leurs tombeaux, pour lesquels les Persans ont une grande vénération, sont placés sous des dômes peu élevés et tombent en ruine.

Sur une éminence près d'Ispahan se trouve une petite tour ronde surmontée d'une coupole, autour de laquelle on lit une inscription en caractères coufiques. Chardin l'appelle *mil-Schatir*, la tour du coureur. A cette tour se rattache une anecdote qui m'a rappelé la touchante légende des bords de la Seine, *la côte des deux amants*.

Un roi de Perse avait promis sa fille à celui qui pourrait courir à pied devant son cheval, depuis Schiraz jusqu'à Ispahan. Un *schatir*, ou coureur, près d'atteindre le but, se vit forcé par le roi de ramasser d'abord son fouet, puis sa bague. Il s'était tellement serré qu'il savait, qu'en se baissant sa mort était certaine; il ne voulut pas cependant désobéir à son prince, il se baissa et mourut. En mémoire de cet événement on éleva le *mil-Schatir*.

C'est aussi dans les environs d'Ispahan que s'élèvent les colonnes tremblantes, regardées par les Persans comme une des grandes curiosités de leur pays. Ce sont deux minarets qui flanquent un édifice élevé sur le tombeau d'un de leurs saints. On fait monter au sommet de chaque minaret un enfant, qui, employant ses forces, ébranle l'édifice comme pourrait le faire un tremblement de terre. Les Persans attribuent cet effet singulier à la puissance du saint personnage qui repose sous le monument.

Je mentionnerai encore, en terminant, le tombeau du sultan Kasan, mort il y a six cents ans environ. C'est une grande tour ruinée que l'on voit à Tauris, et qu'on appelle *Monar-khan-Kasan*.

CONSTRUCTIONS CIVILES.

Dans la province de Kurdistan, dans les environs de la ville de Kirmanschah, près de la route de Bagdad à Hamadan, qui correspond à Babylone et à Ecbatane, est une plaine fertile entre des montagnes escarpées. L'une de ces montagnes nommée *Bisoutoun*, paraît être celle que Diodore nomme *Bagistan*, et sur laquelle Sémiramis fit pratiquer de si grands travaux : « Sémiramis, dit l'historien, ayant mis la dernière main aux ouvrages qu'elle avait entrepris, partit à la tête d'une armée considérable pour la Médie. Parvenue en face du mont *Bagistan*, elle campa dans le voisinage et y fit établir un parc (Παράδεισος), qui avait douze stades de tour. Dans l'enceinte de ce parc, situé au milieu d'une plaine, se trouvait une source abondante dont les eaux servirent à l'arrosement de toutes les plantations. Le mont Bagistan est consacré à Jupiter, et sur un des côtés du parc, les rochers taillés à pic s'élevaient à une hauteur de six stades. Sémiramis en fit polir avec soin la partie inférieure, l'on y grava ensuite la figure de la reine entourée de cent de ses gardes, et au-dessus une inscription en lettres syriennes, qui portait que Sémiramis avait fait rassembler les harnais des mulets employés à la suite de son armée; leur seul amas, qui de la plaine atteignit la hauteur de ces rochers, lui avait servi de degrés pour arriver au sommet du mont. »

Le mont Bisoutoun, d'une hauteur de cinq cents mètres, ce qui se rapporte à peu près à la mesure donnée par Diodore, offre à sa base une plate-forme qui semble avoir été destinée à porter un édifice, et a sur ses flancs un grand bas-relief, mutilé en partie par le temps et la main des hommes, car il est coupé par une tablette sur laquelle on avait sculpté un bas-relief grec, et on y voit en partie des inscriptions persanes.

Du reste, ce monument, que ses proportions colossales permettent de découvrir d'assez loin, ne peut qu'avec la plus grande difficulté être examiné en détail. Ker-Porter a tenté de gravir cette côte escarpée, et après avoir couru les plus grands dangers, est parvenu sur une pointe de rocher assez près du bas-relief pour pouvoir dessiner plusieurs des sujets les plus intéressants. Dans l'un d'eux, le principal personnage est debout, d'une taille plus élevée que ceux qui l'entourent; à sa main est un arc, signe de la puissance royale, et il foule à ses pieds le corps d'un homme. Devant lui sont dix figures d'une taille plus petite, ayant les mains jointes et une corde passée autour du cou. Au-desus est le *Feroher*. Ce bas-relief est accompagné d'inscriptions cunéiformes. Il est assez probable que ce roi est Salmanasar, vainqueur de Hosée, roi d'Israël (739 avant Jésus-Christ), et conduisant en servitude les dix tribus indiquées par les dix figures.

L'extrémité occidentale du rocher de Bisoutoun porte le nom de *Takibostan*, c'est-à-dire *la voûte du jardin*. Ce rocher est célèbre par les monuments sculptés qui s'y trouvent. Au bas de la montagne sont deux salles taillées dans le roc vif; on y pénètre par de grandes ouvertures en forme de portiques. Dans le fond de la plus grande des salles sont sculptées quatre figures, dont la plus considérable est au niveau du sol. C'est une statue équestre colossale, aux trois quarts en relief. Le cavalier a la tête couverte, ainsi que le corps, d'une cotte de mailles fort bien sculptée; d'une main il tient une lance, de l'autre un petit bouclier. Le cheval, fort endommagé, est harnaché en guerre. Selon la tradition ce guerrier serait Roustam. Cette figure est placée entre deux colonnes cannelées d'ordre corinthien; on voit sur les côtés une double inscription en grec et en pehlvi, entièrement indéchiffrable. De ces divers indices nous croyons pouvoir conclure que ce bas-relief est de l'époque des Séleucides, tandis que ceux qui l'accompagnent appartiennent aux Sassanides. Au-dessus de la statue équestre règne une espèce de corniche qui la sépare d'un groupe de trois figures, une femme portant le diadème particulier à la dynastie des Sassanides, un roi et un autre personnage barbu. Les côtés de la salle sont couverts de représentations de scènes champêtres, telles que chasses au cerf et au sanglier, etc.

Ces sculptures paraissent se rapporter au temps de Kosraïs-Parviz et de sa femme Chirin, qui, suivant l'histoire orientale, montrèrent une grande prédilection pour le séjour de Kermanschah, et y firent exécuter de grands travaux.

La seconde salle, plus petite que la première, contient seulement deux figures de grandeur naturelle et de demi-relief.

La surface du rocher a été lissée à une grande distance autour des portiques. Sur cette surface polie, au-dessus de l'entrée de la grande salle, sont deux figures ailées, de proportions gigantesques, qui ressemblent aux victoires des Grecs et des Romains.

A côté de la petite salle, et sur le rocher, au-dessus d'une des sources qui en sortent, est un bas-relief avec quatre figures de grandeur naturelle, d'une fort mauvaise exécution.

Dans le Fars, non loin de la petite ville de Kazzoun, sont les ruines de *Chapour*, ville bâtie par Sapor Ier. M. Morrier y a reconnu les restes d'une citadelle, plusieurs bas-reliefs sculptés sur le roc et offrant des sujets très-variés; ces figures lui ont paru supérieures, sous le rapport de l'art, à toutes celles qu'il avait déjà observées en Perse. M. Alexander en porte le même jugement.

Les ruines les plus importantes de la Perse sont celles de Persépolis. L'emplacement de cette capitale si célèbre de l'empire de Cyrus est au nord-est de Schiraz, près des villages de Merdhact et de Mourgab, au pied de la haute montagne de Coutri-Ramet, *montagne de miséricorde*, toute composée de marbre gris. L'ensemble des ruines s'étend à plus de vingt milles vers le nord; elles couvrent un plateau d'une forme irrégulière et d'un niveau inégal, où la pente naturelle du sol a été taillée en quatre ou cinq terrasses auxquelles on parvient par des rampes aboutissant à la montagne. La terrasse supérieure porte aujourd'hui le nom de *Tchel-Minar*, les quarante colonnes, non parce qu'il y a ce nombre de colonnes, mais parce que chez les Perses modernes le nombre de quarante est employé pour exprimer tout nombre considérable et indéterminé.

Ces ruines (*planche* 40) constituent à peu près les seuls restes que nous possédions de la puissance et de la civilisation perse; car il n'y a presque rien de Suze et d'Ecbatane; mais les restes de Persépolis existent encore dans un état de conservation étonnant.

Ce sont des colonnes d'un genre tout particulier, un alphabet presque indéchiffrable; ce sont une langue presque perdue, des bas-reliefs de dimension colossale, des sculptures d'un fini précieux, des figures de proportion gigantesque, ayant parfois des formes étranges. On sait que Persépolis était la principale résidence des monarques perses; elle partageait à la vérité cet honneur avec Ecbatane, Suze et Babylone, mais Persépolis était considérée comme la ville sacrée par excellence, le siége de la religion, le berceau de la monarchie.

Les hommes ont plus contribué que le temps à faire de cette ville un monceau de ruines. Trois cent trente ans avant notre ère, Alexandre, dans un moment d'ivresse, voulut la détruire et y coopéra de sa main; toutefois il ne put anéantir le culte qui s'attachait même à ses ruines. Ainsi nous avons vu que les rois Sassanides, qui s'élevèrent plus tard à la place des Achéménides exterminés par Alexandre, y creusèrent leurs tombeaux comme pour leur assigner le lieu le plus sacré de la Perse.

En 642, Persépolis fut saccagée par les Arabes; enfin en 982 elle fut entièrement détruite par les Turcs.

Tous les monuments de Persépolis sont composés de blocs de marbre du pays, liés sans ciment et par une méthode si parfaite qu'il est très-difficile d'en reconnaître les joints. La surface en est polie et brillante. D'abord se présentent deux escaliers, dans l'un desquels on ne compte pas moins de cent cinquante marches; la largeur en est telle que dix cavaliers pourraient y passer de front. Par cet escalier on arrive de la première terrasse à un vaste portique, composé de quatre masses gigantesques, hautes de seize mètres, ornées à la surface extérieure de sculptures en hauts-reliefs et de proportions fortement colossales; les taureaux fantastiques qui y sont représentés n'ont pas moins de six mètres de longueur. Après ce portique on rencontrait du temps de Chardin quatre colonnes isolées, qui maintenant sont réduites à deux; elles ont sans doute soutenu de grandes images symboliques et sacrées; peut-être, suppose M. Raoul-Rochette, un immense globe doré, symbole du soleil.

RUINES DE PERSÉPOLIS
(Perse.)

Un second portique ne diffère du premier que par le genre des figures qui en ornent la face antérieure; car elles offrent des animaux monstrueux à double nature, où, à travers la dévastation des mains arabes, on démêle encore des membres de taureaux, d'oiseaux et d'hommes. Le pilier a aussi trois inscriptions cunéiformes, renfermées dans un cadre, et répétant, à ce qu'il paraît, le même texte dans les trois langues des Perses, des Mèdes et des Babyloniens.

A la suite du portique que nous venons de décrire, on tourne à droite et l'on parvient à une seconde terrasse par un autre escalier qui n'a rien d'égal au monde. Le développement de cet escalier est immense et il est d'une richesse extrême. La double rampe dont il est formé s'étend aux deux extrémités est et ouest d'une terrasse qui s'avance de quatre cents mètres vers le sud. On admire immédiatement après une seconde double rampe, décorée d'un nombre prodigieux de figures, représentant comme une procession, des personnages qui défilent, citoyens et soldats, grands et hommes des classes inférieures, amenant à leur suite des animaux de toute espèce, bœufs, chevaux, dromadaires, moutons et les différents produits de la terre. D'après l'opinion la plus probable, on a figuré ici la fête de l'équinoxe, lorsque les anciens Perses allaient au-devant du monarque pour lui présenter leurs offrandes et en quelque sorte leur tribut. Aussi peut-on dire qu'on possède dans ce tableau une statistique de la Perse à l'époque de sa plus grande splendeur, et la série complète, sculptée sur marbre, des habillements, des costumes et des armes propres aux diverses classes du peuple. Un groupe parmi tant d'autres est répété plusieurs fois. Ce sont deux animaux en très-haut relief et d'une dimension fortement colossale, figurés dans l'action du combat. L'un, sous la forme d'un taureau, d'un cheval, d'un âne sauvage ou d'une licorne, est toujours terrassé; l'autre, toujours assaillant et vainqueur, est un lion : c'est l'emblème du triomphe passager du mal sur le bien dans le règne temporaire d'Arihman sur la terre.

Enfin, par les rampes que nous avons décrites on parvient à la terrasse principale, où l'on rencontre des colonnades magnifiques, faisant partie d'un seul édifice dans lequel tous les voyageurs s'accordent à reconnaître le palais des rois.

C'est à cet assemblage de colonnes qu'on a donné le nom de Tchel-Minar, appliqué par la suite à la ville entière. La salle des colonnes paraît avoir été isolée et avoir eu communication par des galeries avec les autres parties du palais. D'après les piédestaux, on voit qu'il y avait neuf rangées, chacune de six colonnes, en tout cinquante-quatre. Aujourd'hui il n'en reste debout que quinze.

Suivant Ker-Porter, la hauteur de ces colonnes ne dépasserait pas seize mètres, bien que des voyageurs leur en aient donné jusqu'à trente. Selon toute apparence la vérité se trouve entre ces deux extrêmes. La mesure de Ker-Porter est nécessairement au-dessous de la réalité, car le diamètre de ces colonnes à la base est de quatre mètres, et l'entre-colonnement de sept mètres trente centimètres. Les chapiteaux consistent en deux demi-bœufs, réduits à la seule partie antérieure et tournés en sens contraires; au milieu ils offrent une échancrure qui paraît avoir été destinée à recevoir une poutre.

Les piédestaux sont d'un travail singulier et ont peu souffert. Les fûts étaient cannelés dans toute leur hauteur.

On croit que les quatre colonnades formaient une enceinte ouverte où se tenaient les courtisans, et où peut-être le roi même donnait audience les jours de réception solennelle.

Peu loin de là on trouve plusieurs masses de constructions qui doivent avoir été des appartements intérieurs. C'est là surtout que l'on remarque les traces de l'incendie qu'alluma Alexandre. On rencontre d'abord un grand bâtiment carré dans lequel on entre par une porte de granit. La plupart des portes et fenêtres sont intactes et de marbre noir bien poli. A l'entrée, sur les côtés des portes, sont des bas-reliefs représentant différents groupes, chacun de deux figures de grandeur naturelle, un homme tuant un animal fantastique. Sur une autre porte est le monarque avec un de ses courtisans, et un esclave tenant un parasol. A l'entrée sud-ouest de cet appartement sont deux grands piliers de pierre où sont sculptées quatre figures vêtues de longues robes et tenant des lances de trois mètres de long; ce sont ces gardes des rois de Perse que les auteurs grecs désignent sous le nom de doryphores. A cette entrée, on voit aussi les restes d'un escalier de pierre bleue. De nombreux fragments de piliers, de chapiteaux, de colonnes couvrent le sol environnant sur une grande étendue; quelques-uns sont tellement énormes qu'on se demande comment on a pu les apporter et les élever. Derrière la salle des piliers est le temple carré que j'ai décrit et qui est adossé à la montagne.

Dans les environs d'Hamadan, dans l'Irak-Adjemi, s'élevait jadis la superbe Ecbatane, capitale de la Médie, dont Hérodote et Polybe nous ont laissé une si brillante description. MM. Morier et Ker-Porter ont reconnu dans ces ruines l'emplacement du palais où les monarques perses venaient passer l'été. Il ne le cédait pas en magnificence aux palais de Suze et de Babylone; il était placé au-dessus de la citadelle, regardée comme une des plus fortes places de l'Asie et avait sept stades de circonférence. M. Ker-Porter a reconnu sur la plate-forme où s'élevait ce superbe édifice, les traces des trous où tournaient les pivots de la porte principale. Des fragments de colonnes et des vestiges d'inscriptions cunéiformes sont tout ce qui reste de cette ville jadis si brillante et une des plus riches de l'Asie.

Non loin de Schiraz, au lieu appelé *Coh-Saadi*, montagne de Saadi, on trouve les fondations de quelques murs, ruines d'un palais, où, selon la tradition orientale, le roi Djemschid cachait ses trésors. Ce qui ne paraît pas douteux, c'est que cet édifice est antique et remonte au moins à l'époque des Sassanides.

Il est assez difficile de deviner si c'est aussi à un palais qu'a appartenu la singulière tour qui se voit aux environs de Téhéran, dans les ruines de *Reï*, la Ragès de l'Écriture. Cette tour (*planche* 40 *bis*), bâtie en briques, est ronde, et divisée en vingt-quatre compartiments, qui forment chacun les deux côtés d'un triangle dont la base a un mètre soixante centimètres. La surface de cette tour présente un zigzag continuel. Au sommet est une inscription coufique, tracée sur les briques. On entre dans la tour par une porte extrêmement ornée. La hauteur de cette tour, suivant

FOUR A BAGUES

Ker-Porter, est d'environ dix-neuf mètres; la partie qui la couvrait n'existe plus. En dehors des murs de la ville, on trouve encore une autre tour ronde tout à fait semblable, également découverte, mais construite en pierres.

Parmi les palais de la Perse élevés dans les temps modernes, le premier rang appartient à celui d'Ispahan. Ce palais, construit par Shah-Abbas, égale par sa grandeur et sa majesté les plus beaux palais de l'Europe. M. Morier, à son passage par Ispahan en 1809, en a visité la plus belle partie, le *Tchehel-Soutoun* ou *les quarante colonnes*. Cet édifice est situé au milieu d'une place immense, entrecoupée par de nombreux canaux et des allées de platanes. Devant la façade est un grand bassin d'eau limpide. La première salle, élevée d'un mètre soixante et dix centimètres au-dessus du sol et ouverte sur le jardin, a trente-cinq mètres de long sur cinq mètres trente centimètres seulement de profondeur; dix-huit colonnes, revêtues de glaces, en supportent le plafond, qui est couvert de fleurs d'or resplendissantes. Les bases sont formées par quatre lions sur le dos desquels les colonnes semblent s'élever. Les murs et les plafonds sont également revêtus de glaces si artistement disposées, que toute la salle, par la combinaison des réflexions, semble être de cristal. De cette salle on entre dans une pièce voûtée, dont les murs sont également couverts de glaces, et on arrive à la salle principale. Là le plafond offre une grande variété de dômes, de figures diverses, de peintures et de dorures qui feraient honneur au goût le plus civilisé. Les murs sont ornés de peintures. L'ameublement ne se compose que de tapis. L'extérieur de l'édifice menace ruine; cependant l'intérieur est en assez bon état; il sert de *divan-kaneh*, ou salle d'audience.

Le harem ou palais des femmes tient au *Tchehel-Soutoun*. Cet édifice est très-moderne. Un passage étroit et obscur mène de l'extrémité du jardin du Tchehel-Soutoun à ce nouveau palais, en passant sous une tour octogone. On entre d'abord dans une cour carrée oblongue, ornée de fleurs, d'allées d'arbres et de bassins, et entourée des chambres des femmes d'un rang inférieur. En tournant à gauche on entre dans une orangerie garnie de jeunes orangers, et nommée *Naringistan*. De là, on descend par un seul degré dans la cour principale du palais. Les appartements du roi en occupent tout un côté. La salle de devant est ornée de deux portraits du roi; l'un représente Feth-Ali, assis sur son trône; dans l'autre il est à la chasse, monté sur un cheval richement harnaché, et se disposant à tuer une bête sauvage. On voit encore plusieurs portraits; les plus remarquables sont ceux de Tamerlan, de Gengis-khan et de Djemschid. Les murs sont ornés de fleurs, d'oiseaux et de différents animaux peints avec beaucoup d'art. L'arcade qui fait face à la grande croisée est d'une belle composition de glaces et de peintures. C'est un des plus beaux monuments de l'art de décorer chez les Persans. Le travail du plafond attire l'admiration des voyageurs. Les autres pièces de ce bâtiment sont également bien décorées. Une des portes du palais, appelée *Ali-Capi*, est encore fort belle, et enrichie des marbres les plus précieux. Au temps des sofis, son seuil était regardé comme sacré. Les appartements d'été sont situés sous la plus grande pièce; le marbre le plus beau couvre les murs et le plancher, et l'eau y tombe en cascade par des ouvertures pratiquées au rez-de-chaussée du bâtiment. De là on passe aux bains, qui bien que petits sont très-élégants; les dômes sont supportés par des colonnes enlevées aux églises arméniennes de Djulfah.

Le palais de Feth-Ali-shah ou *Amaret-Nou*, nouveau palais bâti en 1816 aux dépens du gouverneur d'Ispahan, est, au dire de M. Buckingham, le mieux construit de la Perse; il est même supérieur, sous ce rapport, à celui de Téhéran.

Dans cette nouvelle capitale, le roi habite, ainsi que sa cour, dans l'*Ark* ou citadelle, vaste édifice de forme carrée, construit par Kerim-kan. Ce palais, situé au nord de la ville, est défendu comme elle par un mur épais et un fossé profond. La porte, précédée d'un pont-levis, est appelée par les Persans *Deri-Sa'adet*, porte de félicité. Après le pont, on trouve la première cour intérieure, qui est très-spacieuse. Ce palais, sans être remarquable par la beauté de l'architecture, se distingue par son immense étendue, par ses jardins et par plusieurs corps de bâtiment qui portent des noms particuliers.

La grande salle d'audience est située sur une espèce de terrasse. Les murs de cette salle, qui est rectangulaire, sont ornés d'arabesques et d'inscriptions en lettres d'or, appliquées sur un fond blanc. Deux hautes colonnes torses de marbre vert la soutiennent par en haut.

Le jour pénètre de l'autre côté au travers de vitraux de couleur très-élégants. Le trône est porté sur plusieurs colonnes de marbre de deux mètres trente centimètres à deux mètres soixante centimètres de hauteur. Quatre autres colonnes, revêtues de plaques d'or et d'émail, soutiennent un dais au-dessus du trône étincelant de pierreries.

Dans le *Sandhouk-Khaneh*, maison de la caisse ou du trésor, le roi garde des sommes énormes en argent monnayé, mais surtout en lingots d'or et d'argent et en pierreries; on y voit plusieurs trônes, parmi lesquels se trouve le fameux *trône du paon*, enlevé par Nadir-shah au Grand Mogol.

A trois kilomètres au nord-est de Téhéran, sur le versant de la chaîne de l'Elbourz, Feth-Ali-shah a fait construire une maison de plaisance, nommée *Takti-Cadjar*, le trône des Cadjars; si l'on n'y reconnaît pas cette magnificence royale qui caractérise les édifices élevés sous le règne des sofis, on conviendra néanmoins que la situation et plus encore la disposition de ce palais d'été le rendent vraiment un lieu de délices. Vu de loin il paraît être d'une élévation prodigieuse; mais à mesure qu'on s'en approche, l'illusion disparaît, et ce qu'on prenait pour des étages d'un même bâtiment n'est qu'une suite de terrasses en retrait. L'entrée se compose d'une porte très-simple, surmontée d'un pavillon; après l'avoir traversée, on entre dans une vaste cour, dont le milieu est occupé par une allée de cyprès et de peupliers, et coupée à angles droits dans son centre par un canal de pierre. La première terrasse supporte un bâtiment octogone, ouvert de tous côtés en arcades et dont le plafond est soutenu par des colonnes. Le plancher, découpé en plusieurs petits canaux, est traversé par un ruisseau qui vient du haut de l'édifice et passe par toutes les terrasses en formant des cascades. De cette terrasse on parvient à

PLACE D'ISPAHAN.
(Perse.)

une autre sur laquelle repose une maison de plaisance très-grande, également bien disposée pour y passer l'été. Cette terrasse conduit à plusieurs autres beaucoup plus élevées que la première et dont le plateau est occupé par de simples réservoirs; enfin on parvient à l'habitation principale, composée comme toutes les maisons des Persans d'une cour carrée, autour de laquelle règne une rangée de salles et de chambres de dimensions et d'usages divers. Mais l'endroit le plus agréable du Tatki-Cadjar est un pavillon ou belvédère qui en occupe le sommet. La structure en est simple, les décors précieux, la vue ravissante. Le Takti-Cadjar est entièrement construit en briques; un simple mur en terre amalgamée à de la paille hachée entoure cette maison royale. Le roi a fait construire un autre palais à un demi-mille de la ville; il lui a donné le nom de *Niguaristan,* pays de la peinture; il y passe le commencement de l'été.

Ces palais d'été, malgré leur magnificence, le cèdent cependant encore à celui que le même prince, Feth-Ali-shah, a créé près des ruines de Sultanieh, et autour duquel s'élève la citadelle de *Sulthanabad.*

Non loin de Farhàbad, dans le Mazenderan, est situé le village d'Achraf, où l'on voit les restes du magnifique palais bâti par Abbas le Grand, qui voulait y établir sa résidence, et les chantiers de sa marine militaire.

Mentionnons encore le palais des sofis à Casbin, et celui élevé par Shah-Abbas à Barforousch, l'un et l'autre presque en ruine, et enfin le beau palais bâti par Aga-Mohammed-kan à Asterabad, dans le Mazenderan.

Presque toutes les villes de la Perse ont une grande place appelée le *meïdan.*

A Tauris ou Tebriz, capitale de l'Azerbaïdjan, était le plus grand meïdan du royaume; plusieurs fois on y avait passé en revue jusqu'à 30,000 hommes; aujourd'hui il n'en reste plus que les vestiges, et la Perse n'en présente aucun qui puisse rivaliser avec celui d'Ispahan.

Le meïdan d'Ispahan (*planche* 44) est même regardé par beaucoup de voyageurs comme la plus grande place du monde. Aujourd'hui que cette ancienne capitale est bien déchue de sa splendeur, le meïdan est désert et le marché dont les tentes remplissaient toute la vaste étendue ne se tient plus qu'à une de ses extrémités. Ce meïdan est l'ouvrage de Shah-Abbas; autour règnent des portiques et des maisons; mais son plus grand ornement est la mosquée royale que nous avons décrite.

Les Persans ont élevé, comme nous, quelques colonnes monumentales : à Firouzabad, dans le Fars, en est une haute de cinquante mètres; mais la plus curieuse de toutes est celle qui fut élevée à Ispahan par ordre de Shah-Sefy.

Un jour ce prince ayant pris, en présence de plusieurs ambassadeurs étrangers, une quantité immense de gibier, fit tout apprêter le même jour. L'architecte de la cour proposa d'élever au milieu d'Ispahan une tour formée avec les crânes et les cornes de ces animaux et s'engagea à la faire élever sans dépense, et dans le temps que le prince resterait à table. L'architecte avait dans le voisinage une grande quantité de terre, préparée pour faire des briques; il mit immédiatement ses ouvriers à l'œuvre, et vint à bout de son entreprise. Quand la tour fut achevée, l'architecte tout joyeux, et comptant sur une bonne récompense, vint trouver le roi qui mangeait avec les ambassadeurs, et l'avertit qu'il ne manquait rien à l'ouvrage pour le bien finir que de placer au sommet la tête de quelque grosse bête. Shah-Sefy, échauffé par la débauche et voulant donner aux ambassadeurs la mesure de son pouvoir, se tourna vers l'architecte et lui dit : « Tu as raison, et on ne saurait trouver une tête plus propre à cela que la tienne. » Cet ordre barbare fut exécuté à l'instant.

Telle est la version de Tavernier, mais Kœmpfer rapporte le fait d'une manière plus honorable pour Shah-Sefy. Le roi, surpris de voir cette tour qui s'était élevée comme par enchantement, se tourna vers un de ses officiers et lui demanda ce qu'il pensait de son architecte. L'officier, qui était ennemi de l'artiste, répondit que ce travail laissait à désirer et que certainement il y manquait quelque chose. Le roi furieux, s'écria : « Tu as raison, il y manque la tête d'une grande bête; qu'on y place la tienne. »

La tour des cornes (*planche 41 bis*) était déjà en fort mauvais état au temps de Chardin et de Kœmpfer; plusieurs crânes s'en étaient déjà détachés.

Toutes les capitales de provinces possèdent un édifice destiné aux audiences du prince ou gouverneur, et appelé *divan-kaneh*. Celui de Schiraz est un des plus beaux de la Perse. Il est situé à l'extrémité d'un grand jardin, et l'on y arrive par une avenue de *tchinars*, espèce de sycomore. La salle d'audience est très-vaste et de forme oblongue. Un des côtés est ouvert. Les parois, jusqu'à un tiers environ de leur hauteur, sont revêtues de marbre blanc de Tauris. Le plafond et plusieurs autres parties du bâtiment sont ornés d'émail doré imitant le lapis-lazuli. Devant l'édifice sont trois beaux bassins avec des jets d'eau.

Toutes les villes ont aussi un ou plusieurs bazars ou lieux destinés à la vente des marchandises de luxe. Le *bazar-i-Vakil*, élevé à Schiraz par Kerim-kan, était regardé comme un des plus beaux de l'Orient; il a été presque entièrement détruit par le tremblement de terre de 1824. C'était une rue longue d'environ cinq cents mètres, bâtie en briques et couverte; vers le milieu était un superbe caravan-sérai.

Tauris renferme plusieurs bazars; le plus beau de tous, où se vendent les pierreries et les marchandises les plus précieuses, est octogone, très-spacieux et couvert en bois; on le nomme *Kaiserieh*, ou marché royal. Il a été bâti, l'an 850 de l'hégire, par le roi Hassan, qui faisait sa résidence à Tauris.

Le marché impérial est le plus grand et le plus beau bazar d'Ispahan. Le portail est d'une architecture riche et majestueuse. Il est tout entier de porcelaine peinte, et les balustrades qui l'environnent sont revêtues de jaspe et de porphyre. Ce bazar est composé de vastes et longues galeries, remplies de marchandises et de denrées de toute espèce. Au milieu est une large rotonde surmontée d'un dôme très-élevé.

Les bains, en Perse, sont très-commodes et méritent l'attention des étrangers; ils

TOUR DES CORNES, A ISPAHAN
(Perse.)

CARAVANSERAI DE SARON
Perse

consistent généralement en deux salles, l'une pour se déshabiller, l'autre pour les bains. Aux côtés de la première sont des bancs de pierre, élevés à soixante centimètres du sol avec des nattes et des tapis. Le bain est grand, octogone, avec une coupole qui donne le jour et l'air. Aux côtés sont de petites plates-formes de bois, élevées à environ trente-trois centimètres de terre, sur lesquelles on fait ses dévotions avant le bain. Au fond de la salle est un grand bassin de pierre bien chauffé par le moyen de fourneaux ; auprès est un réservoir d'eau froide dont le baigneur a le choix.

Le bain bâti à Schiraz par Kerim-khan passe pour le plus beau de la Perse. A chaque côté de l'octogone est une plate-forme de pierre, élevée à un mètre du sol, dont chacune a un réservoir carré ; un jet d'eau joue continuellement au milieu de la salle et rafraîchit l'air. Les parois sont couvertes de peintures et de tapisseries. L'appartement le plus reculé est garni de marbre de Tauris, et décoré d'imitations de lapis. On n'y admet que les grands personnages.

Il est peu de villes de la Perse où l'on ne trouve au moins un des édifices nommés *your-khaneh*, sorte de gymnase destiné aux exercices du corps. Ces établissements consistent en une chambre dont le plancher est en contre-bas à environ soixante et dix centimètres au-dessous du sol. La lumière et l'air viennent par plusieurs ouvertures faites dans le dôme. Dans le centre est une grande aire de terre carrée, bien battue et bien unie, et de chaque côté sont des espèces de niches pour les spectateurs et pour la musique qui y encourage les athlètes. Les Persans se livrent avec passion à ces exercices si favorables au développement des forces. C'est surtout la matinée du vendredi qui leur est consacrée.

A presque toutes les mosquées est joint un collège ou *medresseh*. Ispahan en possède plusieurs dont le plus remarquable est celui dont j'ai parlé et qui est attenant à la mosquée royale. On n'en comptait pas moins de quarante à Schiraz ; la plupart sont en ruine.

Les caravansérais, dont j'ai déjà eu occasion de parler dans le cours de cet ouvrage, sont, comme je l'ai dit, les hôtelleries des Orientaux. Ils sont bâtis en carré, et ressemblent assez à nos cloîtres ; ils n'ont en général qu'un étage, et rarement deux. On entre dans la cour par une grande porte (*planche* 42), et au milieu de chacun des trois autres côtés, est une grande chambre destinée aux personnages considérables. Le reste du bâtiment est occupé par de petites chambres. Les écuries sont sur le derrière, et le plus souvent on s'y trouve aussi bien que dans les chambres ; il y a même des personnes qui aiment mieux s'y retirer en hiver, parce qu'il y fait plus chaud, ces écuries étant voûtées aussi bien que les salles et les chambres.

Le caravensérai royal, élevé à Caschan par Shah-Abbas, est un des plus beaux de la Perse. On en voit aussi de très-vastes à Jarron (*planche* 42), à Sultanieh et dans beaucoup d'autres endroits du royaume.

Venons maintenant aux habitations des particuliers. On rencontre assez fréquemment en Perse des demeures creusées dans les rochers. Dans le Kerman est une ville nommée *Minam*, formée de trois ou quatre cents grottes taillées dans une montagne, et habitées par des pasteurs attachés aux dogmes des *alioulliahs*, sectaires mahométans. On voit aussi beaucoup de ces souterrains à Maragha, ville de l'Adzerbaïdjan, et à Zerdikkast, ville du Fars. On trouve même à Téhéran, près de la porte de Casbin, un vaste espace plein d'excavations larges et profondes qui conduisent à des habitations souterraines, dont plusieurs servent d'asile à de pauvres familles, et d'autres sont des écuries pour les bêtes de somme. Ces misérables grottes furent pourtant l'origine de la capitale actuelle de la Perse; en elles consistait le village de Téhéran, que nous a décrit un écrivain persan du quatorzième siècle.

Rien n'est aussi triste que l'apparence d'une ville de Perse. La répugnance que les Persans éprouvent à habiter les maisons de ceux qui meurent de mort violente, fait que l'on rencontre à chaque pas des habitations abandonnées et tombant en ruine. Le mode de construction des maisons n'est pas propre non plus à l'embellissement des villes; elles sont bâties la plupart de briques cuites au soleil, et recouvertes d'un enduit de boue et de paille hachée; on les croirait construites entièrement en terre. Ces bâtiments, lorsqu'ils appartiennent aux gens riches, sont cependant assez propres, car alors on les recouvre d'une espèce de chaux colorée de vert de Moscovie, qu'on broie avec de la gomme; cet enduit est susceptible de recevoir un assez beau poli. Ce genre de bâtisse coûte peu et explique la vaste étendue des maisons persanes où chacun a son logement séparé. Ces maisons, si elles ne flattent point la vue, ont la commodité en partage. Au lieu d'une porte large et élevée, elles n'ont ordinairement qu'une entrée assez semblable à un guichet de prison, ayant tout au plus cinq pieds de haut. Un mur élevé et épais environne la maison de tous côtés. La porte passée, au bout d'une allée très-étroite on trouve une cour spacieuse; un jet d'eau en occupe le fond, et elle est ombragée d'arbres. Le corps du bâtiment a ordinairement quatre étages, y compris le rez-de-chaussée, et est de forme carrée. Les fenêtres sont aussi grandes que les portes, et comme les étages ne sont pas très-élevés, les châssis sont de la hauteur de la chambre.

Les vitrages sont de couleurs variées. Les toits sont tous en terrasses, enduits de terre détrempée avec de la paille et revêtue d'une couche de chaux. Quelquefois on couvre la terrasse de grands carreaux cuits au four, de sorte que la pluie ne s'y arrête pas; mais on a soin, quand il a neigé, de faire enlever la neige de dessus les terrasses, de peur qu'elles ne crèvent. Il arrive souvent dans les grandes chaleurs, que l'on couche sur ces terrasses qu'on appelle *bela-kaneh*, le haut de la maison. Chaque maison a un *divan-kaneh*, qui répond à notre salon. Les femmes ont leur habitation particulière que l'on nomme *harem-kaneh* ou *zenaneh*. On nomme *dekka*, la pièce où le maître couche et prend ses repas.

Toutes les pièces sont voûtées; les ouvriers persans excellent dans ce genre de construction.

La manière de se chauffer est économique, mais malsaine. Comme on trouve peu de bois en Perse, on n'y connaît point l'usage des cheminées; les *tennours* les rem-

PONT D'ALLAHVERDI KHAN, A ISPAHAN
(Perse).

placent ; on appelle ainsi des creux faits au milieu du rez-de-chaussée, dans lesquels on place un grand réchaud plein de braise. Ce fourneau est surmonté d'une petite table sur laquelle on étend un large tapis. Les Persans se rangent en hiver autour du tennour, plaçant leurs pieds sous la table, et se couvrant le corps jusqu'à la ceinture avec le tapis. La chaleur ainsi concentrée s'entretient avec peu de feu et se conserve longtemps; les vapeurs du charbon se dissipent au moyen de soupiraux et de conduits pratiqués sous terre.

A Bouschehr et à Astrabad, principaux ports de la Perse, les maisons sont surmontées d'espèces de tours carrées hautes de vingt-cinq à trente mètres, que les Persans appellent *badguir* ou *prend-vent*. Ces tours, partagées en divers compartiments ou tuyaux, conduisent l'air dans la maison et la rafraîchissent parfaitement. Plus ces tours sont hautes et plus elles procurent d'air; on les ferme soigneusement pendant l'hiver. Les tours à vent servent principalement pour les appartements des femmes, qui, d'après les usages du pays, ne peuvent pas prendre le frais sur les terrasses de peur que les étrangers ne les aperçoivent.

C'est à Ispahan, sur le *Zendeh-Rouh*, que se trouve le plus beau pont de la Perse. Le pont de *Djoulfa*, ou d'*Allah-Verdi-Khan* (*planche* 42 *bis*), a deux cent quarante mètres de long et treize de large; le milieu est réservé pour les hommes à cheval et les bêtes de somme; il règne de chaque côté une galerie à arcades pour les piétons, large de trois mètres et haute de huit à neuf. Elle est surmontée d'une plate-forme garnie de garde-fous, à laquelle on monte par un escalier placé dans les tours qui se trouvent aux extrémités des galeries. On peut aussi passer les arches du pont, lorsque l'eau est basse, au moyen d'une galerie qui les traverse, et de pierres de taille qui s'élèvent du lit de la rivière, et sont distantes les unes des autres d'un pas ordinaire. Ce pont est construit en briques et en pierres de taille calcaires fort dures. Les arches sont au nombre de trente-quatre. Il y avait à Ispahan un autre pont non moins magnifique, dont Chardin et Tavernier nous ont laissé la description.

Après ces ponts je citerai encore celui de *Dizfoul* dans le Khouzistan, un beau pont sur le Talkh-Tchaï, entre Merend et Tauris, reposant sur des piles de granit noir ornées de sculptures, celui sur la rivière de Babal près Balfrouch, composé de dix arches, et décoré, à chaque extrémité, de deux obélisques, et enfin celui de *Kizil-Ouzen*, plus remarquable par sa position pittoresque que par la beauté de sa construction. (Voyez le *frontispice*.)

Mentionnons encore, en terminant, le fameux aqueduc construit dans le Khouzistan par Sapor 1er, le canal antique dont les restes existent près de Schiraz, et enfin, dans cette même ville, le puits taillé dans ce roc, célèbre par sa profondeur qui toutefois a été infiniment exagérée par Chardin.

CONSTRUCTIONS MILITAIRES.

Il ne reste en Perse que bien peu de vestiges de murailles antiques; celles de Suze ont presque entièrement disparu. De cette vaste enceinte de cent vingt stades de circonférence, il ne reste que des ruines de terrasses d'un ou deux milles de circuit. J'ai eu occasion de mentionner les restes de la citadelle de Chapour aux environs de Schiraz, où sont encore quelques vestiges d'une très-ancienne forteresse nommée le *château de Fahender*.

La capitale de la Perse, Téhéran, offre un carré formé d'un mur épais en briques, flanqué d'innombrables tours et défendu par un large fossé. On y entre par six portes ornées de briques de couleur, formant de grossières mosaïques de tigres et autres animaux.

Chaque porte est surmontée d'un dôme. Ces fortifications fort médiocres ont été construites en 1794 par Mehemet-khan, oncle de Feth-Ali-shah. Dans l'intérieur de la ville, une muraille plus forte forme l'*Ark* ou l'*Araq*, espèce de citadelle où se trouve le palais du roi. L'enceinte d'Ispahan est aujourd'hui entièrement détruite.

Celle de Tauris est composée de briques séchées au soleil, et flanquée, à des intervalles irréguliers, de tours de briques cuites au four. On a cherché à donner à quelques-unes de ces tours la forme de bastions.

Toutefois, ces fortifications, au dire des hommes de l'art, ne pourraient soutenir une attaque régulière. L'*Ark-Ali-shah*, ou la citadelle d'Ali-shah est ce que Tauris offre aujourd'hui de plus remarquable. Abbas-Mirza y avait établi un arsenal organisé à la manière européenne.

Au dehors de Tauris, au levant, on voit un grand château presque tout détruit, qu'on appelle *Cala-Bachidié*. Il fut bâti, il y a environ six cents ans, par Cojé-Rechid, grand vizir du roi Cazan. Abbas le Grand voyant ce château ruiné, et jugeant qu'il était situé fort avantageusement pour défendre la ville et pour la commander tout ensemble, le fit rebâtir; mais ses successeurs en ont jugé autrement et l'ont laissé tomber en ruine.

Les fortifications qui entourent Schiraz sont assez bonnes; la muraille a douze mètres de hauteur et trois mètres trente centimètres d'épaisseur; de cinquante mètres en cinquante mètres est une tour, et en avant est un bon fossé, ouvrage de Kerim-khan, profond de vingt mètres et large de dix. A l'extrémité la plus élevée, près de la porte de Bag-shah, est située la citadelle, qui est bâtie de briques cuites. Elle a cent mètres environ de circonférence; elle est munie de tours rondes et entourée de fossés profonds semblables à ceux de la ville. Cette citadelle est aussi l'œuvre de Kerim-khan; elle sert de prison d'État. A la porte est une peinture de couleur très-vive, représentant le combat du héros Roustam et de *Deeb-sifeed*, le démon blanc. Ces figures sont mal proportionnées, comme toutes les peintures persanes.

La ville de Casbin est entourée d'un mur de terre avec des tours, mais point de fossés.

Enfin, on rencontre fréquemment, en Perse, des villages fortifiés pour pouvoir résister aux incursions des Kurdes. Tel est le village de Kara-iné, situé sur la frontière de l'Arménie et de la Perse. C'est une enceinte fortifiée et garnie de tours, avec un vaste souterrain qui peut renfermer les habitants et leurs effets les plus précieux.

ARMÉNIE.

INTRODUCTION.

On partage encore la vaste contrée d'Asie dont nous allons nous occuper, en haute et basse Arménie; une division plus ancienne est celle qui lui fut imposée par les Romains, qui, en ayant conquis une partie et l'ayant annexée à l'empire, donnèrent à cette nouvelle province le nom d'*Armenia minor*, ou petite Arménie. Elle était bornée au nord par la Colchide, à l'est par l'Arménie propre, à l'ouest par la Cappadoce, et au sud par la Comagène. L'Arménie actuelle a pour bornes au nord la mer Noire et la Géorgie, à l'est la Géorgie et l'Adzerbaïdjan, au sud le Kurdistan et le

Diarbékir et à l'ouest les Eyalets de Sivas et de Marach. Ce pays est traversé dans presque toute sa longueur par le Tigre et l'Euphrate, qui y prennent leur source.

L'Arménie forme un plateau très-élevé, et couronné de montagnes plus élevées encore, parmi lesquelles domine la double cime neigeuse du mont Ararat, rendu si célèbre par la légende selon laquelle ce fut sur ce sommet que s'arrêta l'arche de Noé. La hauteur du grand Ararat est de quatre mille cinq cent six mètres; celle du petit est de trois mille cent quatre-vingt-deux mètres.

L'Arménie est tombée dans les mains de tous les conquérants qui ont essayé de la soumettre. Haïcus passe pour avoir été, dans des temps reculés, le premier qui donna à ce pays des lois et une forme de gouvernement. Sémiramis s'empara de l'Arménie, qui, après avoir été longtemps une province de l'empire des Assyriens, fut ensuite gouvernée par des rois particuliers jusqu'au règne d'Alexandre, qui s'en empara. Durant la minorité d'Antiochus le Grand, plusieurs généraux se rendirent indépendants dans les provinces dont ils avaient obtenu le gouvernement.

Le commencement du règne de Tygrane fut l'époque de la grandeur des Arméniens, et la fin, le temps de leur décadence. Tour à tour soumis aux Parthes et aux Romains, quelquefois aux uns et aux autres en même temps, ils supportèrent tous les malheurs et presque tout le poids des guerres dont leur pays était l'objet et le théâtre. Ces troubles durèrent jusqu'à la réduction de l'Arménie en province romaine, sous le règne de Marc-Aurèle. Plus tard ce pays, après avoir formé une petite principauté grecque en 1080, et un royaume latin jusqu'en 1393, tomba successivement sous la domination des Perses et des Arabes, jusqu'à Sélim II, qui la réduisit au pouvoir des Turcs en 1552. A une époque récente les Russes s'en sont approprié une grande partie.

L'Arménie fut convertie de bonne heure au christianisme. Dans le quatrième siècle de notre ère, lorsque les erreurs d'Eutychius, qu'elle avait généralement adoptées, donnèrent lieu à un concile qui se tint à Chalcédoine, les Arméniens, alors engagés dans une guerre contre les Persans, leurs voisins, négligèrent d'envoyer des représentants à cette assemblée, ainsi que l'avaient fait les autres États chrétiens. Le concile fut unanime pour condamner les doctrines dont l'examen lui était soumis; les Arméniens seuls, n'ayant pas pris part à la délibération, refusèrent de donner leur adhésion aux termes de la condamnation. De là naquit un schisme qui malheureusement dure encore, bien qu'à une époque récente on ait pu concevoir l'espérance de le voir finir. Ceux des membres de cette communion qui vivent dans les États du Grand Seigneur sont soumis à la juridiction du patriarche de Constantinople, tandis que ceux qui habitent la Russie, la Perse et les autres contrées de l'Asie, reconnaissent la suprématie du patriarche d'Ekmiazin, nommé le *Catholicos*. Ce patriarche a pour suffragants une vingtaine d'évêques, tirés la plupart d'entre les moines. Ces évêques prêchent assis et portent le bâton pastoral. Ils obtiennent leur dignité du patriarche, qui lui-même tient la sienne du prince. Les prêtres séculiers peuvent se marier; il leur est seulement défendu de célébrer la messe durant les sept premiers jours de leur mariage; les moines gardent le célibat. La religion des Arméniens ne consiste guère qu'en pratiques habituelles et de routine. On leur apprend dès leur enfance à faire le signe de la croix, à prononcer le nom du Christ, et à jeuner, c'est-à-dire, à ne manger qu'au coucher du soleil et à s'abstenir de viande, de poisson, d'œufs, de beurre, de laitage et de vin. Le culte est le même qu'il y a douze cents ans. On lit, on chante l'office en langue du pays; la communion eucharistique est générale entre le prêtre et le peuple, sans même en excepter les enfants. Tous mangent du pain consacré et boivent dans le même calice. Les prêtres arméniens emploient, dans la consécration, du vin pur et du pain ordinaire. Ils soutiennent qu'il n'y a qu'une nature en Jésus-Christ, et que le Saint-Esprit procède, non du Père et du Fils, mais du Père par le Fils. Les Arméniens sont ennemis jurés des catholiques romains, et les musulmans les laissent exercer librement leur culte. Ils sont habiles négociants, avares, sobres, humbles, mais dissimulés et défiants; leurs mœurs sont très-sévères, et ils ont grand soin de soustraire leurs femmes à la société des hommes.

Les arts sont à peu près nuls dans cette contrée, et on peut leur appliquer en grande partie tout ce que nous avons dit de leur état dans la Perse; nous aurons pourtant à signaler quelques monuments qui ne sont pas sans intérêt.

MONUMENTS RELIGIEUX.

Nous ne trouvons sur le sol de l'Arménie aucun temple antique digne d'attirer notre attention; il n'en est pas de même des mosquées. A Erzeroum, parmi plus de cent mosquées, celle appelée Oulou-Djami est la plus remarquable, par sa grandeur, du reste, plutôt que par son architecture. Sur le Meïdan ou place principale d'Érivan, s'élèvent deux mosquées. La plus belle est celle d'été, dont la façade regarde le nord; tout l'édifice est construit en briques; celles qui ont servi à la décoration sont vernissées et peintes de différentes couleurs, comme la faïence; le tout est surmonté d'une grande coupole flanquée de deux plus petites. La mosquée d'hiver, exposée au sud, fait face à celle-ci. Les deux autres côtés de la place, qui sont les plus longs, se composent d'une suite de cellules réservées aux desservants de la mosquée et aux derviches. La forteresse d'Érivan renfermait deux mosquées, dont l'une a été convertie en église russe, et l'autre, la plus belle, a été changée en arsenal. Toute la façade de celle-ci est revêtue de faïence vernissée, imitant une mosaïque de vases, de guirlandes de fleurs et d'inscriptions du Coran. Le dôme entier est aussi émaillé et décoré. Les dalles qui forment le pavé sont faites d'une pierre ponceuse rouge, fort employée en Arménie, et qui a coulé des flancs d'un volcan aujourd'hui éteint, le Naltapa. Les deux minarets ont été détruits par le tremblement de terre qui ravagea l'Arménie en 1840. Cette mosquée a été construite il y a environ cinquante ans, par Houssein, dernier sardar ou prince d'Érivan, dépossédé par les Russes. Un assez grand nombre de mosquées existe encore dans les ruines d'Ani, ancienne capitale de l'Arménie, à douze myriamètres d'Erzeroum.

James Morier a vu aussi au village de Mama-Khatoun, situé au sud d'Erzeroum, une mosquée assez intéressante. Suivant la tradition locale, un Turc devint amoureux d'une belle Arménienne qui mit pour prix à son amour la construction d'une mosquée, d'un bain, d'un caravansérai et de quelques autres édifices. Le Turc, en satisfaisant à ce désir, donna au lieu même le nom de Mama-Khatoun, qui était celui de la femme qu'il aimait. On entre dans la mosquée par une petite cour de laquelle un péristyle voûté conduit sous le dôme, dans la salle principale, où est un pupitre de pierre.

Quoique le dôme soit couvert de végétation et que l'unique minaret soit tombé en partie, l'édifice est encore généralement assez bien conservé, et, par sa belle construction, il peut rivaliser avec tout ce que l'architecture arménienne produit de plus parfait encore aujourd'hui. Tous ces édifices sont toutefois loin de pouvoir être comparés aux mosquées de l'Inde ou de la Perse, que nous avons décrites; c'est donc aux monuments chrétiens que nous devons nous arrêter, et là se présentera d'abord un édifice de premier ordre, l'Ekmiazin, résidence du patriarche.

C'est à huit kilomètres environ d'Érivan, au pied du mont Ararat, que se trouve le célèbre sanctuaire des chrétiens arméniens, et le lieu pour lequel ils ont le plus de dévotion. Ils l'appellent Ekmiazin, c'est-à-dire *la descente du fils unique engendré*, et ce nom, disent-ils, a été donné à ce lieu parce que Jésus-Christ y apparut à saint Grégoire l'illuminateur, premier patriarche, qui fonda l'Église principale sur un temple de la déesse *Anahid* (Vénus), l'an 276 environ, sous le règne de Terdat ou Tiridat, roi d'Arménie. Les mahométans le nomment *Utch Klissa*, les trois églises, parce que, outre l'église du couvent, il y en a deux autres assez proches. Ces églises étaient construites au milieu d'une grande ville, autrefois capitale de l'Arménie. *Vagarchabad*, en perdant ce titre, en 344, commença à tomber en ruine. Les patriarches cependant y conservèrent leur siége jusqu'en 452. Plus tard, ils allèrent s'établir à Tovin, nouvelle résidence des souverains; et ce ne fut qu'en 1441 qu'ils revinrent à l'Ekmiazin. La ville avait disparu, et il n'en reste plus qu'un grand tas de pierres de taille que l'on croit avoir été une porte et un misérable village moderne. Les églises existent encore, mais la principale, tombant en ruine dès 618, a été restaurée à cette époque par le patriarche Gomidas. Le monastère même n'a été fondé qu'en 524, sous Nersès II, vingt-huitième patriarche.

L'Ekmiazin est séparé du village par une place de deux cents pas. Son extérieur est celui d'une forteresse; les murs, flanqués de tours, sont l'ouvrage du catholicos Simon, qui occupa le siége de 1763 à 1780. On entre d'abord dans un bazar; puis dans une grande cour, longue de quatre cents pas, au milieu de laquelle est l'église. Le côté occidental est habité par le patriarche; le nord et l'orient par les cellules des moines; au midi s'étend le long réfectoire construit de 1730 à 1735; les tables et les siéges sont de pierre de taille; un petit dôme s'élève au-dessus de la place occupée par le catholicos quand il prend part au repas.

L'église principale, l'Ekmiazin proprement dit (*planche* 43) est un bâtiment fort massif et fort obscur en forme de croix, entièrement construit en lave noire, à

ÉGLISE DU MONASTÈRE DE L'ECKSMIAZIN.
Arménie

l'exception des clochers et du portique, qui sont de lave rouge. Les piliers qui soutiennent la coupole sont de lourdes masses de pierre, hautes de vingt-quatre mètres; le dôme et les voûtes n'ont pas plus de légèreté. L'intérieur de l'édifice n'a aucun ornement de sculpture, mais il est peint à grandes fleurs à la manière persane. L'église a trois absides tournées à l'orient; en avant de celle du milieu, plus grande que les deux autres, et sous le dôme, est l'autel en pierre assez bien décoré. Des deux autres absides, l'une sert de sacristie, l'autre de trésor. L'église ne renferme ainsi qu'un seul autel, ce qui est conforme aux usages du culte arménien. D'après leurs rites, de même que d'après celui des autres chrétiens d'Orient, l'on ne célèbre les saints mystères qu'une fois le jour en une église, et lors seulement qu'il s'y trouve quelques fidèles pour y participer. Ainsi, il n'est pas nécessaire d'y avoir plus d'un autel en chaque église. Les Arméniens tiennent comme article de foi que l'autel occupe l'endroit où saint Grégoire, leur apôtre, vit Jésus-Christ, un dimanche au soir, étant en oraison, et où il lui parla. Ils assurent que Jésus-Christ fit autour de ce saint, avec un rayon de lumière, le dessin de l'église, et qu'il lui commanda de la faire bâtir sur la figure même qu'il avait tracée. Ils ajoutent qu'en même temps la terre s'ouvrit à l'endroit où est cette pierre; que Notre-Seigneur jeta par là dans l'abîme les diables qui étaient dans les temples d'Arménie et y rendaient des oracles, et que saint Grégoire fit ensuite couvrir cette ouverture d'un marbre. Ils racontent qu'Abbas le Grand enleva ce marbre, qu'il le mit au trésor royal de Perse, et qu'il fit mettre à sa place une pierre qui y est aujourd'hui. La tradition arménienne prétend aussi que ce même centre de l'église est le lieu du sacrifice de Noé. Le grand clocher a été bâti au dix-septième siècle; un des petits fut démoli vers la même époque, et depuis n'a point été relevé.

Le monastère de l'Ekmiazin renfermait une curieuse bibliothèque, un trésor précieux et une imprimerie qui rendait d'assez grands services. Les Russes, dans la campagne de 1805, s'emparèrent du couvent, pillèrent l'église, le trésor, la bibliothèque. Les Persans qui vinrent ensuite firent des cartouches avec les livres, et fondirent les caractères de l'imprimerie pour faire des balles.

Les deux autres églises ont été fondées à la même époque par le roi Tiridate, qui se convertit à la religion chrétienne, les fit élever au lieu même où il avait fait martyriser les deux vierges Caïane et Ripsimé, qui étaient venues chercher en Arménie un asile contre la persécution.

L'église de Sainte-Caïane est située à environ sept cents pas de l'Ekmiazin. Sans remonter positivement à l'époque de la fondation, sa construction très-simple dénote une haute antiquité. Elle ne présente rien de remarquable que le tombeau vide où avait été déposé le corps de la sainte. Du temps de Chardin, elle était abandonnée; aujourd'hui elle est desservie par un prêtre, l'un des moines du couvent. Le portique sert à la sépulture des patriarches.

Sainte-Ripsimé, à deux mille pas de l'Ekmiazin, est plus vaste que Sainte-Caïane; elle est bâtie en forme de croix avec une coupole au milieu, et semble être un des premiers essais de l'architecture arménienne. La coupole est de forme elliptique;

sous le maître-autel est un petit caveau où Tiridate avait fait déposer le corps de la sainte; on y montre des pierres qui ont été tachées de son sang.

La chapelle Saint-Jean-Baptiste, à Karhni, est peu postérieure à Sainte-Ripsimé; c'est un petit édifice carré à quatre frontons, avec un campanile rond au centre, le tout orné de fenêtres à plein cintre et de niches grossières. Sur le mont Ararat était l'église des apôtres Saint-André et Saint-Mathieu, qui datait du septième siècle; cet antique monument a été complétement détruit par les éboulements qui ont eu lieu sur le village d'Arkhouri, à la suite du tremblement de terre du 20 juin 1840. Les Arméniens avaient une grande dévotion pour ce lieu, croyant que Noé y fit sa première demeure lorsqu'il sortit de l'arche. Ils prétendent aussi qu'on y a trouvé les corps de saint André et de saint Mathieu.

Dans les ruines d'Ani on trouve une grande quantité d'églises qui paraissent dater du commencement du Bas-Empire; les détails, ornements et chapiteaux sont gracieux, originaux, n'appartenant à aucun style classé, mais tirant toute leur beauté de leur originalité même. On y trouve un grand nombre d'inscriptions en arménien ancien.

En revenant d'Ani à Erzeroum par une route qu'aucun Européen ne paraît avoir suivie, à la fin de l'année dernière, 1844, MM. Lotin de Laval et Charles de Gatines ont découvert sur une colline une magnifique église grecque abandonnée, de forme ronde, d'un style qui annonce la meilleure époque du Bas-Empire. L'intérieur est grandiose et richement orné. Non loin de là, les mêmes voyageurs ont trouvé un édifice aussi curieux et mieux conservé encore, qui n'a certainement jamais été visité, étant hors de tout chemin, mais dont le style moins pur atteste une origine moins ancienne, sans doute voisine du dixième siècle. C'est un monastère converti en mosquée. Il est assez remarquable que les Turcs aient laissé subsister plusieurs figures de saints qui décorent le pourtour du chœur. Sous l'invocation de saint Jean, au haut de la ville d'Akhaltsikhé, sur le point qui fut le plus vivement défendu par les Turcs, lors de la prise de cette ville par les Russes, en 1828, s'élève une église du style arménien le plus simple. (Voyez *la vignette*, p. 253.) L'intérieur n'est éclairé que par les fenêtres de la coupole dodécagonale, qui repose au centre de quatre frontons. Réparée plusieurs fois, cette église présente l'aspect le plus bizarre, par l'habitude qu'ont les Arméniens d'employer comme matériaux les pierres des cimetières; il en résulte une espèce de mosaïque de sculptures et d'inscriptions, et souvent des monuments d'un haut intérêt se trouvent ainsi sauvés d'une destruction certaine. L'un des bas-reliefs, du style le plus barbare, représente la dédicace de l'église.

Trois autres anciennes églises arméniennes existent près de Baïrout, sur la route de Trébizonde à Erzeroum.

Au fond de la vallée de la Karhni-tchai, qui s'est formée dans les flancs volcanisés du Naltapa, au milieu d'un affreux chaos de rochers et de débris entassés, s'élève une terrasse portant le monastère de Kieghart. Ce couvent, quoique abandonné, est parfaitement conservé et comprend deux églises et quatre oratoires. Une église seulement et un oratoire sont bâtis en pierre de taille; tout le reste, y compris le couvent même, est creusé dans le roc.

Un des couvents les plus considérables de l'Arménie est celui de *Eouer-Virab*, église sur le puits; ce nom lui a été donné, dit-on, parce que l'église est bâtie sur un puits où l'histoire d'Arménie rapporte que saint Grégoire fut jeté et miraculeusement conservé pendant treize ans. Ce monastère est situé sur les confins du territoire d'Érivan, au midi d'Ekmiazin.

Malgré la protection que les musulmans et les Russes accordent aux couvents arméniens, ceux-ci n'en sont pas moins exposés souvent à des déprédations de la part des hordes de Kurdes qui infestent la contrée; aussi les moines sont-ils obligés, dans beaucoup d'endroits, de mettre leur demeure en état de défense. Près du mont Ararat et de la source de l'Euphrate, s'élève, sur la rive gauche, un de ces monastères: à voir de loin ses tours antiques, ses hautes murailles, on le prendrait plutôt pour une forteresse que pour la résidence de quelques pieux anachorètes. Si quelque voyageur se présente demandant l'hospitalité, ce n'est qu'en tremblant qu'ils lui jettent du haut des murs une échelle de cordes au moyen de laquelle il pénètre dans leur demeure. Un autre couvent fortifié se trouve entre Diadin et Bayazid. Le général Gardanne et sa suite, envoyés en ambassade en Perse par Napoléon, en 1807, eurent occasion, en passant, de délivrer ce couvent, assiégé par une bande de brigands.

MONUMENTS FUNÉRAIRES.

Parmi les monuments funéraires de l'Arménie, il en est un qui, s'il est bien peu intéressant sous le rapport de l'art, ne peut être passé sous silence, à cause du grand souvenir que la tradition y rattache. L'Arménie n'a pas de plus vieux sanctuaire que le Naktchevan, dont le nom signifie *la première descente*. Ce lieu, où le pèlerin va saluer le tombeau de Noé, a traversé tous les siècles, empruntant à chacun d'eux quelque monument, témoignage de sa gloire passée. Nous verrons qu'il fut le lieu de la résidence des Atabeks de d'Aderbéidjan; pour le moment nous ne devons nous occuper que du tombeau qu'une tradition antérieure à l'introduction du christianisme en Arménie attribue à Noé.

Il est fâcheux de ne pouvoir ajouter foi pleine et entière à l'authenticité de cette légende; mais nous devons avouer qu'un autre tombeau existant à Karac en Syrie est également attribué à Noé. Le tombeau arménien a été renouvelé dans le douzième siècle, et une superbe mosquée fut alors élevée auprès en l'honneur du patriarche. Ce mausolée, aujourd'hui presque entièrement ruiné, était un massif quadrangulaire flanqué de contre-forts pentagonaux et élevé d'environ quatre mètres, construit en briques et décoré de petits filets bleus disposés comme un ouvrage de vannerie. Un côté seul est un peu conservé.

Au même lieu s'élevait une tour appelée la tour des Kans, ou *Atabek-Kambesi*, tombeau des Atabeks. Elle avait été érigée par le premier des Atabeks de l'Aderbeïdjan, le fameux Ildeghis, surnommé Chems-Eddin, soleil de la religion, qui régna de 1146 à 1172; c'était une tour décagonale, couverte de riches ornements de style persan et surmontée d'une demi-coupole sans aucune décoration; ce monument a été renversé par le tremblement de terre de 1840.

M. J. Morier décrit une tombe assez singulière qui existe à Mama-Khatoun, à côté de la belle mosquée dont nous lui devons également la connaissance. C'est une espèce de petit temple rond situé au milieu d'une enceinte circulaire dans laquelle on entre par une porte d'architecture sarrasine, et sur l'arc de laquelle est gravée une inscription cufique. Dans l'enceinte sont plusieurs tombes. L'intérieur du petit temple est richement décoré, et au-dessous est une chambre souterraine. Des tombes d'une grande élégance se voient aussi à Akhlat, sur le lac de Van.

Les tombeaux des particuliers sont d'une grande simplicité; souvent ils consistent en un tronçon de colonne, une pierre taillée en bahut, une dalle, quelquefois une espèce de sarcophage dont l'extrémité se prolonge en forme de col et de tête d'animal.

CONSTRUCTIONS CIVILES.

Le sol de l'Arménie nous présente des ruines d'un haut intérêt par leur antiquité. Comme, jusqu'à ce jour, aucune découverte n'est venue assigner une destination religieuse à ces vénérables débris, nous avons cru devoir les ranger parmi les monuments civils supposant qu'ils ont appartenu à des palais ou à des habitations particulières. La ville de Van, sur le bord du lac de ce nom, paraît avoir été d'une grande importance dans l'antiquité. Moïse de Khorène, écrivain arménien du cinquième siècle de notre ère, nous apprend que la fameuse Sémiramis, après avoir joint l'Arménie à ses autres conquêtes, attirée par la belle situation de Van, voulut y fonder une résidence royale et y exécuta des travaux dignes de sa grandeur. Cet historien parle avec admiration d'une montagne artificielle que Sémiramis éleva au nord de la ville actuelle et sur laquelle était placé le palais royal. Il cite encore des châteaux, des pavillons et des jardins qui s'élevèrent comme par enchantement dans le voisinage et qui faisaient de ce pays un séjour délicieux. Ce qu'il y a de certain, c'est que de tout temps Van a été appelée par les Arméniens *Schamirama-Gerd*, Semiramidocerte, ville de Sémiramis, et qu'une grande partie des monuments dont parle Moïse de Khorène subsistent encore. Le docteur Schultz, jeune savant allemand envoyé par le gouvernement français en 1827, et assassiné avant la fin de son voyage, a retrouvé la colline formée d'énormes quartiers de roches, et qui supporte la citadelle actuelle (1), fort

(1) Nous avons le bonheur de pouvoir donner sur cette localité si curieuse des renseignements précieux et tout récents, puisés dans la correspondance d'un de nos amis, M. Charles de Gatines, jeune et entreprenant voyageur qui, en ce moment encore, explore les parties les plus inconnues de l'Arménie et de la Perse, en compagnie de M. Lottin de Laval, envoyé par le gouvernement français.

peu redoutable avec ses murs de terre et ses mauvais canons, mais inaccessible par sa position. Cette colline s'étend de l'ouest à l'est sur une longueur de deux kilomètres, et une hauteur de près de deux cents mètres. Quand Moïse de Khorène a écrit que ce rocher était l'ouvrage de Sémiramis et composé d'énormes pierres rapportées, évidemment il parlait de ce qu'il n'avait pas vu. Ce travail surpasserait tout ce que l'imagination pourrait concevoir, et d'ailleurs la simple inspection suffit pour convaincre que la montagne est naturelle et nullement factice.

Le rocher contient une espèce de palais souterrain, des pièces immenses creusées dans le roc avec un art et une patience admirables, car la pierre est des plus dures. Plusieurs de ces salles ont sans doute servi de tombeaux aux rois assyriens, car on y a découvert des restes d'urnes et d'ossements. Il n'est pas rare de rencontrer sous ces voûtes des débris de statues et de monuments antiques. La surface extérieure du rocher à pic est couverte d'immenses inscriptions cunéiformes. M. Schultz a envoyé de cette ville des copies de plusieurs d'entre elles, un peu différentes de celles qu'on voit sur les murs de Babylone. Ces inscriptions sont au nombre de quarante-deux, dont une n'a pas moins de quatre-vingt-dix-huit lignes et de quinze mille caractères. Il paraîtrait que les rois de Perse successeurs de Cyrus partagèrent le goût des antiques monarques de l'Assyrie pour le séjour de Van; car, parmi les différentes inscriptions cunéiformes, la seule qu'on ait pu lire porte, suivant M. Saint-Martin, le nom de Xercès, fils de Darius. Une de ces inscriptions est gravée sur le rocher à plus de cent mètres du sol, et il y en a au moins soixante-dix à pic au-dessus; il est donc impossible d'en approcher, et on ne peut la copier qu'à la longue-vue. On arrive aux autres par des escaliers taillés dans le roc, mais étroits, usés et sans aucun appui du côté du précipice.

On rapporte que Tamerlan voulut achever de détruire ces vénérables restes de l'antiquité, mais ses efforts échouèrent contre la solidité des constructions.

Des ruines moins anciennes existent à Ani, une des anciennes capitales de l'Arménie, qui a disparu dans un tremblement de terre, suivi d'un épouvantable incendie, il y a environ sept cents ans. Ces ruines ont été décrites et visitées par Ker-Porter, et je dois à M. Charles de Gatines des renseignements plus modernes. La ville est encore tout entière garnie de ses murailles et de ses tours, mais à l'intérieur tout est ruines et décombres.

Nous avons décrit les édifices religieux qui s'y trouvent; nous n'avons à nous occuper ici que du palais des anciens rois d'Arménie, qui s'élève à l'extrémité occidentale de l'enceinte. A son étendue, on le prendrait pour une ville; il est si magnifiquement décoré au dedans et au dehors qu'une description, dit Ker-Porter, ne saurait donner une idée de la variété et de la richesse des sculptures qui en couvrent toutes les parties, ni des dessins en mosaïque qui ornent le sol de ses salles innombrables. Tous les restes d'édifices que renferme cette ville excitent l'admiration par la solidité de la bâtisse et l'excellence du travail.

Parmi les édifices modernes, on remarque, en Arménie, plusieurs beaux caravansérais. Un des plus importants existe à Érivan, à cinq cents pas environ de la citadelle; il a été bâti à la fin du dix-septième siècle. Le portail n'a pas moins de soixante et dix mètres de largeur, et forme une belle galerie remplie de boutiques où l'on vend toutes sortes d'étoffes. Le corps de l'édifice est carré, il contient trois grands logements et soixante petits avec de vastes écuries et d'immenses magasins.

A Mama-Kathoun, dont j'ai plus haut décrit la mosquée, est un grand caravansérai, composé comme à l'ordinaire d'une cour, avec une porte à l'est, et entouré de petites chambres toutes construites avec autant d'élégance que de solidité. Deux salles voûtées, de cinquante mètres sur quarante, sont destinées à recevoir les animaux qui accompagnent les caravanes. Au milieu de la cour est une chambre voûtée destinée probablement à servir de refuge contre les grandes chaleurs. C'est au même usage que servent des chambres ménagées dans le pont d'Érivan.

Les maisons d'Erzeroum sont en général petites, bâties de pierres et de bois, quelquefois de briques séchées au soleil; elles ont des terrasses où l'herbe pousse en telle abondance que les bestiaux y trouvent leur nourriture et que lorsqu'on voit la ville du haut d'une éminence, le toit des maisons peut à peine être distingué de la plaine qui se trouve à leurs pieds. Les croisées sont fermées par du papier au lieu de vitres. Les montagnes contiennent un assez grand nombre de villages, dont toutes les habitations sont creusées dans le rocher même.

Bitlis est peut-être la seule ville d'Arménie dont les habitations soient construites en pierres de taille.

Les bazars sont en grand nombre, ils sont souvent ornés de dômes; mais tous sont couverts de terrasses qui servent de promenade au public, et communiquent entre elles par des ponts jetés sur les rues.

La plupart des rues des grandes villes d'Arménie sont pavées, mais à la manière des villes d'Orient, c'est-à-dire de telle sorte que ce pavé semble plutôt destiné à rompre le cou des voyageurs qu'à leur faciliter la marche.

CONSTRUCTIONS MILITAIRES.

Les fortifications arméniennes ne seraient en général nullement en état de résister à une attaque régulière. La vue que nous donnons de Bayazid (voyez *le frontispice*) pourra donner une idée de l'aspect que présentent les villes fortes de ce pays. La forteresse d'Érivan est au moins remarquable par son étendue; elle pourrait passer pour une petite ville. Elle est ovale, n'a pas moins de trois kilomètres de circonférence et renferme plus de huit cents maisons. Cette forteresse a trois murailles, surmontées de créneaux, flanquées de tours, mais sans aucune régularité, et protégée seulement par un fossé qui, étant creusé dans le roc, n'a pas plus d'un mètre cinquante centimètres de profondeur. Le côté nord-ouest est seul inattaquable, s'élevant sur le bord d'un précipice de plus de deux cent mètres de profondeur, au fond duquel coule le Zenguy, qui divise la ville en deux parties. Quant aux murailles,

CONSTRUCTIONS MILITAIRES.

grâce à leur construction en terre et en briques crues, la pluie leur fait plus de mal que ne pourrait faire le canon. Cette forteresse fut bâtie par les Turcs en 1582; les Persans la prirent en 1604 et augmentèrent ses défenses. En 1615, elle essuya un siége de quatre mois, et les Turcs ne purent, avec leur artillerie, entamer ses murailles de terre glaise. Le roi de Géorgie, Héraclius II, en fit le siége inutilement en 1779; le prince Tsitianof ne fut pas plus heureux en 1804, à la tête d'une armée russe; le prince Paszkevitz la prit d'assaut en 1827.

La citadelle d'Erzeroum, située dans la partie la plus haute de la ville et presque au centre, est entourée d'une double muraille de pierre grise et dure, flanquée d'espèces de bastions et percée d'embrasures pour les canons. Les quatre portes sont revêtues de plaques de fer; mais aucune d'elles ne mérite d'être décrite. M. James Morier a peine à croire que ces travaux puissent être un ouvrage musulman. Sa circonférence, selon Kinneir, est de près de quatre milles anglais.

On voit encore à Érivan une tour fort singulière, dont il est difficile de connaître l'époque et la destination (voyez *la lettre*). Elle porte des inscriptions dont les caractères sont semblables à ceux de l'écriture arménienne, mais que cependant les Arméniens ne peuvent comprendre. Cette tour remonte évidemment à une époque très-reculée; elle est vide et nue à l'intérieur. On voit en dehors et tout autour plusieurs ruines qui semblent indiquer une enceinte dont la tour aurait occupé le centre.

Cette tour offre une grande analogie avec le tombeau des Atabeks, à Nakchivan. Près de ce dernier monument, on voyait encore naguère une porte ogivale sans ornements, flanquée de deux tourelles découronnées, seul reste de l'enceinte élevée au douzième siècle par Abou-Giafar-Mohammed, le second des Atabeks. Ce curieux échantillon du style persan a été renversé par le tremblement de terre de 1840, et il n'en reste plus de traces que dans l'atlas du voyage de M. Dubois de Montpéreux.

ASIE MINEURE.

INTRODUCTION.

'Asie Mineure est une presqu'île, qui s'étend à l'occident de l'Asie, entre l'Europe et l'Afrique. Ce nom ne remonte pas au delà des derniers empereurs romains ; il a dû son origine à l'idée généralement reçue à cette époque que l'isthme qui sépare cette péninsule du reste de l'Asie était beaucoup plus resserré qu'il ne l'est en réalité. Beaucoup de géographes désignent cette contrée sous le nom d'Anatolie, mais dans un sens plus restreint, l'Anatolie ou Anadoli n'est que la partie septentrionale du pays, dont le sud-est est occupé par la Caramanie, et le nord-est par le Livas. Les traits qui caractérisent principalement la géographie de l'Asie Mineure sont les vastes chaînes de montagnes qui la traversent. Deux branches détachées du grand plateau de l'Arménie, l'Anti-Taurus des anciens, au midi; et le Paryadres, connu aujourd'hui sous le nom de Tsheldir ou Keldir, se réunissent près de Césarée, au mont Argée, maintenant Argisdagh.

Le centre de l'Asie Mineure est un immense plateau soutenu par les montagnes dont nous venons de parler.

Les rivières de l'Asie Mineure ont plus de célébrité que d'importance. Les plus considérables se jettent dans la mer Noire. Parmi celles-ci nous citerons le Halys, que les Turcs appellent aujourd'hui *Kizil-Ermak*, la rivière rouge, l'Iris, *Yeshil-Ermak*, et le Sangarius, le *Sakaria*. Les fleuves qui se jettent dans l'Archipel sont le Caïcus, l'Hermus, le Caystrus et le Méandre; ils arrosent des vallées d'une beauté et d'une fertilité admirables; ceux qui ont leur embouchure sur la côte méridionale ont des cours de fort peu d'étendue; tels sont l'Eurymédon, le Calyacadnus, le Cydnus, le Sarus et le Pigrame.

L'histoire politique de l'Asie Mineure occupe une place considérable dans celle du monde. Hérodote nous apprend que, de son temps, cette péninsule était occupée par trente nations différentes dont la présence simultanée attestait les nombreuses révolutions qu'elle avait éprouvées. Elle renfermait un grand nombre de contrées dont la plupart formaient des royaumes séparés. Au nord, c'était la Bithynie, la Paphlagonie et le Pont; à l'ouest, la Mysie et la Lydie; au sud, la Carie, la Lycie, la Pamphylie, la Cilicie; au centre, la Phrygie, l'Éolide, l'Ionie, la Pisidie, la Lycaonie et la Galatie; enfin, à l'est, la Cappadoce et la petite Arménie. « Le sort de cette terre, dit M. Léon de Laborde, fut d'être toujours une terre d'invasion et de passage, où les intérêts se rencontraient pour se débattre, grand pont jeté de l'Asie à l'Europe pour donner entrée aux religions de l'Orient, à ses mystères, à ses invasions, immense hôtellerie où passèrent tant de peuples voyageurs, où nul n'établit sa demeure. Associée aux premiers élans de la civilisation grecque, cette contrée fut aussi le théâtre d'un événement fécond en résultats poétiques et intellectuels, la guerre de Troie. Bientôt, c'est l'histoire entière qui traversa cette belle contrée; après Cyrus, qui mit fin au règne de Crésus, c'est Xercès avec son million d'hommes et sa défaite honteuse, Xénophon avec ses dix mille et sa retraite célèbre; c'est Alexandre, honorant Achille sur son tombeau, couronnant Homère dans les plaines de Troie, mais allant bientôt expirer sur le théâtre de sa gloire; c'est enfin Mithridate, le dernier grand roi de l'Asie. » Ces quelques mots suffiront pour rendre compte de l'impossibilité où nous nous trouvons de faire, sans sortir de notre cadre, l'histoire d'un pays ainsi subdivisé en un si grand nombre de royaumes ayant chacun leur histoire particulière, et se trouvant aussi intimement liée à celle de la Grèce et de Rome. Nous sommes donc forcé d'y renoncer, nous réservant, à l'occasion des villes ou des monuments, de rappeler les faits qui s'y rattacheront ou qui pourront les expliquer.

L'Asie Mineure fait aujourd'hui partie de la Turquie d'Asie; elle est divisée en six eyalets ou pachaliks, ceux d'Anadoli, d'Adame, de Caramanie, de Marach, de Siva et de Trébizonde. Ces divers pachaliks portent le nom de leur capitale, à l'exception de l'Anadoli, dont la capitale est Koutaïeh, et la Caramanie, dont la principale ville est Konieh, l'antique *Iconium*. Parmi les îles qui dépendent de l'Asie Mineure, les plus importantes sont celles de Chypre, de Rhodes, de Scio et de Lesbos.

Quoique l'Asie Mineure ait été de bonne heure le siége d'une haute civilisation et qu'elle offre de nombreuses traces de son ancienne prospérité, elle était cependant restée peu étudiée jusqu'à nos jours. Grâce à deux voyageurs français, aussi savants qu'infatigables, M. Léon de Laborde et, surtout, M. Charles Texier, aucun pays, aussitôt que leurs publications seront terminées, ne sera autant et aussi bien connu sous le rapport pittoresque, géographique et archéologique.

On conçoit que dans une contrée où tant de peuples différents ont passé successivement, il a dû rester des traces de tous les arts; aussi y trouverons-nous l'hypogée à côté du temple, l'écriture cunéiforme en regard de l'inscription grecque ou latine, la muraille cyclopéenne auprès de l'appareil romain, l'église chrétienne non loin de la mosquée musulmane.

MONUMENTS RELIGIEUX.

L'une des plus belles ruines que nous présente l'Asie Mineure est celle du temple de Tchavdère ou Aizani, que l'on croit avoir été consacré à Jupiter Panhellénien. Ce temple (*planche* 52) s'élevait au milieu de la ville aujourd'hui disparue, sur une petite éminence, au nord, et sur la rive droite du Rhyndacus; entièrement construit en marbre blanc, il était octastyle, amphyprostile et périptère, c'est-à-dire que ses deux façades présentaient chacune huit colonnes, supportant un fronton, et qu'une colonnade régnait tout autour de la cella. Il reste encore, à l'un des côtés, douze colonnes entières et quatre tronquées avec quelques restes du mur de la cella. La façade était diptère (à deux rangs de colonnes); cinq des colonnes du premier rang et deux du second sont encore en place. Ces colonnes, d'ordre ionique, ont près de dix mètres de hauteur et sont d'un seul bloc. Si l'emploi de cet ordre indique une époque moins reculée que celle où le dorique seul était en usage, on y trouve aussi l'un des plus purs monuments de celle où l'ionique allait bientôt céder la place à l'ornementation plus riche du corinthien.

Le temple d'Apollon Didymeus, l'un des plus magnifiques et des plus célèbres de l'Asie Mineure, s'élevait à environ quatre kilomètres de Milet. Ce temple était décastyle, diptère et hypètre. De ses nombreuses colonnes, il n'en reste plus que trois entières, surmontées d'une simple architrave, mais entourées d'une foule de débris. Ces colonnes ioniques, d'un seul morceau de marbre, sont si hautes et si nobles, qu'il est impossible peut-être de concevoir des ruines d'une beauté plus parfaite, d'une majesté plus imposante. Il était un autre temple, plus fameux encore que celui d'Apollon Didyme, et que les anciens avaient rangé parmi les merveilles du monde; on a déjà nommé le temple de Diane d'Éphèse; on sait que, dès les temps antiques, il ne restait plus de traces de celui qui avait été brûlé par Érostrate, mais celui qui avait été construit à sa place ne lui cédait point en magnificence; on le regardait comme le plus grand temple construit par les Grecs; il avait cent quarante-trois mètres de long sur soixante et treize de large; il était décoré de cent vingt-sept colonnes de marbre, hautes de vingt mètres, et dont les chapiteaux étaient sculptés par les premiers artistes. De ce merveilleux édifice, il ne reste plus que les voûtes immenses qui le soutenaient. Quelques ruines d'un autre temple corinthien, les vestiges d'un stade et d'un théâtre, des débris qui ont servi à la construction d'une mosquée, d'un aqueduc et d'un château dans le misérable village voisin de Ayasalouk, voilà tout ce qui reste de la grande ville d'Éphèse, l'une des premières de l'Asie Mineure, et par ses monuments, et par le nombre de ses habitants, et par la célébrité de son sanctuaire. Il en était deux autres, presque aussi révérés, et que le temps n'a pas plus épargnés. Je veux parler du temple de Bacchus, à Teos, aujourd'hui *Bodrun*, et de celui de Minerve Polyade, érigé à Priène par Alexandre le Grand; l'un et l'autre ne présentent plus que des monceaux de décombres qui attestent leur première magnificence. Nous sommes plus heureux pour le temple de Bacchus, à Myus, aujourd'hui *Baffi*. Ce petit temple *in antis* est situé sur un rocher escarpé, et sa façade, à l'est, est accessible. Il est construit en marbre blanc. Le plafond est détruit; cet édifice a servi d'église, et l'entrée en est bouchée par une muraille grossière. Les marbres épars dans les environs, les colonnes brisées et les statues mutilées qu'on rencontre dans ce lieu, tout annonce que ce monument est d'une haute antiquité.

Le temple de Vénus, qui avait donné son nom à la ville d'Aphrodisias, avait été également converti en église, en y ajoutant une abside. Quelques colonnes corinthiennes s'y voient encore au milieu de constructions plus récentes. A *Sart*, misérable village turc qui a remplacé la plus riche des villes de l'Asie Mineure, Sardes, la magnifique capitale des opulents rois lydiens, sont les débris d'un magnifique temple de Cybèle. Quelques restes d'un autre temple, consacré à la même déesse, se voient dans l'île de Scio, l'antique Chios.

Non loin de Kiselgick, autrefois *Euromus*, sur la route d'Alabanda à Mylasa, est un temple construit de marbre blanc; il est périptère, hexastyle et corinthien. Les quatre colonnes du milieu de la façade sont renversées, mais on retrouve encore les parties avancées du stylobate. Les côtés avaient neuf colonnes; il en reste huit du côté droit et trois du côté gauche; cinq des six du *posticum* sont encore debout. Quant à la cella, il ne reste plus qu'un angle de sa muraille et un chambranle de la porte.

A Halycarnasse, aujourd'hui *Boudroun*, on voit une belle ruine d'un temple de Mars, construit par Mausole, le mari d'Artémise.

Sur une hauteur qui domine la ville de Bechiza est un monument appelé *l'église aux colonnes*. C'est un joli temple prostyle (avec un seul portique à la façade) et tétrastyle (quatre colonnes au portique). Les deux colonnes du milieu sont ioniques,

TEMPLE D'AUGUSTE, A ANGORA.

Pl. XLIV.

mais celles des angles, dont une a disparu, avaient bien une base ionique, mais étaient surmontées d'un chapiteau singulier, qui n'appartient à aucun ordre. Sous le portique est l'entrée de la cella avec une porte carrée richement décorée; quant aux murs latéraux, ils ont disparu.

Près d'*Ilium Recens*, plusieurs colonnes doriques, encore debout, indiquent qu'en ce lieu existait un temple d'assez grande importance. (Voyez *la vignette*, page 267.)

Si je voulais énumérer toutes les ruines de temples qui couvrent le sol de l'Asie Mineure, j'excéderais de beaucoup le cadre que je me suis tracé; je me contenterai donc de décrire encore l'un des plus beaux de tous, celui d'Angora, l'antique Ancyre, autrefois principale ville de la Galatie, province ainsi appelée d'une colonie de Gaulois à qui saint Paul prêcha l'Évangile et adressa une épître.

Dans une petite cour attenant à une mosquée est un antique édifice, entièrement bâti de marbre blanc, et consistant en un vestibule, une grande salle oblongue et une petite salle à la suite. Sur la muraille du vestibule est une longue inscription, rappelant les principaux faits de la vie d'Auguste, auquel le temple paraît avoir été consacré. Une partie de l'inscription a été effacée à dessein, et même plusieurs pièces de marbre ont été arrachées violemment. La porte menant du vestibule à la grande salle (*planche 44*) est un chef-d'œuvre d'environ huit mètres de haut sur trois de large. Les linteaux, aussi bien que l'entablement, sont admirablement sculptés et d'une parfaite conservation. La grande salle a neuf mètres soixante centimètres de long et quatre mètres de large; le plafond est tombé, et on ne trouve aucun vestige des colonnes qui durent le supporter. Les murailles ont environ quinze mètres de haut et sont encore surmontées, dans quelques parties, de fragments d'une belle corniche. Kinneir croit voir dans cet édifice une basilique; cette opinion nous semble être contredite par sa forme même, et il est probable que c'est au premier siècle de l'empire, au plus beau temps de l'art romain, qu'appartient le temple d'Angora, et que c'est avec raison que les savants lui ont donné le nom d'*Augusteum*. Un autre temple existait sur une petite éminence, non loin d'Angora; un monceau de ruines indique l'emplacement qu'il occupait.

La plupart des mosquées de l'Asie Mineure ont été construites de matériaux antiques; telles sont presque toutes celles de Nicée, autrefois la principale ville de Bithynie, parmi lesquelles je ne dirai pas la plus belle, mais la plus jolie est l'Yochil-Djami, ou mosquée verte. Elle présente une jolie façade, à trois arcs ogivaux, soutenus par deux colonnes de porphyre, entre lesquelles s'ouvre une porte élégamment ornée et surmontée d'une inscription arabe. Les deux autres arcades sont fermées, à hauteur d'appui, par une balustrade de pierre découpée comme une dentelle. A l'extrémité du portique s'élève un minaret rond, dont les ornements verts ont donné le nom à la mosquée que surmonte une grande coupole.

A Koutaïeh, l'antique *Cotyœum*, est une grande et ancienne mosquée, d'une architecture assez remarquable. A Brousse, on cite celle construite par Sélim, sur le modèle de Sainte-Sophie de Constantinople; la principale mosquée, l'Oulou-Djami, vaste édifice qui date de l'époque de la conquête de cette ville par les Turcs, et les mosquées des sultans Orkhan, Othman, Murad et Bayazid ; enfin, je signalerai encore, à Amasie, un bel édifice moderne, la mosquée construite par le dernier des princes que je viens de nommer.

Les églises de l'Asie Mineure sont encore moins que les mosquées dignes d'arrêter longtemps notre attention. A *Sart* (Sardes) on remarque, toutefois, les restes d'une vaste basilique, qui probablement fut la cathédrale avant l'invasion turque. Quant à l'église de Nicée, illustrée par des conciles si célèbres, c'est un petit et ancien monument orné d'un pavé en mosaïque de marbres de différentes couleurs, d'un beau sarcophage de marbre transparent et de trois figures de saint en mosaïque de verre doré comme dans les églises grecques et arméniennes.

MONUMENTS FUNÉRAIRES.

Nous avons déjà eu l'occasion de présenter les *tumulus* ou collines factices comme les plus anciens monuments consacrés à la mémoire des personnages importants, soit par leur rang, soit par leur renommée. L'Asie Mineure nous en offre un assez grand nombre, mais aucuns ne parlent plus à nos souvenirs que ceux qui s'élèvent,... *in campis ubi Troja fuit*, à Poungar-Bachi, village que l'on croit occuper l'emplacement de l'ancienne Troie. Il ne reste aucun vestige de la ville chantée par Homère; mais dans la plaine voisine s'élèvent plusieurs tombeaux que nous pouvons avec certitude attribuer aux temps héroïques de Priam et d'Agamemnon. Homère a décrit le tombeau élevé par Achille à son ami Patrocle (*Illiade*, l. xxiii, v. 252). Le tombeau élevé par Achille lui-même était de la même nature, car Euripide (*Hécube*, act. I) dit que l'ombre de ce héros apparut sur le sommet de son tombeau, et Sénèque (*Troas*, act. V, v. 1149) dit que, pour immoler Polixène aux mânes d'Achille, Pyrrhus dut gravir la haute montagne qui formait le tombeau, *ardui sublime montis tetigit*. Ce tombeau existe encore, ou du moins on croit le reconnaître dans un grand tumulus qui se trouve au cap de Sigée, et que M. de Choiseul fit fouiller en 1787 (voyez *le frontispice*); vers le centre on trouva deux grosses pierres appuyées l'une sur l'autre, en angle par le haut, et formant une espèce de toit, sous lequel était une petite Minerve placée sur un char et une urne remplie de cendres, de charbon et d'os humains. Sozomène (l. ii, c. 2) parle du tombeau d'Ajax, qui s'élevait au lieu où l'on dit qu'était le camp des Grecs; ce tombeau est un tumulus qui, bien qu'en ruines, n'a pas encore disparu et a conservé le nom du héros dont il a recouvert les restes.

Sans remonter à une époque aussi reculée, et sans rappeler d'aussi grands souvenirs, il est dans l'Asie Mineure un tumulus qui jouit dans l'antiquité d'une bien grande célébrité, à en juger par la description pompeuse que nous en a laissée Hérodote. Près du lac Gygœa, à environ six kilomètres de l'emplacement de Sardes, est le lieu de la sépulture des rois de Lydie. Ce sont des tumulus de diverses grandeurs, dominés par celui où fut déposé Alyattes, père de Crésus, tertre immense,

élevé sur un soubassement d'énormes pierres de taille. Alyattes était mort après un long règne, l'an 562 avant Jésus-Christ; il s'était donc écoulé plus d'un siècle depuis l'érection de ce monument, lorsque Hérodote le vit; et cet historien rapporte que, de son temps, il restait encore sur le sommet du tombeau cinq pierres avec des inscriptions indiquant les cinq classes ou corporations qui avaient concouru à sa construction. En 1812, M. Cockerell vit encore debout trois de ces pierres. Au rapport de Strabon, cet immense mausolée n'avait pas moins de soixante-sept mètres de haut sur quatre cent trente-quatre mètres de circonférence à la base. Aujourd'hui les terres amoncelées ont recouvert entièrement le soubassement, et le monument n'offre plus que l'aspect d'une colline.

Les rois de Cappadoce étaient également déposés sous des tumulus; il en existe un près de la ville de Stiklar, à environ huit kilomètres de Césarée.

Les environs de Koutaïeh nous offrent des tombeaux d'un bien grand intérêt, et par leur caractère tout particulier, et par leur haute antiquité; ce sont ceux des rois de Phrygie, qui se voient à Nacoleïa, aujourd'hui Doganlou, à l'est de l'ancienne *Cotyœum*. La construction de ces monuments doit être placée entre 570 et 740 avant Jésus-Christ. Nous donnons ici, d'après le bel ouvrage de M. Texier, celui que la tradition attribue au roi Midas (*planche* 45); il se compose d'une façade taillée sur la surface du roc, et accompagnée de deux inscriptions, dans l'une desquelles M. Leake a lu le nom de Midas, ce qui viendrait à l'appui de la tradition. Les ornements de ce tombeau sont bien simples; il en est cependant plusieurs plus simples encore, où le contour rectangulaire et l'espèce de fronton sont seulement indiqués sans aucune décoration.

C'est à une époque bien plus récente qu'appartient un autre tombeau, d'un style tout différent, qui existe au même lieu, et qui est connu sous le nom de Gherdek-Kaia-si. Il est également taillé dans le roc, mais sa façade est composée d'un entablement à triglyphes, surmonté d'un fronton, et supporté par deux colonnes et deux pilastres d'ordre dorique.

Un des plus beaux et en même temps un des plus singuliers mausolées de l'Asie Mineure est celui qui se voit à un kilomètre de Mylasa ou Mylassa, aujourd'hui *Melasso*, ancienne capitale d'Hecatomnus, roi de Carie et frère de Mausole. Ce tombeau (*planche* 46) est de l'espèce appelée par les anciens *distega*, ou à double étage; il se compose d'un soubassement destiné à recevoir les corps, et dans lequel on entrait par une porte. On ne trouve aucune trace d'un escalier extérieur ou intérieur, conduisant au second étage, et on ne devait y parvenir que par une échelle. Celui-ci est formé de huit colonnes et quatre pilastres, d'ordre corinthien, supportant un plafond très-riche, que surmontait une pyramide composée d'assises en retrait l'une sur l'autre. Les colonnes sont fort singulières, leur hauteur est moindre que ne l'exigerait leur diamètre, les cannelures ne commencent qu'au-dessus du premier tiers du fût, et celui-ci, au lieu d'être rond, est elliptique. M. Chandler croit pouvoir en conclure, et son opinion n'est pas dénuée de vraisemblance, que les entre-colonnements étaient autrefois remplis par des dalles de marbre qui ont disparu et qui venaient s'appliquer sur la partie la moins convexe des colonnes. Au centre de cette enceinte est un petit trou communiquant avec la salle du rez-de-chaussée, et par lequel on pense que l'on devait faire les libations en l'honneur des morts. Aucune inscription ne peut nous fixer sur la date de ce monument, que son style ne permet pas de faire remonter à une époque bien reculée.

Nous avons déjà vu les tombeaux des rois de Phrygie taillés dans le roc avec une façade plus ou moins ornée; un autre tombeau de Nacoléia, voisin de ceux-ci, et que nous avons présenté comme moins ancien, a un grand nombre d'analogues en Asie Mineure. Tel est celui d'Urgub, dont nous donnons ici le dessin (*planche* 47), et qui est connu sous le nom de Dikili-Tasch; lorsqu'on a franchi la façade, qui précède un assez vaste vestibule, on trouve au fond quatre pièces ou hypogées, disposées en croix qui composaient la sépulture.

La façade d'un tombeau du même genre, à Myra, présente une porte surmontée d'un bas-relief, et en avant un fronton, soutenu par deux colonnes ioniques et deux pilastres surmontés de mufles de lion, au lieu de chapiteaux. Dans le fronton est un lion dévorant un taureau.

Au fond du golfe de Macri, autrefois *Glaucus Sinus*, est un petit hameau nommé Mey, qui a remplacé l'antique Telmissus, ville de la Lycie, dont les ruines nous présenteront plusieurs monuments intéressants. Sur le penchant de la colline contre laquelle s'appuyait Telmissus, et jusqu'au bord de la mer, est une grande quantité de tombeaux, de deux espèces différentes, les uns creusés dans le roc comme les précédents, les autres taillés en forme de sarcophage. Parmi les premiers, il en est deux qui sont de véritables monuments. L'ordre ionique, employé dans le premier, ne permet pas de le croire très-ancien; mais on a, autant que possible, donné à cette architecture élégante un aspect convenable à la destination funèbre du monument. Les corniches du fronton ne sont composées que de membres carrés, les modillons sont de forte proportion, la frise est supprimée et l'architrave est formée de deux plates-bandes très-lourdes. Les deux colonnes et les deux pilastres sont également bas et sévères; la porte, parfaitement figurée, n'a jamais eu d'autre ouverture qu'un des panneaux inférieurs, par lequel on a pénétré dans le rocher pour y pratiquer une chambre de quatre mètres de largeur sur trois de profondeur et deux de hauteur, autour de laquelle règne une banquette d'un mètre de largeur sur quatre-vingts centimètres de hauteur, sur laquelle durent être déposés les corps, car on n'a point trouvé de sarcophage, et d'ailleurs ils n'eussent pu entrer par l'étroite ouverture de la porte. Nous verrons plus tard combien la disposition intérieure de ce sépulcre offre d'analogie avec celle de plusieurs des tombeaux étrusques de Corneto, comme on a déjà pu voir combien, pour l'extérieur, ces monuments ressemblent à ceux de Persépolis et de Nakchi-Roustam. L'autre tombeau de Telmissus présente une façade fort singulière, composée, pour tout ornement, de poutres en saillie, taillées également dans le roc.

Un mausolée du même genre, mais qui ne paraît pas remonter à une époque bien reculée, existe à Cacamo, au milieu de beaucoup d'autres d'une espèce différente,

DIKILI-TASCH. TOMBEAU A EPHÈSE.

dont je parlerai tout à l'heure. La façade est d'une assez grande richesse, décorée de pilastres, et, ce qui est plus rare, d'une statue dans une niche.

Les hypogées de l'Asie Mineure ne sont pas toujours ornés de façades élégantes, comme celles que nous venons de voir à Urgub, à Myra ou à Mey; souvent aussi ce ne sont que de simples grottes, sans aucun ornement. A Mey même on en trouve plusieurs de ce genre; il en existe aussi près de Selefke, l'ancienne *Seleucia ad mare*, sur le bord du fleuve Calycadnus et en beaucoup d'autres lieux; nous avons choisi pour modèle l'un des lieux où ils se trouvent réunis en plus grand nombre, la nécropole de Docimia (*planche* 48).

Des tombeaux taillés dans le roc, en forme de sarcophages isolés, se rencontrent très-fréquemment en Asie Mineure. Nous en donnons un exemple dans le sarcophage de Castel-Rosso, petite île appelée *Megiste* par les anciens Grecs (voyez *la lettre*). A Mey (*Telmissus*) le rivage en est couvert jusqu'au pied de la colline où sont creusés les hypogées; ils sont en pierre grise, de différentes formes et dimensions. Un des plus grands est en même temps un des plus singuliers; il semble qu'on ait voulu imiter une maison de bois à charpente découverte; il n'a d'autre ornement que les saillies des poutres, dont il paraît composé. Citons encore les deux immenses nécropoles de Cacamo et de Pamboukkalesi, l'antique *Hiérapolis*; mais, dans la dernière, une assez grande quantité des monuments a été apportée et non taillée sur place.

Pour en avoir fini avec l'antiquité, il ne nous reste plus qu'à parler d'un monument décrit par M. de Choiseul, et qui ne rentre dans aucune des catégories que nous venons d'établir. A Eski-Hissar, l'ancienne Stratonicée, dans la cour d'une habitation occupée alors par l'aga, est une enceinte carrée, longue de vingt-neuf mètres et large de dix-neuf mètres, formée par une muraille de marbre blanc, haute de quatre mètres cinquante centimètres, décorée d'une corniche de fort bon goût, au-dessus de laquelle règne une rangée d'ornements ronds et saillants, assez semblables à des boucliers. Cette enceinte, qui ne paraît pas avoir été jamais couverte, renfermait sans doute des sarcophages qui, peut-être, existent encore sous les décombres qui la remplissent. Une très-longue inscription grecque, gravée sur l'une des faces, indique que ce mausolée est celui d'un certain Philecus.

Si nous arrivons aux monuments funéraires élevés par les Turcs en Asie Mineure, nous y retrouverons, dans les mausolées des grands personnages, cette richesse d'ornementation, principal caractère de l'architecture de ce peuple. Tel est celui que M. Léon de Laborde a dessiné à Chougout; tel est l'admirable tombeau de Fathmah-Khadoun, à Nigdé; tel est enfin un des plus élégants édifices du style turc, le sépulcre de Houen, à Césarée. Celui-ci est octogone, surmonté d'un toit pyramidal uni, en pierre de taille; chacune des huit faces présente une arcade ogivale de la plus grande richesse, remplie par un mur lisse de pierre de taille, percé d'une petite fenêtre. La frise est chargée d'inscriptions turques, et, à chaque angle de l'édifice, est une colonne aussi soigneusement ciselée qu'une pièce d'orfévrerie.

CONSTRUCTIONS CIVILES.

Au sud de la ville turque de Gueira, l'antique *Aphrodisias*, dont le nom primitif était *Megalopolis*, s'étend un de ces édifices consacrés aux courses de chars et de chevaux, un stade, dont la conservation est assez satisfaisante; une grande partie des gradins est encore en place (*planche* 49), bien que recouverte d'une riche végétation. La muraille septentrionale de l'hippodrome sert en même temps de muraille à la ville; elle paraît avoir été bâtie ou restaurée avec des fragments de sculptures anciennes.

A Laodicée est un stade d'environ trois cent vingt mètres de longueur; il reste encore vingt-trois rangs de gradins, qui, d'un côté, sont creusés dans le flanc de la montagne auquel l'édifice est adossé. Ce stade fut bâti sous le règne de Trajan et de Vespasien; douze années furent consacrées à sa construction.

A *Alexandria Troas*, aujourd'hui Eski-Stamboul, ville qui porta d'abord le nom de son fondateur, Antigonus, l'un des lieutenants d'Alexandre, et qui plus tard, sous Auguste, reçut une colonie romaine, sont les restes d'un stade creusé dans la terre et maintenant recouvert d'arbres. Enfin, on voit encore quelques restes de stades à Éphèse et à Smyrne.

On sait que les amphithéâtres étaient des édifices purement romains, qui n'étaient point en usage chez les Grecs; c'est donc à l'époque romaine que nous devons rapporter tous ceux qui existent encore dans l'Asie Mineure, mais dont aucun n'est comparable pour la grandeur, et surtout pour la conservation, à ceux de l'Italie et de la France. Sur une éminence, voisine de Nicée, est une ruine qu'on appelle *le palais de Théodore*; une petite partie de la muraille et presque la fondation entière restent encore comme un monument éternel de la solidité des constructions romaines. On y compte douze salles souterraines voûtées, disposées en cercle et déclinant vers le centre; circonstances qui ne permettent pas d'attribuer ces ruines à un édifice autre qu'un amphithéâtre.

L'amphithéâtre d'Angora est à peu près dans le même état; mais les cordons de briques, mêlés aux pierres qui le composent, lui assignent une époque moins ancienne que celle d'Auguste.

Enfin, nous trouvons encore quelques traces d'un amphithéâtre à *Bergamah*, autrefois Pergame, capitale du royaume de ce nom, fondée par Attale, l'un des généraux d'Alexandre.

Les théâtres sont, dans l'Asie Mineure, en bien plus grand nombre que les amphithéâtres, et leur conservation est généralement plus parfaite que celle des théâtres d'Italie, si l'on en excepte ceux de Pompéi et de Tusculum. Celui que nous donnons (*planche* 50) est situé sur le bord du golfe de Macri et fait partie des restes de Telmissus. Il est, comme presque tous les théâtres antiques, pratiqué sur le

HIPPODROME D'AFRODISIAS
Asie Mineure

THÉATRE DE MACRE
Asie Mineure

GRENIER ROMAIN, A CACAMO.
(Asie Mineure.)

penchant d'une colline qui supporte une partie de ses gradins. Tout l'hémicycle est assez bien conservé, mais les extrémités qui le réunissaient à la scène n'étant pas soutenues par le terrain, ont presque entièrement disparu. Parmi les plus intacts des théâtres de l'Asie Mineure, on compte le grand théâtre et l'Odeum de Laodicée, le théâtre de Pompeiopolis, auquel est joint un magnifique portique, d'ordre corinthien, dont un grand nombre de colonnes sont encore debout; celui d'Aïzani, remarquable par l'élégance de ses sculptures et la magnificence de son appareil, qui doit appartenir à la plus belle époque; celui de Patara, sur la côte de Lycie, dont la scène est détruite, à l'exception de quelques colonnes corinthiennes qui la décoraient aux extrémités, mais dont l'hémicycle est intact avec tous ses gradins; enfin, ceux de Cacamo et de Castel-Rosso, qui sont dans le même état.

Le théâtre de Milet se distingue des autres en ce qu'il est entièrement construit de main d'homme, et isolé comme celui de Marcellus, à Rome. Ce théâtre était immense; sa façade extérieure, toute de marbre blanc, avait cent cinquante-trois mètres de largeur.

On trouve encore des restes de théâtre à Eski-Hissar (Stratonicée), à Priène, à Éphèse, à Gnide, à Nicée, à Mira, à Phaselis, à Eski-Adalin, à Teos, etc., etc.

Quelques constructions assez informes, trois arcades de maçonnerie, cinq ou six piliers, voilà tout ce qui reste du gymnase d'Éphèse, qui était situé non loin de la muraille orientale de la ville, au pied du mont Prion. A Tarse et à Alexandria-Troas, sont des ruines qu'on attribue également à des gymnases.

A Cacamo, l'ancienne *Myra*, Adrien construisit en 119 des greniers qui existent encore presque en entier, et dont nous donnons ici le dessin (*planche* 54). Sur la frise on lit l'inscription :

HORREA IMP. CÆSARIS DIVI TRAIANI PARTHICI DIVI NERVÆ NEPOTIS TRAIANI HADRIANI AUGUSTI COS. III.

Au même endroit est une salle voûtée de grand appareil, d'une parfaite conservation; elle fit partie d'un bain romain. On trouve aussi des ruines de thermes romains, à environ quatre kilomètres d'Aoscat, sur la route de Sivas. Eski-Shehr, l'antique *Dorylaïum*, en Phrygie, a été célèbre, de tout temps, par ses eaux thermales, et aujourd'hui encore on y trouve un établissement de bains, dont le principal bâtiment est un pavillon, couronné d'un dôme, supporté par des colonnes de jaspe; il y fait une telle chaleur qu'à peine y peut-on demeurer quelques minutes.

Parmi les nombreuses traces que les Romains ont laissées de leur passage dans l'Asie Mineure, nous ne devons pas oublier les aqueducs que l'on y rencontre fréquemment.

A Ketch-Hissar, l'ancienne Tyane, capitale de la seconde Cappadoce, sur la route de Césarée aux Pyles ciliciennes, sont plusieurs ruines, dont la plus remarquable est un superbe aqueduc de granit, supporté par des arches en même temps élégantes et majestueuses, et s'étendant jusqu'au pied des montagnes, à une distance d'environ sept ou huit milles. Cet aqueduc, aussi bien que les autres bâtiments, est attribué à

Nemrod par les habitants, mais ils sont, sans aucun doute, l'ouvrage des Romains.

Près d'Éphèse sont les restes d'un bel aqueduc de marbre blanc; enfin, on en voit encore plusieurs dans une gorge près de Taurus, à Alexandria-Troas, à Zumbat-Kalassi, à Nicée, etc.

Un travail plus étonnant, fait dans le même but, était la *montagne percée* de Samos; c'était un canal de huit cent soixante et quinze pas de long, pratiqué dans une montagne, pour amener l'eau à la ville de Samos; ce canal est aujourd'hui comblé, mais on en a reconnu l'ouverture.

Ces aqueducs conduisaient ordinairement les eaux à un réservoir ou piscine dont on retrouve les restes en plusieurs endroits, entre autres, à Imbaher, l'ancienne Nicomédie, et à Séleucie.

On rencontre fréquemment des restes de voies romaines, entre autres, ceux qui existent à peu de distance de Nicée, sur la route d'Angora; mais il est une chaussée qui offre bien plus d'intérêt à l'antiquaire, par son ancienneté; c'est celle dont on voit encore les vestiges à Vourla, l'ancienne Clazomène, près de Smyrne, et qui fut construite par Alexandre le Grand.

Parmi les ponts antiques, le plus beau, et par son style, et par les matériaux qui y furent employés, est celui jeté sur le Rhyndacus, à Aizani (*planche* 52); il a cinq arches de marbre blanc et se reliait à un quai, aujourd'hui détruit, mais dont beaucoup de pierres, richement sculptées, se voient encore sur le bord de la rivière. Citons encore un beau pont, de onze arches, construit par Justinien sur le Sangarius, à Saphon, et les restes de celui de Sabandja.

Si, sortant du domaine de l'antiquité, nous cherchons parmi les constructions civiles élevées par les modernes, nous ne trouvons aucun édifice digne de nous arrêter; nous avons voulu cependant donner ici une vue des ruines de l'habitation des chevaliers de Rhodes (*planche* 53). A défaut d'autre mérite, cet ancien manoir se recommande par les héroïques souvenirs qui s'y rattachent.

CONSTRUCTIONS MILITAIRES.

Il est en Asie Mineure peu de traces d'enceintes de villes, datant de l'époque grecque ou romaine, quoique M. Texier ait trouvé à Pterium un reste de muraille, de construction cyclopéenne, et qu'il en existe des ruines considérables à Soandos, ville de l'ancienne Cappadoce. Presque toutes celles qui existent aujourd'hui sont, au moins en partie, l'ouvrage des Turcs, bien que souvent on y ait employé des matériaux antiques. Ainsi, les murs de Césarée, dont le premier nom fut *Macaza*, et qui s'appelle aujourd'hui *Kaiserieh*, ont été bâtis par Justinien; mais une grande partie est due aux princes Seldjoucides, ainsi que les murailles de Konieh (*Iconium*), composées de fragments de colonnes, chapiteaux, bas-reliefs, etc.; il en est de même de ceux d'Angora.

MAISON DES CHEVALIERS DE RHODES

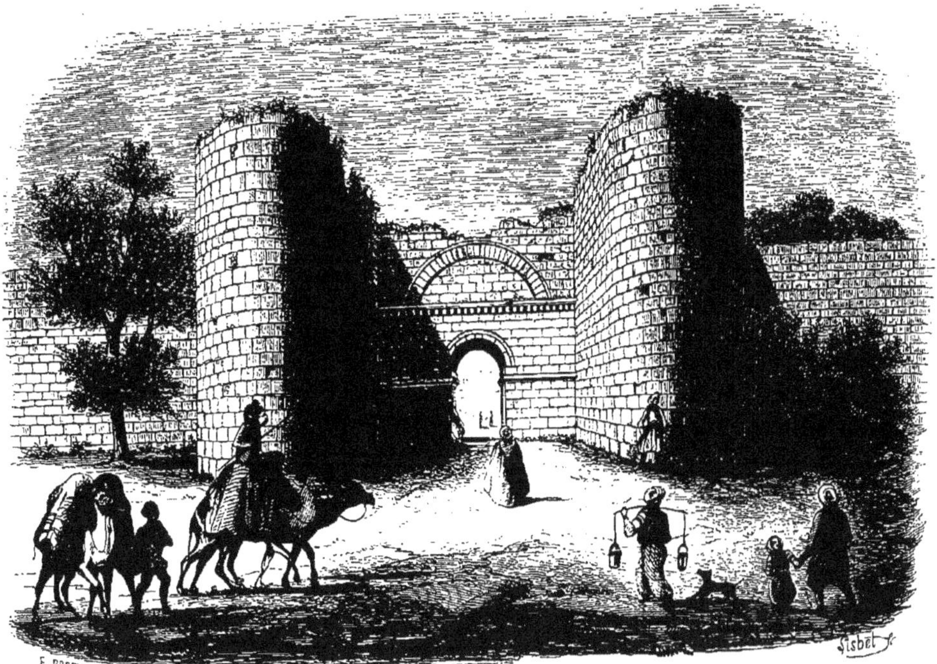

E. BARTON DEL

Nisbet sc.

Pl. LIV.

PORTE DE NICÉE.

(Asie mineure.)

INTÉRIEUR DE LA CITADELLE D'HALICARNASSE.
(Asie Mineure.)

Les murs de Tarse sont en partie antiques, en partie construits par Haroun-al-Raschid.

Lorsque les chrétiens se furent rendus maîtres de Constantinople, en 1204, Théodore Lascaris s'empara de Nicée, qu'il fit capitale de son empire, qui s'étendait du Méandre au Bosphore, et il en releva les murailles. Ces murailles sont construites de pierres et de chaux, avec des rangées de briques à des intervalles réguliers; elles ont à peu près huit mètres de hauteur et huit de largeur au sommet. Près de la porte du nord, on lit encore, sur l'une des tours, le nom de Théodore Lascaris en caractères grecs. La porte que nous donnons (*planche* 54), et qui porte le nom de Yeni-Cheher, fait partie de cette enceinte.

Sans nous arrêter plus longtemps, nous dirons quelques mots de portes qui, par la richesse de leur décoration, doivent être rangées dans la classe des arcs de triomphe. A Éphèse, assez près de la forteresse qui occupe le sommet du mont Pion, on en voit une, beaucoup plus petite, dans laquelle on entre par une arcade construite avec les fragments antiques assez mal rapportés d'une porte triomphale.

A l'est de Mylasa est une porte de marbre blanc, dont le dessin est pur et les proportions belles, si l'on en excepte toutefois la frise, qui est un peu trop basse. Sur la clef de l'arc est sculptée une double hache, symbole de Jupiter de Sabranda, dont le temple dépendait de Mylasa. Enfin, à Adalia, ou Satalie, est un bel arc de triomphe érigé en l'honneur d'Adrien.

Si des villes nous passons aux forteresses proprement dites, nous en trouverons une en ruines, datant de l'époque romaine, à Manissa, l'antique Magnésie, non loin de Smyrne.

La citadelle d'Halycarnasse, aujourd'hui Boudroun, dont nous donnons le dessin (*planche* 55), a été bâtie par les chevaliers de Rhodes, à l'entrée du port, et sur l'emplacement présumé du tombeau de Mausole, auquel, sans doute, ont été empruntées plusieurs des sculptures encastrées dans la construction du moyen âge.

CLASSEMENT DES PLANCHES

CONTENUES DANS LE PREMIER VOLUME (1).

	Pages.		Pages.
Temple souterrain à Éléphanta.	14	Temple de Canon.	169
Intérieur du temple d'Indra à Ellora.	17	Palais d'Onnay.	171
Le Kelaça à Ellora.	20	Fort de Firando.	175
Pagode à Benarès.	24	Tombeau de Zobéide.	185
Pagode de Tritchengour.	25	Birs-Nemrod, ou Tour de Babel.	186
Sarnat, monument du culte de Bouddha	26	Mosquée de Sultanieh.	218
Kuttub minar à Delhy	27	Tombeau de Cyrus.	221
Mosquée de Mustapha-Khan.	28	Tombeau près de Persépolis.	222
Juhma-Mesjid à Delhy.	ib.	Tombeau de Nakschi-Roustam.	225
Atoula-Khan-Mesjid.	29	Bas-relief de Nakschi-Roustam.	225
Tombeau du sultan Mohammed-shah.	32	Ruines de Persépolis.	230
Tombeau d'Ibrahim à Béjapour.	ib.	Tour de Ragès.	232
Porte du Cotillah de Firoz-shah.	35	Place d'Ispahan.	235
Idoles de Bamiam.	41	Tour des cornes à Ispahan.	236
Tope de Manikyala.	43	Caravansérai de Jarron.	237
Palais de Kandy.	57	Pont d'Allahverdi-khan à Ispahan.	239
Temple de Boro-Bodo.	63	Église du monastère de l'Ecksmiazin.	246
Palais de Kalassan.	66	Temple d'Auguste à Angora	259
Pagode de Rangoun.	76	Tombeau de Midas	261
Temple de Bankock.	89	Tombeau à Mylasa.	ib.
Pagode souterraine.	105	Dikili-Tasch tombeau à Urgub	262
Habitation et fort à Touranne.	109	Nécropole de Docimia.	263
Le Poo-ta-la, près Zéhol.	130	Hippodrome d'Aphrodisias	264
Façade du grand temple à Macao.	131	Théâtre de Macre	ib.
Tour de porcelaine.	132	Grenier romain à Cacamo.	265
Palais impérial de Hoo-kew-shah	135	Pont sur le Rhyndacus.	266
Route sur des piliers	138	Maison des chevaliers à Rhodes.	ib.
Grande muraille.	139	Porte de Nicée.	267
Temple de Kugopea.	148	Intérieur de la citadelle d'Halicarnasse.	ib.
Palais de Tassisudon.	151		

(1) Plusieurs erreurs s'étant glissées dans le numérotage des planches, on devra, pour leur classement, consulter cette table.

TABLE DES MATIÈRES

DU PREMIER VOLUME.

	Pages.
Avant-propos.	III
INDE. — Introduction.	7
Bains.	33
Chauderies.	32
Choultry.	ib.
Forts.	33
Fortins en terre.	34
Ghauts.	33
Grottes.	19
Kelaça.	20
Kuttub-Minar.	27
Monuments bouddhiques.	ib.
Mosquées.	28
Pagodes.	22
Palais.	32
Ponts.	33
Tchoultry.	32
Temples.	13
Tombeaux.	29
AFGHANISTAN. — Introduction.	37
Amritsar.	42
Bazar.	47
Bykund (ruines de).	46
Digue de Ghisneh.	ib.
Grottes de Bamiam.	ib.
Idoles de Bamiam.	44
Maisons.	46
Palais.	47
Tombeau de Baber.	45
Topes.	42
CEYLAN. — Introduction.	49
Chapelle de Trinkomalay.	57
Dagobahs.	53-57
Maisons.	58
Palais de Kandy.	57
Pont de bambous.	5
Temples.	53
JAVA. — Introduction.	59
Bains.	66
Grotte de Sela-Mangleng.	62
Kotah-Bedah.	66
Kadaton.	ib.
Mosquées.	65
Palais.	66

	Pages.
Pyramide de Soukou.	64
Tchandi.	62
Temples.	ib.
Tombeaux.	65
EMPIRE BIRMAN. — Introduction.	69
Forts.	81
Grottes de Neoudah.	ib.
Kioum.	79
Maisons.	80
Murailles.	81
Pagodes.	76
Palais.	79
Praws.	76
Temples.	75
Tombeaux.	78
ROYAUME DE SIAM. — Introduction.	83
Maisons.	90
Murailles.	91
Pagodes.	88
Palais.	90
Pihans.	88
Prassat.	90
Temples.	88
Tombeaux.	89
Vang.	90
Vats.	ib.
EMPIRE D'ANNAM. — Introduction.	93
Forts.	109
Maisons.	107
Murailles.	109
Pagodes.	105
Palais.	107
Ponts.	109
Ports.	ib.
Pyramides.	106
Temples.	104
Temples souterrains.	105
Tombeaux.	106
CHINE. — Introduction.	111
Arcs de triomphe.	135
Canal impérial.	136
Forts.	141
Grande muraille.	139
Habitations sur l'eau.	135

TABLE DES MATIÈRES.

	Pages.
Pagodes.	131
Palais.	133
Maisons.	134
Monuments commémoratifs.	136
Mosquées.	131
Murailles.	139
Pay-leou.	135
Ponts.	137
Routes.	ib.
Ta.	132
Temples.	130
Temple souterrain.	129
Théâtres.	135
Tombeaux.	133
Tour de porcelaine.	132
Thibet et Boutan. — Introduction.	144
Forts.	153
Maisons.	151
Monastères.	148
Monuments commémoratifs.	152
Palais.	151
Ponts.	152
Ponts suspendus.	ib.
Sculptures colossales.	148
Temples.	147
Tombeaux.	150
Japon. — Introduction.	158
Fortins.	173
Forts.	ib.
Maisons.	171
Mia	167
Palais.	170
Ports.	173
Temples.	167
Tombeaux.	170
Tombe des oreilles.	ib.
Routes.	172
Babylonie. Introduction.	175
Birs-Nemrod.	186
Jardins suspendus.	187
Maisons.	188
Murailles.	189
Palais.	186
Ponts.	187
Quais.	188
Temples.	185
Temple de Bélus.	182
Tombeaux.	185
Perse. Introduction.	191
Aqueducs.	239
Ateschgah.	217
Autels du feu.	ib.
Badguir.	239

	Pages.
Bains.	236
Bazars.	ib.
Bisoutoun.	228
Caravensérais.	237
Chapour (ruines de).	229
Colonnes tremblantes.	228
Grottes.	237
Maisons.	238
Medresseh.	237
Méïdans.	235
Mil-Schatir.	227
Mosquées.	217
Murailles.	240
Oratoire d'Ormouzd.	216
Palais.	232
Persépolis (ruines de).	230
Ponts.	239
Tchel-Minar.	230
Temples.	217
Tennours.	238
Tombeaux.	220
Tour des cornes	235
Tour du coureur	237
Arménie. — Introduction.	243
Ani (ruines d).	251
Caravansérais.	ib.
Couvents.	249
Églises.	246
Forts.	253
Maisons.	252
Mosquées.	245
Murailles.	252
Tombeaux.	249
Van (ruines de).	250
Asie Mineure. — Introduction.	255
Amphithéâtres.	264
Aqueducs.	265
Bains.	ib.
Citadelles.	267
Églises.	266
Greniers.	265
Hippodromes	264
Maison des chevaliers de Rhodes.	266
Mosquées.	259
Murailles.	266
Ponts.	ib.
Stades.	264
Temples.	257
Théâtres.	264
Tombeaux.	261
Tumulus.	260
Voies.	266

FIN DE LA TABLE DU PREMIER VOLUME.

PUBLICATIONS DE LA MÊME LIBRAIRIE.

LES
MŒURS ET COSTUMES
DE TOUS LES PEUPLES;

4 volumes in-8° ornés de plus de 200 gravures coloriés.

HISTOIRE, COSTUMES, DÉCORATIONS
DE TOUS
LES ORDRES DE CHEVALERIE
ET MARQUES D'HONNEUR.

1 vol. in-8° orné de 99 belles planches coloriées,

AVEC TEXTE EXPLICATIF.

COSTUME DU MOYEN AGE,

150 magnifiques planches coloriées, avec texte explicatif.

PRÉCÉDÉ DE

L'HISTOIRE DU COSTUME AU MOYEN AGE;

2 VOL. IN-8°.

NOUVEAU DICTIONNAIRE DE LA CONVERSATION,

RÉPERTOIRE UNIVERSEL

DE TOUTES LES CONNAISSANCES UTILES;

50 volumes grand in-8° contenant la matière de plus de 200 volumes ordinaires.

AVEC 200 BELLES GRAVURES REPRÉSENTANT PLUS DE 4000 SUJETS.

Contraste insuffisant

NF Z 43-120-14

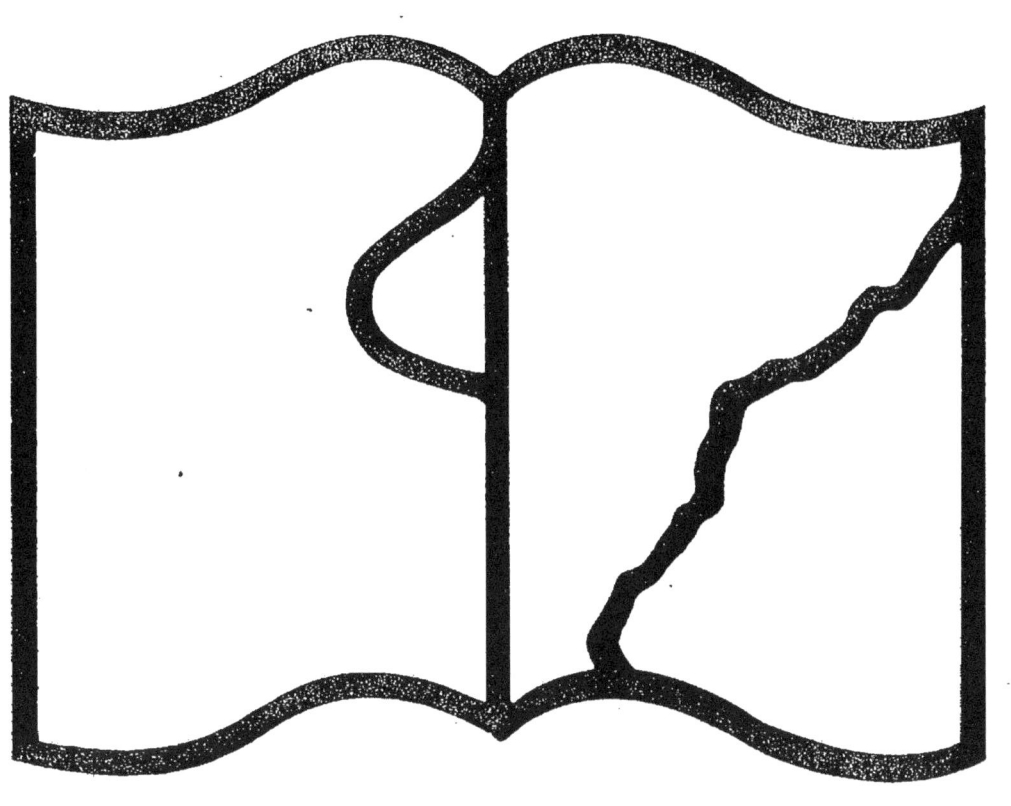

www.ingramcontent.com/pod-product-compliance
Lightning Source LLC
Chambersburg PA
CBHW050423170426
43201CB00008B/514